滑南师范学院特色学科建设项目
（14TSXK03）

秦东先进制造业与区域经济发展战略研究

主　编　丁德科　王双喜
副主编　唐光海　张　萍　王　凌

西南交通大学出版社
·成都·

图书在版编目（CIP）数据

秦东先进制造业与区域经济发展战略研究 / 丁德科，王双喜主编. —成都：西南交通大学出版社，2016.1
ISBN 978-7-5643-4483-2

Ⅰ. ①秦… Ⅱ. ①丁… ②王… Ⅲ. ①制造工业 – 工业发展 – 关系 – 区域经济发展 – 发展战略 – 研究 – 陕西省 Ⅳ. ①F426.4②F127.4

中国版本图书馆 CIP 数据核字（2015）第 318133 号

秦东先进制造业与区域经济发展战略研究

主编　丁德科　王双喜

责任编辑	罗爱林
特邀编辑	李素青
封面设计	刘海东
出版发行	西南交通大学出版社 （四川省成都市二环路北一段 111 号 西南交通大学创新大厦 21 楼）
发行部电话	028-87600564　028-87600533
邮政编码	610031
网址	http://www.xnjdcbs.com
印刷	四川煤田地质制图印刷厂
成品尺寸	185 mm × 260 mm
印张	19.5
字数	476 千
版次	2016 年 1 月第 1 版
印次	2016 年 1 月第 1 次
书号	ISBN 978-7-5643-4483-2
定价	60.00 元

前　言

制造业是区域经济的主体，是区域经济腾飞的基础。《中国制造 2025》是我国制造业的行动纲领。秦东作为关天经济区、黄河金三角的重要组成部分，其制造业的发展对区域经济至关重要。目前，秦东已经形成了以装备制造、冶金建材、通用航空、能源化工、生物医药、印刷纺织为主体的工业体系，中联重科、拓日新能、中冶陕压、北人印机等企业在全国享有盛名。秦东先进制造业的快速发展及其对秦东区域经济的影响成了研究重点。在渭南师范学院特色学科建设项目（编号：14TSXK03）的支持下，渭南师范学院经济与管理学院联合产业发展研究中心、陕西中小企业研究所、陕西省县域知识产权研究中心、西部区域经济与城市发展研究院和法学教育与研究中心五个研究机构对秦东先进制造业和秦东区域经济、知识产权、教育等领域进行了研究，研究的部分成果结集成本书。本书呈现以下特点：

1. 突出秦东先进制造业产业链研究

制造业产业链是单个企业的生存环境，产业发展制约着制造企业的发展高度和速度。秦东已经形成装备制造、冶金建材、3D 打印等产业链，部分制造业产业链在全国处于领先地位，对秦东区域经济具有较强的带动和拉动作用。产业发展研究中心及西部区域经济与城市发展研究院以渭南师范学院特色学科建设项目为支撑，对秦东制造产业链结构、网络、模型、技术创新、金融财政支持政策等进行了研究，并就秦东先进制造业产业发展战略中的产业园区建设、人才培养、科技资源共享、科技创新、知识产权等方面提出了建议。

2. 突出秦东先进制造业与区域经济的关系研究

制造业是区域经济快速发展的主导产业，对制造业与区域经济关系的研究一直是热点。渭南作为陕西的东大门，也是晋陕豫黄河金三角的核心经济区，结合城镇化的建设需要，以项目为纽带，以专业为核心，依托西部区域经济与城市发展研究院和陕西省县域知识产权研究中心两个省级科研平台组建团队对秦东制造业与区域经济的关系问题进行了研究。研究内容主要包括秦东制造业与区域产业结构、城镇化、农业、旅游等的关系。

3. 突出知识产权和人才培养

科技创新是制造业可持续发展的根本，创新的成果体现的是知识产权，秦东先进制造业和区域经济发展中的知识产权问题非常重要。陕西省县域知识产权研究中心、陕西中小企业研究所、法学教育与研究中心围绕秦东先进制造业和区域经济科技创新、知识产权等方面进行了研究，对知识产权保护、知识产权成果体现、规范等方面提出了对策和建议。

秦东制造业及其他经济领域都存在较大的人才缺口，相关专业技术、技能人才培训非常重要，制造业与人才培训的无缝对接是当前的重点。渭南师范学院经济管理学院就秦东制造业、区域经济发展与人才培养进行了研究，有针对性地提出了相应的人才培训对策和建议。

全书共分 4 篇，主要围绕秦东先进制造、区域经济、知识产权、教育及其他四个视角进行编写。丁德科、王双喜教授确定本书的编写内容和整体结构，唐光海、王凌、张萍负责统稿。

对于本书的完成，感谢渭南师范学院经济与管理学院相关老师的辛勤研究和鼎力支持，还要感谢西南交通大学出版社对本书出版给予的大力支持以及其他付出劳动的老师和同学。由于资源、人力、时间等因素制约，本书难免有错误和疏漏之处，敬请读者批评指正。

编 者

2015 年 12 月

目 录

第一篇 先进制造业发展战略

第二篇　区域经济发展

第三篇　知识产权保护

第四篇　教育及其他

第一篇　先进制造业发展战略

工业4.0时代秦东先进制造业的转型升级

田宛毅

（渭南师范学院经济与管理学院　陕西省中小企业研究所）

摘要： 尽管在工业制造业的发展方面取得了惊人的成就，但在以工业4.0为代表的全球新一轮产业革命来临之际，秦东地区和我国其他地区一样，仍然需要推动传统的工业制造业向达到工业4.0时代要求的先进制造业转型升级。本文分析了渭南工业制造业在工业4.0时代面临的挑战，并提出了相应的应对措施。

关键词： 秦东；先进制造业；工业4.0

一、工业4.0的内涵

在人类社会的发展历程中，每一次工业技术的重大变革，都引起了产业革命，进而引发了社会形态的重大变化。

18—19世纪，以蒸汽机的使用为标志，引发了“蒸汽革命”，人类实现了机械生产代替手工劳动的重大变化；19世纪后半期，以电气化为标志的“电力革命”，推动了工业生产线的形成，产品开始了批量生产；20世纪后半期，随着核能、空间技术、生物技术，尤其是电子计算机的广泛应用，“信息革命”时代开启，工业生产过程的自动化得以实现。

近20年来，西方发达国家的产业结构发生了演变，服务业、金融业创造出了高额利润，与此同时，工业制造业占整体经济的比重却不断下降。但是在2008年的金融危机发生之后，欧美日各国为了实现经济复苏，又都开始重新重视工业制造业，并提出了“再工业化”的口号。然而，与以前的工业化过程不同，在“再工业化”过程中，网络信息技术与工业制造业开始融合，并显现出了巨大的潜力。在工业制造业方面居于领先地位的德国，率先提出了工业4.0的概念，认为在工业4.0时代，物联网与服务互联网将构成“智能工厂”，由网络技术决定生产制造过程，实现实时管理，工业制造业将步入“分散化”的时代。

工业4.0就是以智能制造为主导的生产方法，它通过信息物理系统构建标准化的智能工厂，采用动态配置的方式实现智能生产。在智能工厂中，生产线、生产设备等各流程都将配备传感器，产品从设计到制造的整个过程都会源源不断地产生相应的生产数据，厂商根据这些数据就能够对生产流程的每一个细节进行动态化、精细化的掌控，并通过工作站自动切换生产方式、生产材料，将生产作业调整到最匹配模式。工业4.0的本质是智能工厂；工业4.0的原理是信息物理系统；工业4.0的核心是动态配置的生产方式；工业4.0的最终目标是工厂标准化；工业 4.0 的远景是解放生产力，推动社会进步。[1]

二、工业 4.0 时代秦东先进制造业面临的挑战

先进制造业是指适应社会发展需求和产业升级需要，在市场调查、研究开发、原材料供应、生产制造、销售物流、售后服务和用户反馈等产业价值链中，大规模采用和综合运用信息技术、生物技术、新材料技术、新能源技术和现代管理技术等先进技术，实现高精化、网络化、智能化、集成化和集约化生产的一种产业类型。[2]

先进制造业对于国民经济的发展起着基础性支撑作用，是我国重点发展的支柱产业，未来 10 年中国将迎来发展先进制造业的最佳战略机遇期。[3]

作为制造业大国，同时也是全球第二大经济体，中国有着总量庞大的工业制造业体系。2013 年，我国装备制造业总产值突破 20 万亿元人民币，在全球装备制造业中的比重超过了三分之一，稳居世界首位。[4]2013 年在全球的机械出口中，中国的份额占 11%，仅次于德国和美国，位列全球第三。在全球设备制造业的 32 个子行业中，中国已经在 7 个子行业中取得了领先地位。在自动化产品制造方面，中国占据全球总额的 30%，是仅次于德国的全球自动化产品和系统出口国。[4]

秦东地区主要是指关中地区东部的渭南市区域，该地区位于我国西部地区东部，地理位置优越，距离原材料产地和产品销售市场都比较近，交通发达，劳动力资源丰富，配套产业齐全，有相当的工业基础，具有发展先进制造业的良好条件。

近年来，渭南市装备制造业得到了较快发展，形成了以工程机械、印刷机械、纺织机械、新能源、节能环保等新兴产业为主的产品结构，规模持续扩张，已具备了一定的产业规模基础。专用设备制造业、通用设备制造业、电气机械和器材制造业等均实现稳定增长。2014 年，全市装备制造业完成工业总产值 108.75 亿元，比上一年增长 17.3%[5]。“十二五”期间，渭南紧紧抓住国家新一轮西部大开发和建设关中—天水经济区发展规划，大力发展先进制造业和服务业融合这一有利机遇，按照“大集团引领、大项目支撑、集群化推进、园区化承载”的思路，依托中联重科、韩城龙钢、北人印机、陕西压延、国德电器等大型企业，重点发展混凝土泵送机械、汽车起重机、土方挖掘机、印刷机械、纺织机械、煤矿机械、环保机械、节能设备的整机生产和主要零部件制造，扩大装备制造业产业规模，延伸相关服务，建设大关中先进装备制造产业基地。

但与中国其他地区一样，秦东的工业制造业近年来也面临着装备制造业仍需进一步提高整体水平、科技成果需要加速转化等影响工业制造业转型的瓶颈问题。在新技术革命来临的工业 4.0 时代，秦东工业制造业面临着转型升级的重大挑战。

全球范围内，不论是欧美发达国家还是新兴发展中大国，都在大力推动先进制造业发展，试图在这新一轮工业革命中占据先机。全国范围内，从南到北，各地方政府都在积极研究制定应对工业 4.0 时代新技术革命的应对之策。在工业制造业领域，国际和国内围绕市场、技术、资本和产业转移展开的竞争都非常激烈。我们应当清醒地认识到秦东地区装备制造业的发展瓶颈，深入研究并参考借鉴工业发达国家的先进经验和理念，紧跟全球制造业变革的发展趋势。

三、积极面对工业 4.0 时代的变化

经过改革开放后 30 多年的高速发展，我国已成为工业制造业大国，秦东地区的装备制造业也获得了长足的发展。但与我国其他地区类似，秦东地区装备制造业竞争力比较强的产品，大多属于低附加值产品，低端产能需要裁减；大量企业的技术对外依存度高达 50% 以上，关键和核心技术不足；在创新研发方面，资金投入明显不足；产业集中度以及资源利用率不高，过去形成的规模优先、成本低廉、价格优势的发展模式已经难以为继。秦东地区的工业制造业迫切需要转型升级，迫切需要实现从普通装备制造业向先进制造业转化。

就当前来说，秦东地区的装备制造业若要实现突破，还存在着标准化、复杂系统管理、通信基础设施建设、网络安全保障四大难题。

（1）标准先行是工业 4.0 战略的突出特点。工业 4.0 战略的关键是建立一个生产设备、生产资源、生产管理系统互联互通的网络系统。各种终端设备、应用软件之间的数据信息处理必须基于统一的标准，否则就会造成信息处理的混乱。产品设计和生产流程控制一直是我国的弱项，缺乏标准化，更缺乏国际标准化的思维。

（2）未来的装备制造业，生产过程将与各种业务管理系统深度融合，系统整体更加复杂化。只有对复杂系统实施精确、高超的管理，才能最大限度地发挥智能工厂的作用。我国企业普遍重视技术，但不重视流程管控，尤其是在技术研发方面，需要充分借鉴西方发达国家工业企业的生产管理模式。

（3）未来制造业发展的方向是各个生产环节充分地与互联网融合，形成工业互联网，因此，必须加快建设适用于工业的、具有高可靠性的通信基础设施。

（4）随着工业与信息化的深度融合，网络安全问题的隐忧也将进一步凸显，因此迫切需要建立一套完整的工业互联网信息安全认证体系。

四、结　语

尽管在工业制造业的发展方面取得了惊人的成就，但在以工业 4.0 为代表的全球新一轮工业革命来临之际，秦东地区仍然需要通过智能生产的先进理念来提升传统制造业，需要在战略、产业、技术和人才层面上做出重要部署，推动传统的工业制造业向达到工业 4.0 时代要求的先进制造业转型升级。

在战略层面上，我国正在制定先进制造业发展战略，完善国家政策支撑体系；在产业层面上，我国正在推动制造业模式和业态从大规模批量生产变为大规模定制生产的革新、从生产型制造变为服务型制造的革新、从集团式全能型生产变为网络式协同制造的革新、从两化融合变为工业互联网的革新；在技术层面上，积极研究部署信息物理系统平台，实现智能工厂的智能制造；在人才层面上，既要加快培养创新人才，建立企业、高校、科研院所相融合的人才培养模式，也要加大对职业教育和技能培训的重视，大力培养掌握先进制造技术的劳动者[1]。

国家层面对先进制造业发展战略的统一规划和部署，必将为秦东地区先进制造业的发展

提供良好的外部条件和难得的发展机遇。我们应抓住机遇，积极适应制造业发展趋势的变化，从而促进秦东先进制造业的更好更快发展。

参考文献

[1] 王喜文. 工业 4.0：中国的危与机[J]. 时事报告大学生版，2014（2）：63-71.

[2] 于波，范从来. 我国先进制造业发展战略的 PEST 嵌入式 SWOT 分析[J]. 南京社会科学，2011（7）：34-40.

[3] 洪黎明. 先进制造业托起“中国梦”[EB/OL]. http：//www.cnii.com.cn/gyhxxh/2013-04/08/content_1122373.htm，2013-04-08.

[4] 黄英艺. 德国“工业 4.0”战略对泉州制造转型升级的启示[J]. 泉州师范学院学报，2015（2）：39-46.

[5] 渭南市统计局. 2014 年渭南市国民经济和社会发展统计公报[EB/OL]. http：//www.weinan.gov.cn/gk/tjxx/tjgb/448354.htm，2015-07-30.

基于DEA的秦东先进制造业技术创新效率评价

唐光海

（渭南师范学院经济与管理学院 产业发展研究中心）

摘要：在承接东部制造业转移的过程中，秦东先进制造业成长速度不断加快，其创新效率评价有利于秦东制造业持续、健康发展。本文基于DEA模型对秦东先进制造业的技术创新效率进行评价，结果表明秦东先进制造业相对我国东部和中部还有很大差距，在西部地区也不算最活跃区域，但其技术效率增长较快，产业规模不大是秦东先进制造业面临的关键问题。

关键词：秦东；先进制造业；DEA模型；技术创新效率

秦东是陕西的东部区域，先进制造业作为秦东的主导产业之一，成长速度较快。本文针对秦东制造领域中信息化程度和管理现代化程度较高的部分制造业的技术效率进行分析，以推动秦东先进制造业快速发展，增强先进制造业核心竞争力。

目前，国内外对技术创新效率的研究非常多，韩晶、杨善奇、谈镇等利用DEA模型对中国制造业创新效率进行了研究[1][2]；牛泽东、张倩肖[3]、皱鲜红[4]、王鹏[5]等对中国装备制造业、医药制造业、航天航空制造业等进行了研究[3][4][5]；张经强、张红彩等对北京、天津、湖南等区域创业效率或某行业创新效率进行了研究[6]。在这些研究中，大多选择DEA模型研究效率，在DEA模型中主要基于投入产出指标进行分析，产出指标主要包括新产品销售收入、专利申请、产值等；而投入指标主要包括R&D（研究开发）人员投入、研发支出、固定投资投入、技术改造投入、技术引进投入、消化吸收费用、购买国内技术经费支出等[1-7]。但针对秦东区域先进制造业进行研究的不多，本文希望能对秦东先进制造业技术创新效率进行评价，促进秦东先进制造业快速发展。

一、研究方法与指标选取

先进制造业技术创新效率实质是制造业的科技投入形成新产品价值和专利的转化效率，目前对科技创新效率的研究多采用非参数方法，该方法可以计算多投入和多产出的投入产出相对效率，通过构造包容个体生产方式的最小产出可能性集合（或产出前沿），形成投入产出要素的有效集合，来测算投入产出效率。而数据包络分析（Data Envelopment Analysis，DEA）是非参数方法中最常用的方法之一。

（一）DEA 模型

DEA 是衡量多投入、多产出决策单元（Decision Making Unit，DMU）相对有效的方法，自美国学者 A.Charnes，W. W. Cooper 与 E.Rhodes 于 1978 年首次提出以来，目前已经广泛引用于各个区域、行业的相对效率研究当中（W. W. Cooper etal. 2003）[8]，DEA 基本模型可分为 C^2R 和 BC^2。前者主要处理规模报酬不变假设下的决策单元相对有效性评价问题；后者主要处理规模报酬变化条件下的决策单元相对有效问题。由于先进制造业技术创新投入要素中隐含知识产权、信息产品等构成元素，这些要素变化可能会对传统的边际收益规律产生影响，因此，本文采用 BC^2 模型，在“规模报酬变动”的假设下研究我国先进制造业投入要素和创新形成的技术效率（B. B. Jackson，1985[9]；唐光海，2014[7]），并通过投影分析为非 DEA 有效制造业提出针对性的改进目标和方案。

假设 n 个决策单元，投入 m 种要素，产出为 s 种。对每个决策单元 DMU_j 都有相应的效率评价指数：

$$z_j = \frac{\sum_{i=1}^{s} u_i y_{ij}}{\sum_{r=1}^{m} v_r x_{rj}}, i=1,2,\cdots,s; r=1,2,\cdots,m; j=1,2,\cdots,n \tag{1}$$

式中，x_{rj} 表示决策单元 DMU_j 第 r 种要素的投入量，$x_{rj}>0$；y_{ij} 是 DMU_j 的第 i 种产出的总量，$y_{ij}>0$；u_i 是第 i 种产出的权系数；v_r 是第 r 种投入的权系数。

以 DMU_{j0} 决策单元的效率指数为目标，以所有决策单元效率指数为约束，可构造 C^2R 模型：

$$\begin{cases} \max z_{j0} = \dfrac{\sum_{i=1}^{s} u_i y_{ij}}{\sum_{r=1}^{m} v_r x_{rj}} \\ \text{s.t.} \dfrac{\sum_{i=1}^{s} u_i y_{ij}}{\sum_{r=1}^{m} v_r x_{rj}} \leqslant 1, j=1,2,\cdots,n \\ u \geqslant 0, v \geqslant 0 \end{cases} \tag{2}$$

使用 Charnes-Cooper 变换对（1）进行转换，取对偶形式，并进一步引入松弛变量 s^+ 和剩余变量 s^-，将不等式约束转化为等式约束，引入 $\sum \lambda_j = 1$ 构建成为 BC^2 模型，可得：

$$\begin{cases} \min \theta \\ \text{s.t.} \sum_{j=1}^{n} \lambda_j x_j + s^+ = \theta x_0 \\ \sum_{j=1}^{n} \lambda_j y_j - s^- = y_0 \\ \sum_{j=1}^{n} \lambda_j = 1 \\ \lambda j \geqslant 0, j=1,2,\cdots,n \\ s^+ \geqslant 0,\ s^- \leqslant 0 \end{cases} \tag{3}$$

运用（3）的最优解 θ^0、λ^0、s^{0+}、s^{0-} 可判断决策单元的有效性情况。θ 为技术效率值，反映投入资源配置是否有效，当 $\theta=1$ 时，则 DMU_j 为 DEA 技术有效；当 $\theta<1$ 时，则 DMU_j 为 DEA 非技术有效。

（二）指标选择

依据 DEA 模型原理，选择秦东先进制造行业的投入和产出指标进行分析。产出指标包括：先进制造业的新产品销售收入、专利申请数。而投入指标包括：R&D 人员折合全时当量、R&D 经费内部支出、新产品开发经费支出和固定投资新增额。

二、秦东先进制造业技术创新效率分析

本文选择 2009—2013 年秦东先进制造业上述指标数据进行分析，同时，为了解秦东技术创新效率与全国及东、中、西、东北地区的情况，选择全国、东部地区、中部地区、西部地区和东北地区与秦东进行对比分析。

（一）综合技术效率（CRSTE）

综合技术效率是考虑技术进步和企业规模而形成的技术效率，是各决策单元与生产前沿之间的距离。采用 DEA 模型对上述数据进行计算，得出 2009—2013 年秦东及我国东、中、西和东北部地区的综合技术效率，如表 1 所示。

表 1　2009—2013 年秦东及我国东、中、西、东北地区的综合技术效率表

年　份	2009	2010	2011	2012	2013
全　国	0.924	0.931	0.932	0.958	0.954
东部地区	1.000	1.000	1.000	0.989	1.000
中部地区	0.746	0.882	0.774	0.831	1.000
西部地区	0.675	0.641	0.578	0.972	0.746
东北地区	0.418	0.509	0.551	0.661	0.805
秦　东	0.377	0.388	0.405	0.426	0.521

从表 1 可见，我国东部区域先进制造业除 2012 年相对生产前沿有所微小差异外，其他年度均处于生产前沿面上，而其他区域在各年度均不处于生产前沿面，其综合技术效率都是相对非 DEA 有效。

秦东地区综合技术效率不高，相对于西部而言也不算高，但增长很快（如图 1 所示）。2009 年为 0.377，而到了 2013 年为 0.521。

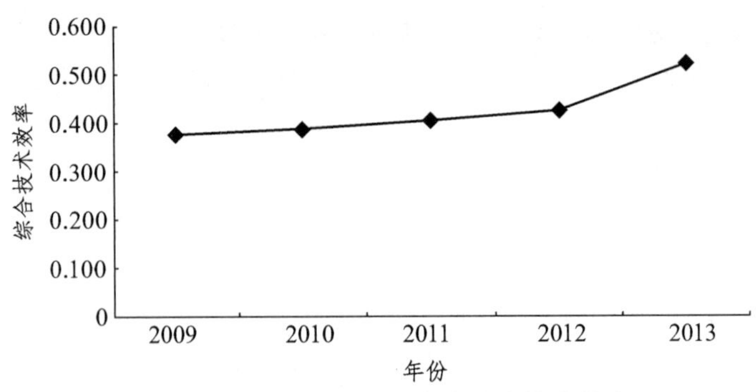

图 1　2009—2013 年度秦东综合技术效率

（二）纯技术效率（VRSTE）

纯技术效率（VRSTE）是在规模收益变化（VRS）条件下计算出来的，反映无效率单元与处于生产前沿面单元之间的差距，是在给定投入组合条件下，决策单元所能获得的最大产出。

从表 2 可见，我国先进制造业的纯技术效率都比较高，相对于生产前沿的距离不大，原因可能与我国先进制造业相对发达国家滞后发展，在技术创新、管理理念等方面都有相对较多的经验和教训有关。全国先进制造业在 2012、2013 年度的纯技术效率处于生产前沿，其他年份相对差距也不大；东部地区纯技术效率这几年来均处于生产前沿；西部地区纯技术效率相对较弱，除 2012 年外，其他年度的纯技术效率为 0.8 左右；秦东区域 2009、2011 年度处于生产前沿，其他年度在 0.9 左右。

表 2　2009—2013 年秦东及我国东、中、西、东北地区的纯技术效率表

年　份	2009	2010	2011	2012	2013
全　国	0.943	0.981	0.943	1.000	1.000
东部地区	1.000	1.000	1.000	1.000	1.000
中部地区	0.927	1.000	0.891	0.920	1.000
西部地区	0.878	0.783	0.819	1.000	0.802
东北地区	0.955	1.000	0.919	0.952	1.000
秦　东	1.000	0.942	1.000	0.897	0.900

（三）规模技术效率（SCALE）

规模效率（SCALE）衡量的是在技术水平一定的条件下，各先进制造业是否在最合适的投入规模下开展技术创新活动，即规模报酬不变的生产前沿与规模报酬变化的生产前沿之间的距离，一般有三种情形：规模收益递增、规模收益递减和规模收益不变。规模收益不变是最理想的生产状态，而递增和递减都属于规模效率无效，需要加以改进以达到理想状态。

从表 3 可见，我国先进制造业总体上处于规模递减状态，说明我国先进制造业规模较大。东部地区相对规模效率处于理想状态，而中西部处于规模递增状态，中部地区规模效率逐步增长，到 2013 年基本达到理想状态。西部地区规模效率增长较快，在承接东部制造业转移过程中发挥了重要作用。秦东规模效率较低，但增长相对明显。

表 3 2009—2013 年秦东及我国东、中、西、东北地区的规模技术效率表

年 份	2009		2010		2011		2012		2013	
全 国	0.980	drs	0.950	drs	0.989	drs	0.958	drs	0.954	drs
东部地区	1.000	—	1.000	—	1.000	—	0.989	drs	1.000	—
中部地区	0.805	irs	0.882	irs	0.869	irs	0.904	irs	1.000	—
西部地区	0.769	irs	0.819	irs	0.705	irs	0.972	irs	0.930	irs
东北地区	0.437	irs	0.509	irs	0.600	irs	0.694	irs	0.805	irs
秦 东	0.377	irs	0.412	irs	0.405	irs	0.475	irs	0.579	irs

注：irs 表示规模报酬递增；drs 表示规模报酬递减；—表示规模报酬不变。

三、提升秦东先进制造业技术效率的对策分析

通过 DEA 模型对秦东先进制造业技术创新效率进行分析，并通过纯技术效率和规模效率进行分解，秦东先进制造业目前的关键障碍是规模效率不足，2013 年秦东规模技术效率为 0.579，远远小于西部地区的整体规模效率 0.930。要提升秦东先进制造业技术创新效率，关键在于技术创新的投入要加强，而技术创新投入的加强主要由两个方面决定：一是秦东先进制造业规模的扩大；二是秦东先进制造业科技创新投入的加大。

（一）加大秦东先进制造业招商引资力度，扩大承接中东部先进制造业转移规模

我国中东部制造业正在转型升级的关键时期，部分制造业向西部和东南亚转移。而秦东地区依托西安丰富的科技人才、本地高性价比的劳动力资源和区域土地、水资源等优势，是承接我国中东部先进制造业竞争力的优势区域。秦东地区渭南市政府及相关区县对发展先进制造业非常重视，将先进制造业作为主导产业予以支持。但目前，秦东先进制造业发展规模还不够大。因此，应加大秦东先进制造业招商引资力度，制定先进制造业落地秦东的相关优惠和服务制度，联合关中加强对有产业转移意向的中东部先进制造业企业的宣传，扩大承接中东部先进制造业转移的规模。

（二）加大秦东先进制造业科技创新投入，促进秦东先进制造业快速发展

规模效率不足的直接原因是产业科技创新投入要素的量不足，主要体现在产业本身的体量不足和科技创新投入比例不足两个方面。秦东先进制造业本身体量不足，不是短时间内能改变的现实，但可以通过不断增加科技创新投入来提升其规模效率，从而促进秦东先进制造业快速发展。加强科技创新投入包括加大科技人员的投入、R&D 经费的投入、新产品开发经费投入以及科研方面的固定资产投入等。相应的在提升秦东先进制造业技术效率的对策中，

应重视科技人员的培训和教育；建立 R&D 经费投入的良性循环制度；加快技术创新需要的固定资产建设，形成技术创新的软硬件基础设施。

参考文献

[1] 翰晶. 基于 SFA 方法的中国制造业创新效率研究[J]. 北京师范大学学报：社会科学版，2010（11）：115-122.

[2] 杨善奇，谈镇. 提升中国制造业资助创新效率研究[J]. 经济与管理，2015（1）：54-59.

[3] 牛泽东，张倩肖. 中国装备制造业的技术创新效率[J]. 数量经济技术经济研究，2012（11）：51-67.

[4] 皱鲜红，罗承友. 基于 DEA 模型的我国医药制造业技术创新相对有效性研究[J]. 科技管理研究，2009（9）：252-254.

[5] 王鹏，王良健，王丽娟. 基于 DEA 的湖南省制造业创新效率分析[J]. 科技管理研究，2009（6）：172-175.

[6] 张经强. 北京高技术产业技术创新效率评价——基于 2001—2009 年的经验分析[J]. 科技管理研究，2012（20）：68-71.

[7] 唐光海. 城市一卡通顾客价值创新战略研究——基于双边市场视角[J]. 技术经济与管理研究，2013（12）：102-106.

[8] W W COOPER, LAWRENCE M SERFORD, EMMANUEL THANASSOULIS, STELIOS H ZANAKIS. DEA and its uses in different countries[J]. Europen Journal of Operational Research, 2003,154(2): 337-344.

[9] B B Jackson. Build Customer Relationships[J]. Harvard Business Review, 1985(10): 120-128.

渭南先进制造业发展漫谈

高敏芳

（渭南师范学院西部城市与区域经济发展研究院）

摘要：传统观念认为渭南是一个农业城市，但要实现全面小康和现代化，没有强有力的工业支撑和制造业崛起显然是不可能的。渭南特殊的区位优势和资源基础，奠定了发展先进制造业的良好条件，在《中国制造 2025》的背景下，渭南一方面要对传统产业进行升级改造；另一方面要利用承接产业转移示范区的优势引进新型的产业和技术，加快绿色环保产业发展，实现制造强区的目标。

关键词：渭南；传统制造业；先进制造业；发展

基金项目：渭南师范学院特色学科建设项目（14TSXK03）

一、渭南是否有先进制造业

先进制造业是相对于传统制造业而言的，是指制造业不断地吸收电子信息、计算机、机械、材料以及现代管理技术等方面的高新技术成果，并将这些先进制造技术综合应用于制造业产品的研发设计、生产制造、在线检测、营销、服务和管理的全过程，实现优质、高效、低耗、清洁、灵活生产，即实现信息化、自动化、智能化、柔性化、生态化生产，是对取得很好经济社会和市场效果的制造业的总称。在人们的心目中，先进制造业绝对是高大上的产业，起码企业规模要大、管理要现代化、产品附加值要高。用这些条件作为衡量标准，用传统观念来检验，这样的企业渭南似乎没有，即使有也不多。那么，在渭南工业经济中唱主角的到底是哪些行业呢？它们真的和先进制造业没有关系吗？区别一个制造业企业是否是先进制造业还是落后制造业的根本标准是是否淘汰落后产能。用这样的标准审视渭南制造业，可以说只要不是落后产能，只要不是那些“两高一资”的行业，就不应把其排斥在先进制造业行业外，或把其列入落后制造业的范畴（王晖）。

渭南目前主要有能源、化工、装备制造、食品、有色冶金五大主导产业。中联重科、拓日新能、中冶陕压、北人印机等企业在全国享有盛名，已经形成了以装备制造、冶金建材、通用航空、能源化工、生物医药、印刷纺织为主体的工业体系，渭南工业的前景是光明的。在新常态下要对传统产业进行理性分析，只要不存在落后产能问题，就应鼓励其不断扩大生产，提高效益；对存在着落后产能的企业，就应通过政策的指引和政府的帮助促其不断改善提高。

发达国家的经济起飞起源于工业革命之后。世界制造业的发展由劳动密集型、资源密集型到资源资本要素投入型，再发展到技术资本密集型和知识技术创新型；由传统制造业到高新技术产业、先进制造业，并将进一步到先进制造业与现代服务业互动共融发展；由传统生产方式到先进制造模式，并最终实现循环经济发展模式。所以可以肯定地说，研究渭南先进制造业是非常必要的。

二、渭南发展先进制造业的基础和条件

（一）独具特色的区位优势

渭南地处关中平原东部最宽阔地带，是陕西的“东大门”，地理位置优越，交通贯通东西南北，西倚西安，南靠秦岭，北望延安，东临河南、山西，处于西安半小时经济圈的核心地带，45 分钟即到达咸阳国际机场，与世界第八大奇迹秦兵马俑近在咫尺。特别是渭南属于晋陕豫黄河金三角承接产业转移示范区——是全国唯一跨省区的承接产业转移示范区的核心城市，可以抓住东部制造业向西部转移的机遇，发挥产业转移首选承接地作用，使渭南成为开拓西北、西南以及中原市场的战略要地，这是其他地方所没有的优势。

（二）四通八达的基础设施

渭南拥有陇海、西延、西韩、西南等 6 条铁路纵横贯通，平均每平方公里拥有铁路 3.9 公里。北京—昆明、连云港—霍尔果斯两条高速公路联结东西，平均每百平方公里拥有公路 39.1 公里，县县通铁路，乡乡通公路。渭南全市固定电话覆盖率 98%，移动网络覆盖全区，数据通讯、公共媒体、互联网等通讯手段应有尽有。

（三）储量丰富的要素资源

渭南属暖温带半湿润半干旱季风气候，黄、渭、洛三河交汇，渭、沋两河穿城而过，四季分明，光照充足，雨量适宜，土地肥沃，历来是西北最优越的农业生态区，被命名为中国苹果之乡、酥梨之乡、花椒之乡、枣乡和柿乡。粮食、棉花年产量分别占全省的 20%和 90%，素有陕西“粮仓”“棉库”之称。矿产资源丰富，被誉为“渭北黑腰带”“中国钼都”和“华夏金城”。已探明矿藏 51 种，其中煤、钼、金、石颇具优势。原煤储量 55 亿吨，年产原煤 2 000 万吨，是我国十大煤炭产地之一；煤层气总量 2 080 亿立方米；钼储量 77 万吨，年产精粉、氧化钼、钼酸铵居亚洲第一；电力总装机容量 740 万千瓦，占全省的 40%；黄金储量 26 吨，年产黄金 5 000 千克，居全国第三，依托这些优势发展先进制造业成本将更为低廉。

（四）兴旺发达的园区市场

渭南是陕西第二大人口城市，晋陕豫黄河金三角地区面积 5.8 万平方公里，总人口 1 700 万，具有承东启西、沟通南北的集散和货运能力。现代化的物流园区，为货物的运输做足了保障。已形成了以陕西北人印刷机器制造公司、合容电器为代表的机械加工业；以美国独资陕西线艺电子有限公司、海泰电子为代表的电子工业；以利君制药有限公司为代表的医药制

造业；以渭河煤化工集团、中众化工公司为代表的精细化工产业；以八鱼油脂、高迪尔果汁、大农饲料为代表的农副产品加工业；以金城工业园有色金属加工为代表的新材料研发基地等六大产业园区。

（五）数量充足的人力资源

发展先进制造业关键靠人才。渭南各种职业技术学院汇集其间，拥有职业高等教育 2 所，民办职业教育学校 100 余所，教育体系完善，各类技术人才充沛。先进的制造业就是要技术领先，就是要不断地创新，就是要有自己的专利技术，有自己的品牌产品，有自己的市场竞争实力。这些都靠人才。必须承认在先进制造业方面，在装备等重工业领域，我们中国比起世界先进的发展水平来仍然是落后的，是处于市场低端的。也就是说，我们做的仍然只是来料加工，“照葫芦画瓢”的加工，而非精加工，更提不上是创新制造。我国依然是一个制造大国，而非制造强国。但人才从哪里来？最根本的办法是自己的培养，形成自己的人才培训基地，形成自己的人才创新队伍，这正是渭南的努力方向。

（六）不断提升的发展环境

渭南现有工业园区 15 个，其中国家级 1 个、省级 2 个，入园企业 790 户。已经形成了亲商、安商、爱商、富商的良好氛围，对重大投资项目实行“保姆式服务”，在市场准入、土地征用、税收优惠等方面将按照 “政策根据项目定，服务跟着项目走”的原则给予更多的优惠和更为全面的服务。全面推行首问负责制、服务承诺制、限时办结制，行政效率和服务水平不断提高。高新区设立每年 2 000 万元的科技创新奖励资金，支持创新创业服务体系建设和高新技术产业培育。全区现有科技企业孵化器 3 个，高新技术企业 14 家，各类专家工作站 6 个，市级以上工程技术研究中心 5 个，企业技术中心 6 个，企业研发中心 5 个，重点实验室和博士后流动站 5 个。

三、渭南发展先进制造业的路径

先进制造业是制造技术与信息通信技术及其他高新技术交叉融合，制造与服务跨界融合，资源效率高与环境友好相结合的制造业，这正是中国制造业转型升级的方向，也是中国制造业由大到强转变的目标。渭南的制造业要实现这个目标有两种途径，一是制造业现有门类的产业吸纳、渗透、融入信息通信和其他高新技术，提升产业层次，成为先进制造业；二是通过新兴技术的研究和产业化，逐步形成新的产业，加入先进制造业的行列。

（一）改造升级传统制造业

既然先进制造业是在传统制造业基础上，吸收信息网络、先进材料和工艺以及现代管理的最新成果，应用于产品研发设计、生产制造、营销管理、售后服务全过程的新型现代产业，就不能把传统制造业全部放弃或者推倒重来，而是要通过信息化、智能化、低碳化的高新技术，来实现传统产业的转型升级。

韩城的发展，同样是依靠煤炭，过去是炼焦和发电，市场小、利润低、风险大。现在以科技为主导，使每吨价值 200 多元的煤炭，就地增值 1 600 元以上。海燕焦化集团分别与中国华电集团、宝钢集团合作，建设煤焦油加氢（生产汽、柴油）项目和焦炉煤气制液化天然气项目，将焦炭下游产品由原来的 20 多种发展到 80 多种，使能源利用率大大提升。中汇煤化有限公司采用先进的粗苯加氢工艺和萃取蒸馏工艺，对粗苯进行深加工，生产苯、甲苯、二甲苯的精细化工产品。黑猫炭黑公司利用焦炉富余煤气，采用国际最先进的炔醛法生产丁二醇，年产量达 6 万吨，年收入达 9.64 亿元，填补了韩城精细化工的空白。渭化集团、金钼科技等精细化工企业发展重点向下游产业链延伸，支持研发附加值高的新产品。中联重科、北人印机、西部重工等装备制造企业，通过建立引导和约束机制，支持、鼓励企业特别是规模企业增加研发投入，提高自主创新能力，做大做强自有品牌。

（二）直接引进和自主研发新兴产业

在全球制造业领域，全球化、智能化、网络化、虚拟化、敏捷化、集成化和绿色化等先进制造模式和制造技术的创新层出不穷。首先，伴随着经济全球化和信息技术的迅猛发展，制造业的全球化趋势不断加强。制造业的资源配置正向生产全球化、营销全球化、融资全球化、服务全球化和研发全球化转变，以缩短从研发到盈利的周期。比如，美国 SUN 公司将全球研发作为重要战略，将 50%以上的研发放在硅谷之外，在爱尔兰、印度等地建立了研发中心。其次，制造业的集群化也扩展到了全球。大型跨国制造公司为获得竞争优势，与全球的中小型关联企业合作，形成全球性的产业集群，也使国际产业链细分化。最后，由完全制造向总装制造转变。信息网络提供了制造商和加工厂之间的最短路径连接和最快速度成交的现实可能性。跨国公司利用网络优势，对整个产业（产品）价值链进行拆分，在全球范围内建立零部件的加工基地，自己负责产品的总装与营销，这种经营模式近年来获得了飞速发展。联合国的一份报告显示，美国福特汽车零部件是在 11 个国家生产的，美国波音飞机的零部件是在全世界 70 多个国家生产的。我们要抓住机遇，创造条件，加快对接，由粗放制造向绿色制造转变，向环保化和绿色化方向发展。

韩城引进中石油煤层气开发公司、香港龙门能源（集团）公司、陕西美能天然气公司 3 家企业在辖区实施煤层气勘探、开采和运营，推广使用煤层气，把传统的“煤都”变成清洁的“气都”，建成了陕西最大的煤层气研发、开采、深加工转化基地，1 000 兆瓦风力发电、1 000 兆瓦光伏发电等清洁能源产业也即将落地。3D 打印培育基地成功引进了西安交通大学、西北工业大学、清华大学三个国内顶级 3D 打印研发团队，并与 43 名专家教授建立长期合作关系，掌控了 3D 打印的技术源头。陕西增材制造研究院、渭南鼎信、陕西路通、陕西瑞特、陕西三缔、像王科技等 9 户企业，2014 年实现产值 3 000 万元，2015 年预计产值突破 2 亿元。目前，融原材料研发、工艺设计、技术培训、装备制造、市场应用和网络营销为一体的 3D 打印全产业链已经初步形成。引进的深圳沃特玛电动汽车电池研发生产、3D 打印创新智造示范平台建设、增材制造用雾化粉末、年产 20 万平方米柔性全息显示面板、超大型金属 3D 打印、康沃包装机械产业园等 12 个项目，科技含量高、辐射带动能力强，随着广东利盈、黄工奥尔德、成都中挖、青岛中青林等配套企业的入驻，渭南装备制造产业链条逐步健全。在新能源、新材料领域，舜天能源、渭南光电、海泰液晶材料等一批战略性新兴产业，成为区域经济发展新的增长点。

参考文献

[1] 忠厚堂. 先进制造业[J]. 求是，2015（3）.
[2] 吴玉国. 我国先进制造业影响因素研究[D]. 重庆：西南政法大学，2012（3）.
[3] 原磊，王加胜. 传统产业改造和先进制造业发展[J]. 宏观经济研究，2011（9）.
[4] 吴建荣. 基于SWOT分析的两江新区先进制造业发展对策思考[J]. 特区经济，2011（8）.

陕西制造产业结构调整的金融因素分析

郝丽霞

（经济与管理学院陕西省中小企业研究所）

摘要： 在制造产业结构调整过程中，金融业发展对制造业结构优化升级具有显著推动作用。文章通过分析影响制造业产业结构的金融因素、金融业发展对制造业结构影响机制，提出了金融业发展的对策，以促进陕西产业结构的调整升级。

关键词： 制造产业；金融业；产业结构调整

基金项目： 渭南师范学院特色学科建设项目（14TSXK03）；省社科基金项目（2014D30）；陕西省军民融合研究基金项目（15JMR07）

在现代经济环境下，制造业通过运用现代计算机、机械、工艺流程、电子技术等高新技术成果，实现了优质、高效、环保、节能的制造业发展目标，具有与时俱进的产业形态，且呈现出由轻纺制造业到重化制造业，再到装备制造业和智能化、信息化制造业的演变特征。金融是推动经济结构转型特别是产业结构优化的重要动力和关键因素，产业升级、产业扩张、产业集聚、产业整合、产业并购等一系列关系到产业结构优化的产业活动，都离不开金融的支持。目前，陕西省制造业门类虽然比较齐全，但由于生产比较分散、集中度偏低，相关企业间的分工协作水平低，配套能力较低，产业带动性不强，高技术产业严重匮乏，制造业盈利能力非常有限。金融业的发展不仅能在就业人数上扩大制造业规模，更从技术含量、产值规模等方面推动制造业结构升级。

一、影响制造业产业结构的金融因素

（一）金融政策

低碳经济是政策性金融与制造业结合得较为紧密的一块。近年来，低碳经济成为社会各阶层关注的焦点。国家银监会也因此先后出台了一系列的相关政策措施，最具代表性的有《节能减排授信工作指导意见》与《商业银行并购贷款风险管理指引》等。在有关政策措施的指导下，以银行为代表的金融机构纷纷行动，逐步进入低碳金融市场。各大金融机构开始以开展“绿色信贷”服务业务为主要着力点，创新信贷服务机制，降低高能耗和高排放的各大产业方面的信贷支持，促进包括制造业在内的各大产业的结构调整和升级，实现结构优化。

（二）商业银行

包括制造业在内的各大产业的主要融资模式仍是间接性融资，融资渠道主要是银行贷款，这里所指的银行是中国银行、中国工商银行、中国建设银行、中国农业银行以及其他各省的地方性商业银行，当然也包括农村商业银行（原名为农村信用社）。其中，以四大国有商业银行为主。然而，银行考虑到风险因素，对大多数制造业企业缺乏内在需求。陕西省的制造企业大都处于产业链的低端位置，它给企业带来的收益增加并不明显，这类行业在银行看来并没有足够的吸引力。因此，就需要政府通过制定和实施一系列政策，引导商业银行进行金融贷款的支持。

（三）银行利率

目前，经济运行中存在的主要问题有：钢铁、水泥等行业的投资过热，固定资产投资增长过快、货币信贷增长过猛等。中国人民银行把握着金融机构的存贷款利率的调整权，通过制定和实施货币政策，并运用信贷管理、上调或下调利率等经济手段，来提高社会经济发展过程中投资过热或过冷行业和部门的资金使用成本及流向，引导商业银行着力优化信贷结构，从而调整经济发展方向，促进产业结构调整，实现制造业等行业的产业结构优化，以保证国民经济持续、快速、健康发展。

（四）信用资金的运用

信用资金对产业结构的优化升级有着重要作用，信用资金的变化在一定层面上会对产业结构产生影响。信用资金的作用主要包括规模化效应、结构化效应以及滞后性效应。信用资金的规模化效应是指在通常情况下，信贷资金的使用越多则产业结构变化越快；信用资金的结构化效应是指信贷资金的投入量要依照经济增长和产业结构现状来确定，只有当信贷资金的使用比例符合经济增长需要和产业结构要求才能促进经济发展、产业结构的调整优化，否则只会起到阻碍作用；信用资金的滞后性效应是指一旦信贷资金投入使用，就会使固定资产在企业总资产当中的比例发生改变，并产生对产业结构优化的影响。

（五）金融结构

金融结构包括融资结构、业务结构、市场结构以及开放结构四个层面。首先，金融融资结构对产业结构影响较大；企业在进行产业结构调整和升级的同时需要一定数量资金作为支撑，而陕西企业的融资现状并不乐观，表现为内源融资困难而外源融资多只能依靠中间力量获得，因此陕西企业很难获得企业发展所必需的贷款支持，在某种程度上也就使产业结构的调整和升级变得困难。其次，金融业务结构决定了产业结构优化升级所必需的资金来源渠道的多少。再次，金融市场结构主要是指资本与货币市场，资本、货币市场的共同作用才形成了经济发展中各行业所需资金的渠道来源，使企业能够通过直接与间接相结合的融资形式增加融资，促进结构调整和产业升级。最后，金融开放结构则是指外资结构先于国内金融机构进入某些产业领域，从而使这些特定领域的相关产业比其他产业更早更充分地得到融资，从而推动经济发展。

二、金融业发展对制造业结构影响机制

金融业对产业结构的影响，本质上是通过融资实现资金的供给和需求变化，从而影响资金流向，金融资源实现配置，金融结构发生改变；当金融资源发生结构性变化之后，就会通过资金的形成、导向、信用催化、风险等机制和环节影响产业结构，促进产业结构调整，实现产业结构优化。

（一）资金形成机制

资金形成机制即将储蓄转变为投资的机制，只有当储蓄有效转变为投资时，才能给经济增长提供资本支持。随着金融业活动的产生，使投资和储蓄逐渐相互独立。金融机构将来源于投资者和储蓄者的资金进行再配置，提高投资储蓄的整体水平，实现资源的优化配置。资金形成机制通过类似于银行之类的金融机构将投资者和储蓄者的资金集合起来，然后重新进行分配、安排，使投资、储蓄的资金能够被高效地用到真正有需求的企业或产业，提高资金利用效率，调整产业结构，达到产业结构的优化。

（二）资金导向机制

资金导向机制离不开商业金融与政策性金融两个方面。前者的利益竞争机制和后者的矫正倡导机制相结合，共同构成了资金导向机制，实现了产业结构的优化和平衡发展。一方面，商业性金融以自身利益为出发点，在从事金融性活动时以市场收益和资金价格为标准，客观、安全地评估竞争行业的相关项目，推动市场资金从低效部门流向高效部门，提高投入要素的整体水平；另一方面，政策性金融则主要是通过利率、财政等政策对资金导向进行补充，直接或间接性地干预金融市场秩序，引导资金更好地投向高效能企业或产业，矫正和补充市场缺陷。

（三）信用催化机制

信用催化机制在金融业发展对产业结构优化升级机制中占据着重要地位。信用催化机制实质是通过货币量的扩大，加速资本形成，促进生产中资源的节约和使用效率的提高，从而把潜在的资源现实化，推动产业结构调整与经济总量增长。闲散资金的总量在信用催化机制作用下，资金投向不再限于已存在明显效益的产业或项目，而往往以资金的增值返还为出发点，选择具有一定超前性以及有广泛的前向后向和环向扩散效应的产业项目进行投资，催化主导产业相关产业及其合理的产业结构体系的构建与调整更迭，在资金良性循环基础上实现经济的发展和提高。

（四）产业整合机制

产业整合机制要求针对有发展潜力、经济效益好的企业或产业加大金融资本投入力度，使社会金融资本从低效企业、产业转向高效企业、产业，促进产业集聚。在大量金融资金的助推之下，优势企业、高效产业能够更好地整合自身资源和要素，增加产品的生产数量，扩大产品生产规模，加快企业规模化和集团化进程，实现产业结构调整，达到产业结构优化。同时，金融业的发展对于企业与企业之间、产业与产业之间的合作、并购以及重组都有着相当重要的意义；这在本质上是金融业的深化发展在行业内部、行业间的运用，最终目的也就是为了自身企业、产业走向国际化、多元化，增强我国整体竞争力水平，实现陕西省产业结构的整体升级。

三、加快金融业发展，促进制造业结构调整的建议

（一）积极稳妥地推进金融创新，改善金融环境

陕西省的金融机构要加快转变发展方式，着力完善现代金融企业制度，强化内部治理，提高创新发展能力和金融服务水平，改变过去依赖规模扩张的粗放经营模式，加快构建多元化的盈利模式，开拓新业务，加大对“三农”和小微企业特别是新兴产业的金融支持，培育新的盈利增长点。要结合陕西产业和西部大开发的政策，突出对重点领域的金融支持。需从陕西省经济社会发展的实际需要出发，以市场为导向，积极稳妥地开展金融组织创新、产品和服务模式创新，提高陕西地区金融业的深度和广度。

（二）结合陕西制造产业优势，进一步完善金融支持政策

要充分发挥信贷政策的引导作用，积极采取措施，有效满足陕西制造业发展的合理信贷需求。继续实行优惠的法定存款准备金率，增强西部地区金融机构信贷投放能力。积极运用政策调节手段，引导各类金融机构支持企业创新，加强政府资金与金融资金的相互配合，通过基金、贴息、担保等手段引导更多的资金支持自主创新与科技成果产业化，加强对陕西制造业的支持，以更好地服务陕西跨越式发展的需要。

（三）建立健全创业投资机制，发挥创业风险投资的促进作用

制定《创业投资企业管理暂行办法》等配套规章制度，完善创业风险投资法律保障体系。鼓励有关部门和地方政府设立创业风险投资引导基金，引导社会资金流向创业风险投资企业，引导创业风险投资企业投资处于种子期和起步期的创业企业。允许创业风险投资企业在法律法规规定的范围内通过债权融资方式增强投资能力。

（四）构建多层次金融支持体系，扩大自主创新的融资渠道

支持自主创新企业在国内主板和中小企业板上市，适时推出创业板，并且努力为高科技中小企业在海外上市创造便利条件，拓宽其直接融资渠道。同时，要完善技术交易市场、产权交易市场，促进技术与资本的有机结合。

参考文献

[1] 陈晓雨．金融化趋势下的产业结构优化升级[N]．光明日报，2015-04-08.
[2] 林毅夫．充分发挥金融在产业结构调整中的促进作用[J]．金融论坛，2009（4）.
[3] 张玉喜．产业政策的金融支持体系研究[J]．学术交流，2009（2）.
[4] 傅进，吴小平．金融影响产业结构调整的机理分析[J]．金融纵横，2005（2）.
[5] 马超龙．后金融危机时期金融市场发展趋势及对产业结构调整的影响[J]．国际金融，2011（12）.

秦东制造业技术创新案例探析

赵若淇

（渭南师范学院经济与管理学院）

摘要： 技术创新给制造业注入了新的血液和活力，渭南市地处陕西关中承东启西的门户位置，有重要的区位优势发展制造业。本文分别从先进机电制造业、3D 创新制造业和生物科技创新制造业角度讨论渭南创新制造业的发展案例、发展状况并提出相应的政策建议以保证渭南创新制造业的顺利发展。

关键字： 制造业；技术创新；渭南市

基金项目： 渭南师范学院特色学科建设项目（14TSXK03）；渭南师院研究生专项："转型期合作社的多元性及其法律地位研究"（立项号：12YKZ038）；渭南师范学院校级项目"秦东家庭农场发展的动力机制研究院"（立项号：14SKZD13）

产业发展水平是一个地区竞争优势体系中最重要的组成部分，正如迈克尔·波特所指出，一个地区的竞争力在于其产业创新与升级的能力[1]。制造业创新早已成为各地区竞相发展的重点。渭南位于陕西省交通要道，素有八省通衢之美誉。一直以来渭南都是陕西农业种植大市，其棉花小麦种植一直位于陕西前茅。为了开发承东启西的东大门位置，渭南近年来着力建立国内一流创新型特色产业园区，增加产品附加值和技术含量。这些使渭南成为一座产业发展齐全、创新活力十足，城市品位高雅的科技成果转化之城、人才发展之城和生态之城。

一、渭南市创新制造业概述

渭南市政府高度重视企业技术创新，为了发展制造业，2013 年渭南市全年争取中央及省级上财政支持共计 2 117 万元：其中，技术创新专项资金项目 5 个，争取资金 95 万元；中央预算内产业振兴技改项目 2 个，争取资金 938 万元；中央预算内中小企业技术改造项目 2 个，争取资金 240 万元；省级企业技术改造项目 14 个，争取资金 789 万元；重大科技成果产业化项目 1 个，争取资金 150 万元；申报陕西省新产品开发项目 12 个[2]。

在装配制造领域，渭南重点建设土方工程机械、印刷机械并多方面探索生物制品领域。形成了中国企业 500 强、机械工业 50 强的中联重科，国家火炬计划重点高新技术企业陕西北人印机，西北最大纺织设备制造商青峰科技，大中型凹印机自动套色及印刷图像检测系统研发生产企业陕西科赛机电设备有限公司，国家农业部定点创新生物公司陕西绿盾生物制品有限责任公司。

国外学者 Ralph 等认为欠发达地区的制造业应使用各种环境友好型技术来实现需求[3]，渭南也正是朝这个方向努力的。接下来本文重点讨论中联重科，陕西北人印机，渭南青锋机电科技有限公司，陕西科赛机电设备有限公司和陕西绿盾生物制品有限责任公司的发展状况和技术创新。

二、渭南市创新制造业案例分析

（一）先进机电制造业

中联重科于 2009 年 3 月 29 日正式入驻渭南，中联重科渭南分公司下设推土机、挖掘机事业部，是中联重科下属的专业从事土方机械研发、生产、销售、服务的经营单元，是中联重科进一步完善产品链，实现经营规模进一步提升的重点发展单元。渭南分公司在陕西拥有华山工业园、西安工业园、渭南工业园三个生产基地，具有强大的生产能力和保障能力。中联重科土方机械产品已遍及能源、水利、冶金、建筑、矿山开采、铁路、公路、机场建设等行业，并出口到美国、加拿大、古巴等三十多个国家和地区。

在创新的道路上中联重科不断探索，在 2013 年北京国际工程机械展览与技术交流会中中联重科在近 2 000 平方米的参展空间里，专业诠释了在满足市场和客户需求方面的创新追求，中联重科的明星产品 ZLJ5540THBB 67-6RZ 泵车是目前全球五桥底盘最长的碳纤维臂架泵车，它的泵送能力相比其他厂家的同类产品提高了 20%左右，同比油耗降低了近 7%，在满足客户的工程作业的同时，还能为客户实现巨大增值。

渭南青锋机电科技有限公司也是机电类大型制造企业。该公司于 2008 年落户渭南，承接了原渭南纺织机械有限公司，有“中国纺织电机研发、制造基地”的称号。生产的纺织专用电机、电梯电机、机床电机及各类特种电机，在国内外享有极高声誉。

（二）3D 打印创新技术

按照“现代化城市新区”战略定位，渭南高新区坚定“环境立区、产业强区、创新活区、和谐兴区”四大主题，坚持“开放、合作、创新、高效”的发展理念，积极实施“四个三”工程，围绕三个提升——产业发展提升、创新能力提升、城市品位提升，打造三个基地——科技成果转化基地、人才发展培育基地、生态环境友好基地，实现三个突破——发展空间突破、信息化建设突破、收入分配制度突破，强化三个保障——工作效能保障、发展资金保障、党建支撑保障，倾力打造国内一流创新型特色产业园区和 3D 打印（增材制造）产业培育基地。这为 3D 打印技术创造了良好的环境基础。

渭南科赛机电设备有限公司是集光、机、电及计算机技术为一体的高新技术企业。公司旗下拥有西安科赛图像科技有限责任公司等多家子公司，拥有一批年轻化、专业化、高素质的科研队伍，曾为我国印刷包装机械自动化研究做出了重大贡献，是陕西省科技厅和信息产业厅认定的“双高”（高新技术企业、高新技术产品）、“双软”（软件企业，软件产品）企业。

其自主研发的自动套色控制系统、印刷图像监测系统技术达到国内领先水平和国际先进水平，成为我国大中型凹印机自动套色及印刷图像监测等系统的研究生产基地。其产品市场占有率达到 70% 以上，打破了国外垄断，让“渭南制造”畅销 30 多个国家和地区。

除了渭南科赛机电设备有限公司，陕西北人印机公司也是国内包装印刷设备制造行业的排头兵。多年来，始终瞄准国际先进水平，坚持科技进步和技术创新，不断提高产品技术含量，提升企业核心竞争力。据了解，陕西北人印记公司最新研制了 350 m/min 无溶剂复合机，该机器集复合速度高、环保节能、安全健康、产能卓越等优点于一身，采用模块化设计，使机器安装、调试、日常使用更加容易。180 m/min 电子轴凹印机因其自动控制能力较强，相比传统机械轴传动系统，减少了穿料长度，大大降低了印刷品废品率，并且其换辊快速、换料不停机、控制界面极具人性化，可以快速实现短期订单印刷。

（三）渭南生物科技创新发展

陕西绿盾生物制品有限责任公司成立于 2000 年，属国家工信部定点的生产生物农药、生物肥料等系列生物制剂的企业。企业集研发、生产、销售于一体，是中西部最大、全国生物农药品种最多的企业。陕西省政府大力鼓励支持生物创新类企业，授予了陕西绿盾生物制品有限责任公司 2015 年度陕西省“专精特新”中小企业称号。其中，“专精特新”中小企业是指具有发展战略专一化、管理及生产精细化、产品或服务特色化、技术或经营模式创新化等鲜明特征，能够在产品、技术、业态和经营方式上代表细分行业发展方向，科技含量和管理水平较高，成长性好，发展潜力大的中小企业。为深入贯彻落实国家西部大开发税收优惠政策，推进产业产业转型升级，渭南发改委组织对陕西绿盾生物制品有限责任公司减免税收 3 312.5 万元。

三、增强渭南企业技术创新的政策建议

通过对机械制造业，3D 打印创新行业和生物制品行业的案例分析可以发现作为高新技术产业，技术创新能力在逐步提高，其中值得肯定的是创新制造业已经开始从模仿阶段逐步向自主创新阶段过渡。但同时还存在一些问题，例如：科研经费投入不足，科学家和工程师的比例不高，科技活动基础实力薄弱等问题亟待解决。因此笔者认为：

（1）针对不同产业技术创新能力影响因素不同，在制定和落实产业政策时要具体产业具体对待，有的放矢。

（2）加大科技投入力度，提高资金利用率。通过网上新闻资料查询和年鉴查询发现制造业技术创新的资金投入不足，因此要加大资金投入力度，同时提高资金利用率，避免浪费，拓宽融资渠道。

（3）重视人才培养，提高劳动者素质。如果说资金投入是提高产业技术创新能力的“硬件”的话，人才投入就是“软件”，没有人才投入硬件就无法发挥其作用，只有软硬结合才能真正提升产业的技术创新能力。目前，科技人员比重较低、员工素质不高的现象在各个产业普遍存在，重视人才引进和培养、提高劳动者素质是解决创新能力的有效途径。

（4）制定有利于企业自主创新的政府官员绩效考核标准和科技成果评价机制。多年来，我国地方政府对干部的考核以 GDP 为考核标准，这种考核标准没有考虑经济发展中的资源消耗、环境保护等问题，更不必说创新。政府应该尽快改变这种对自主创新十分不利的考核评价机制，代之以全面考核利润、产值、自主品牌研发和自主创新能力建设的新机制。

参考文献

[1] 迈克尔·波特. 竞争论[M]. 北京：中信出版社，2003：160.

[2] 王答熊，刘百宽. 技术创新[Z]. 渭南年鉴，2014.

[3] RALPH LUKEN, FRANK VAN ROMPAEY, KATARINA ZIGOVA. The Determinants of EST adoption by manufacturing plants in developing countries[J]. Ecological Economics，2008（66）：141-152.

基于工业结构优化的陕西省先进制造业发展对策研究

杨春丽

（渭南师范学院学科办）

摘要： 先进制造业是以先进制造技术为主要生产手段的制造业，对区域工业结构的优化发挥着举足轻重的作用，并呈现出逐步发展壮大的趋势和前景。本文首先研究了不同时期陕西省制造业的发展变化以及近年来的发展状况；然后分析了陕西省发展先进制造业的区位、教育、科技、工业基础、政策条件等优势；最后提出陕西省发展先进制造业，优化工业结构的对策建议。

关键字： 先进制造业；工业结构优化；发展对策

基金项目： 渭南师范学院特色学科建设项目（14TSXK03）

先进制造业是以先进制造技术为主要生产手段的制造业，在国内外市场中具有较强的技术先进性与总量规模性，具有科技含量高、生产效率高、创新能力强等产业特征，对区域工业结构的优化发挥着举足轻重的作用，并呈现出逐步发展壮大的趋势和前景。处于不同发展阶段的经济，制造业会随着该地区的资源禀赋、产业配置能力、科技水平、创新能力等的变化而有所不同。在现代科技快速发展的时代，新的产业部门随之涌现，这就使传统制造业的地位逐渐下降，加快发展先进制造业已成为制造业发展的新潮流。因此，陕西省如何依据自身的实际情况发展先进制造业，这对促进产业的优化升级，实现陕西省经济持续、健康、平稳、快速发展有着举足轻重的意义。

一、不同时期陕西省制造业的发展变化

不同时期陕西省制造业的发展也在不断发生变化。新中国成立初期，中央政府把陕西省作为重点建设区域，并且进行了大规模投入。“一五”“二五”和“三线”建设时期，国家先后在陕西省开展了一批大型骨干项目，全国156项重点建设项目有24项在陕西落成，占15.4%，居全国第二位，为陕西制造业和军事工业奠定了良好的基础。

通过几十年的建设，陕西已经形成门类比较齐全的工业体系，军工企业规模位居全国首位。新型电子元器件、通信及网络设备、计算机软件、数字化家电等具备研制能力的产业成为陕西省的优势产业。

随着工业化进程的不断加快，陕西省经济增势强劲。陕西省积极实施工业强省战略，加快工业调整，坚持走新型工业化道路，在原有的制造业为主的工业基础上，逐步形成了比较

完整的工业体系。新型能源化工、先进装备制造、有色冶金、食品、纺织服装、医药、航空航天器制造业成为陕西省的优势产业。

二、陕西省经济发展过程中存在的问题

近年来，陕西省依托自身丰富的优势资源并采取一系列战略措施和制定相关产业政策促进陕西省制造业的发展。陕西省政府积极实施一系列产业发展战略，高新技术产业的产值增长迅速，平均每年增长 30% 以上，是陕西活力最强的优势产业；确定军民结合型装备制造业的战略思路，制定装备制造业振兴专项规划，加快振兴装备制造业；遵循循环经济理念，着力建设陕北能源重化工产业基地。

通过这些优势产业的发展，从近几年的数据来看，陕西省 GDP 由 2009 年的 8 169.8 亿元增长到 2013 年的 16 045.21 亿元；财政收入由 2009 年的 1 391.13 亿元增加到 3 004.47 亿元；三次产业的比例由 2009 年的 9.67∶51.85∶38.48 发展到 2013 年的 9.51∶55.5∶34.9。

因此，从总体来看，陕西省经济依托这些优势产业取得了快速发展，对于三次产业结构的调整也发挥了一定的作用。但就三次产业的比重来看，这些优势产业发挥的作用还不够明显。与此同时，陕西省科技创新能力不足，优势产业技术研究开发与创新能力不高，科技成果转化率低等问题突出，这些问题都在很大程度上影响着企业的核心竞争力，制约着产业的快速发展。所以，要促进陕西省经济快速可持续发展就必须克服这些问题，因地制宜地发展陕西省的先进制造业，并通过发展先进制造业来促进陕西省的产业结构进一步优化升级。

三、陕西省发展先进制造业的优势分析

陕西是中国大西北的门户，是连接中国东、中部地区和西北、西南的交通枢纽，随着西安—包头、西安—安康、西安—南京铁路干线的相继建成，将进一步加强陕西承东启西、连贯南北的经济地理位置。除了区域优势之外，陕西省高校云集，教育、科技等都有其明显的地域性特点，正是因为这些独一无二的资源，构成了陕西省发展先进制造产业的坚实基础。

（一）区位优势

陕西省地处黄河中游，位于中国内陆腹地，处于全国的中心位置。陕西从北到南纵跨温带、暖温带、北亚热带三个气候带，横跨黄河、长江两大流域，是我国中西结合部，具有承东启西、连结南北的区位优势。以省会西安为中心的“米”字形的铁路交通结路线初现雏形，其中主要铁路干线包括“新亚欧大陆桥”亚洲段的中心和进入中国大西北的“门户”的陇海线，贯穿西北和西南的西包、西渝铁路，连接东部沿海的西（安）—合（肥）铁路等，西安俨然已经成为贯穿全国的重要交通枢纽，具有非常重要的战略地位。交通的发展，将迅速带动各市区县经济，缓解经济发展的交通“瓶颈”，促进煤矿、气田等矿产资源的输出，有效解决资源的开发与运输问题，为陕西省的快速高效发展提供源源不断的强劲动力。

（二）科技、教育优势

陕西省是教育大省，同时也是中国国防科技的腹地，这里拥有许多知名的高等学府和科研院所，已然成为中国航空航天、机械、电子、通信、农业等领域的科研和生产基地，为国家科教产业发展提供强大推动力。关中高新技术产业开发带已经形成，其中主要包括以下几个骨干高新技术产业开发区：中国首批亚太经合组织开放的科技工业园区——西安高新技术产业开发区，国家唯一的农业好心技术产业示范区——杨凌农业高新技术产业示范区，宝鸡高新技术产业开发区。西安高新区和杨凌示范区均位于国家重要支持的五大高新区之列。陕西软件业和高新技术产业均有其特有的区域发展优势，但也要加快架构调整，产业整合，形成优势，使科技资源得到优化和充分发展。

（三）良好的工业基础优势

陕西省由于其重要的战略地位，孕育了很多关乎国家经济命脉和国防安全的支柱型企业，拥有较好的工业基础。"一五""二五"和"三线"建设时期，国家将一批重点特色项目在陕西建设，形成了种类比较齐全的工业体系，如航空航天、机械、电子信息、纺织、医药、能源等。同时，西安、宝鸡等老工业基地的一大批装备制造业的大中型国有企业也日益强大，推动了陕西工业化的发展。拥有良好的工业基础优势，若继续深化发展该优势，那么陕西在西部大开发中将会有新的突破和进展。

（四）政策条件

2009 年，为应对国际金融危机，国家制定了钢铁、有色金属、石化、船舶、汽车、装备制造业、轻工、纺织、电子信息以及物流业十大重点产业调整和振兴规划。为陕西省发展装备制造业、电子信息的等重点产业，促进产业结构优化升级创造了极佳的政策机遇和支持。

"十二五"是深入推进西部大开发步伐的关键时期。陕西省采取了一系列的举措，包括：规划发展关中—天水经济区，建设陕北国家大型煤炭基地，制定和实施陕甘宁革命老区振兴规划政策，补偿陕南国家南水北调水源地等，这些举措使陕西的优势产业发展在国家战略层面上获得更多和更大的机会。

四、陕西省发展先进制造业的对策建议

工业结构优化是根据区域资源、环境、科技水平等特点，通过对工业结构的调整，使各产业实现协调发展，并随着区域经济的发展对工业结构进行动态合理调整，从而满足社会经济不断向合理化和高级化发展的过程。目前，陕西省已处于工业化中后期阶段，按照经济发展的一般规律，这一阶段发展基础更好，动力更强，但深层次的矛盾也日益显露。陕西省要想取得长足发展，应以转变发展方式为核心，进一步优化产业布局，形成产业分工合理、区域错位发展、产业集群优化、要素集约利用的发展格局，构成特色鲜明、综合竞争力较强的

现代产业体系，推动先进制造业转型发展。

（一）依托资源优势，着力发展重化工业

充分发挥陕西省资源优势，着力构建重化工业产业链，提高关键技术和关键产品的自给配套能力，发展科技先导、资源节约、环境友好的现代化工业体系。

（二）向集约经济方向发展

围绕优势资源和优势产业，培育一批具有核心技术、自主品牌和国际竞争力核心企业，推动中小企业向工业园区集中，与大企业形成分工协作关系，形成以产业链为纽带、专业化生产的产业集群布局。

（三）提升自主创新能力，完善技术创新体系

加快调整要素投入结构，进一步建立和完善区域技术创新体系，强化核心技术培育，努力突破制约产业优化升级的核心技术，实现制造业从引进技术、模仿加工向引进再创新及自主创新的转变。

（四）发展绿色低碳、循环经济

把促进绿色低碳、循环经济作为工业转型升级的重点，健全激励与约束机制，提高产业对资源的综合利用效率，控制建设工业废物的产生和排放，加快推动资源利用方式向节约集约、环境友好转变。

（五）推进信息化与工业化融合，以信息技术支撑产业转型发展

大力推进信息化与工业化融合，建设两化融合公共平台、开展两化融合试点及推进应用示范。加快推动制造业向智能化、网络化、服务化转变，以信息技术支撑产业转型升级。

参考文献

[1] 王波．先进制造业发展相关论点及文献综述[J]．江苏商论，2009（4）：137-140.

[2] 徐英英．陕西省“十二五”工业结构优化研究[D]．西安：西安石油大学，2013.

[3] 于波，范从来．我国先进制造业发展战略的 PEST 嵌入式 SWOT 分析[J]．南京社会科学，2011（7）：34-40.

[4] 原磊，王加胜．传统产业改造和先进制造业发展[J]．宏观经济研究，2011（9）：18-24.

[5] 王国平．产业升级中先进制造业成长规律研究——以上海先进制造业发展为例[J]．中共中央党校学报，2009（2）：29-34.

[6] 吴晓波，吴东，周浩军．基于产业升级的先进制造业理论模型研究[J]．自然辩证法研究，2011（5）：62-67.

[7] 龚唯平．当代世界先进制造业发展的动因及新趋势[J]．经济前沿，2007（11）：38-41.

基于模块化的先进制造业生产网络构建

孔贵宝

（渭南师范学院经济与管理学院　陕西省军民融合产业发展研究中心）

摘要：先进制造业承载着中国制造业转型升级和经济结构调整的重大历史使命，而模块化的兴起和应用为先进制造业的发展带来了巨大的商业契机。文章探讨了模块生产网络的竞争优势，指出构建先进制造业的模块生产网络是调整产业结构、提升产业竞争力的战略举措，并提出构建模块化生产网络的具体建议。

关键词：先进制造业；模块化；生产网络

基金项目：渭南师范学院特色学科建设项目（14TSXK03）

20世纪90年代，美国率先提出发展先进制造业的战略规划，引发国际社会强烈反响，发展先进制造业成为世界各国的共同选择，各国纷纷出台优惠政策对先进制造业的发展加以扶持，如何快速发展先进制造业成为理论和实践界关注的焦点。

我国虽是制造业大国，却不是制造业强国。制造业是工业化的主导力量，是衡量一个国家综合实力的重要标志，先进制造业更是代表了一个国家的生产力水平。发展先进制造业对于推动产业结构升级、增强国际竞争力具有重要意义。工业和信息化部在2010年明确提出了我国加快培育、发展先进制造业的目标，力争形成一批自主技术和标准，加快推动产业化，促进结构优化升级。

一、先进制造业的内涵

先进制造业是相对于传统制造业而言的，是指制造业不断吸收计算机、机械、材料、现代管理技术等领域的高新技术成果，并将之应用于制造业生产的各个环节，实现自动化、柔性化、信息化、生态化生产，取得良好经济、生态、社会效益的制造业的总称。先进制造业中的先进体现为以下三个方面：一是技术的先进性。1992年，美国政府率先提出先进制造业的概念，认为先进制造业就是拥有先进制造技术的行业。先进制造业并不局限于高新技术产业，传统制造业只要经过先进技术改造，提高制造技术水平，同样可以成为先进制造业。二是管理的先进性。Noori（2005）认为，先进制造技术的实施要求企业做好在管理上的充分准备，由于组织的原因，不科学的新技术实施计划会导致先进制造技术应用失败，先进制造业在管理上必须是先进的，落后的管理不可能造就先进的制造业。三是模式的先进性。先进制造模式是指制造系统具有相似特点的先进生产方式方法的总称，各国企业经过生产实践中的摸索创造出许多先进生产模式，如精益生产、敏捷制造、绿色生产等。

二、先进制造业的模块化实践

20世纪90年代以来，模块化的理念和方法渐渐引入汽车、家电等行业生产中，成为引人注目的新型产业现象，进而成为产业组织优化、产业结构升级的革命性力量，从本质上改变了产业的微观基础和基本结构，促成了一种新型产业组织形态——模块化生产网络的形成和发展，有效提升了市场绩效。鲍德温和克拉克（2000）认为当今的产业已经进入模块化设计、模块化生产和模块化消费的大发展时期。青木昌彦（2003）进一步指出，新产业的本质就是模块化。

三、模块化生产网络的竞争优势

模块化生产网络是与模块化生产相适应的新型组织形式，网络中的每个成员不再是自我封闭的利润实体，而是生产网络中的一个节点和分工协作体系的一部分。作为一种新型产业组织形态，模块化生产网络将产生诸多方面的积极影响，对于增强整个生产系统的竞争力起到强大的推动作用。

（一）能够扩大创新空间，推动技术创新

首先，模块化生产网络的创新活动大多是分散式的，各个组织模块在遵循产品设计规则的前提下自主展开模块的内部创新，这是由其自身技术特点决定的。模块化产品是由若干具有独立功能的模块组合而成，模块之间通过标准界面实现松散连接，具有可互换性，可有效避免产品集成过程所带来的组织战略柔性低下的问题，从而使创新可以在系统集成商和模块供应商等多个层面进行，并通过标准界面实现创新成果的共享。其次，同一模块可以有不同的企业或团队承担并展开创新竞赛。模块供应商在遵循统一界面标准的前提下，相互独立地展开各自的研发活动，具有“淘汰赛”的激励效应。成功的企业获得全部模块价值，有效提高了研发竞争的激烈程度。最后，模块化生产网络可以创造选择价值。模块研发具有“背对背”的特征，同一模块研发的多个主体之间无需信息交流。虽然会造成一定程度的资源浪费，但往往能够预留多个技术方案，以应付未来的不确定性，创造可贵的选择价值。

（二）能够提供个性化产品，满足客户的个性化需求

随着产品的日益丰富和收入水平的提高，消费者需求个性化程度越来越高，标准化的产品已经无法有效满足消费者的多样化需求。童时中（2000）认为，模块化生产模式是应付市场多样化、个性化需求挑战的有效手段。通过模块化设计与生产，产品不再是由一系列零部

件直接构成，而是由许多通用模块和少量专用模块组成，将这些模块进行不同的排列组合，就可以快速增加产品的多样化程度，从而有效满足客户的个性化需求。

（三）能够有效降低生产成本，实现报酬递增

网络建设的特点是初期需要高额的固定成本投入，但边际成本很低。传统产业产品的平均成本随着生产数量的增加先下降而后上升，最后表现为规模报酬递减，而模块化产品的平均成本是不断下降的，呈现规模报酬递增的趋势。即模块化厂商卖的越多，价格就降得越低，就会出现“赢家通吃”的现象。模块集成商通过模块化生产方式发现客户需求，聚焦于更具报酬递增效应的价值模块，将其他价值模块分包各级模块供应商。与价值创新有关的信息也在网络成员间相互传递，形成正反馈，最终实现以知识为主要资源的报酬递增。

四、对策与建议

（一）充分发挥政府职能，构建模块化生产网络

首先，政府部门要从政策高度对模块化生产网络的构建给予充分支持。政府是政策的制定者，应研究出台有利于模块化生产网络构建的各项政策。在金融方面，重点满足先进制造业模块化进程中的资金需求，设立专项扶持基金。在人才方面，打破人才流动政策障碍，全面优化人才环境，增强人才吸引力。

其次，政府应积极推动模块化生产网络的构建。把模块化生产网络的竞争优势传播到先进制造业的各个企业，使企业领导人理解并接受模块化理念。由政府牵头联合企业、高校，推动产学研合作，出台先进制造业的模块化生产网络构建方案。

最后，要推动模块化产业集群发展。模块化生产方式的出现催生了模块化产业集群的出现。模块化产业集群从根本上化解了战略趋同、封闭自守、资产专用性等内生性风险，使产业集群始终保持旺盛的生命力和强大的竞争力。政府应按照模块化思维重构产业集群，在大企业和中小企业之间形成互补共生的模块化分工体系，并通过模块操作实现集群系统创新，降低重复研发成本，提升产业集群的创新能力。

（二）积极融入模块化生产网络，并沿价值链攀升

目前，价值链模块化所带来的制造业结构重组已经深深地嵌入全球化进程中，出现众多全球化经营、当地化运作的全球模块供应商。我国企业要想在模块化生产网络的全球化分工体系中占有一席之地，就必须积极融入其中。与发达国家相比，我国先进制造业的绝大多数企业在技术和管理上均处于劣势地位，无力充当系统设计师和核心模块制造者的角色。从现实条件出发，企业应先从充当特定模块的供应商开始，争取特定模块上的竞争胜利。通过组织学习和持续创新，向模块化分工的高端环节攀升，由模块化生产网络的“手脚”上升为“脑袋”，以实现更高的模块化分工价值和利润。

（三）完善外部环境，推动先进制造业发展

首先，以模块化的方法促进竞争。从本质上看，模块化生产网络具有“可竞争性”的特征。任何企业只要遵循“看得见的设计规则”，都能成为其中的一员，因此模块化生产网络的市场进入与退出障碍较低，可有效促进行业竞争。其次，减少不必要的管制行为。行政垄断和地方保护主义是当前存在比较突出的问题，不利于促进竞争和提升效率，其根本原因在于政府也是特定利益群体，应用法律手段规范政府行为，“把权力关进笼子里”。我国政府进行管制的方式应该由运用行政手段设置障碍转向运用法律手段降低进入退出市场的壁垒，推动市场竞争的充分展开。适度的市场竞争和自由宽松的环境是市场绩效的根本保障。

推动先进制造业的发展对于我国经济转型和产业升级具有重大意义，构建先进制造业的模块生产网络对于提升先进制造业的产业竞争力具有举足轻重的影响。我国需要加快先进制造业的模块生产网络的构建进程，充分把握模块化带来的巨大商业契机，推动产业技术进步和国际竞争力的提升。

参考文献

[1] 韩杰琼．生产制造业的模块化生产方式及其影响因素论述[J]．现代商业，2010（9）.
[2] 李放．基于模块化的先进制造业价值网络构建研究[J]．中国流通经济，2010（4）.
[3] 杨丽花．美国“再工业化”及其对中国先进制造业发展的启示[J]．新视野，2013（5）.
[4] 商彦章．模块化生产在现代制造业中的应用[J]．商用汽车，2013（11）.

制造业供应链管理现状分析与优化对策

邓勇勇

（渭南师范学院经济与管理学院　陕西省军民融合产业发展研究中心）

摘要：随着我国制造业的迅速发展，对供应链管理的要求愈加强烈，论文从战略层面出发，分析了供应链管理的有关概念内涵，总结了我国供应链战略管理所存在的问题，并提出相应的解决策略，为我国制造业企业通过供应链战略管理树立竞争优势提出理论依据。

关键词：制造业；供应链；优化对策

基金项目：渭南师范学院特色学科建设项目（14TSXK03）；陕西省社会科学基金项目（13SC018）

我国对供应链的研究刚刚起步，过去国内企业对供应链的关注主要集中在供应商—制造商的层面上，只是供应链上的一小段，研究的内容主要局限于供应商的选择和定位、降低成本、控制质量、保证供应链的连续性和经济性等问题，没有考虑整个从供应商、分销商、零售商到最终用户的完整供应链，而且研究也没有考虑供应链管理的战略性等问题。因此，可以说，目前在我国企业界还没有形成真正意义上的供应链。就我国脱胎于计划经济模式的国有企业和中小规模的大量的加工生产企业来说，供应链和供应链管理仍然是比较陌生的概念。值得欣喜的是，近年来随着为跨国公司配套生产的企业的增加，一些企业逐渐开始在理念和经营上不自觉地有了供应链管理的要求。

一、供应链与供应链管理的概念与内涵

"供应链"一词来源于英文"Supply Chain"。目前对供应链还没有一个统一的定义，许多学者给出了许多不同的定义，其中比较经典的定义是全球化供应链论坛的定义："供应链是指从原材料供应商到顾客一连串的为顾客，提供增值的产品、服务和资讯流程的整合。主要观念在将整个上下游视为一体，每个成员会直接或间接影响到其他的所有成员，也就是影响到整体绩效。"[1]

供应链管理（Supply Chain Management，SCM）这一名词最早出现于20世纪80年代，最开始是由咨询业提出来的。长期以来，对于供应链管理的定义有多种不同的表述。菲利普认为："供应链管理是一种新的管理体制策略，它是把不同企业集成起来以增加整个供应链的效率，注重企业之间的合作。"供应链管理是指对整个供应链系统进行计划、协调、执行、控制和优化的各种活动和过程，供应链管理的内容是提供产品、服务和信息来为用户和股东增

添价值，是从原材料供应商一直到最终用户的关键业务过程的集成管理，其目标是要将客户所需的正确的产品能够在正确的时间，按照正确的数量、正确的质量和正确的状态，以正确的价格送到正确的地点，并实现总成本最小。

二、制造业供应链管理的调查分析

何明珂，董理等[2]在全国范围内开展了制造企业供应链的管理问卷调查工作，认为供应链管理还是被大部分的企业放在了首先要改进的位置，其次是信息技术和采购管理，说明中国的企业已经找到了症结的根源，下一步就是需要正确的实施方案了。供应链管理问题应从以下几个方面入手：① 适应供应链管理需要，对企业组织做出相应改变；② 引进和培养供应链管理人才；③ 选择适合的伙伴，形成真正的战略联盟关系；④ 建立健全先进信息系统，使用高水平供应链管理软件；⑤ 专心核心竞争力，通过外包加强竞争优势；⑥ 放眼全球，企业应该具备全球供应链战略眼光。

（一）供应链合作状况分析

供应链是通过其组织与供应商和客户的过程之间实现连接和协调来进行管理的。因此，联系对于供应链竞争来说，是取得竞争优势的关键。这种联系实际上是一种合作的关系，只有当合作的各方之间的关系充满对所有各方的承诺时，才能足以确保为合作的对象创造价值，为所有合作者创造获得更多的利润。

供应链合作关系（Supply Chain Partnership，SCP）一般是指：在供应链内部两个或两个以上独立的成员之间形成的一种协调关系，以保证实现某个特定的目标或效益。相对于某个企业来说，它既包括企业与上游供应商的关系、企业与下游客户的关系，同时也包括企业和第三方物流的关系。

（二）供应链运作分析

供应链运作分析主要包括供应链的运作范围、控制以及运作过程中出现的困难分析。供应链的运作范围主要在国内，国际供应链快速增多。多数企业的供应链的运作范围较大，在国内大多跨越多个省市，而且国际供应链的数量虽然相对较少，但增长很快。

（三）供应链绩效分析

任何工作都要通过对该活动所产生的效果进行度量和评价，以此判断这项工作的绩效及其存在的价值。21 世纪的竞争是供应链和供应链之间的竞争，因此对供应链的运作绩效的考核显得尤为重要。我国供应链的绩效水平主要包括供应链的可靠性、柔性、反应能力、成本和资产利用率等几个方面。

三、我国制造业供应链管理存在的问题

（一）供应环节管理水平较低，企业仍抱着“重下游，轻上游”的传统观念

目前，我国的制造业供应链管理观念落后，企业只重视下游客户，倾向于与供应链下游伙伴保持密切关系，但对供应链上游伙伴重视程度不够，不愿和供应商结成双赢的合作关系，从而造成上游采购成本增加，原材料库存费用增大，供货不及时，难以对客户需求的变化做出快速的响应，这种情况必将对下游的市场营销与客户服务造成巨大影响[3]。

（二）供应链运作效率较低

目前，我国对供应链的研究还处于起步阶段，企业的组织机构和业务流程还不能适应供应链管理发展的要求，制造业还不能根据各类不同企业的特点制定出不同的供应链管理模式，因此在供应链实施过程中出现了许多问题，如：按时交货率相对不足，产成品存货比例较高，物流停滞时间长，造成较高的供应成本，企业从收到订单到组织生产到实施配送，最后到将产品送到客户手中的全过程中的总体反应能力较弱，花费时间较长。

（三）供应链管理人才缺乏，信息化程度低

人才是供应链管理一个非常重要的组成部分，也是供应链管理的关键，IT（信息技术）及其他技术是增强信息化能力的工具，企业只有合理配置相关人才，才能使这些技术成为巨大的资产。供应链管理是一个跨组织、跨行业的管理理念，它涉及诸多领域的高新技术，不但需要专门的技术人员，而且需要既精通供应链管理理论、方法、手段，又熟悉与供应链有关的电子商务技术的复合型人才。目前，许多公司都缺乏这样的人才。许多企业缺乏现代的管理理念和管理方式，而且在公司引进人才时他们还会有排斥心理，以至于企业高层管理人员短缺，人才缺乏严重制约了供应链管理在公司中的顺利实施。

四、供应链管理优化对策

如何妥善处理和完满解决供应链管理，长期以来一直是企业发展规划梦寐以求想要解决的问题。为了在这个激烈竞争的环境中处于制胜的地位，制造业企业都将供应链的优化作为改进用户服务质量，提高服务水平，提高资源利用，同时又能降低营运费用，降低库存量的一个手段[4]。

（一）管理人员优化

供应链管理人员必须通晓经营管理，会与供应商打交道，能够满足各类用户的各种要求和希望，做到及时交货，因此，教育和培训是关键。

（二）供应链最佳化

其重点是在制造生产上，还有从订单输入到订单任务完成的整个产品生产流通过程中的各种其他任务和经营管理过程的一切活动。供应链有效控制内容包括整个企业范围内的供应链的计划编制，生产同步化和执行控制。实际上包括了从一个单一工厂，或者是集中控制下的多个生产设施，一直到具有许多单个的供应商、销售商和运输商等组成的复杂网络系统的制造公司范围内的供应链的计划编制，生产同步化和执行控制等活动。

（三）重组业务流程，整体规划分销与配送

为了使供应链上的不同企业在不同地域的多个部门之间协调工作并取得整个系统的最优效率，必须进行基于供应链管理的业务流程重组。现在的分销与配送物流活动是分段运行的，节点企业之间信息传递方式落后低效。要改变这种分销与配送方式，就需要充分整合生产厂家物流、一级批发商物流或二级批发商物流，让产品经过最少的节点到达用户手中；或者将整个分销和配送外包给专业的物流公司，让他们去全面实施，以达到降低成本、提高流通速度的目的。

（四）加强公司供应链管理人才队伍和信息化建设

面对实用型供应链管理人才缺乏的现实，公司必须加快供应链管理人才队伍的建设，采用引进来培养、送出去进修、加强对在职员工的培训等方式，形成一支既熟悉企业生产工艺技术和供应链管理知识，又懂得计算机知识和实务操作的人才队伍，以满足企业对供应链管理人才的需求。同时，企业还要引导员工主动学习，在企业内部形成良好的学习求知氛围，逐步将企业建成一个具有创新能力，能适应现代供应链管理的学习型组织。

参考文献

[1] 彭海英. 我国制造业实施供应链管理研究[D]. 北京：首都经济贸易大学，2006.

[2] 何明珂，董理，等. 我国制造业供应链管理调查报告[J]. 中国物流与采购，2005（3）：50-57.

[3] 李虹. 关于我国制造业供应链管理问题研究[J]. 商情，2008（158）.

[4] 徐颖. 制造业企业中供应链管理的优化[J]. 制造业自动化，2000（6）：55-56.

装备制造业产业链纵向治理优化综述

王大江

（渭南师范学院经济与管理学院　陕西省中小企业研究所）

摘要：“大而不强”和“低端锁定”，是阻碍我国装备制造业增强可持续发展能力的严重问题。在国际金融危机之后发达国家重振制造业的背景下，这些问题不解决，将会继续扩大我国与发达国家在装备制造业发展上的差距。而要解决“大而不强”和“低端锁定”问题，最首要的是应树立起产业链全局观。在当今世界技术经济迅猛发展、产业组织形态向着垂直分工深化和网络化方向演变的形势下，各国产业之间的竞争已不再是企业与企业之间的竞争，而转变为产业链与产业链、产业集群与产业集群之间的竞争。

关键词：装备制造业；产业链；纵向治理

基金项目：渭南师范学院特色学科建设项目（14TSXK03）

根据发达国家的历史经验，工业化实际上是一个重工业化的过程。而以提供资本品为生产目的的装备制造业正属于重工业的范畴。所以，随着各国工业化进程的推进，装备制造业在工业中所占比重基本上呈逐渐上升趋势，且其在整个工业体系中越来越居于核心地位。没有装备制造业的发展强大，则工业化乃至现代化的实现就无从谈起。发达国家特别是装备制造业强国美国、日本和德国的“再工业化”和“重回制造业”，对我国装备制造业乃至整个制造业形成了严峻的挑战。特别是在我国劳动力和资源的比较优势逐步丧失，技术经济基础设施和制度基础设施亟待进一步发展完善，包括装备制造业在内的制造业“大而不强”“低端锁定”等境况之下，这一挑战的严峻性愈发凸显。

一、研究背景

经过最近 30 多年的高速发展，我国装备制造业已经形成门类较齐全、规模较大且具有一定技术水平的产业体系。2010 年，我国制造业产值排名全球第一，达到 19 550 亿美元，占全球制造业总产值的 19.8%。而在该年度我国制造业的工业总产值中，装备制造业占到了 38.88%。按照工业增加值排序，2010 年我国装备制造业工业增加值居全球第四位，位于美国、日本和德国之后。从以上数据可以看出，从规模上来说，我国已成为装备制造业大国。2008 年美国次贷危机的全球金融危机以及后继发勃于欧洲的欧美主权债务危机，将全球经济拖入严重衰退的浪潮，且危机从经济领域渐次蔓延到社会和政治领域。痛定思痛之际，各国政府、业界和学者纷纷反思各自经济结构和发展方式上所出现的问题。此次经济危机的根源，在经济政策和实践方面，应归结为西方国家长期以来的经济虚拟化和产业空心化。危机之后，发达国家重新认识到包括装备制造业在内的制造业的重要地位和价值，纷纷采取行动推动制造业的复兴和回归。

二、研究意义

“大而不强”和“低端锁定”是阻碍我国装备制造业增强可持续发展能力的严重问题。在国际金融危机之后以及发达国家重振制造业的背景下，这些问题不解决，将会继续扩大我国与发达国家在装备制造业发展上的差距。而要解决“大而不强”和“低端锁定”问题，最首要的是应树立起产业链全局观。在当今世界技术经济迅猛发展、产业组织形态向着垂直分工深化和网络化方向演变的形势下，各国产业之间的竞争已不再是企业与企业之间的竞争，而转变为产业链与产业链、产业集群与产业集群之间的竞争。“大而不强”和“低端锁定”反映的是我国装备制造业产业链的整体问题和系统问题。从产业链全局观视野寻求我国装备制造业面临问题的解决方案，最核心和最关键的任务是探索如何通过加强产业链纵向各环节之间的协调以促进合作，进而提升产业链的整体效率。唯有如此，才能为我国装备制造业的升级打下坚实基础，并最终增强我国装备制造业的国际竞争力。基于上述逻辑，确立了我国装备制造业产业链纵向治理优化研究这一研究课题。产业链纵向治理优化包括纵向治理结构优化和纵向治理机制优化两个方面的内容，优化的目的在于按照治理成本最小化的原则选择恰当的治理组织形态以及按照效率原则设计相应的协调机制，以有效地加强产业链纵向各环节之间的协调并促进其合作。

三、国内外研究现状分析

产业链纵向治理研究的理论基础在于企业纵向边界理论。对企业纵向边界理论做出较大贡献的是交易成本经济学与新产权理论。Whinston（2003）指出：对于企业的纵向边界问题，来自交易成本经济学和新产权理论这两种理论的预测可能会很不相同。Lafontaine 和 Slade（2007）指出：来自于后向一体化（如供应商—制造商关系）的经验证据比较支持交易成本经济学的观点，而不是很支持新产权理论的观点；来自于前向一体化（如制造商—零售商或特许方—受许方关系）则比较支持新产权理论的观点，而不太支持交易成本经济学的观点。国内外大量学者对产业链纵向治理问题进行了研究。一部分偏向理论研究，即从一般规律方面探讨产业链纵向治理优化问题；另一部分则偏向经验研究，即通过实证资料对与产业链级向治理优化相关理论进行验证。柴国荣等（2009）运用演化博弈论对装备制造业产业链纵向合作关系的均衡点进行了分析，具体分析了合作双方的初始状态、资产专用性、合作收益、网络收益等因素对合作关系演化路径的影响。陈爱贞和刘志彪（2011）从我国装备制造业在全球价值链上“低端锁定”的影响因素的视角，探讨了我国装备制造业产业链纵向治理存在的问题。邢国均和邓继跃（2012）从产业链纵向治理的角度提出了我国装备制造业突破竞争力制约的路径：提升我国装备制造业的集群创新能力。唐晓华（2012）认为发达国家装备制造业海外分包日渐增多，由此促进了装备制造业全球价值链的片段化与空间重组。价值链主导者对整条价值链的支配不再主要依赖于纵向一体化，而更多地依赖于对价值链关键环节的控制。

以上学者从不同的视角，结合我国装备制造业的实际情况，对装备制造业产业链纵向治理问题进行了研究。这些研究的结论是：一方面，在当前经济全球化和技术经济快速发展变化的形势下，应推动我国装备制造业垂直专业化分工的深化，利用分工经济效应促进装备制造业产业链效率的提升，并促进国内装备制造业产业链的延伸。另一方面，为解决我国装备制造业在全球价值链上“低端锁定”以及“大而不强”的问题，应大力培育产业链上包括高级生产性服务业和核心零部件在内的高级投入要素环节，以提高我国装备制造业的技术含量和价值含量，从而增强其国际竞争力。

参考文献

[1] WHINSTON，MICHAEL D. On the transaction cost determinants of vertical Integration[J]. Journal of Law，Economics，and Organization，2003，19（1）：1-23.

[2] LAFONTAINE，F.，SLADE，M. Vertical integration and firm boundaries[J]. The Evidence，2007，45（3）：629-685.

[3] 柴国荣，李振超，石璣. 装备制造业集群中企业纵向合作关系的演化分析[J]. 华东经济管理，2009（11）：47-52.

[4] 陈爱贞，刘志彪. 决定我国装备制造业在全球价值链中地位的因素——基于各细分行业投入产出实证分析[M]. 国际贸易问题，2011（4）：115-125.

[5] 邢国均，邓继跃. 2012 装备工业蓝皮书：转型升级中的装备制造业[M]. 北京：机械工业出版社，2012.

[6] 唐晓华，李绍东. 我国装备制造业市场集中度实证分析[J]. 财经问题研究，2011（6）：32-37.

[7] 唐晓华. 振兴装备制造业研究[M]. 北京：中国社会科学出版社，2012.

[8] 柴国荣，李振超，石璣. 装备制造业集群中企业纵向合作关系的演化分析[J]. 华东经济管理，2009（11）：47-52.

[9] 蔡建华. 基于专用性资产视角的供应商信任治理[J]. 财经科学，2011（10）：72-81.

[10] 陈爱贞，刘志彪. 决定我国装备制造业在全球价值链中地位的因素——基于各细分行业投入产出实证分析[M]. 国际贸易问题，2011（4）：115-125.

[11] 陈爱贞. 全球竞争下中国装备制造业升级制约与突破——基于价值链与产业链双重视角分析[M]. 北京：经济科学出版社，2012.

[12] 陈一君，谭征，谢文德. 供应链管理的联合定价决策模型[J]. 四川理工学院学报：自然科学版，2005，18（4）：102-105.

[13] 王子龙. 中国装备制造业系统演化与评价研究[D]. 南京：南京航空航天大学，2007.

[14] 杨蕙馨，纪玉俊，吕萍. 产业链纵向关系与分工制度安排的选择及整合[J]. 中国工业经济，2007（9）：14-22.

陕西装备制造业“钻石模型”分析及对策

张赵晋

（渭南师范学院经济与管理学院　西部区域经济与城市发展研究中心）

摘要：装备制造业是专门为其他生产部门生产劳动工具的行业，它是制造业的基础核心，更是拉动一国国民经济发展的原动力。运用“钻石模型”对六大要素进行分析，明确了陕西省装备制造业的内部和外部的优势和劣势，并提出增强陕西省装备制造业竞争力的对策。

关键词：陕西；装备制造业；钻石模型；对策

基金项目：渭南师范学院特色学科建设项目（14TSXK03）

装备制造业就是为其他生产部门提供生产资料的部门，简而言之就是主要生产机器的制造部门。这里将装备制造业界定为以机械制造工业为基础，融合材料与原材料、冶金冶炼与现代电子等相关产业为一体，覆盖了金属制品、机械制造业中资本品制造以及其中相关零部件制造的全部企业。

一、陕西装备制造业概况

（一）陕西装备制造业发展迅猛

2012 年陕西省前 100 强企业中，装备制造业企业超过了 20%，是所有行业中所占比例最高的。装备制造业已经成为陕西省的支柱产业，为陕西省的经济发展做出了巨大的贡献。同时它在全国也拥有一定的优势和地位，其中很多企业成为世界装备制造业的新兴力量。目前，陕西装备制造业拥有很多具有竞争力的产业，其中包括全国排名第一的武器装备制造业，排名第五的仪器仪表及文化办公用机械制造业和排名第八的电子及通讯设备制造业。

（二）陕西省装备制造业的工业基础整体比较弱

陕西省装备制造业主要集中在生产技术含量低、资源能源消耗大、污染严重、缺乏自主的知识产权的低端产品，缺乏比较优势，这制约了整个行业的发展。自改革开放以来，陕西省制造业的结构升级主要依赖于进口的先进技术，多以生产线和最终设备为主，这主要归结于企业的自主研发能力的薄弱。例如，韩城是传统工业较强的城市，对陕西省的发展有很大的影响，然而长期依赖于引进设备而忽略研制开发，使得韩城大多数企业缺乏有自主知识产权的拳头产品，从而导致企业的核心竞争力较弱[1]。

（三）装备制造业的七大行业发展不平衡

按照国家的装备制造业分类标准，可以将陕西省装备制造业分为：金属制品业、通用设备制造业、交通运输设备制造业、电气机械及器材制造业、仪器仪表及文化办公用机械制造业六大行业。近年来，陕西省装备制造业发展不平衡，主要依靠交通运输设备制造拉动。六大行业中，交通运输设备制造业的生产总值占装备制造业生产总值的比重最大，接近于50%，而其他五大行业所占比重较低。因此，在发展陕西省装备制造业整体的同时，还需要调整装备制造业的内部结构，使其全面发展。

二、陕西省装备制造业的“钻石模型”分析

迈克尔·波特教授的钻石理论模型是用来分析影响各国或各区域产业竞争力的方法。波特的钻石理论模型提出影响产业国际竞争力主要包括以下六大因素：生产要素、需求条件、相关产业及支持产业、产业组织结构、政府政策和机会[2]。

（一）生产要素

生产要素包括 5 个要素。一是自然资源，陕西省有丰富的天然资源，其中就包括丰富的矿产资源。陕西省拥有 92 种的矿产资源，是我国的资源大省之一，其中能源矿产有 5 种，金属矿产有 27 种，非金属矿产有 57 种，许多矿种的储备量在西部地区和全中国都名列前茅。二是基础设施体系，陕西省的高速公路、铁路、高铁、航空等四通八达，为发展陕西省装备制造业奠定了坚实的基础。三是人力资源，陕西拥有大量专业型人才，是我国重要的教育科研基地之一，在生物技术、电子信息、机电一体化、高效节能等高新科技领域有较为突出的成就。四是技术支撑，陕西省有 100 多所高校，1 000 多所科研机构，100 多万名科技人员，拥有 5 个国家级开发区和 6 个国家高技术产业基地，是科技和生产相结合的主要基地。五是资本要素，陕西省是西北地区的金融中心，拥有很多商业银行、政策性银行、证券公司、财务公司、信托公司和外资银行等金融机构和金融企业，为装备制造业这种资本密集型产业提供了良好的融资条件。

（二）需求条件

国内需求主要体现的是国内对该产业的总需求情况，它是影响产业国际竞争力的一个重要因素，巨大的国内需求会推动产业的发展和进步。巨大的国内需求刺激企业进行大量投资，提高产品和服务质量、提高生产率，有利于提高规模经济产业的竞争优势。2008 年，中国装备制造业总产值为 11.16 万亿元，同比增长了 24.83%。中国预计“十三五”期间，全国装备制造业的总产值将会达到 40 万亿美元以上，其中高端装备制造业将达到总量的 15%，国家的这一举动将大大增加全国对装备制造业的需求。高端装备制造业的发展是“十二五”规划中最突出的亮点，用先进的装备制造改造传统产业是实现产业结构升级的根本途径。国民经济

重点产业的转型升级、战略性新兴产业的培育发展和国家重大工程的建设都对我国装备制造业提出了更高的技术要求，并提供了巨大的市场需求。

（三）相关及支持产业状况

波特认为，如果一个产业的相关产业和支持产业拥有较强的国际竞争力，那么会对该产业的发展有积极的影响。装备制造业主要是消耗钢材的产业，所以它的上游产业是钢铁工业等，下游产业主要是为其他轻工业提供装备，所以轻工业是装备制造业的下游产业。陕西省的钢材产量相对于全国来说很少，2009 年和 2010 年在全国 32 省中排第二十名，2009 年的总产量为 887.34 万吨，仅占全国总量的 1.28%，2010 年的总产量为 994.89 万吨，仅占全国总产量的 1.25%。虽然 2011 年和 2012 年陕西省的钢材的总产量都有所增加，分别为 994.89 万吨和 1035.4 万吨，但总产量在全国的排名下降了 1 个名次，为全国的第二十一名，说明陕西省钢材总产量的增幅赶不上全国的平均水平，陕西省钢铁工业的落后阻碍了陕西省装备制造业的发展。陕西省轻重工业结构不合理，轻工业相对于重工业来说太少，需求严重不足，导致陕西省装备制造的发展缓慢[3]。

（四）产业组织结构

陕西省装备制造业主要分布在区位优势明显、交通发达、资源丰富以及科技教育先进的关中地区和陕南的汉中地区。关中地区资源丰富、交通发达，有利于装备制造业的发展。关中地区和陕南汉中地区集中的规模以上装备制造业企业已经超过了全省的 90%，其中包括西电、西飞、陕汽、西安航天发动机、庆安等大型骨干企业。形成了高的产业、产业集群雏形，而还没有形成标准形式的产业集群。目前陕西省装备制造业还没有形成标准形式的产业集群，这也是阻碍陕西省装备制造业的原因之一，所以要想更好更快地发展陕西省装备制造业就应该加快它的产业集聚进程。

（五）政府作用

政府的合理支持能提高装备制造业的竞争力，反之将阻碍装备制造业的发展。陕西省设立了财政专项资金，2012 年预算发展装备制造业的专项资金为 1.6 亿元。将按照“突出重点，集中使用，效率优先”原则，确定将高端装备制造业、节能与新能源汽车、装备制造优势支持产业、基础工艺和基础零部件等领域重点产品研发、技术改造和产业化等项目建设作为 2012 年专项资金支持重点。

三、增强陕西省装备制造业竞争力的对策

（一）提升企业的自主创新能力

发展装备制造业企业必须增强自主创新能力。政府应该大力鼓励和支持企业对科研创新

的投入，鼓励公司积极建立符合公司的激励机制，并且鼓励企业间加强合作，共同建立新产品研发中心，提高产品的技术含量，努力提高企业的自主创新能力。对于一些企业难以自主完成的重大技术装备研究，政府要给予税收和资金等方面的大力支持，集中一切力量实现突破。推行多种形式的产学研相结合的科研机构，改善研发和制造脱节的现象，鼓励企业与高等院校、科研院校共同开展技术攻关和新产品的研发。

（二）加强人力资源开发利用

政府必须要投入大量的资金到教育事业中去，加强对装备制造业的专业人才的培养，可以为他们提供留学基金，积极鼓励他们去制造业发达的国家留学，学习世界装备制造业的先进技术，然后回到国家，投身于我国装备制造业的发展事业中来。同时还应该打破传统观念，建立健全的激励机制，其中包括实行持股、期权、技术入股和提高薪酬等方式，强化有巨大贡献的人才的奖励政策和优秀人才的提拔制度，提高技术人员的待遇，充分发挥技术人才的积极性和创造性。

（三）加强企业组织的改革

鼓励企业间强强联合，相互合作，同时搞好中小企业与大型企业的关系，让龙头企业能够带动中小企业发展。打破独立自闭、自我发展的既有体制，促进企业间生产要素和资源合理流动与优势互补，充分发挥龙头企业自主发展的能动性，实现龙头企业与中小企业互动互融。让先发展起来的企业拉动其他中小企业的发展，从而带动陕西省装备制造业的整体发展。

（四）促进产业集群

政府应该采取积极有力的措施，为产业集聚的形成提供完善的基础设施，把精力放在市场失灵的领域，为企业发展创造一个宽松的环境，让企业自主形成产业集聚。鼓励装备制造业企业以大型骨干企业为龙头，打破条块分割，加强专业化分工合作，实现跨地区、跨部门的联合，形成以分工为纽带的战略联盟，大力推进陕西省装备制造业的集群化进程，逐步形成完整的产业链。

参考文献

[1] 吕佳．我国高端装备制造业贸易竞争力研究[J]．北方经济，2011（14）.

[2] [美]迈克尔·波特．竞争战略[M]．陈小悦，译．北京：华夏出版社，2005.

渭南市装备制造业发展现状的分析及对策

杨 璞

（渭南师范学院国际合作与交流处）

摘要：装备制造业是工业的基础和核心，对于其他产业的发展具有极强的推动效应，渭南市是陕西的“东大门”，有重要的区位优势发展装备制造业。本文从渭南市装备制造业的现状、存在的问题对装备制造业在渭南的发展进行分析，并提出相应解决方法，使装备制造业能够在渭南蓬勃发展。

关键字：装备制造业；渭南市；自主创新

基金项目：渭南师范学院特色学科建设项目（14TSXK03）；渭南师院研究生专项：“转型期合作社的多元性及其法律地位研究”（立项号：12YKZ038）；渭南师范学院校级项目“秦东家庭农场发展的动力机制研究院”（立项号：14SKZD13）

装备制造业作为我国的战略产业，是整个工业的核心和基础。装备制造业为各行各业提供了生产必需的技术装备和重要零部件，通过技术创新使生产要素向科技含量高、经济效益好的部门聚集，能够降低生产成本，推动其他产业的技术创新和技术进步，具有极强的带动效应。装备制造业是陕西省的优秀支柱产业，同时也是渭南市重要的支柱产业，现已初步形成以印刷、纺织、工程机械、煤矿机械为主的四大优势产业集群，并在国内具有一定的优势；以光伏发电设备、航空服务装备制造、节能环保设备制造为代表的新兴装备制造业正在发展壮大，对于渭南地区总体经济的发展起到了明显的推动作用。本文将从渭南市装备制造业的现状、存在的问题以及解决方法三个部分对装备制造业在渭南的发展进行分析。

一、渭南市装备制造业现状分析

（一）发展速度加快，工业经济效益显著

2014年以来，市场需求持续低迷，在经济发展下行压力加大的大背景下，渭南市根据《国家装备制造业调整与振兴规划》总体要求，制定和实施了《渭南市装备制造业调整与振兴战略》，从招商引资、项目建设、政策措施等多方面强力推进，使全市装备制造业调整步伐加快，工业经济效益显著。2012年至2013年，全市共有装备制造企业53户，装备制造业工业总产值由92.45亿元增加到93.58亿元，在工业总产值中占比分别为5.86%和5.41%，同比增长分别为37.55%和1.58%，贡献值分别为8.59和1.13，拉动点数分别为1.97和0.09。2014年1—10月规模以上装备制造业完成总产值87.36亿元，占全市规模以上工业总产值的5.98%，同比增

长 16.6%。从近两年来的经济运行情况来看，装备制造业的发展在经济危机中出现两极分化。一类是以高技术、新能源装备制造为主要产品的北人印机、拓日新能等企业发展迅猛，增长强劲；另一类是受整体经济影响较大的工程机械制造、煤炭机械制造为主的企业增长下滑，出现负拉动。

（二）初步形成了一批竞争力强的知名品牌

中冶陕压加大创新发展步伐，形成了年产机器设备 35 000 吨的生产能力，公司与世界 8 个国家的 18 家国际著名公司合作制造，产品出口到德国、日本、韩国、美国、印度、俄罗斯、马来西亚、越南等国，生产的大型铸件填补了陕西乃至西北地区重型装备制造的空白。北人印机共获得授权专利 65 项，开发新产品 130 余项，主导产品被评为“中国包装名牌产品”“陕西名牌产品”“全国用户满意产品”，中高档凹版印刷机械产品占全国市场份额的 70% 以上，已成为我国最大的凹板印刷机械研发、生产基地。科赛机电是陕西省“双高”企业，产品远销 30 多个国家和地区，国内市场占有率 65%以上，已成为我国大中型凹印机自动套色及印刷图像监测等系统的研究生产基地。西安重装渭南光电 LED 研发、生产的高效 LED 光源及灯具，处于西部地区领先水平。紫兆环保是全国唯一生产垃圾资源化设备的企业，市场前景十分看好。陕富农机研发生产的 4 项获得国家专利的果园耕作开沟机等市场供不应求。富宇农机设计制造的玉米青贮、穗茎兼收复式收获机械填补了我国玉米复式收获机械的空白。

（三）后发优势比较明显

客观分析渭南市装备制造业的发展现状和趋势，虽然目前产值不大，在工业总产值中所占的比重也较小，但是由于装备制造业具有技术含量高、产业关联度大、带动能力强的特点，中联重科土方机械制造处于快速发展阶段，紫兆环保垃圾资源化处理设备制造在全国绝无仅有，煤矿机械制造资源整合后规模、效益将会加速扩张和提升，印刷成套设备制造技术优势明显，通用航空产业发展空间巨大等，后发优势比较明显。

二、装备制造业发展的制约因素

虽然渭南市的装备制造业近年来获得较快发展，但是由于基础薄弱，还没有形成明显的规模效应，引领经济发展的能力不强，还存在一些亟须解决的困难和问题。

（一）企业数量少，规模小

目前，全市装备制造企业年销售收入在 500 万以上的有 60 户，其中规模以上企业 27 户，占规模以上工业企业总数 293 户的 9.22%。缺少规模化集约经营、成长性好、带动性强的龙头企业集团和专业化程度高的“小巨人”企业，尚未显现产业发展的集群优势，影响了产业发展的水平和竞争力。

（二）产业聚集度低，产业链延伸不够

协作配套企业数量少，规模小，没有形成以大企业为主导，中小企业为支撑的产业体系，只见龙头，不见龙尾。产业链延伸不够，企业间关联度差，规模聚集效应不明显，龙头带动作用不强。以中联重科渭南工业园为例，因配套企业基本上都在省外，使企业物流成本增加了 5% 左右，也大幅降低了成套产品在我市的利润空间。

（三）创新能力较弱，核心竞争力不强

大部分企业没有专门的技术研发机构、队伍和人才，研发经费投入少，不足销售收入比重的 1%。企业自主创新意识不强，研发新产品的能力差，缺乏竞争力强的新产品和名牌产品，行业竞争的主体仍为中低档产品，核心竞争力不强。企业经营管理人才和高级技能人才短缺：一方面由于受企业规模、区域环境、工作条件等因素的影响，企业对人才的吸引力不强，导致一些高级专业人才外流，新的技术力量补充困难，大多数企业专业技术人员达不到企业发展的要求，专业复合型人才极为紧缺；另一方面，由于企业人才激励机制不健全，出现人才流失现象，企业发展所需的中高级管理人才和技术人才匮乏。

三、发展渭南市装备制造业的政策建议

（一）政府加大支持力度

政府支持对于装备制造业的发展具有深远影响。政府应加大对装备制造业的规划力度，探索并完善规划装备制造业的实施机制，加强对装备制造业的引导宏观调控，建立健全与装备制造业相关的法律法规，不断完善装备产业政策、强化企业技术创新政策、支持企业兼并重组、营造公平竞争的环境等，保障规划的顺利实施。同时，制定发布产业发展目录，制定优惠政策，加大招商引资力度，积极引导中小企业与中联重科、中冶陕压、北人印机、紫兆环保、拓日太阳城等大企业在产品、技术和项目方面的合作，推进产业协作配套发展，形成产业聚集效应，切实发挥龙头企业的带动作用。

（二）依托现有产业进行高起点规划

装备制造业耗能小、污染少、附加值高，建议出台引进高技术装备制造企业的相关政策，多争取大型国有企业在渭南落户，积极培育产业关联的中小企业，迅速形成产业集群。学习国内外先进经验，在产业链条上，着力引进核心企业、龙头项目及配套，提高同行企业、上下游企业的集中度，加快填补产业链缺失环节，有效拉长产业链，构建产业配套协作体系；在产业布局上，突出一县一特，引导各县结合自身实际，精心选择各自突破方向，培养一批龙头和骨干企业。

（三）大力推进企业技术进步和自主创新

政策扶持只是推动企业快速发展的因素之一，而企业只有通过自主创新才能真正立于不败之地。首先企业要自主创新要加大研发经费投入；其次要加快人才队伍建设，依托地方高校、科研院所和社会力量定期、定向进行装备制造企业岗位技能培训和人才培训；最后还要加强自主创新平台建设，提高企业自身的竞争能力。

参考文献

[1] 张丹宁，陈阳. 中国装备制造业发展水平及模式研究[J]. 数量经济技术研究，2014（7）：99-114.

[2] 崔纯. 中国生产性服务业促进装备制造业发展研究[D]. 沈阳：辽宁大学，2013.

渭南高新区 3D 打印产业发展政策研究

赵 维

（渭南师范学院经济与管理学院）

摘要： 渭南高新区 3D 打印产业培育基地的建立，是陕西省渭南市坚持走创新驱动发展道路，加快推进区域产业结构优化升级的重大举措。依托陕西悠久的历史文化和雄厚的科技基础，渭南高新区在发展 3D 打印产业时以市场为导向，加快构建以企业为主体，产学研紧密结合的科技创新服务平台，努力实现优势领域、共性技术、关键技术的重大突破。

关键字： 渭南高新区；3D 打印；发展政策

基金项目： 渭南师范学院特色学科建设项目（14TSXK03）

一、3D 打印产业简介

2012 年，随着设备与耗材成本的降低，产业化与市场化雏形初现，“3D 打印”成为热门词汇。3D 打印的正式学术名称是增材制造（Addi-tive Manufacturing，AM），此前用过的学术名称还包括快速原型制造（R apid Prototyping）、实体自由制造（Solid Free-Form Fabrication）、分层制造（Layered Manufacturing）等。3D 打印不需模具、刀具、夹具和机床，只用金属、陶瓷、塑料、砂等不同的打印材料，根据零件或物体的三维模型数据，通过成型设备以材料累加的方式制成实物[1]。美国在 3D 打印产业化方面走在世界前列，而中国 3D 打印产业总体上还处于自发性探索阶段，一些地区已经开始谋划建立 3D 打印产业园[2]。

目前，较成熟的工艺方法有以下几种：光固化成形、分层实体制造、激光选区烧结、熔融沉积制造等。直接制造高性能金属零件的 3D 打印技术有基于同轴送粉的激光近成形技术和基于粉末床的激光选区熔化及电子束熔化技术等。

二、渭南高新区发展 3D 打印产业的优势及现状分析

3D 打印技术应用极为广泛，即便当前尚处于初期阶段，其已经在航空航天、国防军事、工业制造、汽车工业、医药卫生、建筑设计、创意产业等多个重要领域得到引用，并涵盖从模具、组件到最终产品的全产业链。3D 打印具有高度技术集成、快速成型、大幅提高效率、显著降低成本、满足个性化需求、去库存化、节地化等众多优点，对于加快数字制造、推动

高端制造业、促进高科技材料以及发展工业设计等都具有重大作用。渭南市高新区科技力量雄厚，在现代制造、新材料、数字建模等领域都具有优势和技术积累，切入 3D 打印产业的基础比较好。因此应抢抓机遇，统筹资源、集中精力、发挥优势，在 3D 打印产业发展中起到示范区的作用。

（一）比较优势

1. 区位政策

2013 年 11 月 25 日科技部批复建设渭南国家新材料高新技术产业化基地和 2014 年 3 月 31 日国务院批复的晋陕豫黄河金三角区域合作规划。省科技厅已经明确将渭南高新区建设 3D 打印产业基地，正式列入陕西省 3D 打印技术产业化推进工作计划；渭南市委、市政府将在政策、资金、技术等方面予以大力支持。渭南市专门出台了《关于支持高新区打造国家新材料高新技术产业化基地的实施意见》，进一步整合全市优质资源加快推进 3D 打印产业化。

2. 人才资本

拥有卢秉恒院士和两位长江学者特聘教授，二位均是业内凤毛麟角的代表人物，以西安交大、西北工大、西北有色金属研究院、西安光机所、第四军医大学等科研究机构为以依托的科研力量为支撑，在许多应用领域实现了具有竞争优势的产业化开发，取得了骄人的成绩。此外陕西恒通智能机器有限公司、西安铂力特激光成形技术有限公司、中国科学院西安光学精密机械研究等企业在 3D 打印技术及其材料领域具有核心技术，部分技术水平达到了国际领先水平。

3. 生产要素

黄河金三角地区新材料资源优势是发展这一事业的先天禀赋。区域内拥有丰富的铝、镁、钼、煤等矿产资源，为发展 3D 打印产业提供了资源保障。渭南高新区现已形成钼化工材料、液晶显示材料、煤化工材料、光电材料等四大板块，目前生物医药材料、装备制造材料等新材料产业正在逐步形成。

4. 工作基础

增材制造（3D 打印）产业化推进会的成功举办为渭南赢得经验和政策支持。2013 年 11 月 26 日，在工信部、陕西省的支持下，渭南市人民政府与中国电子信息产业发展研究院共同主办的“增材制造（3D 打印）产业化推进会”在渭南国家高新区召开。中央、省、市有关领导和院士专家，3D 打印相关科研机构、生产企业、终端用户以及投资机构等近 350 人齐聚渭南，共商如何更好地推进 3D 打印产业化，积累了很多经验，也为 3D 打印产业化培育基地的建设打下了坚实的基础。会后不久，渭南国家新材料高新技术产业基地通过科技部批准，渭南 3D 打印产业化培育基地建设也被列入陕西省 2014 年重点项目。

（二）发展现状

渭南 3D 打印产业培育基地围绕创新技术链、完善资本链、健全服务链、培育产业链，构建“6+1”发展模式，即通过构建一流的协同创新体系、多元化的投融资体系、满足各种业态的园区承载体系、能够迅速形成创新市场的政策导向体系、优质高效的服务和组织保障体系、部省市区多层次的协作共建体系以及创新人才队伍建设，打造国家级 3D 打印创新智造产业培育示范基地。

目前，3D 打印应用主要集中在工业制造和医疗应用领域，而这正是渭南高新区的优势所在。在装备制造产业领域，以中联重科、北人印机、青锋科技为龙头，湖南中钢、成都中挖机械等 20 余家配套企业陆续入驻；同时，园区正在全力支持留美博士普建涛研发的三维及高维数字化“肺”项目，其终极目标就是借助 3D 打印技术开发个性化、可用于移植的“人工肺”。同时，渭南高新区已与中国明石投资管理集团、中国船舶重工集团签订战略合作框架协议，共同推进 3D 打印产业培育基地建设；与赛迪研究院达成共建协议，借助其丰富的产业规划与项目推进经验，将 3D 打印作为园区核心产业优先培育发展[3]。

三、渭南高新区支持 3D 打印产业发展的配套政策

（一）资金方面

（1）对在渭南应用或购置 3D 打印及数字制造技术和设备进行产品设计创新和开展生产性技术服务的行业、企业及个人，给予一定的材料成本及设备购置补贴。

（2）对在 3D 打印材料、核心零部件等共性技术的基础研究、工程研究及产业应用研究中取得重大成果或原创性重大发明的院校、企业和个人，给予创新基金的支持。

（3）对积极向中小企业和民营企业转化科研成果，并帮助企业进行产品及技术工艺创新且以股份制的形式在园区兴办企业的科研院所与科研人员，给予创新基金的支持。

（4）对在 3D 打印实现某一特定产品产业化的产业链上，能够在材料、软件、技术设备与服务，取得重大工艺突破并实现产业应用的院校、企业和个人，给予创新基金的支持。

（5）院校及科研单位在某一特定行业或企业，围绕某一特定产品增材制造技术开展工程化研究，能够主动与行业企业的工艺工程技术人员紧密结合，并与企业共建工程研究分中心，签订合作协议，予以协创基金补贴。

（二）土地方面

需要征地建厂的产学研股份合作项目和企业，建设用地，由项目企业提出要求，区内实行交钥匙工程，提供高标准配套。

对具有创新能力和掌握各种数字技术、动漫技术、文创技术、网络技术和影视制作的公司和个人鼓励其在区内兴办 3D 打印创新创意设计生产型服务企业，对应用数字智造技术开展 3D 打印产业应用并吸纳 10 人以上就业的企业，享受五年所得税奖励返还，并实行办公、生

产等场地零租金的扶持。

（三）人才方面

（1）提供1亿元3D打印产业专项资金，支持3D打印领域高层次人才创业、关键技术研发、创新体系建设、科技成果转化和产业培育引导。

（2）对来区从事3D打印技术的研发及产业应用的各类人才，享受荣誉市民待遇，实行个人所得税全额奖励政策。

（3）对率先入区的3D打印研发团队和创业者，免费提供配套公寓、医疗服务等生活保障，协调解决配偶就业、子女入学等具体事项。

（4）鼓励学院教授教师带项目带成果入区开展3D打印技术的产业应用和科技研发，三年内研发、办公、生产等场地实行零租金扶持。

四、进一步发展3D打印产业的政策建议

目前，全国增材制造产业发展方兴未艾，渭南市必须充分发挥技术和产业基础优势，狠抓关键环节建设，集全市之力实现重点领域突破，加速3D产业发展。进一步加大政策扶持力度，陕西的增材制造完全有条件实现脱颖而出、引领中国增材制造加快发展。除了在科技投入、推动协同创新，加大研发，政策减免方面继续努力之外，还应该做到以下几点：

一是强化创新能力建设。加大政府扶持力度，积极推进高校、科研院所和企业合作，进一步完善快速制造、稀有金属材料加工、增材制造等国家级和省级工程研究中心建设，形成良好的增材制造产学研用转化机制，加快增材制造技术工程化步伐。

二是做大做强龙头企业。通过人才、项目、资金、政府采购等多种引导政策，加速推动增材制造装备、高性能材料研究和产业化进程，将西安瑞特、西北有色院、铂力特、西安塞隆等企业打造成具有国际竞争优势的创新型增材制造龙头企业。

三是优先发展高端应用。结合陕西省产业基础优势，大力推动高精密、小批量、大规格航空航天用零部件增材制造，形成完善的产业化体系、标准体系和质量保证体系，占据产业应用制高点。

四是全面推广创新应用。积极推动增材制造在医疗器械、文化创意、教育等新兴产业领域的应用，加大市场推广力度，进一步做大产业规模。鼓励开发科学教育、工业造型、产品创意、工艺美术等新的应用领域，培育做大新兴市场。

五是坚持绿色发展，注重生态环保。绿色环保将助力3D打印技术向纵深发展。绿色低碳是未来产业发展的潮流，生态环保已经成为更多人的追求。3D打印产业要做大做强，就必须提早植入绿色环保基因，在工业设计、技术路线等方面做出安排，尤其要在原材料选择、黏结处理、回收利用等环节做足环保文章，实现全产业链的环境友好。

参考文献

[1] 宦静. 发达国家3D打印技术前沿和发展方向概览[J]. 杭州科学技术. 2014（2）.

[2] 王忠宏，李扬帆，张曼茵. 中国 3D 打印产业的现状及发展思路[J]. 经济纵横，2013（1）: 90-93.

[3] 戈清平. 渭南高新区：发力 3D 打印，推进产业化进程[N]. 中国高新技术产业导报，2013-12-02（B2）.

欠发达地区战略型新兴产业培育机制研究

——以渭南3D打印产业为例

张建宁

（渭南师范学院经济与管理学院　陕西省中小企业管理研究所）

摘要： 对于欠发达地区来说，培育战略型新兴产业，可以有效地提高区域经济结构，转变经济增长方式，实现欠发达地区经济的跨越式发展。本文将在归纳相关文献的基础之上，以渭南3D打印产业为例分析影响欠发达地区战略型新兴产业培育的关键成功因素，并据此提出相应的培育策略。

关键词： 欠发达地区；战略型新兴产业；培育机制

基金项目： 渭南师范学院特色学科建设项目（14TSXK03）；陕西省军民融合研究基金项目（2015）

积极发展战略性新兴产业，是欠发达地区实现产业结构优化升级和地区经济跨越式发展的有效路径之一。而战略性新兴产业的选择与培育本身就是一个复杂的、多学科交叉的问题，相关实践模型尚处于积极探索之中；同时，欠发达地区战略性新兴产业选择与培育具有一些特殊性，如何把握战略性新兴产业的特点，构建基于欠发达地区的战略性新兴产业培育发展机制，成为实践中亟待解决的问题。

一、国内外研究现状与发展趋势

（一）国外研究现状

Bart Los（2003）认为，战略性新兴产业不仅具有新兴产业的特点，还具有推动经济社会发展的潜力。他根据作用将战略性新兴产业界定为“体现经济社会未来发展方向，具有研究意义，还没有完善的产业”。Jacobsson 和 Bergek（2004）认为产业的内生比较优势是优势产业培育的必要条件，竞争优势是决定优势产业发展的充分条件，两者共同决定优势产业的形成与发展。战略性新兴产业的培育需要合理地运用恰当的政策工具。Scott（2005）认为管制、规范和认知的约束能够有意识地构建新的社会技术远景，促进新兴产业的发展；战略性新兴产业的培育不仅需要各种支持性政策，更需要积极构建支撑性的制度环境。Agterboschs（2005）通过对技术、经济、制度和社会运行状况之间关系的分析，指出制度与社会规范对于市场发展的重要性。不同的产业组织特征使执行容量会有所不同，制度与社会条件的动态配置能够促进新兴产业的发展。Dosi G.（2006）等指出需要有政策干预以塑造创新业务的模式和结构，这些政策的目标和效应不在于将系统拉回到均衡的平衡路径，而是在以持续的、破坏性的变化和激进的不确定性为特征的环境中，增强社会福利。

（二）国内研究现状

近年来，国内学者对战略性新兴产业培育发展做了诸多研究。李朴民（2010）认为，各地在发展战略性新兴产业的时候，要考虑现有产业结构发展的特点和当地经济的发展水平，发展在本区域最具资源和技术基础、最具竞争优势、最符合市场需求并能抢占未来科技发展制高点的产业，并要防止由于重复建设所带来的资源浪费等不良现象。蒋清风（2010）认为欠发达地区因为具有市场不确定性降低、市场容量大、产业链复杂等特点而不同于发达的沿海地区，因此在发展战略型新兴产业的时候，就要更注重政府的扶持和引导。杨增强（2011）认为，在欠发达地区发展战略型新兴产业是挑战与机遇并存的时机，国家和地方政府应当加大研究经费投入，创新科技体制，建立科研基地，加快理论到成果产业化进程，尽快改变传统产业，部署新兴产业，迅速启动项目。黄俊亮（2011）认为欠发达地区应从东西部协调发展，优势产业、科技发展与人才战略、国家资金和宏观政策支持五个方面抓好欠发达地区的产业提升改造来发展战略性新兴产业，实现欠发达地区经济发展的跨越式飞跃。

（三）理论综述评价

纵观国内外关于战略性新兴产业培育模式及扶持政策的现有研究，无论在理论方面还是实践方面，都取得了可喜的成绩。但是在战略性新兴产业的培育机制、产业锁定以及政策模拟等方面仍然存在许多问题。现有对战略性新兴产业选择与培育的研究直接借用国民经济主导部门的选择标准，忽略了各经济区域的空间特性、产业基础、资源禀赋和所处工业化阶段等因素。

二、渭南地区培育与发展3D打印产业的条件分析

（一）资源基础条件

战略性新兴产业的培育和发展离不开区域资源的依托。我国欠发达地区地域辽阔，资源丰富，具有风能、热能、水能、光能、生物物种和矿产资源等多样化的资源基础，应该因地制宜地培育战略性新兴产业。渭南所处的黄河金三角地区新材料资源优势具有发展3D打印产业的先天禀赋。区域内拥有丰富的铝、镁、钼、煤等矿产资源，为发展3D打印产业提供了资源保障。

（二）国家政策和资金支持条件

国家的资金和政策支持，是欠发达地区优化产业结构、转变经济增长方式、实现经济快速增长的重要推动力，也为战略型新兴产业的培育提供了良好的外部环境。2013 年科技部批

复建设渭南国家新材料高新技术产业化基地和2014年国务院批复的晋陕豫黄河金三角区域合作规划。陕西省科技厅已经明确将渭南高新区建设3D打印产业基地，正式列入陕西省3D打印技术产业化推进工作计划；渭南市委、市政府也将在政策、资金、技术等方面予以大力支持。

（三）技术支撑条件

欠发达地区的企业技术水平较低，会阻碍企业的技术研发和攻关突破，以至于不能进行有效的技术创新，制约着企业的自主创新能力。渭南地区毗邻西安，有借力西安交通大学等高校和相关科研院所的地理优势，如：渭南与西北工业大学合作，成立了“陕西增材制造（3D打印）研究院”；与西安交通大学合作，成立了国家快速成型制造技术研究中心渭南分中心。

（四）产业园区聚集条件

产业园区建设，有利于欠发达地区将有限的资源禀赋、技术、资金和政策供给等资源有效的整合在一起，集中各供给资源的优势，全面协调的进行关键技术的突破和生产要素到产品的转变。大力发展产业园区，形成资源的集中优势，促进战略型新兴产业的培育和发展。在政府优惠扶持政策支持下渭南高新区已聚集了一批3D打印技术应用、产业化发展企业，签约了一批3D打印技术产业化应用项目，产业集聚已初具雏形。

三、欠发达地区战略型新兴产业的培育措施

渭南以3D打印为核心的战略性新兴产业，已经初步显现出活力，成为区域经济发展新的增长点。借鉴渭南地区战略型新兴产业培育机制建设经验可以归纳出欠发达地区战略型新兴产业培育的关键成功路径。

（一）综合经济状况与资源禀赋，确立新兴产业选择

欠发达地区战略型新兴产业培育的一个重点就是产业选择问题，这是欠发达地区战略型新兴产业培育的一个大前提。因此，欠发达地区在选择战略型新兴产业的时候，要充分考虑资源比较优势程度、经济带动效应、增长潜力程度、促进就业的能力和技术创新能力。战略型新兴产业具有较强的战略性和导向性，在选择产业的时候，一定要尊重市场，慎重选择。产业选择错误，不仅会错过难得的发展机会，还会造成资源的低效率发展甚至浪费。尤其对于欠发达地区而言，正确的选择战略型新兴产业，是这一地区摆脱经济状况低下、提高生产力水平，实现经济跨越式发展的重要突破口。

（二）推行扶持政策，创造产业培育的良好氛围

制定税收优惠政策，降低新兴产业包袱。种子期的战略型新兴产业前期需要投入大量资

金，但由于新兴产业的风险性，这个时期企业自筹资金的能力十分有限，因此政府的减免税政策会在很大程度上解决企业资金周转的问题，也是对新兴产业最有利的扶持。

加大政府财政补贴，助推新兴产业发展。由国家或当地政府向欠发达地区战略型新兴产业中的相关企业提供无偿经济补贴，在土地和设备购置、厂房兴建、先进技术研发、科研成果的研制与产品推广等方面给予补贴息，降低企业资金压力，使企业专注于核心技术的突破，促进重大科研成果的研制。

（三）创新人才吸引和培育模式，形成人力资源支撑体系

优质人力资源的调配和培育是战略性新兴产业的实际要求。在战略新兴产业的种子期，吸引、集聚是人才策略的重点，一方面企业要根据自身条件，建立合理的用人制度和奖励制度，制定一系列吸引技术型和管理型人才加入到产业建设中来的方案；另一方面要加大企业与高校、研究院之间的合作，建立有效的人才输入机制。进入新兴产业成长期，人才策略的重点转变为人才的培育。构造有利于培养高水平技术性人才的良好环境，形成一批能跟国际先进水平接轨的学术带头人；在加强企业与高校、研究院密切合作的同时，企业在谋发展的基础之上，要利用自身优势培养一批高水平的管理型人才。

（四）加速产业集群，推进新兴产业园区建设

推进欠发达地区的产业园区建设，集中优势资源，创造良好环境，助力关键核心技术的攻关、突破，以关键技术为主导，形成产业共性技术优势，推动战略型新兴产业的培育和发展。努力打造专业型科技产业园区，促进产业园区内部各创新主体的良好发展，并为其创新活动提供必要的基础条件，营造良好的创新、创富政策环境，加速产业内部的产业集群，集中一切优势条件大力推进新兴产业园区建设，共同促进欠发达地区战略性新兴产业的培育。

参考文献

[1] 张旭．欠发达地区战略型新兴产业培育研究[D]．南宁：广西大学，2013.

[2] 朱瑞博，刘芸．战略性新兴产业的培育及其自主创新[J]．重庆社会科学．2011（2）：78-83.

[3] 骆祖春，范玮．发展战略性新兴产业的国际比较与经验借鉴[J]．科技管理研究，2011（7）：100-105.

[4] 陈文锋，刘薇．战略性新兴产业发展的国际经验与我国的对策[J]．经济纵横，2010（9）：63-66

渭南 3D 打印产业培育基地公共服务平台建设路径探讨

赵　军

（渭南师范学院经济与管理学院　陕西省中小企业研究所）

摘要： 公共服务平台建设是渭南 3D 产业基地建设中发挥后发优势的重要问题，在分析平台建设现状的基础上提出宏观方面加强资金和政策支持，具体措施上强化信息服务、拓展平台功能、拓宽融资渠道和强化知识产权服务，以提供优良的平台服务，促进产业内创新和探索精神的鼓励和推动。

关键词： 3D 打印；知识产权；渭南市；服务平台；专利

项目基金： 渭南师范学院科研项目（15SKYB03）渭南 3D 打印产业知识产权战略研究；（15SKYZD02）渭南高新区 3D 打印技术与产业发展研究；2014 陕西省社科基金项目（2014D14）知识产权保护在促进陕西省区域经济增长中的效用发挥研究；渭南师范学院特色学科建设项目（14TSXK03）

一、3D 打印产业基地公共服务平台建设的重要性

相对于发达地区 3D 产业基地和园区的建设规划，渭南既有具有低成本要素和优惠政策的优势，又有整体经济水平不高、吸引力弱的劣势。如何发挥后发优势，变劣势为优势，是渭南 3D 产业基地建设和发展中的重大问题。如何克服现有基础，整合有限的各方资源，另辟蹊径，引导产业集聚化、规模化发展是基地设立后的一个重要任务。而建设符合 3D 打印产业集群发展要求的公共服务平台换取投资环境局部优化又是该项工作的重中之重，更是增强渭南 3D 打印产业培育基地竞争力和发挥后发优势的机遇所在。

公共服务平台是一个在产业孵化器的网络组织基础上，以孵化产业为基本服务对象，并通过开放性设计将其覆盖范围扩大到产业周边的服务提供者，将服务及资源集成于一体的综合服务平台。产业公共服务平台的本质是利用产业孵化器的网络来进一步发展和提高服务水平和层次的平台战略。其目的是要为科研机构和进驻企业提供更多的机会，建设更优良的环境。其影响将不仅仅是表现在产业的快速发展、税收的增加、就业人口的扩大上，重要的是它对该产业内创新和探索精神的鼓励和推动。因此构建和完善公共服务和创新服务对 3D 打印产业化发展具有重要意义。

（一）企业孵化

作为新兴产业的 3D 打印进入成本高，技术研发及管理复杂。对于启动资金少、规模小的

企业而言，几乎不可能独立承担上述各项成本。公共服务平台可以为这些企业提供共性技术服务、知识产权库服务和创业辅导，大大降低了企业的进入成本。

（二）先进技术预研和共性技术集中攻关

3D打印存在大量共性技术，可通过独立的第三方创新支撑平台进行集中研发服务。公共服务平台可整合创新资源，针对产业共性技术、关键技术以及核心技术进行集中技术攻关，为整个产业的突破发展提供保障。

（三）整合资源，提高产业链创新效率

3D打印技术应用本身涉及产品的研发与设计、生产、封装与测试等各个环节。3D打印产业上游包括材料技术、控制技术、光机电技术、软件技术，中游是立足于信息技术的数字化平台，下游涉及国防科工、航空航天、汽车摩配、家电电子、医疗卫生、文化创意等行业，因此需要一个面向产业链各部分的平台，合理调度资源，协调产业链各个环节，为产业发展创造良好的创新环境。公共服务平台的建设将为企业提供技术与产品推广应用服务，作为技术传播渠道，实现技术与产品的效用最大化。

二、渭南3D打印产业化基地公共服务平台建设的现状

渭南3D打印产业化基地在已有的政策支持、科技保障和资源禀赋的基础上，在各级政府部门的支持指导下，经过一年多的实践摸索，从渭南3D打印产业发展实际出发，形成了比较明晰的推进思路：以打造国内一流的3D打印产业培育基地为目标。在建成并推进孵化区、成长区、加速区三个区建设，园区承载能力和配套能力不断增强，在公共服务平台的硬件基础已具备的同时，着重推进研发创新平台、孵化创业平台和投资融资平台三大平台的建设，连同基础服务平台已经形成了公共服务平台体系。

渭南3D打印产业基地公共服务平台的建设属于政府部门、中介服务机构和企业多方发起、运营、组建的共建共享型平台。基于产业链和分工情况的设立不同的专业平台，大多采用政企合作的管理模式。

三、宏观层面亟待解决的问题：政策和资金支持

3D打印作为新兴产业，产业园区及公共服务平台的建设均处于起步阶段，工信部正在牵头制订《国家增材制造产业发展推进计划（2014—2016年）》，进一步推进增材制造技术的产业化发展。

3D打印作为新兴产业需要政府对该产业在资金扶持、税收、市场引导等方面实施一系列长期稳定的扶持政策。渭南3D打印产业基地作为欠发达地区新兴产业培育的典型园区要实现

加速建设发展，需要部、省、市、区四级联合共建，渭南市、高新区两级相关政策在园区启动中已起到一定作用，但无法完全满足产业基地建设的要求。就公共服务平台建设而言，需要在更高的层面上加强公共服务平台建设和发展的统筹考虑，组织编制平台发展规划和实施推进方案，研究和制定促进平台建设和发展的指导性文件，有机整合立法资源和行政资源，打破传统体制下不不适应产业发展的格局，使平台建设成为落实公共服务理念的具体行动。

公共服务平台的实质在于能够形成产业化基地发展新的制度供给，满足专业性公共服务的要求，实现产业集群政策的转化。公共服务平台的建设是增强园区核心竞争力的重要举措，也是促进政府职能转变的重要抓手。园区公共服务平台作为政府推动产业发展的重要载体具有公共产品属性，总体来说是非营利性的，或者是微利的，3D 打印产业园区和公共服务平台建设也处于初创的政府主导时期，其建设资金主要来源于政府的财政性支出。渭南 3D 打印产业园区现有的平台建设资金已经大量引入社会资金，后续建设资金缺口仍然较大，需要加大对公共服务平台的扶持力度，使其真正担负起支持新兴产业技术创新和制度创新的服务责任，强化可持续投入机制，保障平台长期稳定发展。

四、3D 打印产业基地公共服务平台的完善

渭南 3D 打印产业基地公共服务平台的建设借鉴了先进地区经验，并结合渭南实际满足战略性新兴产业发展的需要，在较短的时间内实现了跨越性发展。集技术研发、人才培育、企业孵化、产业化发展为一体，以技术成果转化为核心，以财政专项资金为引导，以产业投资基金为支撑，以专业高效服务为保障，引进培育 3D 打印科技人才和成果项目，3D 打印全产业链创新服务体系已见成效。但从总体而言，平台建设还处于初级阶段，共享共建的平台建设模式最大的制约在于投入大、运行成本高、管理能力要求高。因此可从以下几个方面入手加强和完善：

（一）加强公共服务平台信息、管理咨询和政策法律服务内容

（1）信息作为基础服务平台的重要内容，为政府各部门、服务机构、企业之间搭建沟通的桥梁。在网上发布相关政策法规和行业发展动态，为产业提供产品供求，技术供求、资金供求、产权供求等信息，建立和完善产业项目库、技术成果转让库、闲置设备调剂库、人才库等各类信息库。以网络为主体，结合其他途经为产业提供法律、政策、生产经营和管理等方面的信息，建立面向社会开发的信息服务体系。

（2）为产业发展和企业经营提供管理方法、组织设计、制度建设、财务分析、统计技术等方面的诊断、咨询和辅导。抓住影响企业发展的难点、关键问题和企业关注的热点问题，加强调查，研究解决问题的方法。

（3）组织法律服务机构开展面向产业的政策法律服务。利用法律顾问协会，组建产业法律服务中心，为产业提供法律、法规、政策等咨询和服务。提供法律、法规、政策以及办事程序网上查询，开通业务窗口多媒体查询、政策咨询热线电话、人工或电脑语音自动服务、开拓自媒体服务平台，做好政策集成和办事指南。

（二）拓展孵化创业平台功能

以公益性服务机构为主要载体，向企业初创者提供策划咨询、手续代理、创业园地、人员培训、技术应用、融资支持、登记注册以及工商、税务、能源、运输、劳动就业、社会保障、财政支持等方面的政策咨询和服务，帮助初创企业渡过创业艰难期。建立创业项目库，为创业者提供项目服务。

（三）投融资平台拓宽多元化融资渠道

大力发展信用担保、筹资融资、产权交易、闲置设备调剂，积极引入会计、审计、评估、律师等中介机构，建立高科技中小企业征信资料库等，开展增值信息服务，引入市场化运作。为有条件的企业上市、发行债券提供咨询和辅导，为企业股权融资、租赁融资和产权转让提供服务，帮助产业提高融资能力。

（四）构建 3D 打印知识产权服务体系

知识产权问题是伴随新兴产业发展而逐步显现的突出问题，我国的 3D 打印相关专利大部分都在高校。我国与 3D 打印设备、材料及其应用相关的专利共 668 件，其中陕西以 369 件位居全国第一。3D 打印产业基地的建设需要以陕西省 3D 打印产业技术创新联盟的知识产权优势为依托，探索知识产权成果转化的新路径。

1. 培育园区内优势知识产权企业

设立知识产权工作交流站，建立与优势企业的联系机制，提供量身订制的个性化服务；以园区管理机构与专利代理机构签署委托服务协议的形式，对优势企业开展知识产权托管业务；引导和支持创新要素向优势企业集聚，推荐和支持其进入国家级自主知识产权优势企业培育促进工程。

2. 提供高质量的知识产权服务

建立和完善连接各方、功能强大的知识产权信息服务平台。通过对国内外 3D 打印产业信息资源的跟踪分析、深度开发、分类梳理、充分利用，进而整合专利、商标、版权等各类知识产权信息资源，对接陕西省知识产权基础信息公共服务平台，为企业规避市场风险、选择创新路径等提供信息预警和决策依据。引入专利代理服务业，培育和发展知识产权交易服务业。制定完善知识产权评估办法和园区内外相关交易政策。

3. 新兴产业知识产权创造促进工程

促进以陕西省 3D 打印产业技术创新联盟成员之间的知识产权交叉许可、技术互换、资源共享等方式进行产学研合作，推进高校及科研院所人才、技术和知识产权向渭南 3D 打印产业基地转移，加快重大或关键技术的知识产权创造和拥有。

强化科技创新中的自主知识产权导向。激励科技创新成果向知识产权转化，加大对重大发明专利、国外专利和驰名商标的政策支持力度，重奖获得自主知识产权的关键核心技术、产品及发明人。制定有效的政策措施，引导和支持新兴产业企业，采取转让、许可、入股、质押等方式，实现其专利、商标、版权等自主知识产权的市场流通和转化。

4. 创建“三位一体”的园区知识产权管理体制

打破传统体制下不同部门分管知识产权的格局，创建专利、商标、版权三位一体的集中管理体制，形成与企业零距离对接的高效管理机制。

参考文献

[1] 赵拴伟．“3D 打印”助推渭南产业转型升级[J]．中国报道，2014（1）：54-55.
[2] 司建楠．陕西渭南建设 3D 打印产业培育基地[N]．中国工业报，2013-12-09（A4）.

秦东地区高新技术产业发展的金融支持研究

杨　娜

（渭南师范学院经济与管理学院　陕西省中小企业研究所）

摘要： 科技是第一生产力，高新技术产业作为科技力量的体现和载体，对区域经济发展可以起到加速器的作用，能够促进区域经济的跳跃性及持续性发展的实现。秦东地区作为西部开发的门户和关键区域，其高新技术产业的发展水平和质量直接影响本区域经济发展的速度和方式。但是基于高新技术产业发展本身存在的高风险特点，导致其产业发展中出现融资难的瓶颈，也使得高新技术转化为生产力出现壁垒，从而极大限制了本产业的发展。本文从秦东地区高新技术产业发展特点及现状出发，分析对其进行金融支持的重要性和必要性，并针对秦东地区高新技术产业发展的实际，提出如何建立完善相应金融支持体系的对策。

关键词： 秦东地区；高新技术产业；产业发展；金融支持

基金项目： 渭南师范学院特色学科建设项目（14TSXK03）

一、前　言

高新技术产业不仅是经济发展的载体，而且成为经济落后地区实现跨越式发展的关键支撑。在国家实施科教兴国的背景下，经济增长越来越多的从依靠资源禀赋向依靠高新技术产业转变。

秦东地区（囊括西安，咸阳，渭南，宝鸡，铜川五市区域）是陕西乃至整个西部地区发展的门户和核心区域，在中国历史上久负盛名，资源丰厚，名人辈出，是自古兵家必争的关中八百里秦川。但是时至当下，受到地域和国家发展政策和重心的影响，秦东地区的经济发展状况却远远落后于东部地区，尤其是在基础设施、软件和金融发展等方面，其高新技术产业发展更是远远落后于东部沿海省份。因此，要实现秦东地区经济跨越式和可持续发展，其关键在于促进经济发展方式从资源依赖型向创新驱动型转变，发展高新技术产业便成为实现转变的重要载体。

研究表明，资金（52%）、市场（20%）、技术（12%）、政策（10%）是阻碍科技成果转化为生产力的四大主要因素。科技产业发展的资金供给不足，融资渠道狭窄是限制高新技术产业发展的主要瓶颈，秦东地区高新技术产业发展同样存在这一壁垒。因此，对秦东地区高新技术产业发展及金融支持的现状进行客观、全面的分析，并提出行之有效的政策建议，无疑具有相当大的理论意义和实践价值。

二、国内外研究综述

对于产业发展的金融支持问题，国外的研究文献主要集中于金融与产业间关系的探讨，目前学术界普遍认为，对金融与产业发展关系进行系统化、理论化的研究始于20世纪中期的发展金融学。国内对此问题的研究起步较晚，有限的研究文献中以研究金融如何影响产业结构变动进而推动经济增长的研究成果居多，直接针对金融支持高新技术产业发展的研究成果相对较少，而针对秦东地区有关产业发展的金融支持方面的研究更是少之又少，且已有的为数不多的研究主要集中在对金融支持的探讨主要从金融信贷和风险投资两个方面。

三、秦东地区高新技术产业及其金融支持现状分析

（一）高新技术产业融资特点及金融支持重要性分析

与传统产业相比，高新技术产业对自然资源的依赖程度较低，但是对资金投入的依赖性较高[1]。一方面，从创建新的创新企业到形成一定的规模，都需要大量的资金投入做保障，因此对资金的大量需求是高新技术产业的首要融资特点。另一方面，高新技术产业的发展是以高新技术企业的技术创新活动开始的，即种子期的经济活动比较单一、组织结构相对松散，这一时期主要进行技术开发、项目商业化的可行性论证以及样品研制。必须要经过后续阶段大量投入之后才会有产出，这一初始阶段只是净投入。投入与收益的时间过程有滞后效应，使资金投入的风险性高成为高新技术产业融资的另一个主要特征，且风险越大，预期收益越高。

基于高新技术产业融资的特点可知，对高新技术产业进行专业、专门的金融支持是十分有必要的。

（二）秦东地区高新技术产业相关金融支持现状分析

1. 投资资本短缺

由于高新技术产业具有高风险性、高投入性和投资周期较长的特点，因此，对于一般的社会资本，特别是像占社会资本很大比例的银行资本和养老保险金等资本，出于投资的安全性等考虑，一般是不会很轻易地进入高新技术产业投资的。秦东地区也不例外，用于高新技术产业发展的资金主要来源于风险资本，但是秦东地区风险资本的供给远远不能满足高新技术产业发展的需要，因此就出现了融资的稀缺性，这在高新技术研究开发阶段显得尤为明显。

所以，高新技术项目都需要政府给予一定的政策扶持，并给予银行的优惠贷款；否则，高新技术产业的融资供给很可能会出现严重的不足。

2. 融资渠道有限

融资渠道的健全与畅通是影响高新技术产业融资是否成功的关键。融资渠道分为金融渠

道和财政渠道[2]，本来金融渠道应该是融资渠道的主要渠道。但是银行业的“流动性”“安全性”“营利性”三大经营原则刚好与高新技术产业的“创新性”“高风险性”“高投入性”和“时效性”特征相冲突，使银行业不愿介入到高新技术产业发展中，为其提供贷款。因此，秦东地区高新技术产业发展主要来源于财政渠道（具体是政府直接依靠财政拨款投入），但是政府的投资一般也只是针对一些大型项目，而对于中小高新企业，其政府的直接财政拨款投资惠及比例很低，一般只是给以一定的政策优惠。所以综上，导致秦东地区高新企业的金融支持渠道非常有限，金融筹资对高新技术产业发展的支持作用没有得到充分体现。

3. 融资呈现的阶段性特点和需求

高新技术产业的投资一般包括种子期（集中研发，资金需求量较少，但由于技术和商业的可行性存在很大不确定性，因此导致投资风险极大）、创业成长期（产品试生产及市场开拓，资金需求量大，投资风险依然很高）和成熟期（赢利能力形成，投资风险降低）三个阶段[3]。对于种子阶段，秦东地区目前资金来源主要是以自有资本为主，部分行业政府以贷款贴息、无偿资金资助、资本金投入、设立种子基金、创业投资引导基金等各种形式进行直接或间接的金融支持。创业成长期自有资金已经无法满足企业发展需要，需要专业风险资本的介入，但是由于其依然较高的投资风险以及秦东地区风险资本发展的滞后性，导致高新企业发展出现资金瓶颈，虽然到了成熟期，高新企业自身已经能形成一定盈利能力，并由于投资风险的大大降低可以有效地吸引投资，但是由于其处在创业成长期之后，因此高新企业在创业成长期呈现出的发展瓶颈直接限制了高新企业的后续发展。

4. 企业规模小，资金产出率低

秦东地区经济主要是以教育、旅游业和农业经济为主，其主要区域中只有西安的经济水平是最为有优势的，近些年其在国家政策的扶持下，成立了高新产业园区，高新企业无论在数量还是比例上都有大幅提高，高于西部平均水平。但是同时，不可忽视的是西安之外的秦东地区其高新技术产业的发展还是较为滞后的，而且纵观西安的高新技术产业，其现状是小规模企业占 95% 以上，盈利水平差，企业的单位产值更是低于东部水平。此外，在衡量高新技术产业科技成果的重要指标专利授权量上，秦东地区表现为总量增长，但增长率与东部相比还是存在很大差距，与之相对应的是 R&D（单位专利所需投入）投入产出率低[4]，科技资金利用率不高。

四、完善秦东地区高新技术产业金融支持的对策及建议

承前所述，面对秦东地区高新技术产业发展特点，融资需求，以及高新产业目前的资金来源，建立专门针对秦东地区高新技术产业的金融支持体系具有重要的现实意义，可以有效解决秦东地区高新技术产业在创业成长期出现的瓶颈，加速和推动高新技术产业在秦东地区的快速发展，进而实现加速秦东地区经济发展的目标。具体对策如下：

(一) 建立与高新技术产业发展相适应的多层次的银行信贷体系

1. 充分发挥银行贷款渠道作用，大力发展中小银行金融机构

秦东地区在发展高新技术产业时，要充分发挥银行贷款的渠道作用，建立有效的高新技术企业与银行的沟通协调机制，分析介绍高新技术企业项目发展的收益和风险及企业行业的发展前景。同时，银行在充分了解高新技术企业的基础上应当建立适合高新技术企业的风险评价体系和授信制度，采取单一银行和多家银行联合出资等灵活多样的融资方式，支持高新技术企业尤其是处于创建期和成长期企业的发展，同时可以使银行在风险可控的前提下获得较高的收益。银行对于资信等级高、有发展前景的企业，应适当扩大企业信用并增加对企业资金支持力度；对于投资周期长、投资风险高、投资金额大的项目，在前期积极利用风险基金发展的情况下，其余部分可以采用银行团贷款的方式予以支持，以分散银行信贷风险。

2. 进一步加大政府对银行针对高新产业信贷的宏观引导

政府部门应对银行支持高新技术企业的贷款进一步细化相关政策支持，如相应减免银行业支持高新技术企业贷款部分的营业税或所得税，以激励银行加强对高新技术产业的资金支持力度。

3. 建立多层次银行信贷保障体系

除了在现有银行体系基础上加大对高新技术产业支持之外，还应建立多层次的商业银行体系，大力发展中小银行金融机构，努力形成大小银行间的合理分工和竞争，从而有效缓解高新技术企业融资难问题。

对现有的地方城市商业银行等进行股份制改造和公司治理结构改革，并鼓励其在市场竞争中寻找新的生存发展空间，形成与全国性银行的合理市场分工格局，以充分发挥区域性银行金融机构在当地的人缘、地缘优势，引导其重视和开发高新技术产业融资市场，形成一个专门服务于高新技术企业的多层次银行组织服务体系。

(二) 建立高新技术产业发展相适应的多层次资本市场融资体系

一个健全的多层次的资本市场体系，对企业、产业乃至整个国家科技成果的转化和自主创新能力的提高都发挥着极大的促进作用。目前，不光秦东地区，着眼全国范围内资本市场的层次结构相对单一，银行在融资体系中占主导地位。对于高新技术产业而言，融资制度体系还不够健全，与其实施自主创新战略的要求还有较大差距。因此，对于秦东地区，不但需要建立健全多层次的资本市场体系，满足不同成长阶段、不同类型的高新技术企业多样化的资金需求；而且需要积极利用资本市场，支持有实力的、有竞争力、发展前景好的高新技术企业在国内创业板上市，待条件成熟还要鼓励高新技术企业到海外上市。

1. 大力发展风险投资

风险投资基金在我国的发展时间短、发展落后，目前仅在我国东部沿海大城市有所发展，

秦东地区在内的西部地区由于发展晚、认识不足等一些客观条件的限制，基本上还处于起步阶段，但是风险投资具有高风险、高收益和期限长低变现等特点，这刚好与高新产业的特点吻合，因此风险投资是高新技术企业尤其是处于种子期和成长期企业的最佳融资选择。

因此，应该建立和完善秦东地区的风险投资机制，推动秦东地区风险投资的发展，机制应包括风险投资的资金形成机制、风险投资公司的运作机制、风险资本的退出机制。通过政府投入资金的引导作用，引导各类投资主体包括金融机构、证券公司、保险公司、大企业和有实力的居民个人的资金，努力发展壮大风险投资基金规模。

2. 完善企业债券市场，加强高新技术企业债券发行

股权融资是一种高成本融资方式，它能稀释股份引起公司内部管理结构的调整进而影响公司的发展战略和经营战略，增加公司被并购的风险。与股权融资相比发行中长期债券融资不仅手续简便、融资成本低，而且不会引起公司控制权的改变，有利于企业发展战略的连续性。出于控制风险考虑，在我国债券市场上，中央政府、大型国有企业、银行、保险公司一直是债券发行主体，随着市场经济的进一步发展，发债主体多样化已经成为市场经济的客观需求。秦东地区高新技术发展相对落后，高新技术企业规模普遍较小，企业融资需求巨大但难以从银行获得贷款，因此，发展可允许符合条件的企业向特定对象发行高新产业债券符合企业的实际需求。完善高新技术企业债券发行和交易法律法规，制定符合秦东特色的地区区域高新技术企业的债券发行标准，简化高新技术企业债券发行程序，将是一个非常有利的筹资渠道。

3. 进一步建立和完善高新技术企业担保体系

秦东地区建立完善高新技术担保体系的思路是：由陕西省、各市级以及县三级财政共同出资作为引导资金，吸引金融机构、非金融机构、大中企业等社会资金广泛参与，担保公司的资金规模可以根据秦东地区的高新技术产业发展状况和经济发展水平确定，以有偿服务的方式为高新技术企业提供信用担保。担保公司的形式可以多样化，在纳入监管的条件下，允许有实力的大企业、资金机构单独或联合设立担保公司，包括营利性的商业性担保机构以及半政策性、半商业性的担保公司、机构。将高新技术企业担保公司纳入银监会和证监会的监管，加强对担保公司的有效监督和管理，对担保公司实行准入制度和资信评级制度，促使担保公司加强管理和改善经营，确保信用担保业健康持续发展。

此外，设立受担保高新技术企业不良信用发布、查询平台，及时发布违规、不良信用违约企业。信用担保公司对企业的担保准入条件应做出明确规定，对信用级别低、有不良信用记录、持续亏损且不具备发展前景的企业不应提供担保支持。

再者，还可以争取将政策性银行如农业发展银行、国家开发银行加入到高新技术企业投资担保体系，增加高新技术企业融资渠道，为高新技术企业融资担保提供服务，发挥政策性银行的资金引导和信贷杠杆作用。

（三）发挥政府政策制定职能规划

1. 引导发展具有秦东特色和优势的地区高新技术产业

政府应该充分认识和重视高新技术企业对地区经济及科技创新力的带动作用，结合秦东

地区优势统一规划高新技术产业布局，区分高新技术产业发展的先后循序、轻重缓急，对于本区域还没有发展，而其他地区发展水平已经很高的技术项目，经充分研究论证后可予以放弃。对于具有本地特色优势，对经济及科技创新带动作用较大的科技项目，优先给予扶持。

2. 进一步完善高新技术产业相关的财税政策

政府应制定完善的高新技术企业发展财政税收支持制度，加大对高新技术企业的财政支持力度。政府在根据财政实力情况下继续加大投入资金，尤其是在成型技术推广方面，支持高新技术企业进行技术创新。优化税制结构，可以考虑针对不同高新技术企业实行有条件的减征和免征所得税。尤其是对于种子期和创建期的高新技术企业可考虑予以免征所得税及其他税费。

五、结束语

建立和完善一系列针对高新技术产业的金融支持体系，为秦东地区高新技术产业发展提供坚实的基础和保障，可以极大地促进秦东地区高新技术产业的发展，从而实现秦东地区区域经济的快速崛起和振兴。

参考文献

[1] 邓平. 中国科技创新的金融支持研究[D]. 武汉：武汉理工大学，2009.
[2] 谢沛善. 中日高新技术产业发展的金融支持研究[D]. 大连：东北财经大学，2010.
[3] 韩珺. 我国高新技术产业融资模式创新研究[D]. 青岛：中国海洋大学，2008.
[4] 郗立涛. 促进我国经济结构调整的财政政策研究[D]. 北京：财政部财政科学研究所，2014.

金三产业集群对晋陕豫黄河角先进制造业基地的作用机理和支持体系研究

王鹏远

（经济与管理学院　西部区域经济与城市发展研究中心）

摘要：先进制造业基地作为推动晋陕豫黄河金三角工业化和现代化的主导力量，其发展具有重要的现实意义。本文在产业集群理论视角下，从先进制造业基地和产业集群的概念出发，分析了产业集群对先进制造业基地的作用机理，提出了晋陕豫黄河金三角先进制造业基地建设的市场服务、技术开发、政府服务和人才开发四大支持体系。

关键词：先进制造业基地；产业集群；晋陕豫黄河金三角；支持体系

基金项目：渭南师范学院特色学科建设项目（14TSXK03）

一、两个概念

先进制造业基地是指以先进制造技术为主要生产手段、以高附加值产品为主体、以传统优势产业为支柱，生产效率得到极大提升，具有较强竞争力的产业集群，具有科技含量高、产业规模大、创新能力强、核心企业带动作用强等特征，是工业化和现代化的主导推动力量。根据《国务院关于晋陕豫黄河金三角区域合作规划的批复》，本区域以整合区域优势资源、创新区域合作机制、协调区际利益关系为重点，以共建承接产业转移示范区为抓手，力争把晋陕豫黄河金三角建设成为中西部地区新的经济增长点和欠发达地区实现一体化发展、跨越式发展的示范区。“十三五”时期，将晋陕豫黄河金三角区域建成全国重要的先进制造业基地、能源基地和区域性现代服务业中心，使其成为推动工业经济增长、推动区域协调发展的增长极。同时，发展先进制造业基地也是承接东南沿海制造业梯度转移、促进产业升级、吸引国外投资的迫切需要，对晋陕豫黄河金三角区域经济的发展具有重要的现实意义。

产业集群是指在某一特定领域内，在地理位置上邻近、有交互关联性的企业和相关机构，产业集群以彼此的共通性和互补性联结，具有地缘上的邻近、企业间的相互依存与联系、企业及各组织机构之间的互动、公用的基础环境设施、知识的快速扩散、价值链上的相互需求、外向型的投入产出以及资源的共享等特征。随着改革的推进和经济的发展，产业集群现象也成为我国经济发展中的重要内容，长三角和珠三角不少地区依靠产业集群取得了显著的经济效益，尤其是在这些地区形成了许多制造业产业集群，如浙江形成了五金、汽摩配件、医药化工等先进制造业产业集群，广东省在食品、服装、电子等特色产业集群推动下形成了一批先进制造业基地，极大地推动了这些地区的工业化和现代化。近年来，晋陕豫黄河金三角区域先进制造业产业集群也呈现出快速发展的趋势，但还存在产业集群数量少，规模不大、竞争力弱、产业结构类同、可持续发展能力弱等许多问题。因此，如何运用产业集群理论推动晋陕豫黄河金三角先进制造业的发展，形成区域先进制造业基地，具有重要的理论和现实意义。

二、产业集群对先进制造业基地的作用机理

产业集群的竞争力主要表现在增长速度、市场占有率、集群创新、生产率等方面。产业集群可以发挥其独特的竞争优势，推动先进制造业基地的形成和发展。

（一）产业集群有利于增强基地企业的创新能力

王缉慈等研究表明，区域经济中的创新常常来自产业集群，产业集群内不仅存在大量有创新压力的企业和研究机构，而且拥有稳定的促进学习、交流和进步的共生机制。产业集群为基地企业和各种组织的创新活动提供了一种合作过程，为创新活动提供了个体和群体两方面的优势。产业集群由于本身在一定程度上因创新而聚集和由聚集产生的激烈竞争，首先可为企业提供一种良好的创新氛围，同时也由于人才、资金、技术、信息的聚集而有利于创新的开展。其次，产业集群可以降低企业的创新成本。由于在集群内聚集了大量同类型的企业、贸易网络、技术传播机构、商会、培训协会等组织形式，创新费用和成本压力就可以分散到集群的各个组织中去。这种集群式创新实际上在很大程度上降低了群内企业的创新成本。最后，集群有利于促进知识和技术的转移及扩散，各种企业的相互集中以及顺畅的市场组织网络，有利于信息和知识尤其是隐含经验类知识的传播，从而产生知识“溢出”效应，促进知识和技术的转移扩散。

（二）产业集群有利于提高基地企业的生产效率

由于集群的外部经济和规模经济效应，产业集群的形成可以降低生产和交易成本，从而提高基地群内企业的生产率。在产业集群内，各种相关企业相互集中在一起，进行灵活的专业化分工，不仅可以降低原料和产品的物流运输成本，节约生产时间，还能减少能源和原料消耗，减少库存量，从而降低生产成本。同时，由于集群存在信息溢出效应，专业化供应商、熟练劳动力市场以及社会化的市场组织网络，各种企业的地理集中也能够降低信息搜寻和交易成本。企业的地理集中以及建立在信任和规范基础上的分工合作关系，也有利于降低企业之间的合作成本，尤其是合同谈判和执行成本。另外，产业集群的形成还可以减少资源获取和转换的障碍，使基地企业获取诸多方面的集群效能，减少基地企业寻求改变的转换成本。

（三）产业集群有利于增强基地企业的竞争力

在产业集群内，由于各竞争对手高度集中于某一区域，易形成一种面对面的、独特而相

对公平的竞争合作环境；这种独特的竞合关系不但有利于企业（或产业）间的信息交流，而且还可促使企业在科技、管理、市场等方面不断追求创新，提升集群中各自企业的竞争力，使整个产业的集群优势得到更充分的发挥。因此，企业的集聚必然加剧企业间的竞争，而竞争程度的加剧，反过来又促使企业进行创新，降低成本，提高产品和服务质量，从而增强整个产业集群的竞争优势。正如波特所说“合适的竞争对手能够有助于企业增加持久的竞争优势以及改善所处产业的结构”。

（四）产业集群有利于促进区域品牌的形成和企业增长

在产业集群内，由于集聚着大量生产相同或类似产品的企业，有较强的竞争力和相当的知名度，市场占有率高，有利于促进区域品牌的形成。如硅谷的IT产品、温州打火机、广州箱包皮具等，都在世界具有较好的声誉。随着产业集群发展的成功和群内企业产品销向世界各地，会逐渐形成一种世界性的区域品牌效应。而这种区域品牌是由集群内共同的生产区位产生的，一旦形成之后，就可以为区内的所有企业所享有。同时，区域品牌同样具有外部效应。这种区域品牌效应，不仅有利于企业对外交往，开拓国内外市场，确定合适的销售价格，也有利于提升整个区域的形象，为招商引资和未来发展创造有利条件。

三、晋陕豫黄河金三角先进制造业基地建设的聚集体系

建设先进制造业基地，要有完善的保障措施，具体来说要在产业集群的视角下着力市场服务、技术开发、政府服务和人才开发四大聚集体系。

（一）建立完善的产业集群市场服务体系

一是加强对中介服务机构的培育。晋陕豫黄河金三角应通过采取统一规划的方式，制定法规，对企业进行宏观指导和调控，加快社会中介服务体系的构建、引导和聚集，为先进制造业基地建设提供服务支撑。健全对市场中介组织的管理和监督体系，完善法规，将市场中介组织纳入法制化、规范化的轨道，完善市场中介组织的准入制度，规范中介组织市场，鼓励和引导有条件的市场中介组织开展国际市场中介服务。二是在基础设施的建设过程中发挥政府的引导和宏观调控作用，统筹规划以避免重复建设。规范物流市场，消除条块分割，减少交易风险，降低交易成本。继续推进晋陕豫黄河金三角的现代物流建设，建设中心物流节点城市和一批现代物流园区。

（二）构建增强企业自主创新能力的技术开发体系

一是加大制造业重点领域和企业技术创新的资金支持力度。用好工业企业技术改造专项资金，鼓励符合条件的企业通过上市融资等方式筹集资金，吸引社会多元投资。二是采取切实措施加强企业技术创新体系建设。坚持自主创新与引进创新相结合，围绕先进制造业重点

产业以及重大产品的关键和共性技术，组织实施更多的高新技术研究开发和产业化项目。三是建立企业知识产权管理制度，不断加大技术创新投入力度，培育具有自主知识产权的核心技术。积极推动产学研联合，共建技术创新实验基地，提高产业关键技术和共性技术供给。

（三）转变政府职能，有效发挥政府作用

一是加强产业政策的引导，制定有效的产业集群发展指导目录及政策。晋陕豫黄河金三角应按照区域经济一体化的思路，打破行政区域界限，加快区域协调机制建设，开展政策合作和区域政府协调，统筹规划功能布局，形成区域分工有序、相互协作、前后配套、链接紧密的产业集群发展格局。二是优化创新工作环境。推行电子政务，简化审批程序，努力提供一站式服务；提高政府行政办事效率，减少行政审批环节，减少政府收费，减低外部成本；建立有利于先进制造业基地建设的政策、法律和市场环境。

（四）建立人才聚集与管理体系

首先，既要从宏观角度考虑集群整体人才需要，也要从微观角度考虑各个企业对人才的需要，将人才结构调整规划纳入晋陕豫黄河金三角先进制造业基地产业集群建设发展的总规划之中。建立动态调节机制，运用发展的眼光随集群的发展不断调整人才结构，建立切实有效的人才管理机制。其次，重视人力资本的投资，创造人才聚集的环境条件。围绕晋陕豫黄河金三角先进制造业基地的支柱产业和重点产业，建立全方位的人才引进吸纳机制和优胜劣汰的激励机制，培育企业的高校“人才储备库”，如鼓励企业设立大学生实践基地，培养学生提前与企业的文化融为一体，培养一大批管理干部和工程技术人员；加快企业家市场建设，推行职业经理人制度和代理制，创新人才激励机制，形成人才聚集高地。

参考文献

[1] 迈克尔・波特. 国家竞争优势[M]. 北京：华夏出版社，2002.
[2] 王缉慈，童昕. 简论我国地方企业集群的研究意义[J]. 经济地理，2001（5）：550-553.
[3] 蒋满元. 关于产业集群竞争优势的来源分析[J]. 重庆社会科学，2006（2）：19-22.
[4] 姚先国，朱海就. 产业区“灵活专业化”的两种不同模式比较[J]. 中国工业经济，2002（6）：45-49.
[5] 罗士喜. 城市群发展研究：以中原城市群为例[M]. 郑州：河南人民出版社，2006.

陕西制造企业“走出去”路径与对策研究

许存兴

（渭南师范学院经济与管理学院）

摘要： 随着陕西外向型经济的发展，陕西制造企业“走出去”的能力也有了较大程度的提高，但就整体而言，陕西外向型经济的发展还处在初级阶段，陕西制造企业“走出去”还存在诸如规模偏小、经营分散、层次低下等问题。为此，本文通过对陕西制造企业走出去的历程与现状的分析，构建了陕西制造企业“走出去”的战略导向，进而进行了陕西制造企业“走出去”的路径设计，并提出了相关的对策和措施。

关键词： 陕西制造企业；路径；对策

基金项目： 陕西省军民融合研究基金项目（15JMR06）；渭南师范学院特色学科建设项目（14TSXK03）

一、引　言

“走出去”战略是党中央、国务院根据经济全球化新形势和国民经济发展的需要所做出的重大决策，是发展开放型经济、全面提高对外开放水平的重大举措，也是实现我国经济与社会长远发展、促进与世界各国共同发展的有效途径。党的十八大报告明确指出：“坚持对外开放的基本国策，把引进来和走出去更好地结合起来，扩大开放领域，优化开放结构，提高开放质量，完善内外联动，互利共赢、安全高效的开放型经济体系，形成经济全球条件下参与国际经济合作和竞争的新优势。”为此，鼓励、引导更多的企业和地区发展外向型经济，是陕西省各级地方经济管理部门的重要责任，研究和探索陕西企业走出去的基本路径具有重要的理论和现实意义。

近年来，随着外向型经济政策和环境的持续改善，陕西企业“走出去”的步伐不断加快，陕西企业“走出去”的能力也有了较大程度的提高，并取得了可喜的成绩。一批有实力的陕西企业，充分发挥自已的优势，走出国门面向世界，获得了实实在在的好处，赢得了海外市场。目前在陕西企业外向型经济的发展实践中，已初步形成了资源开发型、技术寻求型、设备转移型、工程承包型、和农业开发型等五种基本模式，但就整体而言，陕西企业“走出去”的步伐还需要进一步加快，陕西企业的外向型经济的实践运作模式还处于初级阶段，与其他发达地区相比还存在较大差距。

经济发展的外向度低是陕西经济结构的一块短板，必须大力发展外向型经济，“走出去”是陕西发展的必然选择。为此，陕西企业应当以党的十八大精神为指导，以科学发展为主题，以加快转变经济发展方式为主线，并借鉴其他地区企业“走出去”的经验，进一步扩大对外开放，坚定不移地以开放促改革、促发展，完善区域开放格局，优化对外贸易结构，在继续坚持引进来的同时，推动有条件的陕西企业结合自身优势与条件，积极参与国际经济交流合作。由此可见，研究关于陕西企业走出去基本路径的设计以及相关对策就具有显著的现实意义。

二、陕西企业“走出去”的历程、现状与面临的基本问题

（一）陕西企业“走出去”的发展历程

陕西企业的“走出去”经历了一个漫长的发展过程。从改革开放初期到20世纪90年代，陕西有相当一部分乡镇企业从事“三来一补”、出口等跨国经营活动，但是类型多为销售公司、代表处或联络处等，这一阶段的发展为陕西其他中小型企业开展海外投资奠定了一定的基础；从20世纪90年代到2003年，一部分陕西企业开始了海外直接投资的酝酿和尝试，还有一部分企业也逐渐开始培养进行海外直接投资的深厚兴趣和意愿，这一阶段的是陕西企业进出去的起步阶段；从2003年以后，随着国家相关政策的出台与落实，以及陕西政府对企业一些政策的支持与鼓励，陕西企业大规模走出去的时代随之到来。

（二）陕西企业“走出去”基本现状

目前中国企业海外并购的影响力大大提升，企业国际化的广度和深度都有了很大的提高。在此大背景下，陕西企业一直努力跟上，逐步扩大“走出去”的步伐并取得了令人瞩目的成绩。2010年，陕西企业出口总额达到了62.077亿美元，比2009年的39.882亿美元增长了55.7%。陕西省全年实现现货贸易进出口总值84.01亿美元，同比增长0.87%，比全国平均水平高出14.8个百分点，增速位居全国前列。2012年2月，陕西省政府对西安迈科金属国际集团有限公司等2009年度进出口总值超过1亿美元的14家出口规模大、对全省经济做出突出贡献的优秀企业作了通报表彰。在2009后全球金融危机的大背景下，迈科集团依然取得了良好的经营业绩，销售收入达244.28亿元，主营有色金属销售达74.1万吨。陕西省政府希望迈科集团等企业珍惜荣誉，再接再厉，争取取得更大成绩，为全省经济增长目标做出新的更大的贡献。由此可见，陕西省有关部门对本省企业“走出去”寄予厚望、充满信心。

（三）陕西企业“走出去”面临的基本问题

目前，陕西企业“走出去”面临的约束和限制问题，主要涉及外部政策环境、内部管理机制等两个方面。

首先，考虑到陕西资源条件和经济发展现状，急需有关部门出台和落实好相应的配套政策和措施来降低对陕西企业的限制与制约，并制定促进陕西企业更好的发展“走出去”的战略。目前，由于陕西企业没有全面细致的学习有关部门出台的一系列相关政策，致使陕西企业“走出去”的鼓励政策不到位、信息咨询服务欠缺、对外投资的法律体系不健全、存在投资管理存盲区等，不能适应我省企业进一步“走出去”的需要。

其次，从内部条件来看，具有“走出去”潜力的陕西企业，甚至包括部分已经进行“走出去”尝试的企业，基本上都处于转换机制、学习和适应国际惯例的成长阶段。“走出去”进行境外投资、开展跨国经营，对于大部分企业而言，还只是处于起步阶段，陕西企业外向型经济发展和探索，还较突出地呈现出规模与数量小、经营分散、供应链不完整，以及层次低、效率差的特点。

最后，从日常行政管理角度看，陕西企业在外向型经济的运作和实践过程中，仍存在着审批手续繁琐、融资渠道狭窄、政策不配套、资金援助和税收优惠不多、社会化服务体系薄弱等问题，这些都成为陕西企业实施国际化发展的障碍。因此，良好的发展环境对陕西企业国际化发展具有重要的现实意义。

三、陕西企业“走出去”的背景与战略导向

当前陕西企业“走出去”的基本背景和条件是企业抵御风险、拓展海外市场和创新发展能力较改革开放初期明显增强，但由于制约外贸发展的长期矛盾和短期问题叠加，价格优势有所减弱，结构调整难度加大。总体而言，陕西经济发展势头良好，全省经济继续保持平稳较快增长态势，对陕西对外贸易形成强有力的支撑。同时，外贸传统领域的比较优势依然存在，但是，诸如劳动力及原材料价格、人民币汇率等因素，在一定程度上削弱了外贸企业的价格优势。成本上升、利润下降导致的有单不敢接、不愿接的现象，也加大了结构调整难度。在此背景下，陕西企业外向型经济发展的战略导向，应当从总体战略环境、支撑条件以及发展路径设计等不同方面，密切配合，从可持续发展角度培养海外市场发展和创新能力，以结构优化引导稳定增长。

首先，应进一步深刻理解走出去战略的时代背景，提高判断世界经济发展规律和总揽全局的能力，把实施走出去战略与拉动陕西省国民经济增长密切结合起来，把推动“走出去”与陕西省参与新一轮产业转移结合起来。既要从经济安全、经济和社会发展的战略高度去认识“走出去”的重要性，还要把走出去战略当作陕西省经济和社会发展整体战略的有机组成部分。其次，应根据国民经济及国际市场需求，进一步明确陕西企业的国际化导向，最大限度地帮助相关企业减少海外市场开拓成本，降低海外市场开拓风险。最后，还应当在走出去战略的前提下，紧跟国家政策，让每一个企业明确走出去战略的目标及重点，研究和制定适宜的配套和支持政策，制定企业海外市场开拓的税收政策、信贷政策、保险制度等，为企业的对外投资行为提供保障，让陕西企业在国际市场上有资本和实力大展宏图。

就陕西企业层面而言，陕西企业“走出去”的基本战略是因地制宜、发挥企业自身优势，注意跨国经营与企业总体发展的协调，关注国际化发展与企业的总体发展的有机结合。从长远发展看，加强对境外企业的监控和管理也是陕西企业“走出去”战略的重要内容。

四、陕西企业“走出去”的路径设计

企业竞争优势一般表现为成本优势、产品优势和品牌优势等若干方面。在明确的“走出

去”战略导引下，陕西企业在开拓海外市场的进程中，首先应凭借丰富的生产资料和劳动力资源禀赋，尽快培养和积蓄实力，并努力构筑企业自身品牌。具体来说，陕西企业“走出去”的战略路径是根据各自不同的特点和条件，先易后难，基于资源与成本优势，进行稳定发展的持久努力。

首先，针对外贸企业的业务与需求特点，探索和利用有利的金融环境。目前中行陕西分行在贸易融资业务上加大创新力度，推出了“达”系列贸易融资新产品，帮助外贸企业解决境内贸易融资难题，就是一个有益的尝试。“达”系列金融产品的最大特点是能帮助客户规避各类贸易和金融风险，加强应收应付账款管理，降低管理成本，提升履约能力与自身信用度，帮助企业加快资金周转，扩大出口规模。

与当地企业利用合资合作的方式，开展加工贸易、资源开发也是陕西企业“走出去”的又一可选路径。但为便于企业在当地的经营和发展，一定要充分考虑项目所在国的具体情况，选择那些经济实力较强、在当地有一定影响力、与政府关系良好的企业开展合作。同时，要注意充分发挥合作伙伴的作用。具体运作过程中，还要注意产业链条优化，确定经营方向，从资源重组角度出发，以降低成本为基点，以海外市场开拓为基本方向。不计成本的低价倾销既达不到走出去战略的目的，又可能损害陕西乃至国家和企业的长远利益。

另外，陕西企业实施“走出去”还可以充分利用海外华商网络优势。分布在世界各地的华人可以构成一个巨大的潜在市场，世界各地的华人由于有民族文化的趋同性，对于具有华人民族特色的产品情有独钟。因此，利用潜在的华人市场，使中国的产品首先打入华侨华人市场，进而渗透到海外市场。另外，海外华侨华人是中国企业跨国经营的人才库，海外的华侨华人很多都已经融入了当地的主流社会，在所在国经济、文化、政治等各领域里取得了相当的地位，熟悉当地的环境、法制法规，并有一定的经营管理的能力。因此，要充分利用这些人才，并使之成为陕西企业的国际经营人才。

总之，要以更加开放的姿态面向世界，以更加务实的行动加强国际交流合作，全力推进走出去战略，是破解陕西经济外向度低难题，并实现跨越式发展的基本选择。只有充分利用陕西企业的优势和实力，更好地利用国内国外两个市场、两种资源，陕西企业“走出去”才会具有更灿烂的未来。尽管走出去战略及运作实践中还可能面临很多困难，但是只要放眼世界、大胆开拓，我们就有理由坚信，通过陕西省政府和陕西企业的共同努力，陕西企业“走出去”的步伐会日益加大，一定会有越来越多的陕西跨国知名企业和知名品牌走出国门，在全球化的舞台上向世人展现其强劲的实力。

参考文献

[1] 苏立峰. 战略并购：中国制造企业“走出去”的市场化选择[J]. 华东经济管理，2008（1）：85，87，144.

[2] 李秦阳. 中国制造企业“走出去”国际化战略动因分析[J]. 中国市场，2005（36）：20-21.

陕西民营制造企业如何“走出去”

魏建中　常盼盼

（渭南师范学院经济与管理学院）

摘要： 经过 30 年的改革开放，陕西的民营经济有了很大发展，不论是国民生产总值还是对外进出口总额均已占据半壁河山，不少民营制造业已具备了“走出去”的实力。但要更好地“走出去”，还需要进一步解决好“走出去”的认识问题，并在“走出去”的方向以及条件上做好充分准备。

关键词： 走出去；民营制造业；国际市场

基金项目： 陕西省军民融合研究基金项目（15JMR06）；大学生创新创业训练计划项目（2015ZYJS048）；基金项目：渭南师范学院特色学科建设项目（14TSXK03）

鼓励民营制造业“走出去”是国家实施对外开放战略的重要组成部分。早在 2005 年 2 月，国务院就出台了《关于鼓励支持和引导个体私营等非公有制经济发展的若干意见》的文件，该文件明确指出，政府应“支持企业开拓国内外市场，推动信息网络建设，积极为非公有制企业扩大出口和走出去到境外投资兴业，在对外投资、进出口信贷、出口信用保险等方面与其他企业享受同等待遇。鼓励非公有制企业在境外审核知识产权，发挥行业协会、商会等中介组织作用，利用好国家中小企业国际市场开拓资金，支持非公有制企业开拓国际市场。”上述国务院文件从中央政府层面表明了我国对民营制造业“走出去”的积极态度，为政府职能部门出台具体支持性政策打下了良好的基础。

一、要不断提高“走出去”的认识问题

“十一五”以来，我省民营中小企业快速增长，截止 2011 年年底，全省民营中小企业数达 140.5 万个，实现营业收入 16 190 亿元，非公经济实现增加值 6 257 亿元，占全省 GDP 的 50.5%；民营企业进出口总值 95.44 亿元，占全省进出口总额的比重达 65.3%。民营经济已占据陕西经济的半壁河山，成为推动陕西经济稳定增长的主力军。

目前，我省不少民营企业已具备了“走出去”的经济实力，但由于“走出去”才刚起步，还存在一些认识问题需要解决。一是小富即安的传统观念。有的企业没有认识到国际化是企业发展的必由之路，因而缺乏对经济全球化和当代国际分工特点的认识。经济全球化处在一个大发展、大变革、大调整的机遇期，其发展的趋势是你中有我、我中有你。这种格局不但不会逆转，而且将会继续深化。二是经营观念有待更新。我省民营企业总体来说，规模小、

技术和资金实力较弱，投资规模较小。经营目标主要放在产品输出和扩大出口规模上，而把利润中心国际化、研发中心国际化、战略布局国际化作为“走出去”目标的企业还不多。三是对“走出去”的定位有待提高。经过30年的改革开放民营经济的发展已超越了拾遗补缺的发展阶段，成了市场经济中的生力军，但由于对“走出去”的定位还缺乏信心，因而对“走出去”的积极性不高。我们必须看到，对具备了一定优势的企业来讲，只有“走出去”才能有更大的发展空间。四是对“走出去”的目标还不够清晰。“走出去”是长期战略，不是权宜之计，有的企业为了“走出去”而“走出去”，存在随机性，缺乏对“走出去”系统性和科学性的论证。

如果说，前30多年的改革开放主要是“引进来”，那么现在应该是“引进来”和“走出去”并举，要鼓励有条件的陕西民营企业“走出去”，参与国际竞争，要进一步解放思想，解决好影响“走出去”的各种认识问题。

二、“走出去”要坚持循序渐进、量力而行

民营企业具有“走出去”的成本优势、产权优势、机制优势、经营理念优势和一定的技术优势。但自身也存在技术水平不够、管理不科学、经济规模小、人才匮乏、国际竞争力不强等自身条件限制。“走出去”是一项长期、综合、系统的工程，它既有发展的机遇和空间，同时也存在很大的风险。因此，循序渐进、量力而行是民营企业“走出去”所应该坚持的原则。具体讲要认真抓好四项工作。

第一，要充分做好“走出去”的准备工作。这些工作包括抓紧建立现代企业制度，实施管理创新战略，实施名牌战略，努力创造品牌优势，实施步步为营的经营战略。

第二，要把人才战略作为“走出去”的关键。人才匮乏是民营企业普遍存在的问题，大多数企业缺乏国际市场和国际投资方面的专业人才，而了解国际市场，了解国际市场环境，熟悉国际通行规则和主要目标，熟悉国际法律法规的人才不多，具有国际战略头脑，善于成熟操作跨国投资实力的人才更少。据英国《经济学人》的一项调查，亚太地区未来对具有领导力的国际性人才需求是75 000人，但目前达标的只有8 000人，缺口令人担忧，其中以中国为甚。甚至还有研究机构认为，中国优秀的富有领导力的管理人员的需求缺口是1 700万人。事实确实如此，在国际化进程中，多数企业的领导能力不足，处理复杂微妙问题的经验不够，企业领导者在知识结构、自我认知、文化智商等方面存在瑕疵，人治色彩较浓。这些都影响着“走出去”的效果。而这些绝非是朝夕之功就能够解决的，需要通过培训和较长时间的探讨学习才能提高。

第三，要主动加强与懂国际法律、会计、投资、咨询等中介机构的密切联系与合作。如果没有这些专业的中介组织提供服务，会直接影响“走出去”的成败。

第四，要与政府主管部门和银行建立良好互动关系。境外投资管理和审批程序环节繁杂，融资渠道少，融资困难，要解决处理好这些问题，抓住时间和机遇至关重要。

第五，应与国有企业合作，形成“走出去”的盟友。陕西国有企业具有“走出去”方面的经验，形成了多种模式，依托借鉴国有企业的成功经验，可以少走弯路。

总之，民营企业“走出去”的时候就，不能着急，要循序渐进、量力而行。

三、要选好“走出去”的方向

对于有意愿“走出去”的民营制造企业来讲，选好“走出去”的方向无疑是一个很重要的问题。目前，我国对外直接投资已经遍布世界的 129 个国家和地区的 3 000 多家企业，但是，亚洲占据中国对外直接存量的 70%以上，拉丁美洲位居第二，占 19%左右，而在拉丁美洲的投资存量中，90%左右又集中在开曼群岛和英属维尔群岛。根据这个现状，我省民营企业“走出去”应在三个方向上考虑。

一是亚洲周边国家和地区。这些国家和地区具有地理、交通的便捷条件，而且在文化、宗教、信仰等方面有传统的友好交流和认同感，“走出去”相对方便一些。尤其是陕西的传统中医中药具有很大的优势，在“走出去”的所到之地深得受众国人民的欢迎。

二是走向非洲、拉美市场。虽然我们目前对外的主要市场在欧美，但从长远看，非洲、拉美更是大有作为。以拉美为例，拉美和加勒比海共有 33 个国家和 13 个地区，自然资源十分丰富，经济已有较大发展，总体同我国友好，已与 6 个国家签订了自由贸易协定，同时这些国家与我国在政治、经济、市场、资源、技术等方面都有较好的合作基础，陕西民营企业可以走进拉美推销产品，购买资源、承包工程和劳务，合资合作建厂建企业，充分运用自身的优势创造辉煌。

三是可以扶持重点民营企业对欧洲进行投资合作。2009 年以来，欧洲主权债务危机不断发酵，波及欧洲多个国家，欧洲许多国家企业资金链紧缺，资产价格下跌至低位，对国外投资并购的安全审查、垄断审查放宽，陕西省应鼓励有条件的民营企业加大对欧洲的机械、汽车、造船、新能源、环保产业等领域进行投资合作，在帮助欧洲企业走出困境的同时，推动企业“走出去”，获取更先进的技术研发和营销体系。

四是要借鉴世界贸易强国和贸易强省的经验，从科技制度创新，经济贸易结构调整，拓展贸易对象，整合优势资源，政府支持和引导及培育本土跨国公司等方面来提升增强陕西省贸易主体综合竞争力。回顾世界近 500 年各国的发展历史，对外贸易和海外投资是贸易强国的根本途径。实践证明，贸易强国已成为普遍的规律。对于欠发达的陕西来讲，对外经济不是过了，而是远远不够。因此要加大外贸力度，鼓励有条件的民营企业“走出去”，这是建设西部强省的重要组成部分。我们力争通过新时期的全方位的开放，逐步由对外贸易小省、弱省向贸易大省强省奋进，让陕西在国际贸易格局中也能占有一席之地。

参考文献

[1] 李茜．民营企业对外直接投资研究[D]．北京：首都经济贸易大学，2014.

[2] 单天明．江苏民营企业“走出去”模式选择的影响因素研究[D]．南京：南京师范大学，2014.

民企“参军”政策演变的多源流探析

李永生

（渭南师范学院经济与管理学院）

摘要：受经济体制束缚、民企发展不平衡、政策扶持力度不够等影响，民企“参军”存在诸多问题。以政策学家金登的多源流理论分析我国民企“参军”的问题困境、政策选择和政治趋向，才能实现问题解决、政策到位、政治保障的目标，促进我国民企“参军”的快速发展。

关键词：多源流；民企“参军”；军民融合

基金项目：陕西省政协军民融合产业研究院项目（13JMR05）；基金项目：渭南师范学院特色学科建设项目（14TSXK03）

美国政策学家金登在《议程、备选方案与公共政策》一书中提出多源流理论，认为一个项目是由问题源流、政策源流、政治源流汇合而成的连续过程，三股源流汇合才能解决该领域的问题并实现机制创新。问题源流是政府及社会亟须解决的普遍性问题，政策源流是决策主体提出的各类建议、主张、观点、方案及措施等，政治源流是社会权力分配、利益集团实力对比、公众舆论及国民情绪控制等政治表现，三股源流相互包容才能体现一个领域的动态演变。

近几年，多源流理论被社会多个领域广泛应用，本文试图以之分析民企“参军”过程中的问题源流、政策源流和政治源流，解决“参军”困境、促进政策完善和体现政治价值及趋向，推动我国民企“参军”三股源流的汇合，实现民企“参军”的机制创新。

一、民企“参军”的问题源流分析

（一）传统观念束缚

传统行政体制制约了民企“参军”的规模，造成民企长期被排除在军品市场之外的情况，使民企对“参军”领域、范围、规模不够了解，无法实现军品及装备的技术、质量和人才保证。国有军工企业及工作人员对民企“参军”仍心存疑虑，认为非公有制企业自身的发展不稳定、保密意识不强，“参军”后会与原有军工企业争夺任务、经费、资源和市场。长期的国有化生产造成军工企业的垄断控制，使民企“参军”范围日益狭窄。

（二）保障措施不健全

民企“参军”初期投资多、回报周期长、经营风险大、补偿不合理，影响了整体的盈利水平。多数民企按照商业规范和标准进行生产和销售，短期内无法适应军用需要的标准，加之民企对军品制造、军品及装备的生产和研发缺乏知识积累和技术指导，产品质量也难以保证，市场销量必然受到影响，不利于实现大规模军品及装备生产和研发的需要。

（三）政府扶持力度不够

每年都有大批民企进入和退出军品市场，但不少拥有军品研发能力的民企持观望态度，部分资金不够雄厚但热心参与军品生产的民企担心投资风险、担心研发与需求不匹配进而望而止步，资金雄厚、生产和研发能力都强的民企又担心军用技术进出口审查和保密资质认证关卡限制多而“参军”积极性不够，种种都说明政府审查严格与民企追求商业利润最大化之间存在目标冲突。

（四）体制缺乏创新性

虽然民企“参军”的热情高涨、环境不断改善，军品市场准入、装备采购、民间投资制度障碍也逐步清除，但在具体的生产和研发过程中，民企“参军”队伍不稳定、产品缺乏普遍认可，军品科研生产许可证、保密认证和质量认证的资质较严格，在招投标、生产程序、质量规范上也没有形成对称的信息交流，这种滞后的体制造成了民企与国有军工企业在经济地位及信息获取占有上的不平等，导致政府对军品市场管理职能的调整难度大、军民融合产业发展速度慢、市场销路和军品质量不高、社会效益低等问题。

二、民企“参军”的政策源流分析

（一）政府出台政策保障，做好政策导向服务

2005 年，原国防科工委颁布了《武器装备科研生产许可实施办法》，又出台了《关于鼓励支持和引导个体私营等非公有制经济发展的若干意见》，允许非公有制企业按有关规定参与军品生产和研发任务的竞争并促进军工企业的改组改制，民企“参军”获得大规模发展。2007 年，国防科工委又出台《关于非公有制经济参与国防科技工业建设的指导意见》，再次明确“鼓励和引导非公有资本进入国防科技工业建设领域”，为民企的合法“参军”提供政策依据。2012 年 7 月，国防科工局、总装备部联合印发《关于鼓励和引导民间资本进入国防科技工业领域的实施意见》，明确提出在坚持“积极鼓励、正确引导、同等对待、确保安全”的原则下，吸引和鼓励民间资本进入武器装备科研生产、国防科技工业投资建设、军民两用技术开发等国防科技工业领域。

（二）社会落实政策精神，提供政策支持保证

在国家宏观政策的带动下，地方应当结合实际情况出台具体政策鼓励本地民企积极“参

军”，发挥政策的指导作用。结合民企“参军”政策带来的客观影响，不少地区采取政府主导、社会力量广泛参与的管理模式推动民企“参军”的发展。我国军品需求量大，涉及范围广泛，只有充分调动社会力量落实方针政策，才能为民企“参军”创造良好的社会环境。在落实政策的过程中，各地可以专门召集社会各界组织和人员参加军品生产和研发的招投标，了解本地民企“参军”的意向及对策，成立专业性强的管理协会作为民企“参军”自治组织，促进其与政府的沟通合作，鼓励军用、民用技术研发需求的互通交流与成果创新，实现军民科技、人才、资金和条件保障方面的协调配合。

（三）民企执行政策内容，推进政策改革路向

在政策驱动下，民企“参军”有了方向性和法规性的保障，自 2013 年后，我国军民融合产业以每年超过 20%的增幅高速发展，多数民企愿意“参军”，不仅支持本地军民融合产业的发展，还到外地投标获得生产许可权，有些则通过控股、参股、收购等资产运作与军工企业合作，壮大自身规模以保证在该领域的收益，并在参与和执行政策方案中使政策朝着满足自身利益的方向转型。在探索民企“参军”之道中，各地“参军”民企结合地方实际需求不断推出多种发展路径：如通过政府文件设立专项扶持资金，给民企“参军”提供经费补贴或奖励；协助军工企业做好关键技术和系统集成产品的生产和研发，吸收转化军工技术；面向军队和社会生产日常军品物资，满足社会多方面的军品需求；构建跨区域、行业和部门的大协作发展模式等。

三、民企“参军”的政治源流分析

（一）增加军资储备，提升国防竞争力的途径

多数民企具有较强的科技水平和研发实力，已经成为军品生产和研发的重要组成部分和国防事业发展的重要力量，其灵活的生产手段和强烈的效率意识弥补了国有军工企业单一生产的弊端，有些民企甚至在全国军品市场中名列前茅，实现经济和国防建设的统筹发展，提供了更多的军资物品及装备，增加了我国的军资储备。

（二）优化军品市场，提高军品供给的效率

民企注重成本效率和技术研发，在提供质高价优产品方面具有天然优势，能从制度上消除长期存在的军民割裂状态，从符合自身特点和优势的角度参与多类型军品及装备的生产和研发，实现军品市场的竞争，减少重复建设，促进资源的有效配置，在增强民企自主创新能力的同时降低采购成本、改进生产技术、提高军品性能，满足了社会对军品的需求。

（三）推动军民融合，实现军民双赢的举措

在国家吸收民间资本、鼓励民企“参军”政策的驱动下，民企融入不同类型和层次的“参军”体系，在“军民结合、寓军于民”的战略下实现了军工体系“小核心、大协作”的目标，

形成适合我国军民融合需要的发展模式。军民融合逐渐由国防科技工业领域扩展到涉及国防和军队建设、交通、电子、纺织、医疗和高新技术产业等多个领域，呈现全方位、多要素和立体化推进的新格局。

（四）规范民企发展，满足自身转型的手段

民企存在规模、层次、生产能力和特点等方面的差异，并不一定都能适应合格“参军”的要求，在政府政策引导下为“参军”民企提供良好的制度环境、税收减免、贷款法律培训、技术支撑和政治保障等，在规范管理的过程中使民企融入军品市场，在竞争中站在经济效益的角度向国家、军队和社会提供军品及装备，大幅度提升民企“参军”的水平。

（五）符合多元利益，辐射和谐稳定的保障

民企“参军”拉动了军工市场的多元化发展，在巩固国防，实现富国强兵目标的同时，也吸收了更多的民间资本，满足了民企自由生产、获取军品利润的需要，还能增加社会各领域和环节对军品质量和种类的选择机会，符合社会多元化的利益需求，有利于形成政府主导、军民参与、社会支持的政治效应，多元化利益满足的过程也辐射带动了社会的和谐稳定，进一步凸显了民企“参军”的政治意义。

四、民企“参军”的机制创新及趋向

目前，民企“参军”三股源流的逻辑体系已澄清，需要国家和政府针对发展现状采取措施将民企“参军”上升到战略高度，形成适合我国军民融合产业发展的规范化之路。

（一）营造环境，实现民企“参军”的良性运行

改革现有许可证约束制度，在确保国防生产安全性的原则下，对部分涉密性弱的产业要对民企逐步放开；强化相关保障措施，在准入、投资、生产、销售等环节制定具体标准，通过公平的税收优惠政策，引导民间科技水平服务于国家军品需要；对军品市场的技术、产品类型和服务方式等按照委托、替代和撤资等形式进行归类整理，组织民企与国企展开研讨和商议，按市场需求和国防建设需要拟定合作方案，使以从事军品生产和研发为内容的公私企业都能及时了解有效信息，吸引民企积极“参军”。

（二）规避风险，优化民企“参军”的实施路径

解决民企“参军”在技术、资金、质量、许可范围等方面的困境，由政府提供扶持资金，引导民企投资军品生产、技术研发、国防建设和军队服务等，或以不同的补贴形式实现民企与国有军工企业的合作生产和研发。把好市场准入关，提高民企进入军品市场的审批速度和

许可证发放的规范程度，允许更多有资质条件和信誉较好的民企实现“参军”愿望。实现军品生产和研发技术的信息共享，对主动研发出先进技术的民企给予奖励，对技术不足、发展缺乏动力的民企给予技术指导。

（三）健全体制，满足民企“参军”的多向选择

在遵循宏观调控、保障国防总体效益的前提下，政府要建立统一领导、军地协调、需求对接、资源共享机制，实现管理体制的转型，通过健全宏观体制调整民企管理机制，积极构建民企“参军” 的严格质量管理体系、科学管理模式、安全生产规定、军工设备运行规范、军品技术标准以及国防安全意识等，保证军品生产和研发任务的完成，要满足民企“参军”的利润收益、资源订购、生产和研发、项目孵化、成果交流、人才培训、筹资融资、认证认可、国际交流等方面的诉求，通过国防科工的新体制发挥民企“参军”的优势，为其参与军品生产和研发提供良好的机遇。

通过对民企“参军”问题、政策及政治源流的分析，可以看出只有从提高水平、改进质量、促进发展的角度实现民企“参军”的风险规避及机制创新，才能完善我国军品市场，促进军民融合体系的深入发展。

参考文献

[1] [美]约翰 W 金登．议程、备选方案与公共政策[M]．2 版．北京：中国人民大学出版社，2004：225.

[2] 舒本耀．“民参军”的战略模式分析与策略选择[J]．国防科技工业，2008（2）：26.

[3] 孙霞，赵林榜．军民融合国防科技创新体系中企业的地位与作用[J]．科技进步与对策，2011（12）：95.

[4] 丁德科．政府推动：加快军民融合产业基地建设的有效路径[J]．国防科技工业，2011（3）：31.

陕西省军民融合技术产业基地发展研究

杨建斌

（渭南师范学院经济与管理学院）

摘要： 积极发展军民融合产业基地对地方经济发展有极大的促进作用，会取得良好的经济效益和社会效果。本文从分析产业基地对军民融合产业发展的重要性出发，详细剖析了陕西省军民融合产业基地的基础及主要问题，提出应以以“双百工程”为核心，依托重大项目，以龙头企业为基础，在体制机制上寻求更大突破，并以技术创新为动力，推进陕西军民融合产业集群化发展的思路。

关键词： 陕西省；军民融合；产业基地；发展

基金项目： 渭南师范学院特色学科建设项目（14TSXK03）；2015 年陕西省军民融合研究基金项目“陕西省军民融合产业基地现状调查”（编号：15JMR05）

军民融合产业基地具有相当丰富的科技和人力资源优势，是高科技产业的聚集地，是军工产品的孵化基地，是国家科技发展水平的集中体现。产业基地在国防科技建设和拉动地方经济发展中发挥着不可替代的作用，因此对陕西军民融合产业基地的可持续发展战略进行探索具有重大意义。

一、陕西省军民融合产业基地的地位和作用

陕西是我国国防科技工业的重要基地，具有重大装备和军品的科研、制造、生产能力。国防科技工业在拉动陕西地方经济的发展中发挥着重要作用，同时也取得了令人瞩目的成就，对促进陕西地方经济的发展发挥着不可估量的作用。近年来，陕西通过整合初步形成了西安阎良国家航空技术产业基地、西安韦曲航天科技产业开发区、西安航空动力基地等以军工大企业为核心的产业基地。其中阎良拥有一批在全国有一定影响的大型企业集团，如西安飞机工业集团公司，西安飞机设计研究所，飞行试验研究院，是全国唯一的集飞机设计、生产制造、试飞鉴定为一体，产业体系最完整的航空产业基地。韦曲以研发和制造液体火箭发动机的中国航天集团公司第六研究院为依托，兼具西安电子工程研究所等 32 家航天科技产业，充分发挥业已形成的航天科技资源对科技的带动作用，促进了区域发展。军工产业园在陕西区域经济发展中的地位越来越重要，在带动陕西经济的发展中发挥着巨大的作用。

二、陕西省军民融合产业基地发展存在的主要问题

（一）产业基地缺乏完整的产业链

目前，有些产业园区主要依靠政府的优惠政策和低廉的土地价格来吸引企业入园，进入的企业没有经过严格的挑选和分工，企业的发展与园区的需要是否一致也没有严格的限制。园区企业之间缺乏内在联系，没有形成相互联系、优势互补的产业链条，同时也缺少产业链长、辐射带动大的龙头产品。据对陕西省 295 种民品的统计，军工企业民品中产值过亿的仅占 5.4%，而产值在 1 000 万以下的品种占到 56.9%。虽然有些产品具有一定规模，但由于受市场等因素影响往往受制于人，相关配套企业的作用也无法显现，对省内辐射带动作用不大。军工企业中缺乏企业市场知名度高、品牌效应好的产品，如西飞的“沃尔沃”旅行客车、陕西电子元器件产业、东方厂的空调压缩机、204 所的液晶显示材料等。如何促进市场发育，以大流通促进大生产、以大生产促进专业分工和合作，按照产业链聚集企业，是政府在军民融合产业集群发展中迫切需要解决的问题。

（二）制度缺陷阻碍着园区的发展壮大

在宏观体制上，由于现行的管理体制在一定程度上还存在军民分割、行业分离、政出多门等问题，导致目前在组织管理、资源配置、计划安排等方面缺乏总体规划和顶层设计，缺乏有效的宏观调控和战略协同机制。在中观体制上，适应军民结合、寓军于民的管理体制尚未完全理顺；对军工行业之外的一般民用工业参与国防产品科研与生产还缺乏管理的规范与手段；面向全社会的武器装备科研生产许可制度刚开始建立；竞争、评价、监督、激励机制也还没有全面建立和健全起来：行业垄断尚未完全打破；军品采办过程与市场经济的要求尚有一定距离；政府实施有效的行业管理和宏观调控也还需要进一步加强。在微观层面上，国防科技工业企业改革滞后于全国，企业尚未真正成为自主经营、自我发展的市场竞争主体，绝大多数军工企事业单位仍是国有独资，虽然也有不少民营企业参与了武器装备科研生产，但并未从根本上改变国防科技工业相对封闭的格局。据不完全统计，在陕西军工民品领域里由母体企业直接投资建立的 147 户公司中，国有独资和国有控股企业有 73 户，国有股占 70% 以上。有些企业以军品模式管理和开发民品，机制缺乏活力，不善于运用市场手段解决民品发展中的资金筹措、产品研发、市场开拓等问题。所有这些，都制约着全省军民融合产业的进一步发展。

（三）产业基地内产学研合作机制不完善

军民结合的部分园区由于“三线”时期建设的历史原因，地理位置比较偏僻，与西安市有一定的距离，园区内的军工企业和科研院所受计划体制的影响较大，加上西部改革滞后，风险投资等配套欠缺，相应的政策法规引导力度不够，尚未与地方形成良好的合作机制，互动模式没有建立。

三、实现陕西军民融合产业基地可持续发展的对策建议

（一）以“双百工程”为核心，推动陕西军民融合产业突破发展

为实现军民融合产业突破发展，陕西省政府办公厅在 2009 年 12 月制定了《陕西省人民政府关于实施“双百工程”推进军民结合产业突破发展的意见》，总体目标是在 3～5 年内，重点抓好 100 个军民结合企业，重点支持 100 个军民结合产业化项目，促进一批军民两用技术成果实现双向转移，做大做强优势产业，形成 20 个中国名牌产品和驰名商标；打造一批拥有自主知识产权、掌握核心技术的军民结合型大集团大公司，其中年销售收入过 100 亿元的 4 个、过 50 亿元的 5 个、过 30 亿元的 7 个；加快建设航空、航天、兵工、船舶、电子等 5 大军民结合产业基地（园区），实现集群发展。到 2012 年全省军民结合产业销售收入达到 1 000 亿元以上，到“十二五”末期，达到 1 500 亿元以上。

（二）依托重大项目，以龙头企业为基础，促进军民融合产业发展

对于以下项目政府将提供资金支持和服务保障：符合国家产业、技术政策，并对全省经济具有较强辐射带动作用，同时项目技术成熟，创新性强，生产的产品具有较大的市场或良好的市场前景，集合陕西省实际，优先支持在航空、航天、兵工、船舶、电子等重点产业基地或园区实施的项目。依托这些重大项目，可以形成新的经济增长点。

目前我省军工企业众多，但真正起到引领作用的龙头企业还很少。我们应该通过国际合作、整体上市、资产重组、兼并收购、相互参股等多种途径，推动企业资本、技术、产品和人力资源的整合，发展一批总收入超过 200 亿元、100 亿元的大型企业集团。大力支持军工龙头企业与地方企业集团加强产业之间、产品之间的深度合作，相互参股，相互配套，互为市场，充分发挥其引领作用，催生、集聚一批“专、精、特、新”的配套企业，延长和完善产业链。大力支持各军工集团公司来陕投资，设立区域总部企业，实施更多的重大产业化项目。

（三）在体制机制上寻求突破，增强军民融合产业基地发展的活力

应该进一步解放思想，打破行业之间、军民之间、不同所有制之间的界限，创新体制机制，增强发展活力，加快推进军工企业进行股份制改造，建立现代企业制度，形成规范的公司治理结构，提高企业经营管理效率。同时，随着经济的不断发展，市场的不断扩张，市场需求也会不断升级，技术的融合和资本的通用将导致原油的军工行业壁垒逐渐被打破，许多具有技术和资本实力的民营或外资企业积极参与武器装备的科研生产活动，军工企业面临着越来越激烈的市场竞争。因此，必须面向市场，建立起适应市场经济的体制机制，坚持军民品发展并举，军民资源共享，军地经济融合互动，真正实现军民之间协调发展。在此过程中，政府所起的作用非常重要。要加强组织协调，服务指导，营造良好的环境，推进军民融合产业发展。

（四）以技术创新为动力，提高军民融合产业基地的市场竞争力

总体来说，陕西军民融合产业规模偏小，对地方经济所做出的贡献与其所拥有的资源相比还很不对称，其中一个主要原因是没有充分发挥国防科技优势，产品技术含量偏低，缺乏核心竞争力，不能适应市场需求而最终被市场淘汰。因此，军民融合产业应坚持有所为有所不为的原则，充分发挥自身的技术和资源优势，按照走新型工业化道路的要求，以市场需求为导向，以突出军工特色和技术优势为重点，以实现军民融合产业资源的优化配置，大力开发与军品技术同源性强、科技含量高、市场前景好的高技术产品，提升产品的市场竞争力。

参考文献

[1] 吴新成. 大力推进陕西军民结合产业发展[J]. 发展，2008（11）：22-25.

[2] 刘敏. 军民融合高技术产业创新体系建设研究——以陕西省为例[J]. 科技进步与对策，2011（12）：73-77.

[3] 丁德科. 关于西部建设军地融合综合配套改革经济区的思考[J]. 西安交通大学学报：社会科学版，2008（11）：37-43.

[4] 陕西省人民政府关于实施“双百工程”推进军民结合产业突破发展的意见[Z]. 陕政发〔2009〕69号，2009.

我国军工上市公司财务风险防范探析

石党英

（渭南师范学院经济与管理学院　陕西省中小企业管理研究所）

摘要： 从财务风险的内涵出发，对军工上市公司的财务风险进行分析，从经济环境、法律环境及公司法人治理结构、内部控制制度建设等方面考察了财务风险的形成因素，认为应从建立财务预警系统、完善内部控制等方面进行财务风险防范。

关键词： 财务风险；内涵；形成因素；防范措施

项目基金： 陕西省 2013 年军民融合研究基金项目“我国军工上市公司财务风险预警研究”（13JMR09）；渭南师范学院特色学科建设项目（14TSXK03）；渭南师范学院专业综合建设项目——会计学（ZZ201456）。

一、引　言

风险是一个永恒的话题，尤其是在经济全球化的背景下，企业生产经营活动面临着更加激烈的市场竞争，政治经济环境的不确定性增强，外部环境给企业带来的风险日益加剧，全球金融危机不仅给经济带来巨大冲击，也使许多企业资金链断裂，财务危机频发。企业内部财务风险控制缺失也是引发财务危机的重要原因。COSO 委员会指出：“全面风险管理是一个过程，它贯穿于企业中并应用于企业战略制定，旨在识别可能会影响主体的潜在事项，管理风险以使其在该主体的风险容量之内，并为主体目标的实施提供合理保证。”[1]上市公司是我国企业的重要组成部分，对我国经济发展影响较大，尤其是军工航天板块的上市公司，企业的生产活动关系到国防建设和国家安全，其财务风险防范的要求更高。上市公司陷入财务危机并非是突发的，而是一个渐进的过程，可以通过一系列指标的构建进行测试并采取相应的措施防止风险恶化，达到预防的目的。因此，对财务风险的研究，尤其是对军工航天板块的上市公司财务风险的研究具有一定的现实意义。

二、风险及财务风险的内涵

1895 年，美国学者海尼斯（Haynes）从经济学角度上提出了风险的概念：认为风险意味着损害的可能性，着重反映在某种行为产生有害后果的不确定性。耐特（1921）首次提出风险是“可测定的不确定性”，指出在经济生活中的现实风险和未来风险都可以借助数理统计分析来计量和测定。威廉姆斯认为，风险是在风险状态下预期结果与实际结果之间的差异，差异越小则风险越小，差异越大则风险越大[2]。可以看出，学者们普遍将风险定义为产生损失的可能性，这种可能性可以通过特定的方法进行测量。但是这种认识局限在风险是带来损失的，是狭义的风险界定。日本学者龟井利明（1984）认为，风险不仅指损失的不确定性，而且还包括盈利的不确定性。这种观点认为风险既可能给活动主体带来威胁即损失，也可能带来机会即盈利，这样的风险认识被界定为广义风险。风险就是指在一个特定的时间内和一定的环境条件下，人们所期望的目标与实际结果之间的差异程度。

企业财务风险是企业财务活动中由于各种不确定因素的影响，使企业财务收益与预期收益发生偏离，因而造成蒙受损失的机会和可能[3]。财务风险按内容也可以分为狭义的财务风险和广义的财务风险两大类。狭义的财务风险指举债风险，即由于企业举债而带来的财务不确定性。广义的财务风险是指在企业的各项财务活动所带来的包括筹资风险、投资风险、资金回收风险以及收益分配风险等的各种风险。对待财务风险应看到它的全过程性以及系统性。

三、军工上市公司的财务风险分析

第一，筹资风险。筹资风险是指借入资金的风险，即企业由于负债经营发生的到期不能偿付，使企业陷入困境甚至破产的可能性。企业筹资渠道主要有所有者投入资本和借入资金两种。负债筹资是通过从金融机构或其他组织借入资金，构成企业的负债。由于财务杠杆的存在，负债经营能够产生利息抵税的效应。财务杠杆作用在给企业带来利益的同时也带来了风险。军工航天板块的上市公司是位国民经济和国防建设提供生产技术装备的战略型产业，其经营复杂，无论是购买原材料、半成品还是购买设备和零备件，都需要大量资金支持，同时资金周转相对较慢，经营活动和资金使用的范围也相对较宽，所以融资数额大，企业面临的筹资风险也较大。

第二，投资风险。投资风险是指在投资过程中或投资完成后，投资者发生经济损失和不能收回投资，无法实现预期收益的可能性。企业的投资活动可以分为对内投资和对外投资，相应也会产生对内投资风险和对外投资风险。对内投资风险是指企业将资金投入到投资项目中而产生的投资回报率低下，收益期望与现实的偏差。对外投资风险主要是通过直接投资或购买债券、股票等方式将资金投入其他企业组织中而产生的风险。军工航天板块的上市公司投资活动表现为对内投资的规模大，投资回收期长，对内投资风险大。因为军工航天板块的上市公司生产的产品是以生产和制造重大装备和高新技术产品为主，其研发投资和制造成本都比较巨大，是资金密集型产品，所需资金投入量大。同时，由于其产品研发、试生产到成熟生产的过程比较长，其对内投入资金的回收周期长，对内投资风险较大。

第三，资金回收的风险。企业资金回收风险是指企业产品出售后，因不能及时收回款项而造成损失的可能性。由于现代商业信用的广泛存在，大量赊销而形成的应收款项给企业资金回收带来了不确定性。企业资金回收需要经历两个转化，一是产品销售从商品转化为应收款项，二是从应收款项转化为货币资金。这两个转化过程在时间和金额上的不确定性会引起企业在产品销售、货款回收、存货数量、信用政策等方面因管理不善而造成财务损失的可能性。军工航天板块的上市公司因提供产品的特殊性，产品销售具有定向的特点，相对而言资金回收的风险不大。

第四，收益分配风险。收益分配的风险是指由于收益分配可能给企业的后续经营和管理带来的不利影响。收益分配是企业一次财务循环的最后一个环节，收益分配包括留存收益和分配股息两方面。产生收益分配风险的影响因素主要有收益确认的风险，即由于会计方法的不当而使得企业少计成本、多计收益、提前纳税而导致的大量资金的流出；或是由于收益分配的时间、形式和金额不当而产生风险。收益分配风险主要表现在企业偿债能力的改变和对企业再生产规模的影响上。军工航天板块的上市公司在资本来源中以国有为主，收益分配主要考虑是向国有投资人分配利润还是留存继续为企业发展筹集资金，在利润分配的时间、方式选择上存在风险。

四、军工上市公司财务风险的形成因素及防范措施

（一）军工上市公司财务风险的形成因素

引发企业财务风险的因素是多样，最基本可以分为外部因素和内部因素两种，其中内部因素占据主导因素。引发企业财务风险的外部因素主要有经济环境因素、法律环境因素、市场环境因素及资源环境因素等。经济环境因素主要是由国家宏观经济政策和形势变化而给企业生产经营活动带来的风险。法律风险则是由于企业基于法律规定或合同约定，由于企业外部法律环境发生变化或法律主体的行为而使企业产生负面法律责任的可能性。尤其是我国税收法律制度在不断的改革中，企业原有适用的税法环境在后面的决策中很可能已经变化，给企业带来纳税风险。市场风险是指由于市场需求变化而带来企业产品销售状况等变动的风险。

引发企业财务风险的内部因素主要表现在内部控制制度不健全、公司治理结构不完善、财务风险预警体系不全面、公司管理水平低下等。内部控制是由企业董事会、监事会、经理层和全体员工实施的，旨在实现内部控制目标的过程 [4]。内部控制是通过流程化或程序化的方法对企业的业务活动进行梳理，从而发现风险点，对风险进行管控。财务风险控制是公司内部控制的一个重要组成部分。公司治理结构是指实现公司最佳经营业绩，公司所有权与经营权基于信托责任而形成相互制衡关系的结构性制度安排。董事会、监事会如果没有很好地履行职责，没有形成对管理权限的有效制衡，将会导致企业管理中权责的不对等，引发财务风险 [5]。企业缺乏财务风险预警体系或是财务风险预警体系不健全、形同虚设、缺乏灵活性，就无法起到预警作用而极易引发财务风险。企业管理水平不高风险表现在其企业投融资决策、日常生产经营管理及重大项目决策中决策方法不科学、一言堂所导致的风险。

（二）财务风险的防范措施

首先，建立健全财务风险预警系统。财务风险预警系统是企业为了防止财务系统运行偏离预期目标而建立的报警系统。在企业发展过程中通过设置一些财务敏感指标，运用数学或统计的方法建立模型，观察其确定数值的变化，对财务风险进行定量预警分析。财务风险预

警系统有一系列的指标构成，在指标的选取上应将财务指标与非财务指标相结合，本着灵敏性、全面性、可比性以及系统性的原则进行选择。财务风险预警分析的工作要有专人进行，系统信息要不断更新，采用定量分析和定性分析相结合的方法，构建以计算机辅助、专人管理，高效灵敏的财务风险预警系统。

其次，完善上市公司内部控制制度。内部控制是公司风险管理的有效手段，内部控制是在全方位建立过程控制体系和描述关键控制点的基础上，以流程形式直观反应公司生产经营业务过程的管理规范[6]。它能够适时反映公司面临的各种内、外部风险并要求公司在风险识别和评估的基础上采取针对性措施进行风险控制。因为企业的生产经营活动千差万别，每个组织应根据法律法规的规定，结合自身战略发展和管理需要，制定适合自身情况的内控制度，并根据环境的不断变化而进行动态调整，最后每年要对内部控制制度进行评价，以保证实施的效果。这样才能够充分发挥企业内部控制在财务风险防范中的作用。

最后，健全规范的公司法人治理结构。由于现代企业经营中所有权和经营权的相互分离，委托代理关系产生。企业权利如何安排成为公司治理的重要内容。因此要完善公司法人治理结构，形成股东大会、董事会、监事会、经理层依法履职、权利有效制衡的监督约束机制，从机制和制度上防范财务风险。

参考文献

[1] 池国华. 内部控制学[M]. 北京：北京大学出版社，2010：13.

[2] 车淑娟. 东北地区装备制造业上市公司财务风险评估及防范研究[D]. 沈阳：沈阳工业大学，2010.

[3] 兰艳泽. 关于企业财务风险的探讨[J]. 财会通讯，1999（8）：14-15.

[4] 企业内部控制基本规范[OL]. http：//www.mof.gov.cn/zhengwuxinxi/caizhengwengao/caizhengbuwengao2008/caizhengbuwengao20087/200810/t20081030_86252.html，2008-05-22.

[5] 吴平，付杰. 国有上市公司财务风险及其规避[J]. 人民论坛，2010（11）：124-125.

[6] 张田田. 我国上市公司财务风险控制研究[D]. 济南：山东财经大学，2012.

陕西省军民融合技术产业创新体系现状研究

张　慧

（渭南师范学院经济与管理学院）

摘要： 近年来，陕西省认真贯彻“军民结合、寓军于民”的方针和国家一系列法规政策，在军民结合产业发展方面进行了积极探索和创新，取得了良好的经济效益和社会效果。借鉴国内外军民融合技术产业创新发展的成熟经验，结合地域差别、经济发展等实际因素，运用现有产业经济学、区域经济学等理论对陕西军民融合技术产业创新体系问题展开研究，推动区域经济健康可持续发展。

关键词： 陕西省；军民融合；产业创新；体系

基金项目： 渭南师范学院特色学科建设项目（14TSXK03）；2015 年陕西省军民融合研究基金项目《陕西省军民融合技术产业创新体系现状调查》（15JMR08）。

随着高技术两用化趋势的日益明显，建立军民融合高技术产业创新体系已成为当今世界各国共同的政策取向。实现科技要素军民双向流动、促进军民科技共同发展，是当前创新体系建设的重大课题，胡锦涛同志在全国科学技术大会上强调：“要建设军民结合、寓军于民的国防科技创新体系，加强军民科技资源的集成……形成军民高技术的共享和相互转移的良好格局。”加强军民融合高技术产业创新体系的建设，对于提升科技创新水平、推动国防经济和国民经济协调发展具有重大意义。近年来，陕西军工经济增长迅速，产业规模不断扩大，经济效益显著提高，军民融合产业整体呈现出良好发展态势。科学把握军民融合技术产业创新发展的战略意义，详细分析军民融合技术产业创新发展的现实基础及存在的问题，深入推进军民融合产业发展，将对陕西实现富民强省战略的目标具有极强的带动力、辐射力和影响力。

一、陕西省军民融合创新体系发展现状

从新中国成立初期至今，我国军民融合产业的发展大致经历了 3 个阶段——新中国成立初期的“军民分离”阶段、战略转变期的“军转民”阶段及战略机遇期的“军转民”、“民进军”并存阶段[1]。调查结果表明，经过改革开放 30 多年的探索和市场考验，国防科技工业基本完成了由主要依赖军品发展向军民融合复合发展的战略性转变，民用企业参与军品科研生产的深度和广度不断增加，军民结合、寓军于民的发展格局已经初步形成[2]。据工业与信息化部《国防科技工业军民融合情况调查》显示，目前国防科工企业军品与民品的产值比例已经达到 36∶64。

陕西是国防工业大省，其军民融合高技术产业的发展具有一定的代表性。目前，陕西已

有近 300 种军工民用产品形成一定规模，其中有 39 种民品已成为企业的支柱产品[3]，全省军工民品的产值持续增长，生产规模不断扩大。在《陕西省人民政府关于实施“双百工程”推进军民融合产业突破发展的意见》（陕政发〔2009〕69 号）中指出，陕西将在“3 ~ 5 年内，重点抓好 100 个军民融合企业，重点支持 100 个军民融合产业化项目，促进一批军民两用技术成果实现双向转移，做大做强优势产业，形成 20 个中国名牌产品和驰名商标；打造一批拥有自主知识产权、掌握核心技术的军民融合型大集团大公司，其中年销售收入过 100 亿元的 4 个、过 50 亿元的 5 个、过 30 亿元的 7 个；加快建设航空、航天、兵工、船舶、电子 5 大军民融合产业基地（园区），实现集群发展。到 2012 年全省军民融合产业的销售收入达到 1 000 亿元以上，到‘十二五’末达民品研发生产职能的单位明显增多，并初步形成多层次、多元化、多渠道的投融资体系”。据统计，陕西的军工企业中具备民品开发能力的单位有 66 户，其中航空占 36%、兵器占 26%、航天占 18%、省属军工占 8%、核工业和船舶各占 6%。由这些母体单位直接投资或多方联合投资，派生出 180 多户民品研发生产单位，包括上市公司、国有独资公司、母体控股公司、中外合资公司、港澳台合资公司，以及与国内企业合资及吸收民营资本和职工参股组建的各种所有制的非控股公司。此外，还吸引了社会各界来参与军工民品的开发生产，如西飞集团与瑞典的 VOLVO 客车公司、庆安集团与日本大金公司、惠安集团与日本大赛璐化学工业株式会社的合作等。军工民品企业已初步形成投资主体多元化、资源配置市场化、经营管理现代化的良好格局。

从总体上看，军民融合产业较发展初期发生了显著变化：一是产品结构有了明显的改观，由初期的低层次市场需求向高阶位市场需求转变。如军转民初期生产的主要是摩托车、锅碗瓢盆、洗衣机等满足人们日常生活需要的产品，现阶段的产品则转向航天、航空、核、精细化工等国民经济建设需要的产品。二是产品由劳动密集型向高科技密集型转变，产品的技术含量明显提高。三是产品规模明显扩大，并向专业化、集群化、国际化方向发展。四是涉及的领域更加广泛，对相关产业的辐射作用明显增强。

二、军民融合创新体系的构建原则

构建军民融合高技术产业创新体系，要突出我国经济发展的战略要求，充分发挥政府的推动作用和市场配置资源的基础性作用，努力营造有利于创新创业的发展环境，促进人才、技术、资金和企业向产业带和工业区集聚，从而形成军民融合的高技术产业链，实现经济社会全面、协调和可持续的发展。

首先要紧紧围绕我国振兴经济的总体目标和重大需求，确定军民融合高技术产业的发展战略和优先领域，使之与国家高技术产业发展规划相衔接。其次要充分发挥政府的引导作用，深化体制改革，促进机制创新，逐步建立与社会主义市场经济相适应的军民融合高技术产业创新体系。同时军工、民用企业要增强自主创新能力，掌握一批具有自主知识产权的核心技术，实现军民融合高技术产业的跨越式发展。使中介机构和金融机构成为军工，民用企业之间的沟通桥梁和资金保证。如成立专门的国防咨询服务机构，减少投资和科研工作的盲目性，解决政府、民用企业和军工企业之间的沟通与合作问题；由金融机构设立专门机构，开发新的金融产品，引导社会资金流向军民融合高技术创新企业，为军民两用技术的产业化发展提供资金支持。大学和科研机构是培养创新性人才的摇篮，是大部分理论创新和技术创新产生的源泉。因此，要充分发挥大学和科研机构在军民融合高技术产业发展中的核心作用，为构建军民融合高技术产业创新体系提供智力支持。

三、陕西构建军民融合创新体系的政策措施

（一）进行军民融合的机制体制改革

统一制定军民两用科技发展规划。由相关军事主管部门牵头，联合政府科技部门建立高层协调机构，从基础研究规划开始就综合考虑军用、民用两方面的需求和前景，重点发展军民两用高新技术，对相关军资和民资主体的科研生产活动进行引导和协调，合理分工，避免重复研究。通过立项、补贴等手段，在整个国防科技创新体系中合理配置创新资源，使创新效率最大化。同时加强军民体系之间的双向知识流动。一方面，成立专门中介机构，规范军民之间有偿技术转移，平衡部门利益与整体效率之间的关系，降低交易成本。另一方面，建立军民之间的交流研讨机制，定期举办军民双方的技术骨干参加的研讨会，就各种技术解决方案、经验心得展开交流。

（二）加强国防科技工业的知识产权管理

一是健全国防知识产权保护法律体系。在贯彻落实国家层面上知识产权法律法规的基础上，出台更多更细致的地方性、行业性法律法规，营造一个是有利于实现国防科技工业自主创新的法制环境。重点要在国家投入的国防科研项目形成的知识产权权属问题上有所突破。

二是建立健全知识产权保护工作体系。一方面要建立完善的管理机构，主要是建设国防科技知识产权管理机构和国防知识产权中介服务机构，建立知识产权领导小组、知识产权办公室及基层知识产权联络员三级管理体系。另一方面要建立完善的管理制度，界定各机构的权责义务和接口关系

（三）为陕西军工文化注入新元素

一是贯彻市场经济思想，培育竞争意识。大力宣传市场经济的伦理和人文精神，使市场配置资源的优越性得到广泛的认同。使企业管理者充分认识到国防科技工业由计划向市场转变的必然性，及早做好应对准备，改变“等、靠、要”的思维模式和行为习惯，培育自己市场竞争主体的意识。

二是营造外向型、创新型的文化氛围。军工单位要向员工灌输鼓励创新的价值取向，通过从管理流程、人力资源实践、奖励制度和宣传工作等方面入手，对员工的创新思维和创新行为给予支持，逐渐改变员工的归因过程和认知结构。

三是树立探求真理的价值导向和精神需求。通过改革各种项目申报、评比、奖励和考核制度，为科研人员（尤其是从事基础研究的）营造一个相对宽松的环境，使其少受功利思想

的侵蚀，引导其建立强大的内部动机，树立追求真理的价值观。

参考文献

[1] 丁德科. 关于西部建设军地融合综合配套改革经济区的思考[J]. 西安交通大学学报，2008（6）.
[2] 甘斯勒. 美国国防工业转轨[M]. 北京：国防工业出版社，1998.
[3] 侯光明. 军民技术转移的组织与政策研究[M]. 北京：科学出版社，2009.
[4] 李淑慧. 西安军民融合科技实现产业集群的模式选择[J]. 西安财经学院学报，2006（4）.
[5] 丁德科，李振平. "翔式道路"：以军地融合高新技术产业促进西部产业结构优化升级的思考[J]. 西安财经学院学报，2008（7）.

西部“三角地区”高新技术产业循环经济发展之路探析

马素英

（渭南师范学院　经济与管理学院）

摘要： 从区域发展理论、循环经济理论的视角，对文化西安、商业成都、工业重庆这个新“西三角”经济区高新技术产业循环经济发展之路进行分析，以西安、成都和重庆这三个城市形成的三角态势进行的区域间的协作和联合，依靠各中心城市的吸引力和辐射力，联合各自的优势，提高高新技术产业集群程度与产业竞争力，增强经济实力，带动周围地区经济、文教、科技和管理水平的提高，实现互惠共赢。

关键字：“西三角”经济区；循环经济；高技术产业；产业集群

基金项目： 渭南师范学院特色学科建设项目（14TSXK03）

一、区域循环经济综述

（一）区域发展理论

以美国经济学家赫希曼为代表提出不平衡发展理论，他认为，经济增长过程是不平衡的。该理论强调经济部门或产业的不平衡发展，并强调关联效应和资源优化配置效应。在他看来，发展中国家应集中有限的资源和资本，优先发展少数“主导部门”，尤其是“直接生产性活动”部门。不平衡增长理论的核心是关联效应原理。关联效应就是各个产业部门中客观存在的相互影响、相互依存的关联度，关联效应可用该产业产品的需求价格弹性和收入弹性来度量。因此，优先投资和发展的产业，必定是关联效应最大的产业，也是该产业产品的需求价格弹性和收入弹性最大的产业。凡有关联效应的产业——不管是前向联系产业（一般是制造品或最终产品生产部门）还是后向联系产业（一般是农产品、初级产品生产部门）——都能通过该产业的扩张和优先增长，逐步扩大对其他相关产业的投资，带动后向联系部门、前向联系部门和整个产业部门的发展，从而在总体上实现经济增长[1]。

根据赫希曼的理论也可对我国的区域经济发展进行阶段的划分，由于现实中区域发展的不均衡状况，会产生不同的区域处于不同的区域经济增长阶段的局面。与中国东部沿海地区的现代化社会相比，中西部地区处于工业化后期阶段，在发展程度上远远落后。因此，只有在西部地区资源、劳动力和资本等优势的基础上，因地制宜的发挥区域的比较优势吸纳先进技术，形成具有特色的区域经济，采取集约型的经营方式和内涵型的经营规模，提高要素生产力和竞争力，才能实现落后区域的跨越式发展，体现出后发优势。

（二）循环经济理论

循环经济是针对工业化以来高消耗、高排放的线性经济而言的，是人类为实现可持续发展而采用的旨在保护环境、维持生态平衡的一种闭环流动的经济形式。它以物质闭环流动为核心，运用经济学规律把经济活动组织成一个“资源——产品——再生资源”的反馈式流程和“低开采、高利用、低排放”的循环利用模式，最大限度地提高能源的使用效率，从而实现经济活动的生态化，最终达到消除环境污染提高经济发展质量的目的[2]。

发展西三角区域的循环经济可以推动区域内资源的循环利用，形成西三角经济区高新技术产业的规模效益，促进西三角经济区的平衡发展，并带动周围地区经济协调发展。若能落实循环经济的重大举措，协调循环经济的跨区域性项目，使产业聚集和完善产业链，就能最终增强产业竞争力和促进产业的循环发展。

二、西三角循环经济的基础条件和现状分析

（一）西三角经济区地理自然环境分析

新“西三角”经济区地处中国腹地，是由文化西安、商业成都、工业重庆这三个各具特色的城市组成的一个近似等腰三角形特区。具有承东启西、连接南北的区位之便，又有长江、黄河南北这两大黄金水道。气候差异显著，生态条件多样，成矿地质条件优越，矿产资源相对较丰富。

陕西的矿产资源储量居全国之首，并有着雄厚的历史文化同时也是全国高等教育的重要基地。但陕西是一个欠发达的农业省份，经济基础十分薄弱；陕西虽矿产资源丰富但在矿产资源的开发利用方面存在较多的问题。

四川是我国内地综合性工业基地。目前成都在走“工业化”道路的同时，也在走“逆工业化”的道路。如今，成都的总部经济发展能力居全国第五，西部第一，对周边的辐射和带动作用明显增强。

重庆素来有着“车轮上的城市”的美名，是国家城乡建设确定的国家五大城市之一。由于历史原因国家在重庆布局了大量的重工业，具有门类较齐全的国防工业体系，是我国最重要的工业基地之一。重庆是比我国其他三个直辖市土地面积之和还要大的直辖市，人口众多，是劳务输出大市。但重庆的区域内发展不平衡，存在明显的贫富差距。

（二）西三角经济区的交通状况

从地图上来看，西安、成都、重庆三个城市所组成的地理区域近似一个等腰三角形，西三角经济区成为西部地区承接国际和东部转移的战略高地。以西安为首的“关中——天水”经济区往新疆方向来看，经喀什出境，穿越巴基斯坦、伊朗、土耳其、希腊、东南欧到西欧，

这就是那条世界闻名的丝绸之路，而复兴丝绸之路的计划正在实施。重庆已出台“一枢纽三基地四港口”的交通规划。2011 年成都成为仅次于北京、上海、广州的第四代国际航空客货运枢纽，已初步形成覆盖欧洲、东南亚、南亚、东亚等主要城市及国内大中小城市的航线网络。2015 年四川将进行的三条高速并行直通陕西的“蜀道通”战略和对外开放合作战略，都将西三角的经济与各国或地区的联系更加紧密。这样的交通网络使西安、成都和重庆等中心城市的交通未来将成为新的区域性交通枢纽中心和物流中心[3]。

三、基于电子信息产业集群的西三角产业循环经济模式研究

（一）基于电子信息产业集群的西三角产业循环经济可行性分析

集群效应是由主导产业、众多关联企业及相应的支撑组织集聚的企业群造就的。产业集群的发展使各企业既有物质上和技术上的依存关系，又有信息上、价值链上的互换与强化关系，因而产业集群在发展过程中本身具有循环经济的部分特征。西三角地区具有丰富的自然资源、较为雄厚的科技人力资源、便利的网络交通，为产业的循环发展提供了基础条件。西安通信产业的发展为电子信息产业提供了良好的信息技术网络平台。成都、重庆电子制造业的壮大提供了生产保障，各城市高新区战略新兴技术的研发促进了电子信息产业不断向前。这些优势都为电子信息产业的循环经济模式提供了可行性条件。

（二）基于电子信息产业集群的西三角产业循环经济模式分析

21 世纪以来，随着以电子信息产业为代表的新技术产业高速发展。由于西部低成本的优势，很多企业采取直接投资或控股的形式加快向西部转移。武汉、重庆、成都共同瓜分了电脑制造业从沿海转移至内地的巨大蛋糕，重庆已成为“3+6+500”式笔记本电脑产业集群的生产基地，同处四川盆地的成都和重庆将成为名符其实的“世界电子谷”。

根据循环经济区域发展模式，西三角地区的电子信息产业循环经济之路要包括五个系统：① 依托西三角地区电脑制造业、通信技术业等产业集群发展、完善，培育电子信息产业的产业系统；② 以各地产业集群内的相关行业及企业间的物质链、信息链、知识链等为依据发展区域的社会系统；③ 利用区域间的技术、经济、管理、政策维持城市区域间的正常运转，将循环经济理念和方法渗透到城市功能的方方面面；④ 结合当地的资源环境状况，制定切实可行的战略计划适应该区域的自然生态系统；⑤ 倡导绿色的消费观念，可循环的消费系统，促使废弃产品资源化。因此，利用循环经济区域发展模式在电子信息产业集群过程中，兼顾每一系统的平衡发展，可以有效解决经济增长与资源环境的主要矛盾。

（三）基于电子信息产业集群的西三角产业循环经济模式对策

1. 重点领域

西三角自然资源虽非常丰富，但分布不均衡，能源化工业仍是西三角的第一大产业。科

教文化资源的聚集地关中地区以装备制造业、电子通信业及航天技术业为特色，同时以太阳能光伏和半导体照明产业为未来最大亮点。重庆目前第一大产业集群是以汽车整车及零部件、摩托车整车及零部件为主要内容的汽摩业，第二大产业集群为装备制造业。四川是我国内地综合性工业基地，具有电子信息、能源电力、装备制造等优势产业。其中：汽摩业、电子信息业、生物医药业、现代都市农业为西三角经济区的共同优势产业。而要更好发展这些优势产业就必须依托创新性的高技术的支撑，只有这样这些优势产业才能形成循环的产业链，实现区域优势产业的循环发展。

2. 关键技术

目前，西安、成都、重庆都在积极打造生态城市，发展现代都市农业，分别建立了陕西杨凌农科城、四川雅安国家级农业园区、重庆荣昌国家现代畜牧核心示范区。每个示范区都在致力于开发生态产业园工农复合型循环经济技术，以实现第一、二、三产业联动发展循环经济。而这些基础产业要实现生态化，就必须依靠高新技术的支撑转变传统的生产方式。

3. 重要保障

（1）基础设施。

按照各城市的优势及特色，全力推进文化西安、商业城都、工业重庆的城市化建设，加快城市中心区基础设施和周围城市或地区的建设，并同循环经济产业园区建设相结合。依托城市建园区，依托园区建产业，依托产业促进各城市或地区的发展、改造、完善和优化城乡道路网络结构，加强水、电、气及城市绿地的建设，建成一批环境优美，服务配套的生态居住区。不论对外发展本市的文化、商业还是工业都离不开综合交通体系的建设、绿色物流配送体系的完善、便捷的信息基础设施的构建和业务应用服务的全面支持。

（2）技术平台建设。

以企业为主体、产学研相结合，是资源节约型社会科技创新体系建设的主要方向。政府应鼓励发展高技术的企业将循环经济技术纳入到科技攻关计划，引导各类政府科研机构、高等院校及研究机构等开展循环经济实用技术研究。建立的产学研各基地之间要广泛开展产学研联合攻关，推动循环经济技术的产业化。强化资源节约技术在企业、高校、政府机构及普通大众间推广普及的力量。

（3）融资体系建设。

2010 年，西部在内地的私募资本和创业投资的比例达到了 45%左右，使得全球金融服务外包产业向劳动成本更低，聚集效应更强的地区转移这一趋势明显增强。国际金融服务外包巨头向中西部的转移，促进经济区的优势产业不断做大做强，增强循环经济产业链补链引资、高端外引进、特大型企业扩张的需求。

参考文献

[1] 赫希曼．经济发展战略[M]．北京：经济科学出版社，1991：26-30.

[2] 孙久文、叶裕民．区域经济学[M]．北京：中国人民大学出版社，2010：60-65.

[3] 蔡仲希．西三角——中国财富新高地[M]．成都：四川人民出版社，2012（2）：21-28.

我国电子信息制造业实施绿色发展的前景分析

张　萌

（渭南师范学院）

摘要： 电子信息制造业是当今世界重要的战略性、基础性产业。改革开放三十多年来，我国电子信息制造业在计算机信息、网络技术、集成电路技术带动下实现了迅猛发展。但是，来自欧盟等发达国家的“绿色壁垒”对我国电子信息制造业的发展产生了一定影响。因此，本文首先从我国发展电子信息制造业的优势和制约因素两个方面对我国电子信息制造业的现状进行分析；然后，阐述了我国电子信息制造业走绿色发展道路所面临的挑战和机遇；最后，对我国电子信息制造业如何克服困难实施绿色发展的前景进行分析。这为我国电子信息制造业走绿色发展道路提供了一定的理论依据。

关键词： 电子信息制造业；绿色发展；现状；前景

基金项目： 渭南师范学院特色学科建设项目（14TSXK03）

一、我国电子信息制造业的现状分析

电子信息制造业是当今世界重要的战略性、基础性产业，我国的电子电气产品以高于国民经济约三倍的速度增长。目前，我国已成为世界电子电气产品生产制造大国。计算机、彩电、手机等主要产品占全国产量 40%以上，其中 60%以上出口。电子信息制造业已成为我国稳定出口、优化外贸结构的主要力量。

（一）我国发展电子信息制造业的优势

我国电子信息制造业之所以在近年来得以快速发展，主要是基于以下两个优势：

1. 劳动力成本低、优惠政策多

中国是世界的制造中心已成为业界共识。我国电子信息制造业的成本优势非常明显，中国大规模的农民工、技术工人保证了人力资源的低成本优势；同时，国家税收对于外资企业的优惠、地方政府对于税收的减免和土地供应的优惠，使得我国部分沿海地区形成了电子信息制造业的集群。

2. 规模集约化发展

由于电子信息制造业是一种规模效应递增的产业，因此可通过规模效应来抵消所增加的生产和交易成本。再加之电子信息产业基础雄厚，规模化实力强，易于形成大批量的生产，以满足国际法规变化和市场需求。这些都为我国电子信息制造业实行集约化发展提供了保障。

我国电子信息制造行业的发展速度快，劳动力成本低、优惠政策多，技术积累明显，产业集群化发展成效显著，这些因素都使得我国电子信息制造业行业内竞争剧烈，从而促使制造商加快实施绿色发展的进程，进一步提升我国电子信息制造行业核心竞争力。

（二）我国电子信息制造业发展的制约因素

1. 欧盟等西方国家的绿色法律对我国电子信息制造业产生影响

欧盟的 WEEE 和 RoHS 指令已与各成员国试行，在其实施初期，我国电子产业的生产和出口，从2006年开始都出现增速下降趋势，2006年的增速为30.50%，2009年的增速为-12.80%，2010年有所回升。

我国电子信息制造业技术水平相对落后，尤其是和欧盟、日本、美国等发达国家和地区相比。电子信息制造业的技术发展特别是绿色发展基础薄弱，并且该行业的发展初期以 OEM 或是来料加工为主，缺乏对于行业发展的展望，在绿色发展的行业趋势下疲于应对。例如：我国的电冰箱行业曾经对于欧盟指令 94/2lEC 修正案决议（能效标识指令）准备不足，导致我国的电冰箱生产企业在这 A+和 A++两个等级的出口全军覆没。同样，行业的标准体系落后，比如：我国在 2006 年才出台了应对欧盟的 WEEE 和 RoHS 指令的《电子信息产品污染控制管理办法》，简称中国 RoHS。但由于之前我国并未出台类似的相关技术标准，致使我国出口欧盟的电子信息产品多数处于不合格状态，严重地影响了行业的出口和发展。

2. 我国缺乏应对电子信息制造业绿色发展的良好机制和专业人才

应对电子信息制造业绿色发展是综合考虑的系统化工程，需要国家层面对于环保机制的认识的加强，需要资金层面的加大投入，需要中高等教育层面的基础研究和专业设立，需要企业的技术引进、消化、增强和展望，从而扩大视野，形成良性联动机制，

二、我国电子信息制造业走绿色发展道路所面临的挑战和机遇

针对我国电子信息制造业主要依赖出口的行业特点并结合欧盟等发达经济体近年来的绿色环保法律法规，我国的电子信息制造业必须摆脱价格（包括劳动力成本）低、技术含量少、资源消耗甚至污染支撑发展的制约和束缚，提升行业价值，实施绿色发展和节能减排，增大行业的比较优势。尤其是将绿色发展定为行业的战略目标和发展主线，这样才能刺激投资，增加行业的利润空间和投资额度。

外部环境的刺激对我国电子信息制造业而言不仅是挑战，同时也是机遇。外部刺激能够

提高企业科技水平和产品环境友好程度，使产品的综合质量得以提高。欧盟的 WEEE 和 RoHS 指令对于现有的中国行业尤其是电子制造企业来说是“绿色高科技壁垒”，其指令要求综合运用环境科学、生态学等学科的原理，使其在全面电子信息产品的原材料选取、生产制造、包装运输、销售、废弃回收的全过程中发挥积极的作用，从而形成一个从生产到回收的完整的低碳管理体系。这无疑会促进各个行业努力提高其企业的环境管理水平，以满足国家绿色发展的技术标准，进而优胜劣汰一批落后的电子制造企业和其附属的产业链条。并且进一步加快我国标准化工作的推进，使得我国环保绿色发展的法规的出台与完善和国际同轨，对我国的电子信息制造行业的自身发展和出口起到了优化的作用。

技术的发展会促进贸易和经济的发展，或换句话说是“科学技术是第一生产力”。相当多的发达国家的消费者愿意为绿色产品支付额外的费用。发达国家的经济发展经历了环境恶化的阶段，因此，低碳环保的产品在发达国家颇受欢迎，据调查显示，94%的加拿大人，90%的德国人，89%的美国人和 84% 的荷兰人表示，在选择商品时把会其对环境影响看做是一个非常重要的因素加以考虑。我国电子信息制造行业的主要出口对象是发达国家，因此在电子信息产品中增加低碳环保因素而导致的成本上升会被消费者接纳和吸收，从而提高整个行业的市场占有率和竞争力。

三、我国电子信息制造业实施绿色发展的前景分析

绿色投资会给电子信息制造业的企业带来明显的效益，而良好的效益又会促进电子信息制造业走绿色发展的路子。我国电子信息制造业实施绿色发展将呈现良好的发展前景。

（1）电子信息制造业实施绿色制造会给企业带来现在及潜在的顾客群，在全球化的制造业领域树立绿色形象，能够使得我国的电子信息制造企业居于领先乃至领导地位，有利于击破发达国家的“绿色壁垒”，大大增强企业的市场竞争力。

（2）在电子信息制造业领域开展绿色项目对于企业的中长期收益大有裨益。例如，循环利用会抵减绿色管理成本，政府的减税及环保补贴政策会给电子制造企业带来收益。因此，电子信息制造业开展绿色环保项目，实施“节能减排”和“可持续发展”是相呼应的，是企业和社会发展的主流方向。

（3）开拓国内市场需求和扩大内需成为我国电子信息制造业发展的必由之路。其中，调整电子信息制造业的战略方向，变粗放发展为精细发展、变环境破坏性发展为环境保护的绿色发展成为必要条件。当前，世界主要国家纷纷把绿色环保作为新一轮产业发展的重点，以抢占未来经济发展制高点。具体到我国的电子信息产业可持续发展面临诸多挑战，突出表现在：产业规模大、经济效益差；产品数量多、知名品牌少；发展速度快、创新能力弱；企业数量多、跨国经营少等多个方面，整体上呈现大而不强的特征。电子信息制造业实施可持续发展的绿色环保项目，在技术层面，有助于技术升级，扩大应用领域；在产业和企业层面，有利于产业创新，推动科技产品的可持续发展；在国家层面，有助于增强中国在电子信息制造业的全球竞争力。

概括而言，绿色需求将带给电子信息制造业一次巨大的商机。因此，谁能率先成功实施绿色制造，那么谁就将在日后的竞争中占据主动地位，并依靠绿色制造标准的制定来驾驭市

场，有利于电子信息制造业扩大全球的市场占有率，从而使其立于领先地位。

参考文献

[1] 张杨，王剑虹，仲艳平．环境成本管理理论述评[J]．财会通讯，2010（9）．
[2] 尹钧惠．基于循环经济的环境管理会计投资决策方法探讨[J]．现代财经，2009（3）．
[3] 王京芳，王露，曲莎．优化企业环保项目投资决策的方法探析[J]．科学学与科学技术管理，2008（1）．
[4] 陈小怡，李世建，何建敏．WEEE 和 RoHS：欧盟“双绿”指令下我国相关行业的困境与对策[J]．国际贸易问题，2007（1）．
[5] 林洁．欧盟环保指令对我国企业出口竞争力的影响分析[J]．国际商务研究，2006（5）．
[6] 林伯强．将环境影响因素纳入投资决策过程：方法与运用[J]．金融研究，2005（2）．
[7] 张梅．对环境成本的控制与效果、效益的分析[J]．福建商业高等专科学校学报，2005（1）．
[8] 陈松洲．绿色贸易壁垒对我国出口贸易的影响及对策[J]．华南师范大学学报：社会科学版，2004（1）．

装备制造企业知识管理模式研究

任大勇

（渭南师范学院经济与管理学院　陕西省中小企业研究所）

摘要： 装备制造企业知识管理由知识资源、知识主体和知识流动三类元素构成，在分析这三类要素的基础上，剖析了装备制造业知识管理的特征，将装备制造企业知识管理模式分为知识联盟模式、区域知识管理模式和竞合互动知识管理模式，并针对装备制造企业和地方政府分别提出了提升装备制造企业知识管理水平的对策建议。

关键词： 装备制造业；知识管理；模式

基金项目： 渭南师范学院特色学科建设资助项目（14TSXK03）；陕西省军民融合产业发展研究资助项目（15JMR03）；陕西省教育厅科学研究资助项目（2013JK0115）；渭南师范学院校级人文社科研究资助项目（14SKYB10）

一、装备制造企业知识管理构成要素

装备制造业是关系国家、民族长远利益的基础性和战略性产业，是国家经济安全和军事安全的重要保障。在装备制造企业中实施有效的知识管理，能够提高装备制造企业创造价值的能力，形成企业核心竞争力，取得最大经济效益。

（一）知识资源

知识资源是企业最重要的战略资源。装备制造企业所拥有的知识存量与知识结构，尤其是核心企业所拥有的难以模仿的隐性知识，已经成为装备制造业集群竞争力的决定性因素[1]。知识资源是知识管理的内容，是装备制造企业提升竞争实力的根本。

在知识经济时代，装备制造企业只有不断进行知识创新，才能保持竞争力，装备制造企业已成为获取、应用、共享、溢出、转移和知识创新的学习性系统，它决定了装备制造企业有序、协调、有质量、可持续发展的能力。

（二）知识主体

知识主体是知识管理的参与者，包括知识的拥有者与知识的学习者，也是装备制造企业知识管理模式框架的节点。装备制造企业知识主体包括装备制造企业、为装备制造企业服务的教育培训机构、政府部门、科研院所和高等院校、人才市场、交易市场以及行业协会等[2]。教育培训机构担负着培养人才和传递知识的重任，教育培训能够起到促进知识流动的作用；政府部门在集群知识网络中提供政策支持、信息服务、基础设施和环境氛围创建等。另外，政府部门可以通过产业政策、税收杠杆等对制造业集群内主体要素的行为产生导向性影响。科研院所和高等院校是新知识、新技术的源头，是知识最重要的创造机构，通过开发新技术并将研发成果转化为生产力，实现集群内部知识、技术的传播和扩散，装备制造业在加强自主研发的同时，需要和科研院所、高等学校合作，其产学研合作方式将直接影响整个集群知识网络的效率。行业协会与各类服务机构往往兼具市场灵活性与公共服务性的特点，一方面协调规范装备制造企业的市场行为；另一方面促进资源合理配置，增强装备制造业集群内的创新活力。

（三）知识流动

知识流动的过程可以描述为：知识获取、知识应用、知识溢出、知识共享、知识扩散、知识创新，它们对整个装备制造企业的知识交流至关重要，正是它们持续不停地运转，才保证了企业知识正常的新陈代谢，推动知识价值的实现与增值[3]。

二、装备制造企业知识管理的特征

装备制造企业的产品制造具有很强的多品种小批量、单件小批或按单订制的特点，如果能将每次产品开发、设计、制造、交付的经验教训以及各类文件资料按照严密的标准和流程进行整理归档，并按阶段设定项目监控点，进行项目进展状况、变更状况等有关管理与技术资料的收集与整理，就能够快速积累企业的无形资本，形成企业独特的项目管理知识体系。在大规模产品创新模式下，经过编码化的新能力和知识很容易被竞争对手复制。装备制造企业的产品多属于复杂产品，而复杂产品系统所蕴涵的知识有其特殊的专有性。

国内装备制造企业在推行知识管理的过程中，往往不能将项目实施全过程所形成的新知识、新工艺、新技术、新信息、新数据进行有效积累，以形成企业的知识和无形资产[4]。这使得国内装备制造企业在实施新项目的过程中难以有效借鉴以往的经验和教训，最终使企业的项目管理、标准化管理和知识管理不能有效结合，从而使企业的整体效率和效益指标提升较慢，创新能力难以持续提高，竞争优势难以保持。

装备制造企业要保持自己的竞争优势和竞争地位，必须设法将以往项目的成功经验移植到新的项目中。装备制造产品的生产过程涉及大量的合作者，但从多项目的公司和多公司的项目中的特殊学习的困难仍旧很难把握。与那些规模化制造的产品不同的是，装备制造产品在最佳实践的范式上很难达成清晰的共识，学习曲线很少能够被清楚地界定，而且缺少经过验证的管理方法。

虽然装备制造产品的学习过程比大规模产品更加艰难，但是在项目准备和实施过程中仍然存在着许多相同的环节，这些活动的最佳实践经验相对而言比较容易在不同项目和不同组织之间传播。人们认为模块化的产品创新结构为企业学习部件层面的知识和架构层面的知识带来了新的契机，是协调组织学习的有效机制。他们的结论引申到装备制造产品开发创新过程中，可以认为对于系统集成商而言，战略性知识管理的重点就逐渐转移到项目开发过程中对项目结构知识的学习，而部件层面的知识管理就主要针对于一些对于整个项目而言非常关键的部件或子系统，其他非核心部件和子系统的管理控制就主要依靠事先确定的界面接口规范来实现。

三、装备制造企业知识管理模式设计

（一）知识联盟模式设计

装备制造企业知识联盟成员之间通过知识流动与互动学习来增加联盟成员的知识存量和提高知识质量，从而适应装备制造企业知识联盟的创新与发展需要，知识联盟的中心目标是学习与创造知识。知识联盟是战略联盟的高级形式，是指企业以获取其他组织的技术、可供创新的知识与能力为目的而自愿达成的一种联盟形式。装备制造企业的科研机构、高等学校、科研院所是知识联盟的核心主体，主体之间通过知识流动结成了一个以知识创新为目的的利益联盟体，这些主体承担着知识的获取、共享、转移。

（二）区域知识管理模式设计

在装备制造业区域知识管理模式中，运用管理理论的计划、组织、领导和控制等职能对知识流动进行管理。装备制造企业区域知识管理的主体由装备制造企业、高校、科研机构、政府和中介构成。这四个主体在区域知识管理环境的不同阶段中的作用也不同。在区域知识管理环境的创立阶段，政府起着主导作用，政府通过运用计划、组织、控制和领导等管理手段引导知识管理环境的创立。而在知识管理环境的发展阶段，装备制造企业、高校、科研机构与中介机构起着主导作用，政府的作用则更侧重于服务。在区域知识管理环境的成熟阶段，起主导作用的是装备制造企业、高校和科研院所，他们作为知识创新的主体能够顺利进行知识创新与流动，在这个阶段，中介机构与政府的作用明显减弱。

（三）竞合互动知识管理模式设计

装备制造企业竞合互动知识管理模式中，所有装备制造企业是知识主体。所有装备制造企业产品具有相似性，这是产生竞争的原因；相似产品生产成本与生产工艺相同或相似，这为企业之间的知识共享产生可能。在竞争期，装备制造企业之间知识交流与服务次数明显减少，知识溢出效应明显增强；在合作期，装备制造企业之间知识交流与服务频繁，集群创新效应明显增强。通过知识主体之间资源共享和优势互补，使装备制造企业获得了所需的知识创新资源，在知识技术创新的合作中合作双方共同分担风险。知识流动与组织间学习促进知识创新，装备制造业集群内部企业之间能否形成协同效应、达到预期知识管理目标，在很大程度上取决于合作中的知识流动与学习机制。

四、对策与建议

（一）对企业的建议

第一，建立学习型组织。学习型组织的企业文化能让知识管理真正地发挥作用。学习型组织的构建需要装备制造企业制定相应的激励机制与之配套，让员工们感觉到集体学习是知识获取与创新的最佳方式。员工应为自己的知识在组织中应用而努力，为共同事业的进步所鼓舞。建立学习型组织有利于企业内部之间及内部与外部之间的知识交流与合作。

第二，建立装备制造企业相互信任关系。建立相互信任关系，是为了防止装备制造产业集群内个别企业的机会主义行为。防止机会主义行为对于集群来说要通过市场来减少可争夺利益来加以限制。企业间需要通过加强交流来增加信任，在集群内部企业的各个层面上展开积极有效的沟通，创造合作的良好文化氛围。同时，保持企业的高层领导的持续接触，互相参加培训计划，在技术术语和产品开发的标准上达成一致等措施建立起企业间的信任机制。

第三，建立企业知识管理系统及畅通的信息网络。装备制造企业集群目前还没有一个完备的知识管理系统，要通过行业协会根据自身情况建立企业知识管理系统，使知识能够在集群中高效率传播与应用，避免知识管理的盲目性和重复性，提高集群知识管理运行效率，促进装备制造产业集群内的企业知识创新，从而提高企业竞争力及集群竞争力。同时要建立优良的信息网络，以便保证知识管理系统的运行效率。

第四，加快专业人才队伍建设。在所有的生产资源之中，技术与人才是发展知识经济的关键所在，且在全球化时代之下成为全球相对稀少的珍贵资源。因此，在全球化的时代之下，区域竞争力的根源就在于获取上述技术、人才等关键生产资源的能力或条件。政府应将引导与市场作用相结合，提高科技人才配置效率。市场是人力资源配置的主渠道，无论何种人才，都应遵从市场规律，科技人才的使用和评价应由用人单位根据实际需要自主决定。

（二）对政府的建议

第一，创造合作的集群文化氛围。地方政府应出台政策，主要是鼓励企业之间进行定期广泛的交流和信息沟通，可以通过跨文化的管理培训，提高企业行为和策略的透明度等措施，促进文化融合。应消除原有的企业文化对集群知识管理的不利影响，各企业应努力学习集群中其他企业的优点，相互依存、共同发展。在信任的基础上，重新确定一致的联盟目标，求同存异。不断优化集群文化与地域文化，企业与企业员工要广泛参与社会活动，融入区域社会经济生活。不断地积累社会资本，在企业与社会环境的有效互动中得到持续发展。

第二，大力发展政府知识服务机构。要大力发展装备制造产业技术创业服务中心、科技知识咨询中心等，这些知识、科技服务机构对与行业发展有着重要作用。加强行业协会建设，大力发展政府科技服务机构，是发展知识服务业非常有效的途径，在知识服务业的发展中要弱化政府的直接管制，政府的工作重点集中到经济调节、市场监管、社会管理和公共服务上，为知识服务业的发展提供良好环境。

第三，加强政府的引导和支持。政府支持是装备制造产业集群发展的必要环境条件。政府可以控制装备制造产业集群的外部负效应，实现资源的有效配置。建立与完善相应的法律法规，鼓励知识创新活动，鼓励高校、科研院所与企业间的合作创新，促进与完善官产学研合作机制。重视人力资源开发，加大引进人才力度，并提供优惠政策。政府应积极培育各种融资渠道，为集群发展创造良好融资环境。要努力建立一个高效率、低风险、多层次的现代金融服务体系，为装备制造企业知识管理创造良好的投融资环境。

参考文献

[1] 张润东，张晓林．中小企业集群的创新知识管理系统[J]．科学管理研究，2006，24（3）：96-100.

[2] 吴晓波，刘学锋．全球制造网络中知识转移过程及影响因素研究[J]．技术经济，2007，26（2）：1-19.

[3] 钱锡红，徐万里．企业网络位置，间接联系与创新绩效[J]．中国工业经济，2010（2）：78-88.

[4] 饶志明．企业战略分析的协同演化整合范式及应用研究[J]．华侨大学学报：哲学社会科学版，2013，（3）：89-99.

论装备制造企业自主技术创新能力的构成要素

王　凌

（渭南师范学院经济与管理学院）

摘要：分析了提高我国装备企业自主技术创新能力对于振兴装备制造业的迫切性，阐述了我国装备制造企业自主技术创新能力战略思考的必要性。通过对技术创新理论的综述分析，根据装备制造业发展的动态性、自主创新的风险性，提出对于我国装备制造企业自主技术能力的构成要素研究，仅仅分析研究其创新资源投入能力、创新管理能力、制造能力、研究开发能力、创新产出能力和营销能力是不够的，还需要分析企业在自主技术创新过程中的环境辨别和分析能力、风险识别和管理能力。在此基础上，提出了我国装备制造企业自主技术创新能力结构及其评价体系。

关键词：装备制造业；自主技术创新战略；技术创新能力构成要素；创新能力评价

基金项目：秦东先进制造业发展研究（14TSXK03）

装备制造业是制造劳动资料即劳动手段的产业。装备制造业的水平决定着人们用什么工具进行生产，决定着劳动生产率的高低和生产力的水平。社会生产力发展到今天，一个国家装备制造业的发展水平，已成为该国科技水平、工业水平的综合体现，已成为国家经济实力和竞争力的集中代表。装备制造企业是我国制造业的重要组成部分，提高我国装备制造企业核心竞争能力和自主创新能力，是振兴我国装备制造业、加快转变增长方式、调整我国产业结构、提高我国技术水平和增强国际竞争力的迫切要求。本文对我国装备制造企业自主技术创新能力提升的必要性和创新能力构成要素进行了探讨。

一、我国装备制造企业提高自主技术创新能力的迫切性

目前，我国装备制造业工业增加值仅次于美国、日本、德国，居世界第四位。装备制造业在我国国民经济中的战略地位越来越重要。近年来，我国制造业的增加值均占当年 GDP 的 30%以上。我国装备制造业的重要地位表现为：① 装备制造业在国民经济中处于基础地位，发展装备制造业有助于国民经济的快速发展；② 装备制造业在我国的国际贸易中占有重要地位；③ 装备制造业在保障国家安全方面具有不可替代的作用，发展装备制造业有助于加强国家安全；④ 装备制造产业创造大量就业机会，发展装备制造业有助于提高劳动就业率。

全球以装备制造业为支柱的制造业蓬勃发展，呈现着信息化、集群化、服务化的特征，在发达国家国民经济中，装备制造业始终占有重要地位。我国的装备制造业与世界先进水平

相比，仍存在很多问题和差距：① 我国的装备制造业普遍存在缺乏核心技术，自主研发能力差的问题。我国许多重大技术装备不得不依赖进口，一些重要、高档、技术附加值高的装备，我国尚不具备自主生产的能力；② 我国装备企业普遍不够重视自主技术开发，研发投入低，缺乏具有自主知识产权的产品；③ 尽管近年来装备制造业的出口额不断增加，但是进出口的贸易逆差仍然存在，且有不断扩大的趋势；④ 我国装备制造业产业集群发展水平在世界总体比较中处于中等偏下；⑤ 我国装备制造新产品研发周期长，新技术与世界先进水平仍有较大的差距。在数控技术、工业机器人、电子电力技术、汽车电子技术、复合加工技术、集成加工技术、敏捷制造技术等开发利用领域，我国与世界的差距更大。当前我国装备制造业面临的最紧迫的问题是，要建立以企业为主体的自主创新体系，特别是要培养自主技术创新能力。

从长远看，提升装备制造企业的自主创新能力，对企业核心竞争力的形成和持续发展更是意义深远。企业只有通过自主创新，才能真正掌握自身的发展命运，实现可持续发展。装备制造企业必须结合自己的实际，采用适合自己的自主创新策略，加大研究开发的投入，坚持先进技术引进和消化吸收、创新相结合，加强国内企业间及企业与科技机构间的合作，建立面向市场的自主创新机制。

二、对我国装备制造企业自主技术创新能力的战略思考

从战略的角度看，技术创新战略已经成为我国装备制造企业发展战略中的核心战略，主要因为：① 技术创新已经成为装备制造企业增长的根本动力和长远动力。转变我国装备制造企业经济增长方式，就需要改变由资源依赖型、投资驱动型增长转变为技术创新和管理创新增长型。② 技术创新决定着现代企业的竞争能力。装备制造企业核心竞争能力是由多重因素共同作用的一个合力，而其中技术创新是一个最为关键的因素。

现代企业主要有两大功能：一是营销；二是创新。其中创新主要是指技术创新与组织创新。企业技术创新战略，按照不同的标准可以进行不同的分类。从面向市场的表现分类，创新战略包括进攻型战略、防卫型战略和模仿型战略。进攻型战略，指企业力图在引进创新产品等方面领先于其他竞争对手。防卫型企业与进攻型企业的主要区别在于创新的性质和时间。模仿型战略，模仿者愿意与创新者保持一段距离，期望创新者成功后，模仿创新者的商品进入市场并获取市场收益。

这里需要对自主技术创新进行深入的分析。所谓自主，涉及两个问题，一是谁自主，即自主的主体问题；二是何为自主，即自主的实现问题。所谓自主，就是主体为了实现自己的目的，按照自己的意志进行的活动过程。自主与否不是思维关系，也不是物的关系，而是经济关系，这种经济关系包括三个方面，即创新目的由谁设定，创新过程由谁控制，创新成果由谁拥有，关键在于谁有技术主导权。进一步细分，我国装备制造企业自主技术创新的内涵包括：① 装备企业自主地确定技术创新方向；② 技术创新活动和过程自主地完成；③ 关键技术或者突破性技术自己掌握；④ 企业拥有自主技术的成果、知识产权或者自主品牌的技术产品。装备制造企业自主技术创新从技术源分类，可分为原始创新战略、引进消化吸收再创新战略和集成创新战略。

三、我国装备制造自主技术创新能力要素构成的新视角

创新并不完全等于技术发明，而是“建立一种新的生产函数”，也就是说把一种前所未有的关于生产要素和生产条件的“新组合”引入生产体系。技术创新是企业家重新组织生产的条件和要素，推出新的产品、新的生产（工艺）方法、开辟新的市场，是包括科技、组织、商业和金融等一系列活动的综合过程。中共中央、国务院《关于加强技术创新发展高科技实现产业化的决定》对技术创新的定义为，技术创新，是指企业应用新的知识和新技术、新工艺，采用新的生产方式和经营管理模式，提高产品质量，开发生产新产品，提供新服务，占据市场并实现市场价值。2006 年初召开的全国科技大会强调，加强原始创新、集成创新和引进消化吸收再创新。

国外对技术创新能力结构的研究主要包括 R&D、专利、创新目标等，其重点关注的是创新投入发生后，创新活动表现出来的特性和创新产出的指标。其代表性的观点有：① 企业技术创新能力是企业组织能力、适应能力、创新能力和技术与信息获得能力的综合；② 企业技术创新能力是产品开发，改进生产技术、储备、生产、组织等能力的综合（Seven Maller）；③ 企业技术创新能力由可利用的资源、对竞争对手的理解、对环境的了解能力、公司的组织结构和文化、开拓性战略等组成。

公司层面的创新能力可以从组合横跨当前业务单位的创新能力而产生的新产品、新服务或生产与交付系统的范围与速度、在公司研究开发和技术开发工作基础上形成新业务的范围与速度、公司内部创业风险投资与并购能力、理解多产业竞争战略和演化的能力、识别和运用创新组织与文化环境的能力。所以，对于我国装备制造企业自主技术能力的构成要素，仅仅研究其创新资源投入能力、创新管理能力、制造能力、研究开发能力、创新产出能力和营销能力是不够的，由于装备制造业发展的动态性、自主创新的风险性，还需要研究企业在自主技术创新过程中的环境辨别和分析能力、风险管理能力。

装备制造企业在自主技术创新成果形成及其转化过程中，存在较多的不确定因素，风险伴随而行。主要风险因素为：

（1）技术风险。无论是研发还是技术成果转化，新产品、新技术都可能出现预期与实践之间的偏差，形成风险。具体又包括：技术信息不对称造成的风险和技术不配套造成的风险。

（2）市场风险。市场是最终检验创新研发成果及其转化是否成功的试金石，预期市场前景与实际市场状况不匹配就会导致市场风险。市场风险产生的原因主要在于：市场预期与实际情况不匹配，消费者的消费惯性。

（3）知识产权风险。一方面，创新成果——专利等有可能被同行抢先注册的风险；另一方面，创新成果的合法权利受到侵害引起的风险，创新转化过程中，创新成果的所有权和使用权会发生不同形态的转移。

（4）研发和转化能力风险。技术研究和技术成果转化，往往需要人、财、物的大量投入，即要有相应的各种技术人才，需要相当的资金投入以及各种物资资源。研发和转化能力不足会引起技术创新风险。

（5）信用与道德风险。研发（包括联合研发）和技术创新成果的转化，需要有一系列的契约及各个主体的承诺，形成转化过程的信用保证结构。各行为主体如不能诚信地承诺和执

行其职责，就会产生信用与道德风险。

（6）整合风险。在一个多主体研发及成果实施的转化过程中，由于各主体隶属的公司、地区或国别的不同，存在管理理念、制度、方法，生活习俗、企业文化等方面的差异，需要有一个融合的过程，导致出现整合风险。

因此，我国装备制造企业在自主技术创新实践中，应具备在研发及其成果转化过程中对各种风险加以识别和有效管理的能力。

参考文献

[1] 彼德 F 德克. 创新与创业精神[M]. 张炜，译. 上海：上海人民出版社，2002，25-35.

[2] 傅家骥. 技术创新学[M]. 北京：清华大学出版社，2005.

[3] 李廉水，周勇. 制造业技术创新能力评价与比较研究——以长江三角洲为例[J]. 科学学与科学技术管理，2005，(3)：38-42.

[4] 韩景元，杨忠敏，李荣平，庞更新. 企业技术创新能力评价的理论、指标与方法[J]. 河北科技大学学报，2002，(3)：90-94.

第二篇　区域经济发展

城市化理论及其现实意义：基于新兴古典经济学的思考

简建平

（渭南师范学院）

摘要：新兴古典经济学城市化理论认为：城市的起源、城乡的分离都是分工演进的结果；城市化进程的关键在于交易效率的高低；市场本身有能力选择出合理的城市分层结构。影响我国城市化进程的主要因素是交易效率太低，政府要提高交易效率硬件水平，更为重要的是提高交易效率软件水平。

关键词：新兴古典城市化；交易效率；政府角色定位；硬件条件与软件条件的改善

新古典经济学无法解释城市的出现，因为在他们的分析框架里，社会分工结构是外生给定的，人们在决策前，已经有了城市和乡村的分离，因此也就无需探讨城市的起源。以杨小凯为代表开创的新兴古典经济学，运用超边际分析工具，去掉了新古典经济学消费者与生产者绝对分离的假定，抛弃规模经济而改用专业化经济的概念，并且考虑各种交易费用的一般均衡意义，重新关注古典经济学中的分工与专业化思想。

一、新兴古典经济学对城市出现的解释

专业化经济与每个人生产活动的范围有关，所有人专业化经济合起来就是分工经济，它同人与人之间依赖程度加大、生产改进的潜力有关，是一种社会网络效果，而不是规模经济这种纯技术概念。因此每个人的生产力不但与他本人的努力有关，而且与参加分工网络的人数有关，而这网络规模又反过来由所有人的网络决策所决定。

（一）城市化模型理论

杨小凯和赖斯（1994）建立了第一个新兴古典城市化的一般均衡模型，解释了城市的起源、城乡的分离都是分工演进的结果。在该模型中，由于对土地的需求量不同，使得农业生产具有分散布局倾向，而工业具有集中和分散两种选择，具体选择取决于专业化经济与交易费用两难权衡的结果。如果交易效率低，自给自足就是经济的，这时不存在市场和城市；随着交易效率的提高，分工结构就会从自给自足过渡到局部分工，出现半专业化的农民和半专业化的工业品生产者。由于农民只能分散居住，而工业品生产者要求靠近农民的居住地，此时还不能形成城市；随着交易效率的进一步提高，制造业内部分工进一步加深，出现了职业

制造者，为了节约彼此之间的交易费用，工业生产者就会选择集中居住，这样就形成了城市以及城乡分离的情况。

（二）新兴古典经济学城市化理论的主要内容

（1）城市的起源和发展都是分工演进的结果。工农业之间的局部分工不产生城市，只有工业内部分工加深时，才能产生城市。

（2）随着分工的发展，城乡之间的自由流动能够消除二元经济结构。由于城市节省交易费用的功能加强，使得城市的工业品生产者专业化水平、生产率以及收入均高于农村居民。城市居民集中居住的交易费用系数也低于农村居民，城市的分工水平也由于交易效率的改善而大大提高，从而出现了城乡差距现象。如果居民可以自由迁入城市，使得城乡居民间的真实收入水平在近期实现均等化，这样二元经济结构就会随着分工朝着专业化水平的发展而消失。杨小凯认为，城乡之间的自由迁居、择业自由、自由价格等都是二元经济状况消失的条件。

（3）随着分工的发展，市场会自发地形成最大的分层城市结构。城市合理的分层是对集中交易带来的效率和由此产生的交易费用这一两难冲突进行折中的结果。集中交易的好处包括市场规模的扩大、利用信息以及各种服务的便利性等，集中交易的坏处则指由于城市拥挤而产生的损失。如果允许人们在城乡间自由流动，自由利用城市发展和城市化带来的便利，则这一两难冲突能够自动得到平衡，形成大、中、小不同的规模城市的布局。这样就产生一个给定分工水平条件下的最优城市层次数，决定每层的城市个数。

（4）对居民的居住格局以及城乡地价差别的描述。随着分工水平的提高，交易的网络不断扩大，当交易集中在一个地区时，会使交易效率提高，产生杨小凯所得的第二类聚集效应。聚集效应的增加会吸引更多的人选择城市，城市的地价就会上升，这样折中了结果，就使一部分人愿意留在农村，从而形成居住格局。杨小凯认为，随着一个城市分工水平的提高加上地理上的集中，该城市的地价将上涨到远远超过传统边际分析所能预见的程度。这样，就从分工的新视角，提供了一个分析城市地价的工具。

二、加快我国城市化发展的思考

斯蒂格列斯把“中国的城市化”与“美国的高科技”并列为影响21世纪人类发展进程的两大关键因素，认为“中国的城市化将是区域经济增长的火车头，并产生最重要的经济利益”。

（一）影响我国城市化进程的主要因素是交易效率的高低

根据新兴古典经济学城市化理论可知，分工的加深演化导致城市的出现，而分工又与交易费用成反相关，交易费用与交易效率也反相关，因此，加快我国城市进程主要是提高我国的交易效率。交易效率主要与两方面有关：一是技术方面；二是制度方面。技术方面主要是与外生交易费用有关，制度方面主要是与内生交易费用有关。两方面都可以降低交易费用，从而提高交易效率，促进分工的发展，进而推进城市化进程。

1. 技术方面

这主要与道路、交通、通信等基础设施有关。近年来，我国加大了这方面的投资，完善了城乡道路的建设，这对降低外生交易费用起到了重要的作用，促进了城市化的进程。我们主要从信息技术这个角度来阐述，降低外生交易费用，对城市化的推动作用。外生交易费用，一般是有形的，客观存在的交易费用，与经济技术水平相关，是无法通过具体交易的主观努力加以解决的。我国正在进行的"金卡""金关""金桥工程"就降低了我国的金融外贸交易的交易费用，而运用电子商务的企业的交易费用也大大低于一般企业。因此，我国应该加快信息基础设施的建设，尽量利用信息网络提高农民受教育程度。

2. 制度方面

诺斯认为，有效率的经济组织是经济增长的关键。新兴古典经济学城市化理论也指出，以城乡分割的户籍管理制度是中国城市化落后的主要因素。制度性障碍致使农民进入市场的成本越高，城市化进程就越加缓慢。因此，我国户籍制度的改革势在必行。

（二）我国应采取何种城市发展战略

关于城市化发展战略问题，我国的学术界有很多争议，这里简单概括为三种观点：大城市重点论、小城镇重点论、大中小城市协调发展论。

根据新兴古典经济学城市化理论，在城市化进程中，存在着分工经济与交易费用的两难冲突、集中带来的效益与城市拥挤的两难冲突、聚集效益增加与土地价格上升的两难冲突等。市场对这些两难冲突最终折中的结果，就是形成了大中小城市的布局。

因此，在市场经济条件下，给城市的规模硬性规定一个发展的标准，就好像在给孩子规定要求一定要长到既定身高那样没有意义。事实上，判断何种规模的城市具有效率优势的关键是看它是否有利于生产力的发展，是否有效地利用了集聚经济和专业化经济的利益。如果一个城市的规模很大，但只要它仍然有交易效益优势，仍然运行有序，企业和个人仍愿意在此集聚，说明它仍拥有效率优势，因此就不应该硬性限制它的发展。一个小城镇，只要它有活力，拥有交易效率和生产效率优势，就应该允许它自主发展为具有一定规模的城市，如江浙一带的城市化模式。

一个城市并不存在一个人为的最优规模，而更可能是活动于其中的人和企业追求经济发展的内生需要，因而更可能存在着一系列的最优规模。从这意义上来说，城市的规模不应成为政府调控城市发展的政策目标，而关注城市交易效率和管理水平的提高、企业和人们是否愿意在此集聚，才应成为政府政策的现实选择。

（三）政府在城市化进程中的角色定位

在市场经济条件下，提高经济体的交易效率，正是政府应该扮演的角色。

1. 市场经济条件下政府的角色应定位为提高经济体交易效率

市场经济越发达，整个社会对贸易活动的依赖就越强烈，交易效率和城市化的重要性就越明显。因此，政府应认识这一机制，将提高经济体的交易效率作为城市化进程中的政府行为总目标。

2. 政府要提高交易效率硬件水平，更为重要的是提高软件水平

交易效率结构的特殊性告诉我们，交易效率硬条件的改进比较容易，而交易效率软条件的改进则比较缓慢。原因是交易效率硬条件改进主要依赖于技术、基础设施、交通工具、交易技术等。即使一国或一地不具备这些条件，但只要它认识到其重要性，就可通过国际贸易、技术设备引进等市场化形式来获得。相反，能够提高交易效率的各类制度措施的引进却并不那么容易，并且还受到文化、风俗、传统等多方面因素的制约。

从我国现阶段的情形来看，目前各级政府已充分认识到改变交易效率硬条件对提高地方经济实力、推动经济发展重要性的认识。但对各种制度条件对经济发展的作用的认识还不很清楚，或者尽管清楚，但并没有积极去改变。原因在于：从各种制度条件的供给一方看，当前我国对政府官员绩效的考核机制存在偏差，仅仅将地方交通、道路、电信、工厂大楼、财政收入等可见性政绩列为考核重点，而未将政策透明度、政府服务效率、老百姓感觉到的办事方便程度、法制安全状况、生活压力指数、经济人进行经济决策的自由度、私有产权受保护状况、银行体系的竞争性等列入考核范围，结果滋生了官员的机会主义行为。

参考文献

[1] 杨小凯. 经济学原理[M]. 北京：中国社会科学出版社，1998.

[2] 胡峰. 新兴古典城市化理论评价[J]. 兰州商学院学报，2001（4）.

[3] 赵红军. 交易效率与我国城市化进程中的政府角色定位[J]. 城市发展研究，2005（3）.

[4] 杨学成，等. 我国不同规模城市的经济效率或经济成长力的实证研究[J]. 管理世界，2002（4）.

[5] 翁仁木. 对我国户籍制度变迁的经济学思考[J]. 宁夏社会科学，2005（3）.

秦东农村城镇化动力机制研究

李富荣 王对启

（渭南师范学院西部区域经济与城市发展研究中心 渭南师范学院工会）

摘要： 秦东地区农村城镇化需要具备交通区位优势、政府认同、国家政策支持和农民思想观念的转变等条件。同时，从西部农村城镇的实际出发，构建城镇化的原动力、驱动力、带动力、核心力、保证力等基本动力机制系统，加速推进西部地区农村城镇化进程。

关键词： 西部；农村城镇化；动力机制；农民

基金项目： 渭南师范学院特色学科建设项目（14TSXK03）

农村城镇化发展的动力机制，是指推动农村城镇化发展所必需的动力的产生机理，以及维持和改善这种作用机理的各种经济关系、组织制度等所构成的综合系统。在经济欠发达的秦东农村地区，农村城镇化充其量还处在一个启动的阶段，主要的任务还是构建城镇化的基本动力源方面，同时要不断积蓄内生变量。

一、秦东地区农村城镇化的基本条件

（一）一定的交通区位优势

良好的交通区位，是农村城镇化的基础条件。道路的通达性和社区的邻近中心性是人口集聚和社会化服务功能得以实现的基础，一般可通过到达邻近经济发展中心的主干道路条数以及里程数表示。道路营运能力是农村城镇化发展快慢的重要影响因素，高的道路营运能力意味着更大的市场服务空间，更便捷的对外联系渠道。陕西省大荔县位于关中平原东部，辖 13 镇 13 乡，415 个村，72 万人（其中农业人口 62 万，农村劳动力 35 万），是黄、洛、渭三河汇流之地，素有三秦通衢、三辅重镇之称。108 国道使大荔县能够快捷方便地与渭南、合阳、澄城、蒲城连接，车程均在一小时之内。高铁的开通更是提升了大荔与周边地区交流的便利性。

（二）社区政府对城镇化的认同程度

在农村城镇化的过程中，西部地区的社区政府起着至关重要的承上启下作用，其对城镇化的认同程度决定着农村城镇化的具体实施过程。其承上作用表现在对国家和地方有关政策的深刻理解和正确把握，其启下作用在于社区政府可利用诸多政策措施，广开渠道，激发乡镇企业、农村居民及其他经济组成部分在本社区投资办厂、开展商贸往来的积极性，加大对本社区的资金投入，从而促进农村城镇化在质和量两个方面均衡发展。进而形成纵横交错的市场网络，发挥了信息传递和产品集散的重要作用。

（三）国家有关政策的大力支持

农村城镇化的发展需要国家和地方政策的配套支持，这些政策对农村城镇化的进程起着非常关键的作用。一方面，农业用地向城镇建设用地的转变过程中，程序过于复杂，不确定因素太多，交易成本太高，这就打断了小城镇发展的自然过程，进而打断了城市化的自然过程。另一方面，农业生产用地在联产承包责任制的大背景下，处于小块分割的状态，流转起来涉及贫富悬殊加大、农民失去最低生活保障、基层操作走样等一系列问题。因此，通过建立和逐步完善社会保障制度，将已经非农化的潜在城镇化人口尽快纳入城镇社会保障体系，将有利于推进西部地区农村城镇化的步伐，促进城乡经济一体化的早日实现。

（四）农村居民的价值观念的转变

在农民知识化的过程中，农民自身价值观念也发生了巨大的变化，随之而来的是农民基本需求层次的提高。城镇完备的基础设施、相对发达的经济水平、活跃的文化活动一直对农民具有强烈的吸引力，能够进入城镇，享受现代城市文明一直是农民千百年来的梦想。随着改革开放的深入和发展，农民的传统意识也有了深层次的突破，成为西部农民对城镇文明追求的巨大思想动力。

二、秦东地区农村城镇化的基本动力分析

（一）农业劳动生产率提高是农村城镇化的原动力

农业是社会生产的起点，是国民经济形成和发展的基础。农业劳动生产率的提高，不但为农村城镇化提供产品贡献、市场贡献要素贡献、外汇贡献，而且促进社会分工的发展，推动城乡结构的变化，加速农村城镇化的进程。2014 年年底，大荔县农民人均纯收入达到 9 184 元，而陕西省全年农村居民人均可支配收入为 7 932 元。农业生产效率提高是农民收入增加的主要原因，有利于农村城镇的发展。当然，农业剩余的用途决定城镇的规模和发展速度。如果农业剩余用于生产投资，引出的经济活动就更多；如果农业剩余主要用于农民自身消费，或者仅在本地消费，引出的经济活动就更少。农业劳动生产率的提高是农业剩余产生的条件，是农村城镇化的原动力。

（二）市场机制是农村城镇化的驱动力

由于市场机制的作用，资本按照比较利益的原则流向获利最大的部门和地区，所以在县

域范围内，城镇成为资本及其他资源聚集和交换的理想场所。随着农村剩余产品和剩余劳动力逐步增加，要求从农业中游离出一部分人从事流通和其他为生产和生活服务的第三产业。2015 年上半年，大荔县三产结构比例为 17∶23∶60。目前，大荔县已建成了埝桥、冯村万亩反季节塑棚果菜，羌白、下寨万亩塑棚西瓜，双泉、伯士、步昌万亩塑棚哈密瓜，苏村、张家、八鱼万亩芦笋、黄花菜，西寨、官池万头秦川牛，石槽、赵渡万亩冬枣等一大批具有区域特色的产业基地。这些产业基地的形成对周边农村城镇的发展起到了良好的推动作用。

（三）乡镇企业的发展是推进农村城镇化的带动力

乡镇企业以农副产品加工、资源开发、劳动密集型、轻型加工企业为主，其发展壮大增加了对农村社区劳动力的需求，增加了非农劳动力在乡村劳动力中所占的比例；乡镇企业的发展为农村城镇化积累了充足的资金，增加了农村居民的收入，改变了农村居民的收入结构。当然，农村城镇化也将对乡镇企业的发展产生积极的促进作用。目前，大荔县的“农字号”龙头企业达 20 余家，年加工消化农产品 10 万吨，冷藏能力 5 万吨，有力地推动了县域经济的快速发展，为大荔县走新型工业化道路奠定了基础。

（四）制度创新是农村城镇化的核心力

从农业向非农业的转变，绝不仅仅是一个人户口和身份的转变，本质是创造财富能力与手段的升级。农民从乡村转移到城市，要逐步破除歧视性的户籍制度，降低农民进城的制度门槛；要改革土地制度，通过实行土地使用权自由交易，让农民获得一笔原始资本积累，开始新的职业生涯；要废除城乡分割的就业差别制度，规范劳动力就业服务市场；要加快社会保障的市场化改革，使农民享有与城镇居民相同的基本社会保障。实践证明，制度安排与创新在城镇化过程中具有十分重要的核心地位。

（五）政府是农村城镇化顺利进行的保证力

通过城市化来转移农村剩余劳动力是工业反哺农业、城市文明辐射农村的必然途径。各级政府要充分认识欠发达地区农村城镇化在中国社会经济发展中的战略地位，加强政府在农村城镇化中的引导作用，适时把由农民自发推动的城镇化转到由政府引导和规划的城镇化方向上来，实现由自下而上城镇化向自上而下城镇化的转变。

三、培育西部地区农村城镇化动力机制的政策思路

（一）将国家政策和市场机制进行有机结合，发挥政府对欠发达地区社会经济发展和城镇建设的核心促进作用

国家应该从政策、制度、投入等方面向西部地区倾斜。单纯依靠政府的投入是不现实的，因为西部地区的政府财政无法承受天文数字般的农村城镇的建设费用；单纯依靠市场机制去

推动农村城镇化建设更是不可行的，因为落后地区农村城镇本身存在许多先天不足的因素。因此，如何将国家政策和市场机制进行有机结合，发挥政府的宏观调整作用，就成为欠发达地区农村城镇化动力机制培育的关键。

（二）加强基础设施建设，为农村城镇化发展奠定基本的物质条件

从整体上看，西部地区农村城镇化建设仍处在较低的水平，交通不畅、居住条件差、噪声污染、水资源短缺、天然气普及率低等现象仍相当普遍。欠发达的农村地区人才、资金、劳动力、资源等生产要素之所以出现短缺现象，落后的基础设施是一个不可忽视的因素。因此，加强基础设施投入与建设就成为欠发达农村地区城镇化建设的当务之急，应有计划、分阶段地开展和进行。

（三）大力发展乡镇企业，壮大城镇经济实力

乡镇企业的发展是欠发达地区农村工业化的核心，因此要实现小城镇发展在质和量上的突破，必须大力发展乡镇企业。一是将农村自发的、分散经营的第二、三产业逐步集中于小城镇，改变目前低层次、分散设厂的发展方式；二是对现有乡镇工业进行技术改造，提高产品的科技含量和产品质量，逐步实现由粗放型的外延式发展向集约型的内涵式发展的转化；三是加快农村第三产业的发展，如信息、交通、金融、保险、咨询等服务行业，使农村各种服务体系不仅能壮大自身实力，而且成为农村城镇化进程的强大推动力量。

（四）加强人文环境建设，提高农村城镇居民的综合素质

在当今知识经济时代，社会化大生产对劳动力素质的要求远远高于对劳动力数量的要求。加强农村城镇人文环境建设，注重对农村城镇居民的教育，提高居民的科学文化素质，将会对农村城镇化起到很大的推动作用。

参考文献

[1] 张丹. 西部农村特色城镇化发展战略选择[D]. 成都：西南财经大学，2014.

[2] 陈征平，俞晓. 中国城市化动力模式演变与发展抉择[J]. 经济问题探索，2005（2）：15-18.

[3] 吴潇，张沛. 西部地区城镇化的影响机制及动力系统研究[J]. 安徽农业科学，2012（3）：1802-1805，1833.

关于推进新型城镇化建设的思考

张　萍

（渭南师范学院经济与管理学院　西部区域经济与城市发展研究院）

摘要： 城镇化是我国现代化建设的核心内容，是保持经济持续健康发展的强大引擎。然而城镇化建设的发展过程中城乡二元结构依然存在、城镇化与产业发展的协调性还有待加强、城镇化与资源环境的矛盾日益突出。所以应通过深化改革推动实现农民市民化、推动城镇化与三次产业协调发展、构建集约高效的新型城镇发展模式等实现城镇化的可持续发展。

关键词： 新型城镇化；二元结构；户籍制度；扩大内需

基金项目： 渭南师范学院特色学科建设项目中期成果（14TSXK03）

新型城镇化是一个关系到我国经济社会发展的综合性问题，是推动我国经济持续健康发展的引擎。自改革开放以来，我国的城镇化率以平均每年1%的速度增长着，城镇化的发展无疑在推动现代化进程中起到了不可磨灭的作用。在全球金融危机带来的外部环境压力和我国转变发展方式的内在动力下，城镇化仍然是未来20年我国经济社会发展的重要推动力量。要继续提高我国城镇化的质量，使城镇化成为驱动经济社会持续健康发展的正能量，需要从体制机制上进一步深化改革，并理顺一系列重大经济社会关系。

一、新型城镇化的意义

（一）城镇化是保持经济健康发展的强大动力

扩大内需是我国经济发展的根本动力，扩大内需的最大潜力在于城镇化。目前我国常住人口城镇化率为53.7%，还有较大的发展空间。城镇化水平的提高，会带来城市基础设施、公共服务设施和住宅建设等巨大投资需求，将为经济发展提供持续的动力，会使更多农民通过转移就业提高收入，通过转为市民享受更好的公共服务，从而使城镇消费群体不断扩大、消费结构不断升级、消费潜力不断释放、消费能力不断提高。

（二）城镇化能加快产业结构转型升级

加快产业结构转型升级是转变经济发展方式的战略任务，加快第三产业的发展能创造巨大的附加值，而加快发展服务业是产业结构优化升级的主攻方向。目前我国服务业增加值占国内生产总值比重较低。城镇化的建设与服务业发展密切相关，城镇化过程的推进，城镇人口比例的增加会扩大生活性服务需求；新型城镇化有利于增强创新活力，促使产业升级，推动新兴产业发展。

（三）城镇化是解决“三农”问题的重要途径

我国农村人多地少、农业水土资源紧缺，这是“三农”问题的根源。城镇化的推进会缓解农民人均占地少的局面，随着农村人口逐步向城镇转移，农民人均资源占有量相应增加，可以促进农业生产规模化和机械化，提高农业现代化水平和农民生活水平，增强农村自我发展能力，加快农村经济社会发展，实现农业现代化。城镇化是经济载体和平台，对带动农业现代化加快发展发挥着不可替代的作用。

二、当前城镇化发展过程中存在的问题

（一）城乡二元结构依然存在

农村空心化问题日益突出，农业现代化进展缓慢，大量文化遗产、古迹伴随着传统乡村的消失遭受到不可逆的毁灭。城镇发展挤占农村资源、侵蚀农民利益的状况时有发生。2014年城镇居民人均可支配收入与农村居民人均纯收入之比为2.7∶1。城乡分割的状态仍未打破，经济发展缺少内在联系，城乡一体化任务十分艰巨。

（二）城镇化与产业发展的协调性有待加强

我国目前部分地区土地城镇化快于产业和人口城镇化，城镇建设的产业集聚效应和人口吸纳能力需进一步提高。城镇化发展对产业结构调整提出了更高要求，需要进一步理顺城镇化与三次产业的关系。非农产业对农业生产的支持较为薄弱，农业产业化推进困难，削弱了城镇化的基础动力。工业经济创造新增就业的潜力下降，现代工业对劳动力的要求与农业转移人口素质存在结构性矛盾。第三产业虽然整体上取得了一定发展，但其对经济增长尤其是增加就业的贡献仍远低于经济水平或人口规模与我国接近的大部分国家，促进城镇功能完善和人民生活水平提高的作用有待进一步发挥。

（三）城镇化与资源环境的矛盾日益突出

在城镇化的发展过程中，市场的自发性导致了城镇化进程中的种种弊端，其中城镇化与资源环境的矛盾显得尤为突出。乡镇企业和小城镇的布局比较分散，污染很难治理，造成了土地资源的浪费，集聚效益差，破坏了景观资源。而城市的盲目扩张和高强度的开发，破坏了历史文化遗产，使得交通和环境状况恶化。城镇发展方式如此粗放，缺乏有效的规划和治理，导致城镇建设偏重于数量、规模的外延式扩张，忽视了质量和效益。

三、推进新型城镇化建设的思路

（一）以深化改革推动实现农民市民化

推进与城镇化水平相适应的农民市民化，必须大刀阔斧地深化改革，转变城镇化发展理念，理顺众多体制机制，将人的发展置于第一位。

1. 坚持全面均衡的城镇化发展导向

各级政府应切实转变政绩观，以实现人的城镇化为指导目标。构建科学合理的城镇化发展水平评价指标体系，特别是将公共基础设施和公共服务覆盖情况、外来务工人员保障政策、城市综合承载能力、生态环境保护和城乡统筹水平等作为重要考核指标。

2. 加快农村土地制度和农业生产经营体制改革

进一步稳定并完善农村土地承包关系，坚持依法、自愿、有偿原则，因地制宜引导农村土地承包经营权有序流转。促进土地流转市场健康发展，试点建立农村土地经营权交易中心，规范流转程序，健全流转服务，加强纠纷调解仲裁体系建设。积极鼓励经营者采用先进生产技术、优良品种和现代经营组织形式，发展农业深加工，着力提高土地单位收益。将农村土地经营权承包流转，农村宅基地整合，农业生产，第二、三产业联动统筹考虑，综合推进小城镇规划与建设。

3. 实施户籍制度改革以引导人口合理流动

根据不同区域、不同级别的城市实施差别化的户籍制度改革，同时通过加快各地平衡发展和消除城市内部二元结构逐步淡化户籍背后隐含的公共服务差异和身份等级观念。降低中小城市和小城镇的入籍落户门槛，鼓励农民就地、就近城镇化。

（二）推动城镇化与三次产业协调发展

城镇化与产业发展相伴而生，相互促进。一方面，现代产业所带来的生产方式变革为人口增长和经济社会进步提供了支撑，不断地为城镇化的发展创造着条件；另一方面，城镇化的推进又为产业的进一步发展提供了新的基础设施、商品市场、劳动力、科技以及文化等生产要素和经济资源。

1. 发展现代农业，为城镇化提供基础动力

推进城镇化的同时，要处理好建设用地与耕地保护的关系，稳步推动农村土地确权和流转制度改革，促进土地集约化利用。完善惠农强农富农政策，促进农业产业化经营，提高农业综合生产能力，保障粮食和农产品有效供给。调整国民收入分配结构和财政支出结构，加大农业基础设施建设力度，增加对农业科技推广、农业职业教育和农民技术培训的投入，提

高农业生产效率，保障城镇化建设对劳动力的需求。坚持和完善农村基本经营制度，保持农民收入持续较快增长。通过繁荣农村经济，改善农民生活，保护农民利益，缩小城乡差距，控制农村剩余劳动力转移的速度和节奏，为城镇化的持续健康发展争取时间。

2. 优化升级第二产业，为城镇化提供核心动力

促进传统产业升级改造，继续发挥我国在劳动密集型产业的比较优势，充分挖掘传统制造业和加工贸易的就业潜力，提高城镇工业对农村剩余劳动力的吸纳能力。以高新技术改造传统产业，促进传统制造产业聚集升级，使之成为既是劳动密集型又是技术密集型的产业。将传统产业发展与节能减排、环境保护相结合，以增量调结构，形成产业成长与城镇发展的良性机制。

3. 加快发展第三产业，为城镇化提供后续动力

随着城镇化进程的深入，城镇中的企业与个人对第三产业开始产生越来越大的需求。企业社会化大生产要求城镇提供更多的生产性配套服务，而人民生活水平的提高则要求城镇提供更好的生活性配套服务。应把推进城镇化与繁荣服务业结合起来，建立公平、规范、透明的市场准入标准，加强政策引导和机制创新，进一步推动通信、电子、科技等生产性服务业的发展壮大，促进医疗、教育、养老、娱乐等生活性服务业的提升完善，充分挖掘和释放其中蕴含的潜力，在强化城镇对农村人口吸引力的同时，也为其提供更多的就业机会，引导城镇化向更高质量纵深发展。

（三）构建集约高效的新型城镇发展模式

将生态文明建设融入城镇化全过程，走集约、智能、绿色、低碳的新型城镇化道路。

1. 建设生态文明城镇

强化城市和区域生态规划，增强规划的前瞻性和约束性，建立必要的规划督察机制，处理好城市建设中当前和长远、局部和整体、效率与公平、分割与整合的生态关系。加快价格、财税、金融、行政管理、企业等方面的改革，强化和完善资源有偿使用、环境损害赔偿、生态占用补偿、生态绩效问责、环境影响评价、生态控制性详规等法规政策，切实加强法制建设，以体制激励和约束企业，用法律调节和规范行为。

2. 构建城市生产空间

坚持节地节能、生态环保，提高城镇综合承载能力，重点推进绿色发展、循环发展、低碳发展。着力优化城市空间格局，大力推进土地集约化利用和合理开发，改变人口城镇化落后于土地城镇化的现状。坚持把生态文明建设作为优化产业结构的基本要求，树立生产过程清洁化、资源利用高效化的理念，把战略性新兴产业、先进制造业、特色优势产业、现代服务业作为发展方向，把提高能源资源利用效率作为改造提升传统产业的着力点。

参考文献

[1] 梁达．以人口城镇化来释放巨大内需潜力[N]．上海证券报，2013-01-09.
[2] 陈文魁．城镇化建设与可持续发展[M]．北京：国家行政学院出版社，2013：113-150.
[3] 刘荣增．中国城市化：问题、反思与转型[J]．郑州大学学报，2013（3）：68-72.
[4] 伍艳．中国城市化进程中的金融抑制问题研究[J]．经济论坛，2005（2）：102-103.
[5] 陈昌兵．城市化与投资率和消费率间的关系研究[J]．经济学动态，2010（9）：63-64.
[6] 蔡武，陈广汉．异质型人力资本溢出、劳动力流动与城乡收入差距[J]．云南财经大学学报，2013（6）：24-32.
[7] 张占斌．城镇化建设的生态文明研究[M]．石家庄：河北人民出版社，2013：225-226.
[8] 齐魏．关于推进新型城镇化建设的策略[J]．学术交流，2014（12）：105-109.
[9] 谷素华．关于推进我国新型城镇化转型发展的思考[J]．商业经济研究，2015（1）：43-44.

关于渭南市农业经济增长方式转变的分析

肖 颖

（渭南师范学院经济与管理学院）

摘要： 转变农村经济增长方式是当前渭南农村地区经济发展的重大战略。要实现渭南地区农业经济增长方式从粗放型传统化农业到集约型现代化农业的转变，找出渭南农村地区在转变经济增长方式过程中存在的问题是非常重要的，文章从渭南当地的实际情况出发，找出问题，并针对问题提出了优化产业结构、科技兴农、大力发展乡镇企业、建立灾害风险防御体系和完善农村金融体系等措施，以促进渭南农村地区经济的快速转型。

关键字： 农村经济；增长方式；转变；必要性

基金项目： 渭南师范学院特色学科建设项目（14TSXK03）

一、渭南地区农村经济增长方式的现状

（一）农业发展的原始化和农业科技化不足

受传统的小农经济观念的影响，目前渭南地区一些地方领导农村经济，总是定位于农业自身发展，而在农业发展中又主要定位于土地和劳力以及以农户为单位的生产。如果农业仍停留在这种原始、简单、小批量种养的农户生产上，或采取单纯以户为单位的“产业化”，在有限的人均耕地上做文章，很难获取加工、市场、规模等方面的增值效应，农民的收入水平也很难持续增长，进而会造成农村经济发展速度的减缓，进一步地阻碍农村经济增长方式的转变。现代的社会是一个以科技为主导力量的社会，所以在农业经济快速转型中应充分利用科技的力量，但由于渭南农村地区经济信息比较闭塞、农民意识比较弱、市场化能力有所欠缺，使得科技的力量很难进入农村经济的转型中，进而造成了农业产值低，农民收入少，资源大量浪费的情形。

（二）渭南地区的农业发展没有与市场经济完全结合

渭南部分区域的农业发展严重脱离市场经济，在部分县区域还存在大量农作物无法走出地区界限的情况，造成农作物的大量积压，特别是季节性的作物，一旦季节过去就会造成农作物的变质，导致资源严重浪费，迫使大量农民潜意识脱离土地或失去对务农的动力，进而在快速的经济转型中与整个社会脱节，影响了经济的增长而且扰乱了经济转型的节奏和速度。

（三）人才缺乏，劳动力素质低下

渭南部分地区长期处于落后的状态，且不能与快速发展的经济同步，其主要原因是人才的匮乏。造成人才匮乏的原因是由于农村环境较差，大部分大学生不愿意下乡搞支援建设，这也就造成了无人可用和就业困难的尴尬处境。在渭南农村地区现存在着大量的无业劳动力，出现了劳动力外出务工的现象，虽然这样不仅增加了农民的收入也优化了农村人口的结构，但整体上仍处于自发、粗放和低水平状态，并没有充分发挥出其真正的潜力，同时由于外出务工人员的素质一般较低，这样也造成了劳动力的大量积压。

（四）没有建立一个良好的农村金融体系和风险防御系统

渭南地区的农业是一个弱质产业，为农村提供有效的信贷服务面临着“点多、面广、风险大”等困难，因此必须建立风险分摊机制，创新贷款方式。近年来渭南农村金融改革和发展取得了不少进步，但总的来看农村金融仍然是整个金融体系中最薄弱的环节，突出表现为农村金融的结构和运作机制存在缺陷，机构网点少，产品和服务单一，促进农村经济增长方式转型的支农功能不强，造成了大量资源、资金和劳力的浪费以及农村经济的滞后发展。近年来渭南地区经济发展快速，但同时也造成了大自然生态环境的严重破坏，自然灾害频发，不但造成了农民收入大量的减少也造成了农村经济的停滞发展，所以建立农业风险防范机制成为了农村经济发展的必要，但是目前由于农民的意识局限，风险防范机制并不完善。

二、加快渭南地区农村经济增长方式转变的途径

实现渭南农村经济增长方式变革是一个渐进的过程。通过大量的实地调研，结合现有的理论认识和政策实践，笔者认为当前应抓好以下几个方面：

（一）发展现代化农业，建立现代化农业发展模式

从战略上考虑，渭南农村地区一定要重视经济主体和生产要素的重新定位，突破以户为单位的束缚，走出只在土地上做文章和仅靠体力劳动挣钱，就农业抓农业的发展路子，促使经济结构的整体转型，构建新的农村经济发展格局。以科技为主导，大力响应科技下乡的口号，为农村经济的科技化发展提供群体效应。充分发挥科技在农村经济增长方式变革中的作用，积极利用市场机制，有效配置现有农业科研资源，化解农业科技的供求矛盾。同时，鼓励科技人员开发和推广适用型农业生产技术，推进省、市、县、乡农业科研单位的重组改造，建立完善的农业科技服务网络体系，改进科技服务方式，主动送技术下乡，努力扩展科技对农业生产经营的带动力和影响力。

（二）优化农业产业结构，建立一个合理的格局

优化农村产业结构，需要各级政府站在战略和全局的高度，统筹规划，设置目标，制定

战略和措施，把优化农村产业结构，整合区域产业布局纳入经济社会发展规划的重点。要引导农民以市场为导向，按照高产、优质、高效、生态、安全的要求，积极发展特色农业、绿色食品和生态农业，促进产业结构逐渐向合理化、高级化发展。构建“集中、灵活、立体、循环”的产业布局。要培育本地农村特色经济，必须适度协调统一规划，集中生产与独立经营之间的衔接。“大集中、小灵活”就是要打破以小的行政区块选择“特色”或“优势”的产业定位和家庭式、村庄式的产业结构调整的传统思路，按照一个县或一个区域的地理气候带，集中规划适合整个区域发展的主导产业，建成一些大型的农业园，让本地区的苹果、梨、棉花、西瓜成为大区域里面的发展优势。同时，允许不同区块发展适合当地条件的小产业、小品种。“立体型、循环性”，就是要走出简单的以农、以地发展的传统路径，扩展要素的使用空间和产业链条；实行深度开发，循环使用资源，提高生产要素的创造能力；强化产业间的联系、分化、互补、转化，推动产业向集群化和基地化发展；强化综合服务，做好配套加工和营销服务，走“种、养、加、销”结合的综合发展新路。

（三）发挥市场在农村经济增长方式转型中的优越性

一方面发挥市场配置资源的基础性作用。渭南农村地区拥有水能、煤炭等丰富的能源矿产资源，过去是由国家统一进行开发，既大量消耗了资源和国家资本，又不能取得很大的实际回报。而通过鼓励和吸引社会资本以各种形式参与这些资源的合理开发和深加工，加强和发达地区的市场建设，将有利于减轻国家单一投资所带来的巨大财政压力，并由于投资主体多元化的变化，保障了农村积极建设的稳定性和持续性。另一方面建立农产品市场导向机制。农业市场化是我国农业和农村发展的根本途径之一，是渭南农村经济增长方式转变的重要推动力。渭南农业经济发展应根据市场经济运行的要求，以市场为导向，调动当地农户和企业的积极性，扩大非农产业比重，调整农产品结构，逐步转变经济增长的方式。

（四）促进和加强农村金融体制的改革和发展，健全农业风险防范机制

在具体措施方面，重点在于进一步发挥农村信用社、政策性银行、商业银行、邮政储蓄在农村金融中的作用，健全农村金融供给体系；积极发挥政策性金融对农村经济增长方式转型的支持作用，要建立政策性金融的有效补偿机制；加强农村金融秩序管理，改善农村金融生态环境。建立与完善以农业保险为基础的农业风险防范机制，有助于减少农民突遇自然灾害的损失，推进渭南地区发展优质高效农业，实现经济增长方式向集约型转变。农业保险参与农业生产、防灾、销售等各个环节的风险管理和市场化运作，可以提升农业抵御自然灾害和提高处置灾害和疫情的能力，鼓励农民进行新的生产方式创新，实现农村经济增长方式的转变。目前，参与国家农业保险试点的合阳、蒲城等县，依靠地方政府的支持，开展了保险公司与政府联办，政府代办，以及保险公司自主经营等多种形式的农业保险试点工作，还引进了长期经营农业保险、有经验的外资保险公司参与试点工作。鉴于渭南地区现有的农业生产条件、经济发展水平以及政府财政的实际状况，各级政府还没有条件完全通过政府补贴的手段全面建立政策性农业保险体系。渭南地区应坚持农业保险与农业产业化相结合的原则和开拓县域保险紧密结合的原则，体现“城市支持农村、工业反哺农业”的机制，稳步推进农

业政策性保险试点工作，加快发展多种形式、多种渠道的农业保险。

三、总　结

推进社会主义新农村建设，全面建设小康社会，最艰苦最繁重的任务在农村，其中以西部农村尤为显著。按照科学发展观的要求，转变经济增长方式，促进经济增长从粗放型向集约型转变，是改变西部农村经济落后现状的根本途径，当然也是改变渭南农村地区落后现状和推进渭南农村全面小康社会建设和现代化进程的根本途径。所以在渭南地区经济发展的长远计划中，我们要一贯的坚持优化产业结构、发展乡镇企业、重视人才培养、完善市场机制、加大金融支持、关注风险防范、发展劳务产业、推进技术创新、合理分配劳动力、促进经济生态协调发展等措施。

参考文献

[1] 李婉萍，罗贤栋. 工业园区的竞争力分析[M]. 北京：中国纺织出版社，2005：112-113.
[2] 王定一. 区域营销-招商引资新说[M]. 广州：中山大学出版社，2002：44-56.
[3] 林毅夫. 论我国经济增长方式的转换[J]. 管理世界，2007（11）：37-39.
[4] 丁和平. 我国转变经济增长方式的难点及对策研究[J]. 技术经济，2007（10）：2-3.
[5] 朱允卫，朱允荣，杨万江. 全面建设农村小康社会的基本内涵与目标[J]. 武汉大学学报：社会科学版，2004（3）：1-2.
[6] 张晓山. 发展现代农业要创建现代产业体系[N]. 中国财经报，2007-12-2（12）.
[7] 陈澍. 构建西部农村经济增长方式转变的长效机制[J]. 红旗文稿，2006（9）.
[8] 邓锐. 加快西部农村经济增长方式转变之必要性研究[J]. 西北大学学报：社会科学版 2010（10）：3-4.

用制度创新塑造县域经济发展环境

郭怀亮

（渭南师范学院经济与管理学院）

摘要： 本文从环境特别是软环境是县域经济发展的第一竞争点的观点出发，分析县域经济发展环境的内容，提出了从制度建设优化县域经济发展环境的观点，从而推动县域经济发展。

关键词： 政务环境；社会环境；信用制度

县域软环境建设必须从体制、机制、制度入手建立零障碍、低成本、高效率的环境，降低投资者和生产经营者的经济成本、时间成本、精力成本和人员成本，创造使投资者感到安全、方便、赚钱的环境，也就为本县域创造了最优质的环境资源。软环境方面存在的问题，往往是一些老问题，必须依靠制度建设来进行治理才能收到较为理想的效果。而制度建设的核心是激励和约束政府的职能部门及其工作人员，治理和优化环境的制度建设主要是不断完善投诉、评估和奖惩制度。

一、建立规范的投诉抱怨制度

成立专门的环境治理机构，设立环境投诉热线，向社会公开投诉电话，公开投诉范围，健全网络办理，保证投诉和抱怨有一个畅通的渠道。在受理投诉和抱怨时，必须做到有诉必办、有办必复、有案必查、有错必纠、严格时限，完善投诉和抱怨机制，强化对职能部门和公务员服务态度和质量的监督，畅通企业和公众监督政府与公务员的渠道。

二、建立操作性强的评估制度

对行政部门行风进行评议和评估是强化职能部门服务性管理的有效方式。在评议评估内容上，要注意紧扣政府的中心工作和经济发展重点，贴近各部门的职能特点、年度工作目标、任务和与部门职能相联系的社会热点问题，力求体现合理性。在评议和评估投诉和抱怨问题时，既要看数量更要注重改进效果。有些部门和行业队伍大，人员多，又直接和企业和公众打交道，如公安、工商、税务、交通、城管等单位的投诉必然多。问题不在于投诉和抱怨问题的多少，关键是收到投诉和抱怨后怎样对待和处理投诉和抱怨。要把投诉和抱怨看成是企业和公众对单位工作的监督，看成是对单位工作作风转变的促进和对工作效率提高的推动。一旦有了投诉和抱怨，要认真查处、及时办理，并进行整改。有些单位的投诉和抱怨虽然不多，但在处理问题时推诿扯皮，千方百计找理由和借口辩解，或为工作人员开脱。另外，从另一个角度讲，投诉和抱怨是企业和公众对单位的一种信任，他们认为单位能为他们解决问题才进行投诉和抱怨的。这样有些单位对投诉和抱怨处理得好，也可能投诉和抱怨就越多；反之，对投诉和抱怨不予解决，时间一长，失去了企业和公众的信任，认为投诉和抱怨没有什么作用，投诉和抱怨也可能就减少。因此，怎样对待投诉和抱怨和如何处理投诉和抱怨，是衡量一个单位工作优劣的关键所在。在评议和评估代表的选择上，重点是对服务对象进行评估，在运动员和裁判员相分离的原则下力求体现重点性和广泛性结合，评估代表的主体是国企、民企和外企，同时部分吸收人大代表、政协委员、民主党派成员，特邀监察员，用无记名投票考核职能部门的优劣。在评议和评估方式上要力求实效性。在评议和评估中，不仅要看评议评估结果，更重要的是看对评议和评估出的问题采取了什么措施，整改的如何，要对服务对象的满意度进行跟踪调查。评议评估的目的是优化软环境，促进作风建设。

三、建立健全奖惩制度

完善的奖惩制度是促进优化环境的重要保证。对企业和公众的投诉抱怨的问题，对违纪违规者，对由于单位或公务员主观原因造成的问题，必须进行处理，要建立可操作性强的查处追究制度，如调离、处分、撤职、解聘等。对优化环境做出贡献的单位或人员要给予奖励，如表扬、发放荣誉证和奖金、提职等。对进行奖惩的单位和人员要通过各种新闻媒体进行报道。在处理环境问题案件时必须坚持以下三个原则：① 解决问题优先原则。先解决投诉问题，对需要解决的问题责成相关部门限期解决，然后再追查原因，追究责任。② 查处案件与服务相结合原则。查处案件的同时要解决实际问题，突出服务。③ 查处与整改相结合原则。通过案件的查处来发现体制与机制上存在的问题，不断进行整改，不断完善和创新机制和体制，重点放在机制和体制的建设上。

四、建立诚实守信的信用制度

讲信用，首先是政府和各职能部门要讲信用。建立健全政府、企业、个人在内的以市场准则为基础的全社会信用体系。① 加强社会公德诚信教育奖励制度。大力倡导讲诚信、守信用、政府诚信、办诚信之企、做诚信之人的良好风气。对讲诚信的企业、部门、单位个人进行表彰、奖励。② 建立失信责任追究制度。对因不诚信影响投资环境、损害投资环境、损害投资者利益的部门，企业和个人进行责任追究。③ 逐步建立诚信记录制度。诚信制度的目的是要让诚实守信的企业、单位和个人得到直接或间接的利益，使不诚信不讲信用者受到直接或间接的惩罚。

五、建立规则约束的制度

高效廉洁的制度一定是讲规则的制度，规则是对服务者被服务者双方的约束，首先是对政府和职能部门与工作人员的约束。规则能使政府工作有章可循，照章办事。约束政府工作的随意性，使投资者，生产经营者明白自己应该做什么工作，做到什么程度，所有规则均应公开透明。

审批规则。审批项目以《行政许可法》作为依据，严禁自行设定行政许可项目收费项目，行政部门应公开政审流程、审批依据、审批条件、审报时限、收费依据、收费标准和审批责任，接受审报者查询和监督。

检查规则。不同的行业、企业、单位受到哪些项目的检查，检查什么，应达到什么标准，每年检查几次，什么时间检查，检查的程序如何都应该有明确的规定。凡是规则上没有规定检查的企业和单位有权拒绝检查。企业遇到不合理的检查如何投诉，投诉的方式方法和程序，违犯者受什么样的处罚也要明确规定。这样使检查者有章可循，被检查者也明白做什么样的准备，对照要检查的内容改进自己的工作，使双方的行为均受到约束。

收费规则。除上级政府规定的收费项目外，本级政府不要增加新的收费项目。不同的行业、企业、单位应缴纳什么费用，缴纳多少，什么时候缴纳，什么情况下可以减、缓、免，由哪些部门收费，缴纳费用的程序和流程都应当有明确规定。政府和职能部门不能随意发文件收费，缴纳者有权拒绝规则以外的收费。同时应当制定明确乱收费单位和个人应受到怎样的处罚等规则。审批规则、检查规则、收费规则等所有规则均应汇集成册印发或在当地政府网上公布，以便接受查询和监督。

六、建立全面服务性制度

首先是全员服务，服务是政府所有职能部门的服务，每个部门的服务，是人人的服务。如政府所有职能部门都良好，只要有一个部门服务水平差，这个地方的服务水平就不好，这个部门服务水平好，只有一两个人服务水平差，这个部门的服务水平就不好，这就是木桶原理在投资环境上的体现，讲人人都是投资环境的原因就在这里。其次是全程服务，项目审批一条龙服务，项目建设一条龙服务，项目建成后经常性服务。最后是主动服务。涉及本级政府权限以外的审批、办证等手续，如土地审批、环评评估、许可证等手续，实行代办。主动了解企业的困难并及时提供服务。实行大项目分工负责制、协调例会制、建立纵向的大项目审批服务跟踪机制、横向的大项目审批联系会议机制、重点项目跟踪督办机制、项目跟踪反馈体系、招商信息体系、客商联系体系等。

从投资者对投资地的政务环境的需求来讲，要求政府要讲规则，规则比承诺更重要；要求政府讲信用，信用比保证更重要；要求政府讲服务，服务比优惠更重要；要求政府讲效率，效率比笑脸更重要。这样的环境，是招商引资的载体。讲信用的政府就是诚信的政府，规则公开的政府就是透明的政府，依规则办事的政府就是公正的政府，能提供优质服务的政府就高效的政府，公正透明、诚信服务的政府必然是廉洁的政府。讲规则、讲信用、讲服务、讲效率的政务环境必然是最优的经济发展环境。

从投资引入地对环境的供给来讲，经济的发展靠投入、出口和消费，县域的消费对经济的拉动有限，可能大部拉动的是县域外的经济增长，县域的出口也要靠投入，这样，县域的经济发展主要是靠投入。投入靠项目，由于县域自己投入项目严重不足，因此项目靠招商，发展质量也靠项目，项目质量同样决定于招商；环境是基础，优良的环境是投资者感到投资安全、方便、成本低、利润高的环境。哪里环境优哪里的投资回报率就高，哪里就是吸引投资的磁石，哪里就有更多的发展机遇。良好的投资环境还能形成一种良好的形象。服务是中心，环境的重心是政务环境，政务环境就是将管理性政务改革为服务性政务，就是对企业和投资者提供全员、全程、和经常性服务。对项目审批提供先到（提前到位）的服务，对项目建设提供周到的服务，对项目建成后提供厚道的服务。特色是灵魂，特色就是优势，别人没有优惠政策，你有优惠政策，你就有特色，大家都有优惠政策，你的特色就不存在了；别人“一站式”服务，你主动全程服务就是特色；别人收费项目多，你收费项目少，别人收费多，你收费少，你就有特色。因此，特色就是人无我有，人有我优，人优我先。解放思想是关键，解放思想特别在于政府领导核心层思想是否解放，其主要是克服地方保护主义、部门主义、本位主义思想和短期目标思想，树立大局、长远、率先的理念，它同时考验着领导核心层的智慧和胆识。

县域经济的发展，项目是主题，环境是基础，服务是中心，特色是灵魂，解放思想是关键。因此，县域经济发展的所有要素都是围绕环境展开的，市场经济是一个可供计算的法制系统，组成良好的县域经济发展环境的规则、信用、服务、效率、优惠等要素集中到一点，就是能节约投资者的经济成本、时间成本、精力成本和人员成本，使投资者感到安全、方便、赚钱的环境。对于投资输入地来讲，就能推动当地经济的发展，带来就业机会、税收、技术和管理经验。

参考文献

[1] 罗海清. 优化发展软环境实现市域经济新跨越[J]. 中国乡镇企业，2004（8）：41.
[2] 梁兴辉，王丽欣. 中国县域经济模式研究综述[J]. 经济纵横，2009（2）：123.

渭南地区旅游产业结构调整与优化升级对策研究

许朝泓

（渭南师范学院）

摘要：文章通过渭南地区旅游产业分析研究发现：渭南旅游产业在部门结构中存在交通运输、娱乐、游览等部门经济收入所占比重偏大。在区域结构中存在景点数量多，规模小而散的现状，在组织结构上存在融资渠道和旅游产品结构单一现象。在人才结构存在高端旅游管理人才缺乏等，提出秦东旅游产业优化升级应该实施“政府主导型”与“旅游企业创新型”相结合的发展模式。优化消费结构，做好文化宣传，扩大入境游。利用秦东交通便利，使渭南地区旅游产业形成东西南北纵横交错的旅游产业聚集区。充分利用河南丰富的教育资源和人才资源优势，加快高端旅游管理人才的培养等政策性建议。

关键词：渭南地区；旅游产业；结构调整与优化

基金项目：渭南师范学院特色学科建设项目（14TSXK03）

在服务体验经济时代，旅游业作为现代服务经济的龙头产业，其在国家和区域经济发展中的地位日益重要，旅游业已被国家和各地方区域视为国民经济新的增长点。渭南地区拥有丰富的自然和文化旅游资源，然而旅游产业效益却很低，长期处于“资源大省，产业小省”的尴尬境地。在渭南地区旅游总收入构成中，扭转渭南地区旅游产业效益不高的局面，努力提升渭南地区旅游产业对经济发展的贡献，意义重大。渭南地区发展旅游产业的关键是调整产业结构，合理的产业结构才能促进渭南地区旅游产业的发展，拉动陕西 GDP 的快速增长。

一、渭南地区旅游产业体系与地域现状

1. 渭南地区旅游业地域现状

渭南市位于陕西关中平原东部，南接秦岭，东临黄河，北有高原丘陵为屏，西与西安、咸阳、铜川三市毗邻，素有“三秦要道，八省通达”之称。如今铁路贯通，公路成网，商业发达，工业已具规模，农业基础雄厚，是陕西东部的政治经济、文化中心。悠久的历史，灿烂的文化与壮丽的山川河流交相辉映，形成了得天独厚的旅游资源。

2. 渭南地区旅游状况简析

从目前各市县的发展现状来看，华阴、韩城处于绝对领先地位，白水、合阳次之，其他地区无论从游客人数还是旅游收入均远低于上述几个地方。由于渭南市目前尚未形成在区内

具有垄断性的景区，其游客数量的增长有较多部分来自于周边地市的游客中转的拉动，因此从旅游发展规模、等级与历程来看，渭南地区呈三级结构。

2013 年全省购物消费平均水平 23.1%，渭南地区旅游购物消费仅占旅游总消费的 19.6%。旅游发达地区购物消费比例在 30%。交通占 32.4%，游览、住宿、邮电通讯均高于全国平均水平。

2012 年渭南市生产总值 899.6 亿万元，比上年增长 12.8%。全年接待国内旅游客 410 万人次，比上年增长 20%；国内旅游收入 43.28 千万元，增长 17.5%；全年接待境外旅游人数 30.05 万人次，增长 4.4%；旅游外汇收入 2.1 千万美元，增长 16.7%。同时，渭南的旅游产业部门也得到了迅猛发展。据统计资料显示截至 2012 年年底，有旅行社 43 家，5A 级旅游区（点）1 家，4A 级旅游区（点）共 12 家，3A 级旅游区（点）共 20 家，2A 级旅游区（点）共 11 家，1A 级旅游区（点）共 5 家（数据来源：陕西省旅游局网站 www.sxtour.com），陕西旅游业的进步显著。

从上面的数据计算可以看出，省内游客主要的旅游目的地是华山，在渭南地区华山充当了绝对的旅游中心地角色，它具有较强的辐射力、吸引力和综合服务能力，这个中心的领头作用对整个渭南地区域旅游经济的发展贡献着至关重要的推动力量：一方面华山利用自身完善的组织、接待、管理等能力和丰富的旅游资源成为重要的旅游目的地，引领着渭南地区的旅游经济；另一方面它又把自身和外区域来的游客输送到其他的市县，成为周边其他旅游目的地的客源中转地。

同时，还应该注意到其他市县在渭南地区旅游经济贡献中的劣势。由于不同地区的区域发展政策，旅游资源状况，城市规模，经济等条件的不均衡，在业绩和服务能力方面，渭南地区其他市县的旅游中心地相比于华山都存在很大差距。

当前这种旅游中心的层次结构还需要加强，一方面缺乏有很强带动性的旅游中心地，单靠华山一个来带动全渭南地区的旅游发展还是十分有限，应该分别发挥各地的优势，在韩城、合阳和白水等树立多个具有旅游资源优势的有带动性的区域旅游中心地城市；另一方面其他市县也要根据自身的情况，创造条件，变劣势为优势，深挖自身资源建设和创新旅游产品的开发，提高旅游发展潜力。

二、渭南地区旅游产业存在的主要问题

从总体上看，渭南地区旅游产业结构虽处于不断完善之中，但仍处于初级产业化阶段。

1. 旅游交通运力不足，制约了产业规模经济的形成

突出表现在：民航交通暂无，且距离最近的机场路程虽然不远但交通不是非常便利；火车客运超负荷运行，旅游集散城市火车起点车次不足；区内公路特别是通往旅游区的公路等级低、路况差、不安全因素多；水上交通亦是暂无。

2. 主导行业不够突出，产业内部关系不顺

经过大规模的投资建设，“七五”期末，“住宿难”问题大为缓解，部分市县还出现了饭

店设施供大于求的状况。“十二五”以来，渭南地区各类饭店尤其是连锁及较高等级的饭店客房数仍有较快增长。在这种新形势下，迫切需要形成新的旅游主导行业。观光旅游仍要继续开发和完善，但更需要引起各方重视的是专项旅游产品如度假旅游、会展旅游、修学旅游、生态旅游产品的开发和旅游网络的建设。近年来渭南地区旅游产品开发特别是专项旅游产品开发、旅游网络建设比较薄弱，促销尤其是在国外促销的力度和效果也不尽如人意。旅游缺乏吸引力已经成为一个突出的问题，严重影响了旅游企业的经济效益。2012、2013、2014 三年，对全区多家旅行社抽样调查结果表明，平均利润率依次分别为 3.7%、2.1%、1.3%。

3. 旅游商品适应性欠佳，创汇比重太低

旅游商品的设计、生产和销售不能满足旅游市场的需求，商品的主题性、差异性、系列性都很低，在很大程度上仍未摆脱附庸的地位。在旅游产业组织结构调整上虽取得了一定的成效，但组织结构的不合理仍较突出。

三、渭南地区旅游产业结构优化升级对策

（1）实施政府主导战略，加强旅游产业的规划与管理秦东地区旅游产业结构的调整与升级单靠旅游企业自身的力量是行不通的，必须建立以“政府主导型”与“旅游企业创新型”相结合的发展新模式，秦东地区各级政府和旅游管理部门，应当在积极巩固陕西省“十二五”旅游产业发展规划的基础上，坚持陕西省“八线五区”的策略，按照大产业、大市场、大品牌的规划思路，放开企业经营管理权，做强秦东地区整个旅游产业。在此基础上，制定秦东地区旅游产业整体规划，防止各旅游企业在市场化竞争中重复建设，保证旅游产业结构科学合理布局。

（2）优化消费结构，提升旅游产业内部竞争力。目前，秦东地区旅游消费热点基本上还是以华县、韩城、潼关周边、省内游为主，入境游省外游较少，省内游居多。在拓展省内游客市场的同时，找准秦东地区旅游最佳形象宣传点，突出秦东地区旅游地域特点和特色，摆脱秦东地区旅游产业过分依赖省内和区内游客市场的局面，使秦东地区呈现多元化的旅游市场。

（3）优化旅游产业布局结构，纵横联合提升整体实力发展旅游产业发展带动和影响许多相关行业。据统计，秦东地区和旅游业直接相关的产业涉及 14 个，间接受到影响的行业有 47 个。从地理位置上看，秦东地区整个旅游产业布局主要分布在陇海铁路沿线区域，而以陇海线上的西安—渭南段旅游产业收入较为明显。目前，中国铁路交通运输进入了高铁时代，而作为高铁运输受益最大的秦东地区，其境内由东向西的郑西高铁、北西高铁等都为秦东地区旅游产业发展带来了莫大的机遇，将会吸引大量省内外游客通过便利交通到秦东地区观光旅游。

（4）优化旅游产业结构，增强企业市场竞争力。秦东地区旅游企业应在目前已经取得市场化改革的基础上，进一步升华企业产权制度改革，建立适应市场机制的股份制公司和法人治理结构，按照市场价值规律进行旅游产业的管理和资本运营，形成以资本为纽带、打破行业垄断和区域藩篱的大型旅游企业集团，增强旅游企业市场竞争力。在此基础上，实现旅游企业运营专业化与协作化，把秦东地区旅游企业打造成市场目标明确、旅游产品层次分明、景区资源优质管理、市场化集中程度高、经济效能强的现代旅游企业组织结构。

参考文献

[1] 罗明义. 旅游经济学[M]. 天津：南开大学出版社，2004.

[2] 王迪云. 南岳旅游产业结构调整及其对策研究[J]. 经济理论，2002（6）：754-759.

[3] 吴铮争. 西安国际旅游产业结构分析与优化研究[D]. 西安：西北大学，2004.

[4] 谢春山，孟文，等. 旅游产业转型升级的理论研究[J]. 辽宁师范大学学报：社会科学版，2010（1）：37-40.

[5] 赵黎明，刑雅楠. 边疆少数民族地区国际旅游产业结构的分析及优化——以内蒙古自治区为例[J]. 社会科学家，2009（9）：92-96.

[6] 王岳平. "十二五"时期我国产业结构调整战略与政策研究[J]. 产业经济，2010（2）.

乡村旅游休闲化提升的目标与战略研究

樊忠涛

（渭南师范学院经济与管理学院）

摘要：“农家乐”这种我国乡村旅游的主要模式，已无法满足体验经济时代人们休闲度假游憩的需要，亟待进行产业升级。论文将生态休闲度假游憩地确定为乡村旅游休闲化提升的目标，提出在政府主导，行业协会自主管理的前提下，对乡村旅游主题、硬件、空间、景观、项目、服务、管理等要素进行提升，通过开展集约化发展、差异化经营、个性化服务，实现乡村旅游的休闲化提升。

关键词：乡村旅游；产业升级

基金项目：渭南师范学院特色学科建设项目（14TSXK03）；渭南师范学院社科研究项目（14SKYM05）

一、乡村旅游发展概况

乡村旅游作为一个独立的旅游项目最早出现在19世纪后半叶的欧洲，经过一个多世纪的发展，乡村旅游从形式到内涵都得到了很大的发展，其产业结构也不断完善，逐渐成为一项比较成熟完善的产业和稳定性较强的旅游方式。在西欧和日本等地区，以农庄度假和民俗节日为主题的乡村旅游已具备相当规模，走上了规范发展的道路。

我国的乡村旅游始于20世纪80年代晚期，首先是从一些大城市周边的乡村开始的，如北京房山的民俗接待户、成都市郊区的“农家乐”等，这些早期的接待点大都分布在风景名胜区周围，设施简陋，主要向游客提供食宿，顺便提供棋牌、卡拉OK、麻将等简单娱乐设施，并不能算作严格意义上的乡村旅游项目。随着农村产业结构调整和城市居民消费需求的变化，越来越多的城市居民前往农村休闲，有条件的城市近郊农村开始积极发展乡村旅游接待项目，具有代表性的开发模式有：以民族风情为主的云南乡村旅游模式；以古镇、古村落乡村旅游为主的贵州、安徽模式；以城市近郊民俗旅游为主的北京乡村旅游模式和以农业旅游为主的四川乡村旅游模式等。但从总体上来看，由于起步较晚加之缺乏科学系统的乡村旅游理论指导，出现了认识错位、产品雷同、经营粗放、效益低下等问题，总体上呈现低层次、低水平重复建设的状况，无法满足游客对高品质近郊休闲度假游憩的需求，亟待按照高品质近郊休闲度假游憩地的标准，进行休闲化提升。

二、乡村旅游休闲化提升的目标

休闲是指在非劳动及非工作时间内以各种轻松愉快的活动方式求得身心的调节与放松，

进而达到生命保健、体能恢复、身心愉悦的一种生活方式。参加休闲活动可以有效促进能量的储蓄和释放，智能和体能的调节以及生理、心理机能的锻炼。度假（vacation）是指利用节假日外出参加的以休闲为主要目的和内容的，能够放松身体和精神的康体休闲方式。“游憩”一词来源于拉丁语 recreatio，意思是恢复、更新，英文为“recreation”，即“休养”和“娱乐”。休闲、度假和游憩的概念虽然各有侧重，但却对休闲度假游憩目的地提出了共同的要求：① 环境优美、景观协调、文化氛围浓厚；② 能够提供多种亲近自然的户外活动项目，满足游客放松身心的需要；③ 热情、温馨、周到的个性化服务，使游客感到轻松、愉悦和舒适；④ 关注细节设计，注重游客感受，使游客获得完美体验。

乡村旅游休闲化提升的目标，即立足于建设休闲度假游憩地，通过科学规划、严格实施、规范管理和个性化服务，将提供饮食和简单娱乐的农家乐接待点提升为以乡村自然景观和人文景观为背景，以饮食、居住和娱乐为特色，基础设施完善、环境优美、景观协调、乡村文化氛围浓厚，活动项目丰富、服务完善，具备休闲度假、疗养、游憩功能的综合性城市近郊旅游目的地。

三、乡村旅游休闲化提升战略研究

（一）主题提升

主题是对景区最有代表性的景观、活动项目和服务的高度抽象的表述。准确恰当的主题可以提高景区的知名度和美誉度，是景区的名片和无形资源。现阶段，我国大多数乡村旅游景区将主题定为“吃农家饭、住农家屋、干农家活、享农家乐”，但在建设和经营过程中，由于对乡村文化定位不准、挖掘不深，除了少数景点在“吃农家饭”方面经营成功外，绝大多数演变为实质性的“在农家吃饭”“在乡下打牌、打麻将”，经营模式单一，让游客以为乡村旅游就是去乡下吃吃饭，打打牌，去过两次便觉得索然无味，影响乡村旅游的发展后劲。休闲度假游憩景区的主题应体现以下三方面内容：① 环境方面以绿色乡村、生态乡村、宁静乡村、美丽乡村等为主要内容；② 功能方面以休闲乡村、度假乡村、娱乐乡村、疗养乡村等为内容；③ 服务方面以欢乐乡村、和谐乡村、舒适乡村、好客乡村、文化乡村等为主要内容。

（二）硬件提升

景区的硬件分为基础设施、活动设施和服务设施。

（1）基础设施：道路交通，进入景区的道路和景区内部的道路。度假游憩目的地要求有便利的交通网络，很强的可进入性，特别是要能满足逐渐兴起的自驾群体对道路交通、停车场地的需求；水、电、移动通信网络、邮政服务、医疗、互联网、调频广播、卫星电视等在城市普及的基本生活条件也应该覆盖到景区；来自城市的游客尤其对住宿、饮食、饮水的卫生条件有着很高的要求，这也是他们选择度假游憩地的一个重要标准。

（2）活动设施：包括户外活动设施和室内活动设施，户外活动设施如网球场、小型高尔夫球场、日光浴场、跑马场、游泳场、远足场地等。室内活动设施如健身房、棋牌室、游戏室、小型影院、乡村酒吧、氧吧、音乐厅、满足商务度假和会议度假的小型会议室等，活动设施直接决定游客在景区的停留时间和消费额度，是景区赢得游客认同的重要因素。商务旅游、公务旅游和会议旅游是乡村旅游的高端市场，对景区的硬件设施如会议室、音响设施的要求更高。接待水平的高低直接决定着景区的发展前景。

（3）服务设施是指开展旅游服务的基本设施，如游客服务中心、无障碍旅游设施、自主导游系统、景区引导、指示系统、急救系统、消防系统等，这些设施是景区软实力的象征，也是提高游客的舒适度的保证。

（三）空间、景观提升

游客到乡村来的目的是体验回归自然、身心放松的感觉，对乡村景区的空间和景观有着很高的期望值。应通过以下四方面来实现空间、景观升级：① 集中用地，景区首先应该拥有较大的占地面积，使度假休憩活动在比较广阔的空间范围内开展，游客能体验到空旷感和舒适感；② 一定面积的绿地、植被和水面，景区的植被、花卉的种类应该统一规划，使景区四季有花、四季有绿，满足游客亲绿、亲水的心理需求；③ 景区的各种景观要素组合要高度协调。自然景观和人文景观如民居、景区功能用房和指示牌、垃圾桶等在选材用料、色彩、造型、设置位置等方面应与自然景观高度协调。④ 景区各功能区应分布科学合理，既能很好地满足游客在饮食、居住、娱乐、购物、游览、求知等方面需求，同时又不会让游客感觉到浓郁的商业气息。

（四）活动项目提升

旅游产品要体现乡土特色，注重游客体验需求。我国大多数地区的农家乐长期低层次低水平发展的主要原因便是旅游产品季节性强、过于单一。度假游憩游客要求乡村旅游产品设计上要注重提高活动项目的文化含量和娱乐性，既可以满足游客寓求知于娱乐的需要，又可以延长游客逗留时间。除了传统的观赏、采摘、游览、垂钓、远足、越野、郊游等活动外，在以下几个方面可以大力开发：① 在传统节日如春节、除夕、端午、中秋期间举办节庆活动，乡村的节俗、礼俗等传统文化保存比较完整，节日气氛浓厚，可以吸引大量小长假近距离休闲度假的游客；② 与农业生产和生活有关的活动，如挑水、施肥、收割、养殖等活动，经改编和包装后，可以开发出趣味横生的参与性活动；③ 与民间艺术、民俗活动有关的雕塑、泥塑、制陶、木雕、草编、剪纸、皮影、曲目等事项，经过系统整理和挖掘，可以开发出富有游客参与性的旅游项目。④ 满足游客健身需求的运动性项目，如骑马、自行车、射箭、慢跑等活动。

（五）服务提升

要让参加乡村旅游的游客到景区来，既要使游客能感受到像回到家中的亲切感，又要使游客能感受到被无微不至细心关照的客人般的尊贵感。乡村旅游服务提升的关键是要提高服务人员的素质，做好以下几方面的工作：① 规范化、标准化服务：对参与到乡村旅游工作中的居民进行专业的培训，让他们能够树立良好的服务意识，掌握服务技能，开展规范化、标准化服务。② 注重细节：厨房、卫生间、卧室卫生要做到干净整洁，卧室的光线、噪音、温度和湿度要控制到最适宜人居的效果。③ 开展个性化服务：满足游客在饮食、运动、娱乐、疗养、出行等方面一些合理的个人要求，这是吸引回头客，提高重游率的重要措施。④ 建立健全游客投诉受理机制和对服务人员的约束机制、奖励机制和惩戒机制，促进景区服务提升。

（六）管理提升

乡村旅游景区最大的特点就是开放性，表现为空间的开放性和参与群体的开放性。空间开放的景区，大量原住居民参与到乡村旅游活动中，在保持了乡村旅游的乡土氛围和生活气息，展现真实而又多彩的乡村生活的同时，促进了社区发展、解决了就业问题，但也给景区的治安管理、环境管理、卫生检验检疫、消防、游客权益保护、服务质量监督等方面的管理增加了难度。社区居民都想从旅游发展中获利，而因个人自身条件和在旅游活动中的分工不同势必引起收入的差别，进而会产生一些不稳定因素，轻则造成经营者之间关系紧张，重则围门堵路，攻击游客。部分闲散人员利用景区人员流动性强的特点，对游客实施盗窃、抢劫、诈骗等违法犯罪活动，严重威胁到游客的人身财产安全，也破坏了旅游目的地的形象。景区要在强化管理的同时，建立科学合理的利益分配和协调机制，营造一个平安、温馨、和谐的景区。

参考文献

[1] 王兵. 从中外乡村旅游的现状对比看我国乡村旅游的未来[J]. 旅游学刊，1999（2）15-19.

[2] 王云才，郭焕成，徐辉林. 乡村旅游规划原理与方法[M]，北京：科学出版社，2006.

[3] 卢云亭，刘军萍，等. 观光农业[M]，北京：北京出版社，1995.

[4] 杜江，向萍. 关于乡村旅游可持续发展的思考[J]. 旅游学刊，1999（1）：10-13.

[5] 邹统钎. 乡村旅游理论·案例[M]. 天津：南开大学出版社，2005.

论丝绸之路根系建设

钱怀瑜

（渭南师范学院经济与管理学院）

摘要： 要搞好新丝绸之路建设，就必须扎深丝绸之路的根系，这直接关系着丝绸之路经济带的发展水平和繁荣程度。从国际层面上看，丝绸之路沿线国家的产业、金融、环保和贸易政策等都存在着巨大的差异，各国又面临着其他国家和其他经济体不同准则的制约，这都需要从国家的层面经过谈判来达成统一的政策法规，每个国家、每个企业都得执行或遵守这些政策法则。从国内层面上看，丝绸之路经济带建设与发展，需要中央政策的大力支持。一是对作为主根系的丝绸之路沿线省区设立自贸区，扩大对外交流的窗口，拉紧与境外的贸易关系；二是在侧根城市设立国家一类口岸、保税区、物流中心，强化地方进出口能力，使新丝绸之路根系在西部发展、延伸，促进主干枝繁叶茂，结出丰硕的果实。

关键词： 丝绸之路；根系；丝绸之路经济带

丝绸之路源在中国，本在西部，根在陕西。

古代丝绸之路是汉唐千余年间中外经济、文化交流的重要通道。晚唐时期社会动荡，五代十国自立为王，政治经济中心趋于分散，经济圈破碎并开始南移，丝绸之路的根系被切断并逐步萎缩，辐射带动功能丧失，由此画上了一个萧条的句号。在此后的一千一百多年间，经济社会虽然有过繁荣与发展，但再没有哪个执政者思考向西发展的战略。

1999 年出台的“西部大开发战略”是拓荒战略。虽然取得了很大成就，但东西部差距仍在扩大，西部仍很落后。把发展重点定位在内陆落后省份上，没有把视野扩大到国际化程度是设计层次的缺陷；缺乏扎实的经济根系建设规划和有效实施是落实上的不足，具有很大的历史局限性。同时多年来把经济发展重心放在东部、忽视西部也是重要的原因。

古代丝绸之路的兴起与终结，都与陕西紧密相关。从植物学形态看丝绸之路，其主根以陕西为基础、以丝绸之路沿线省区为主根重要组成部分，以相邻区域为侧根系构成。要搞好新丝绸之路建设，就必须扎深丝绸之路的根系，根系发达与否，直接关系着丝绸之路经济带的发展水平、发展周期和繁荣程度。

一、扎深丝绸之路的基础根系

丝绸之路通道经过多年建设，已经形成多元化、立体式的主干道格局，铁路、主要高速公路、空中航线和油气管道等通道主根系基本成型。但侧根发展相对不足，与发达地区县县通高速相比，广大丝路沿线地区物流仍然受到交通等次低、进出不便的困扰。作为一级侧根的红其拉甫口岸至拉萨、红其拉甫口岸至乌鲁木齐间的国道 314 沿线也没有通高速，作为二、三级侧根的西部许多中心城市也没有通高速公路，侧根系的延伸带动功能受到了极大限制。所以，通道建设仍然是丝绸之路基础根系建设的重要方面。加快诸如南线红其拉甫至拉萨，中线格尔木经德小高速、且末、和田至红其拉甫口岸的高等级道路建设以及县县、县市之间低等级公路升级改造仍然是丝绸之路建设的基础性工作。同时应当合理布局，加快西部部分中心城市的小型机场建设，为丝绸之路建设打好通道基础，使通道根系得以更好地延伸。

“新丝绸之路经济带”建设与发展对西部来讲，不是“通道经济”。当前西部地区、特别是丝绸之路沿线，仍然是我国的经济凹地，现实中形成了丝绸之路的“通道经济”。其主要原因是丝绸之路沿线可供贸易的商品相当匮乏，根本原因是西部地区制造业、金融业、加工业、信息产业和文化产业、日用商品产业等远远落后于东部地区。2013 年陕西经济对外贸易突破 200 亿美元，同比增长 36%，比全国增速高出 28.4 个百分点。但从 2001 年至 2013 年十三年间的外贸数据看，陕西作为西部地区相对发达的省份，经济对外贸的依存度始终徘徊在 6%到 9%之间，2013 年为 7.6%，低于 2001 年的 8.5%。从这些数据中我们可以看出，陕西向西开放，仍然是“无货可卖”，西部其他地区也面临着同样的尴尬局面。虽然说我们不能把丝绸之路简单地看作是向西出口，但没有出口绝对不能称之为丝绸之路。西部产业集群本来相对弱小，又过度集中于省会城市，辐射能力不强，形成了主根粗壮、一级侧根弱小、二三级侧根发育不良的现状。丝绸之路的产业根系还没有延伸到县乡一级，或者说在西部地区还没有形成发达的产业根系。产业根系的发展是丝绸之路沿线规避“通道经济”的唯一方式，只有产业根系发达了，才能更好地利用丝绸之路经济带的优势实现合作互利、共同发展。这是西部地区发展“新丝绸之路经济带”最根本的基础。

二、扎深丝绸之路的政策根系

欲做非常之事，须用非常之法。“新丝绸之路经济带”建设是国家层面的宏观战略规划，是中国与世界多国发展共赢的宏伟计划，比美国倡导的所谓“丝绸之路计划”更具有先进性、合理性、普惠性和可操作性，比较容易得到所能辐射到的国家的认同。“新丝绸之路经济带”建设既是政府行为，又是市场行为，并且主要是市场行为，在这两者之间要有一个平衡点，这个平衡点就是在市场行为的基础上运用政府调控职能对市场行为进行主动引导和支持。

从国际层面上看，丝绸之路沿线国家的产业政策、金融政策、环保政策、贸易政策等都存在着巨大的差异，各国又面临着其他国家和其他经济共同体不同准则的制约，同时他们从本国利益角度出发，也会对丝绸之路经济带建设提出不同的要求等，这些都需要从国家的层面经过谈判来达成共识。这种共识，本质上就是一种政策，就是一种法则，在与这些国家进行经济合作的过程中，每个国家、每个企业都必须明白并遵守这些政策和法则。如哈萨克斯坦虽然在经济发展上比我们落后，但环保政策比我们要严格得多，切不可把不符合哈萨克斯坦环保政策和法律的企业转移到哈萨克斯坦去。在丝绸之路经济带建设上，大的贸易法则是一样的，但具体到每一个国家的时候，必然存在一定的差异性。所以，国家政策协调的根系必须延伸到丝绸之路上的每个三、四级侧根系、直至每一个经济单元，使我们的企业从注册到发展、成熟的过程中，都能明确、符合和遵守这些政策和法则。

从国内层面上看，政策在我国改革开放和经济发展的过程中发挥着巨大的作用。在20世纪80年代初期，我国实行改革开放，采取了局部试点的政策来推动改革的实施；90年代沿海地区设立开放城市，对外资企业采取了各种各样的优惠政策，促进了东南沿海地区的快速发展。随着经济发展水平的不断提高，这些优惠政策中部分变为普遍政策，一部分用法律的形式稳定了下来，还有一部分政策则在国民待遇的要求下进行了撤销。但这些政策的的确确极大地促进了东南沿海的大发展，这些政策是社会进步的需要，历史发展的需要，没有这些阶段性、区域性政策，我国改革开放就不可能有今天的成就。这说明阶段性、区域性政策对区域经济发展有着极其重要的、不可或缺的作用。因此丝绸之路经济带建设与发展，仍然需要类似的中央政策的大力支持。一是对作为主根系的丝绸之路沿线省区设立自贸区，扩大对外交流的窗口，拉紧与境外的贸易关系；二是在一级侧根城市如西宁、成都、重庆、银川等，设立国家一类口岸，强化地方进出口能力；三是在二级侧根城市如克拉玛依、库尔勒、石河子、武威、天水、平凉、宝鸡、渭南、汉中、广元、绵阳等中心城市设立保税区；四是在其他中心城市及相对发达县设立作为三、四级侧根的物流中心。我们在库尔勒考察时发现，库尔勒物流中心的设立，极大地促进了当地贸易业的发展，带动了该地区加工业的进步，对周边的辐射带动作用十分强劲。通过以上方法，经济政策的根系实实在在地扎进每一个经济单元。

从西部地区的现实情况看，这里集中了我国43.1%的贫困人口，由于西部地区总人口数量较少，贫困人口占本地区总人口的比重就很高，全国贫困发生率在10%以上的12个省份中，西部地区就占了9个（2013年数据）。“新丝绸之路经济带”建设的目标之一，就是要让西部人口走上与东部地区相近的富裕道路。因此，“新丝绸之路经济带”战略还应该与西部大开发战略和国家扶贫开发政策相叠加，同时给予企业发展更多的优惠政策，用这样的政策机制加快“新丝绸之路经济带”的建设速度和西部经济社会现代化进程。

三、扎深丝绸之路的要素根系

“新丝绸之路经济带”战略的实施，是一个紧迫而漫长的过程，在这个过程中，资金、技术、人才等非自然资源要素在自然资源丰富却经济落后地区的运用，对加快实施“新丝绸之路经济带”战略具有非常重要的作用。

资本、技术、人才、资源这些经济要素都有自身的基本特征，如资本的趋利性会迫使资本向高收益方向流动；人才的能动性会使人才向有用武之地的方向流动；技术的应用性会使技术向效益最大化的方向流动等。这些经济建设的基本要素在我国改革开放初期，一股脑地涌向东南沿海，形成了“孔雀东南飞”的潮流，这种潮流的形成，在很大程度上仍然是中央政策推动的结果，对特区和对外开放地区的发展起了巨大的促进作用。那么今天的“新丝绸之路经济带”建设，首先要发挥市场功能，培育和提升西部市场吸引生产要素的能力，把市场配置生产要素和资源的能力发挥到最大化。因为在西部市场运行羸弱的情况下，单靠市场力量和市场规律来运作，建设和发展将会变得遥遥无期。为了促进丝绸之路经济带建设，要吸引人才、资金、技术、商贸、文化等生产要素向西部流动，需要有更大的吸引力才行。因此，东部有香港、上海、北京三大金融中心，在西部应设立以西安、成都为中心的西部金融中心，让金融之根扎在西部。效仿昆山模式，在西部推行“一镇一业”，形成特色产业集群。改善产业宏观布局，推动国家级高新技术产业在西部扎根，提高西部地区技术水平。引导高新技术、高科技人才和资本向西部流动。把资金流、资本流、科技流、人才流、商贸流、文化流由“孔雀东南飞”转化为“英雄西部行”，让“新丝绸之路经济带”建设的必须要素在西部的根系里充分流动。

同时，要加大西部地区教育、科研和新技术应用能力的人才队伍建设，培养造就一代又一代生在西部、长在西部、热爱西部并能在西部扎根的高科技人才和应用技术人才，为“新丝绸之路经济带”建设提供长期、稳定的智力支持。通过以上手段，使新丝绸之路根系在西部发生、从西部延伸、促进主干枝繁叶茂，结出丰硕的果实。

参考文献

[1] 白永秀，王颂吉. 丝绸之路经济带的纵深背景与地缘战略[J]. 改革，2014（3）：64-73.

[2] 淮建军，王征兵，赵寅科. 新丝绸之路经济带研究综述[J]. 学术界，2015（1）：219，228，327-328.

网格环境下基于用户需求的电子商务推荐模型研究

任 燕

（渭南师范学院经济管理学院 陕西省军民融合产业发展研究中心）

摘要：信息技术及电子商务的迅猛发展，使电子商务推荐系统得到了广泛的研究和应用，电子商务推荐系统解决的主要问题是在海量的信息中能够提供及时的且用户真正感兴趣的商品或服务推荐。尤其是在网格环境中，资源的种类不仅局限于文本、商品图片等，还涉及服务或问题的解决方案等内容，这就使得在网格环境下资源的推荐系统需要更加有针对性且及时、有效，以满足网格用户对资源的多样化个性需求。本文从网格用户的实际需求出发，提出了网格环境下的基于用户需求的电子商务推荐系统模型，使得电子商务的推荐模型适用于网格环境下资源的多样化及动态性推荐。

关键词：网格；用户需求；电子商务推荐模型

基金项目：渭南师范学院特色学科建设项目（14TSXK03）

一、引 言

在电子商务环境中，用户在面对海量的数据及信息时往往耗费大量的时间，而提出的需求或问题又得不到及时、有效的解决。电子商务推荐系统是为解决信息超载问题的一种平台系统。推荐系统结合用户偏好分析、信息过滤、机器学习等方法，力求为用户提供智能的、个性化的推荐服务。网格技术致力于解决互联网资源的大量闲置浪费及各个资源之间信息孤立、不能高效协作完成任务等问题，网格技术在电子商务中的应用实现了企业与外部供应商、客户、合作伙伴以及企业内部员工、管理者之间的高速互联和网格资源共享，使电子商务系统可用的资源拓展到了所有的网格资源，如计算资源、存储资源、通信资源、软件资源、信息资源、知识资源等。企业在利用网格技术实现资源和服务一体化的同时，用户需求的多样化、网格资源的动态性等特点使电子商务系统低效的推荐内容又不能满足用户对资源及时性、有效性和多样性的需求，给电子商务推荐系统提出了新的挑战。

在现阶段电子商务推荐系统的研究中，常见的推荐策略分为基于内容的推荐和协同过滤推荐。基于内容的推荐依赖对项目属性的详细描述，通过对项目属性和用户需求偏好属性之间的相关性，向用户产生推荐，但该推荐策略有其局限性，如无法处理声音、图片、影像、品质、风格等信息。协同过滤推荐则根据用户的历史评价数据进行推荐，它不需要对项目属性的详细描述，对于那些属性难以描述的项目更能显示优越性，是目前推荐系统中最常用的一种推荐策略，但又会出现评价资源稀疏性及推荐及时性等问题。现阶段大量关于推荐系统的研究和应用大都集中在对 B2C 网站对具体某个商品的推荐，很少涉及网格环境下对资源的推荐。由于网格环境的资源的多样性、异步性、动态性等特点，对于网格用户对资源推荐的研究，主要基于以下两个方面，第一，网格用户的服务需求往往很难用具体的关键词属性来表示，所以用传统的推荐策略无法解决网格环境下用户的服务需求的问题；第二，网格用户服务需求的解决往往涉及一系列有着依赖关系的资源集合的共同配合才能完成。网格中资源的动态性，如随时有新加入网格的资源或网格各节点资源本身的动态变化，给电子商务系统实时、有效的推荐网格资源带来了困难，如何把握网格资源的动态，使电子商务推荐系统既能实现用户对资源的多样化个性需求，又能实时有效地进行网格资源的推荐就称为当前研究的重点。

二、网格环境下基于用户需求的动态电子商务推荐系统模型

网格环境下的个性化服务推荐系统，研究的目标主要是基于以下两个方面，一是尽可能地满足用户对网格资源的多样化的 QOS 需求；二是提高网格环境下电子商务系统资源推荐的响应速度，最终提高电子商务网站的综合服务质量。

本文提出网格环境下基于用户个性化需求的电子商务推荐系统模型。该模型按照网格用户是否能描述具体的资源属性，将网格用户提交的需求分为具体属性需求和模糊属性需求，根据用户的优先级对资源集合进行动态的资源推荐，用来给出解决问题的综合解决方案，使推荐系统能够充分利用海量的网格资源，为用户提供及时、有效的、多样化的商品及服务推荐。

（一）模型定义

资源的基本属性需求 R_{br}（Resource Basic Property Requirement）：指用户能够准确描述资源的属性需求。R_{br} 为一个多元组。本文对资源的基本属性需求以用户在网格环境下所需要调度的计算资源为例，其他类型的网格资源可以依此拓展思路。

$$R_{br}=\{\mathrm{CPU}_{\mathrm{type}},\mathrm{CPU}_{n},\mathrm{OS}_{\mathrm{version}},\mathrm{Memo}_{\mathrm{size}},\mathrm{HD}_{\mathrm{size}},\mathrm{Bandwidth}_{\mathrm{size}},\cdots\}$$

R_{br} 包含的基本属性需求为 CPU 类型、CPU 数目、操作系统版本号、内存、硬盘、带宽等。

资源的模糊属性需求 $\overline{R_{br}}$（Resource Unclear- Property Requirement）：指对网格资源的非属性需求，即由于多种原因，用户无法准确描述资源的属性的需求。$\overline{R_{br}}$ 为一个多元组。

$$\overline{R_{br}}=\left\{\mathrm{Q}_{\mathrm{price}},\mathrm{Q}_{\mathrm{delay}},\mathrm{Q}_{\mathrm{reliability}},\mathrm{Q}_{\mathrm{available}},\mathrm{Q}_{\mathrm{reputation}},\cdots\right\}$$

本文对资源模糊属性需求将主要以用户对网格资源的 QOS 需求为例，如资源价格、时延、可靠度、可用度和信用度以及由 QOS 属性构造的资源服务性价比 $V(Q)_{i,j}$ 等需求。

每一个用户发出的任务 T 为一个三元组：

$$T=\{\mathrm{UN},\mathrm{TP},\mathrm{TR}\}$$

其中，UN（User Name）代表发出任务的用户名，TP（Task Priority）代表任务优先级，TR（Task Requirement）代表任务所要求资源的 n 维特征属性的集合，$\text{TR}=\{\text{tq}_1,\text{tq}_2,\cdots,\text{tq}_i,\cdots,\text{tq}_n\}(i\in 1,\cdots,n)$

用户优先级 UP（User Priority）为一个多元组：

$$\text{UP}=\{\text{UP}_{\text{price}},\text{UP}_{\text{time}},\text{UP}_{\text{credit}},\cdots\}$$

$$\text{UP}=\lambda\cdot\text{UP}_{\text{price}}+\varphi\text{UP}_{\text{time}}+\eta\text{UP}_{\text{credit}}+\cdots$$

式中，UP_{price} 指用户加入网格服务所缴纳的费用，UP_{time} 指用户使用网格的时间的长短，$\text{UP}_{\text{credit}}$ 指用户的信用评级，用以上指标的加权平均来确定用户向网格提交任务从而享受网格服务的先后次序。

任务优先级 TP（Task Priority）为一个两元组

$$\text{TP}=\{\text{TST},\text{UP}\}$$

$$\text{TP}=\omega\cdot\text{TST}+\theta\cdot\text{UP}$$

式中，TST（Task Submit Time）表示用户提交任务的时间先后次序，遵从先来先服务 FCFS（First Come First Service）的原则；UP（User Priority）表示用户优先级；任务优先级 TP 综合考虑任务提交给网格的先后次序 FCFS 的原则和用户的优先级，ω,θ 分别表示 TST 和 UP 的权重。

资源需求偏好分类库 RPCS（Resource Pre-classify Storage）为一个多元组：

$$\text{RPCS}=\{S_{i1},S_{i2},\cdots,S_{in}\}(i=1,2,\cdots)$$

S_{i1} 表示任务 T_i 的第 1 个子任务的资源需求偏好分类库，依次类推。库中存放符合 s_{i1} 子任务需求的分类资源信息的集合。

（二）推荐模型框架及模块功能

该模型以基于 Agent 的网格任务调度模型为基本框架，该模型分为用户代理、任务代理和资源代理三个部分。

$$\text{URECCS}=\{\text{U}_{\text{Agent}},\ \text{T}_{\text{Agent}},\ \text{R}_{\text{Agent}}\}$$

用户代理（User Agent）负责对用户信息的管理；任务代理（Task Agent）负责任务调度池中任务的调度事务；资源代理（Resource Agent）负责资源调度池中的资源分配及资源推荐事务。其中，用户代理设置网格门户及用户管理器等模块分别负责用户与网格的图形化交互以及用户信息的维护与管理；任务代理设置任务接收器和任务调度器等模块分别负责对任务池中任务的接收以及任务的调度策略的实施；资源代理负责对资源按用户提交的需求进行预分类，根据推荐策略对资源池中的资源进行推荐并负责资源信息的监视及资源信息的反馈等，其模型框架示意图如图 2.1 所示。

（1）用户管理器（User Manager）对用户优先级进行排序并按照公式的规则向任务接收器发送经过排序后的任务队列。

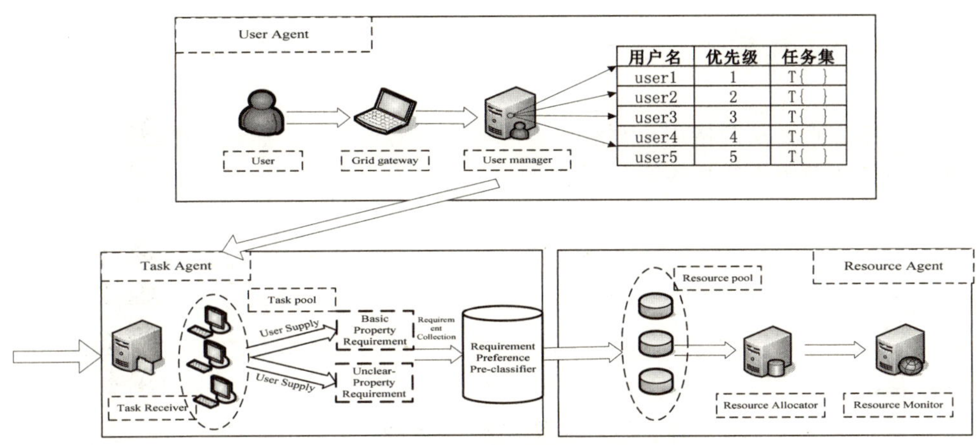

用户名	优先级	任务集
user1	1	T{ }
user2	2	T{ }
user3	3	T{ }
user4	4	T{ }
user5	5	T{ }

图 2.1　URECCS 推荐模型框架示意图

（2）任务接收器（Task Receiver）收集用户对网格资源的属性需求信息

（3）需求偏好预分类器（Requirement Preference Pre-classifier）主要是完成按用户的需求偏好对资源的预分类功能。当用户在网格环境中提交一个需求任务时，将用户对资源的需求分为具体和模糊两种类型，并分别使用模糊聚类和网格 QOS 量化及规范化进行分类，形成用户需求偏好预分类库。

（4）资源推荐器（Task recommender）根据任务按照一定的推荐算法或策略，并依据任务对网格资源的需求，负责查找与用户提交的属性需求相匹配的资源集合，完成需求对资源的映射，并将映射集合放入用户需求偏好预分类库中。

（5）资源分配器（Resource Allocator）是任务和资源形成映射后，完成任务分配到映射资源，并开始执行任务。并且在执行任务的同时维护一个已调度任务队列，记录分配的任务名、任务要求及被分配的资源名等；将任务发送到所选资源，并将传送延时和结果传至资源监测器；

（6）资源监视器（Resource Monitor）负责监视每个资源的情况，包括被占用状态、通信连接故障或者资源空闲状态下，显示每个资源的属性等。

图 2.2 显示了资源推荐器中需求任务与资源或资源集合的动态映射。

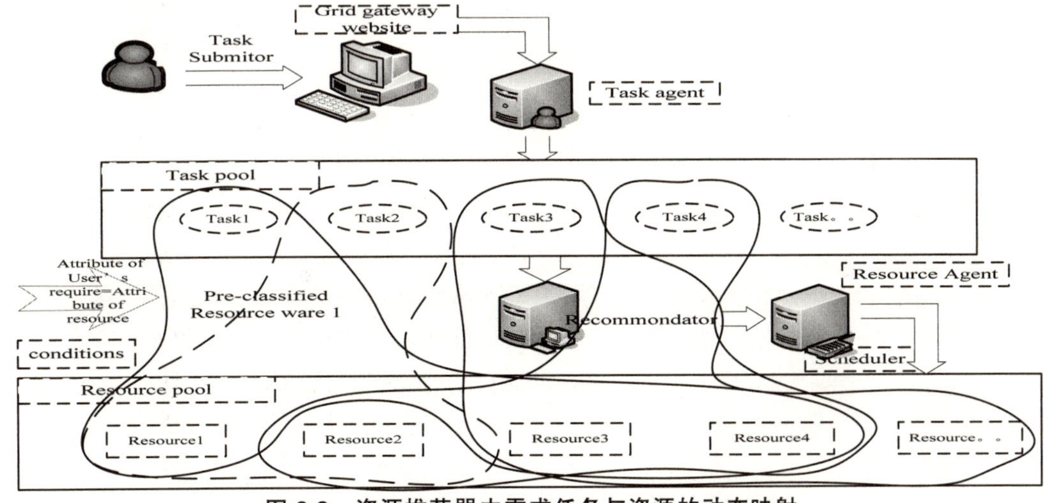

图 2.2　资源推荐器中需求任务与资源的动态映射

三、结语与展望

本文研究的重点是从网格用户对网格资源的实际需求出发，通过对网格用户需求的细化分析，在推荐系统通用模型及基于 Agent 网格模型的基础上，考虑到满足网格资源的多样性和动态性的特点，提出了创建网格环境下的基于用户需求的电子商务动态推荐模型，该模型将电子商务推荐系统推荐的资源拓展到网格资源，如满足网格用户 QOS 资源的推荐；该模型通过创建用户需求偏好预分类库，一定程度地提高了需求与资源映射的针对性和准确性；还考虑到网格资源的动态性的特点，根据用户的优先级进行网格资源的推荐，以动态地满足其他用户对网格资源的使用。当然，关于电子商务推荐系统还可以为用户提供复杂问题的推荐，设计查询和推荐人性化交互页面；推荐系统能够自动地、智能地通过分析大量的网格资源中的相关规律，将其转变为系统化的知识，形成具有内在关联的信息链和知识链推荐给客户，这些内容也将是下一步深入研究的方向。

参考文献

[1] 卢竹兵，吴卫华，等，基于信任管理机制的推荐系统研究[J]. 计算机工程与设计，2012，33（2）.

[2] 福斯特. 经典原版书库——网格计算[M]. 2 版. 北京：机械工业出版社出版，2005.

[3] 侯文，帅仁俊，刘军. 基于网格服务的电子商务应用研究[J]. 微计算机信息，2007，23（3-3）.

[4] 李东勤，电子商务中个性化推荐系统的研究[J]. 现代计算机，2012（10）.

[5] 李京，姜卫，基于电子商务的个性化推荐系统研究[J]. 计算机与数字工程，2011（7）.

关于推动渭南电子商务加速发展的思考和建议

王双喜

（渭南师范学院经济与管理学院）

摘要： 当前是渭南发展电子商务的黄金期、关键期，需要从规划引导、龙头带动、模式创新、资源共享、物流保障、人才支撑、政策导向等多方面入手，努力营造良好的电子商务发展生态环境，加快推进“电商换市”，提升电商产业发展水平。

关键词： 渭南；电子商务；农产品；网络营销

基金项目： 渭南师范学院特色学科建设项目（14TSXK03）

近年来，渭南市结合农业大市的特点，不断加大电子商务工作扶持力度，加快“电商换市”步伐，提升全市电子商务发展整体水平。截至目前，渭南共有各类电商 4 000 余家，其中在传统、特色产业企业中开展电子商务业务的有 2 300 余家。2014 年，全市电子商务销售总额突破 16 亿元.

一、渭南电子商务发展现状

1. 电商群体不断发展壮大

目前，渭南电商群体主要为“两区块”：一是农业区块，主要从事农产品类销售的电商，目前大约有 1 300 多家，快递日均发件量达 2 600 多件，年销售额保守估计在 9 亿元以上；二是百货区块，从事袜子销售的电商，目前有 2 000 多家，其中，年销售额 500 万元以上的有 10 多家，每天的快递发件量近 4 万件，年销售额约在 3 亿元以上。同时，电子商务还在一定程度上解决了当地居民的就业问题，尤其是大学生群体的创业问题。

2. 电商产品质量不断提升

对于电子商务来讲，品牌质量就是生命力。目前，渭南市通过网络销售的货物全部要过三道审验关，即出厂审验、电商审验、物流审验，较好地保证了产品质量，提升了产品整体水平和行业形象，扩大了渭南市“中国农主品生产基地”这一“国”字号品牌的影响力。

3. 电商配套服务日渐完善

要加快推动电子商务产业集成、集群、集聚发展，必须在完善电商配套服务上下功夫。

渭南市主要从软硬两方面入手：在硬件方面，鼓励企业利用闲置厂房、仓储用房等存量资源兴办电子商务产业园（基地、楼宇），整合现有的快递运输、仓库和网络等物流基础设施，完善仓储、物流配送、产品展示、售后服务等服务配套设施，鼓励网商入驻电子商务产业园。在软件方面，成立“渭南市网络创业大讲堂”，定期邀请淘宝大学的专业老师为网商现场授课。针对做电子商务的大多是年轻人，缺少创业资金的问题，县农村合作银行推出“淘宝通”系列贷款业务，帮助缓解融资难题。

二、当前存在的主要问题

1. 政策措施缺位

这几年，很多地方政府都把电子商务作为战略性新兴产业进行重点培育，但由于前期发展缺少扶持政策引导，大多数电子商务企业还处于小、散、乱、弱的状态，多数处于“一根网线+一台电脑+几个人”的初级业态。由于产品同质化严重，往往会采取模仿外观、降低品质、相互压价的恶性竞争模式，在一定程度上影响了电子商务企业的声誉。

2. 专业人才缺乏

电子商务需要多层次、综合型、实践型的复合型人才。如一个年销售额在 2 000 万元左右的中等规模电子商务企业，就需要运营主管、产品设计、营销策划和销售客服等多岗位人才。从引进人才的角度看，由于区域位置、生活环境、创业氛围、人才政策等原因，除客服人员相对易招之外，其他人才较难引进，即使引进来，流动性也很大；同时，人力资源部门在对外进行人才招聘时，考虑最多的还是制造业企业，电商企业人才引进尚未提升到一个新的高度。从人才培养的角度看，本地电商人才培养机制和沟通交流平台还有所欠缺，导致本地电商人才成长速度较慢，基础薄弱。

3. 空间平台缺失

电商要发展壮大，需要空间和平台来支撑，且受物流等要素影响比较大。如，目前渭南市的电商企业主要以租用民房为主，与“电子商务园”模式相差较大。物流空间限制也比较严重。此外，物流企业本身也遭遇空间问题，导致发货量无法增加。

三、推动电子商务加速发展的对策建议

当前，正是发展电子商务的黄金期、关键期，需要从规划引导、龙头带动、模式创新、资源共享、物流保障、人才支撑、政策导向等多方面入手，努力营造良好的电子商务发展生态环境，加快推进“电商换市”，提升电商产业发展水平。

1. 以政策扶持作为“电商换市”的支撑点

电子商务发展至今并不成熟，对这一新生事物应该给予一定的优惠政策，并适当给予倾斜，这是扶持它成长壮大的有效举措。一是要努力完善扶持政策。着力做好电子商务发展规划，制定出台扶持政策，并细化和实化政策措施，根据职责交由相关部门进行落实。同时，在财政中安排发展电子商务专项资金且每年有一定增长幅度，对电子商务企业在税收、引进人才、融资、联合等方面予以政策支持奖励等，加快电子商务公共服务平台建设，推动电子商务企业快速做大做强，促进网络经济和实体经济融合，努力实现“做大体量、规范管理、提升品牌、集群发展”的目标。二是着力做强网商协会。加大对网商协会的扶持力度，可将该协会纳入到工业行业协会序列中，享受与行业协会同等待遇，根据作出的贡献给予资金补助和奖励，增强网商协会在电子商务企业中的威信和“话语权”，以协会为桥梁纽带，引导电子商务企业规范、有序、联合发展。三是大力拓展发展空间。没有发展空间，电商产业很难做大做强。渭南市县借坦头镇建设汽车用品创业园的契机，加快电子商务产业园建设，切实解决了一批发展快、前景好的电子商务企业和配套服务的物流、仓储企业的发展空间问题，形成了一个集电商、物流、金融、仓储、服务于一体的集群化发展空间。

2. 以人才引育作为“电商换市”加速器

电子商务企业虽然发展迅速，但仍处于粗放竞争阶段，这也导致富有经验或者能快速上手的电子商务人才比较稀缺和抢手。所以说，发展电子商务，人才是关键。一是引进高端人才，提升发展水平。一方面做好被动引进，对现行的人才政策进行调研完善，在住房保障、子女就学、平台搭建等多个方面为人才提供更优惠条件，吸引高层次电子商务人才和团队入驻渭南市创业；针对电子商务重在实战的特点，加大实用型人才的引进力度，提升人才的实用性。另一方面做好主动引进，由人力资源部门牵头，带领电子商务企业赴专业的大专院校和人才集聚地进行推介、招聘，做好电商企业和专业人才间的“红娘”。二是做好人才培育，夯实发展基础。采取与电子商务专业的大学合作办学、订单培养等模式，培养更多适应电子商务发展需要的本地电子商务人才，确保人才队伍的相对稳定。在职业中专开设电子商务专业，配备强师资，培育电子商务基础人才，同时引导电子商务企业展开“自我造血”式的人才培育，提升基础人才的专业技术能力。三是强化培训沟通，形成发展合力。借鉴“网编训练营”模式，将电商培训纳入企业培训体系，邀请渭南师范学院等为电商企业进行专业化、系统化的培训，为电子商务打造更多的网商 MBA、网店经理人、电商精英和网店运营人才。同时，由网商协会牵头，建立网商之间线上、线下沟通交流平台，在思维碰撞中达成发展共识、提升发展理念。

3. 以集群发展作为“电商换市”动力源

产业集聚，是电商由小到大的必然。要打造特色明显、产业链清晰、服务体系完善的电子商务产业集聚区，吸引电子商务企业集聚发展，形成产业“洼地”。一是培育龙头企业，树立行业标杆。一方面可以结合招商引资工作，选择电子商务领域的大型企业入驻，提升层次、带动发展；另一方面可以挖掘本地拥有良好发展理念、已形成较强团队、具有较好业绩的电商企业，通过多种措施进行培育，壮大骨干电商队伍。二是引领差异发展，避开恶性竞争。在做大电商个体的基础上，引领做精、做专、做出个性，加强对细分市场、客户需求的分析研判，专注某一产品或某种风格，如可借力创意设计中心和知识产权服务中心，为电商企业提供专业的个性化服务，使较大的电商企业具有鲜明的产品特征，确保在这一细分领域或某一类型产品上形成较大的知名度和较强的竞争力，从而规避同质竞争、低价竞争。三是引导产销对接，形成完整链条。品牌团队的配备、网络分销渠道的搭建、仓储物流的跟进等供应链体系聚集，才能确保稳定的品牌合作。

参考文献

[1] 李晋奇. 中国电子商务将迎来加速发展的重要战略机遇期[J]. 对外经贸实务，2014（12）：4-8.

[2] 徐淼. 关于推动电子商务加速发展的思考和建议[N]. 中国经济时报，2014-12-18（4）.

陕北榆林红枣产业发展现状、问题及对策研究

王晓龙

（渭南师范学院计财处）

摘要： 基于榆林市的区位概况，分析了榆林市红枣产业发展的现状，从当地种植、收购、加工和产后销售模式等方面进行问题提出并分析，提出榆林红枣产业发展的对策，为榆林红枣产业的发展提供理论指导。

关键词： 红枣；陕北榆林；产业发展对策；市场营销

一、榆林红枣产业发展现状

红枣在我国有 3 000 多年的历史。红枣营养丰富，具有极高的药用及保健功效，可以养血、安神、驻颜，还能清肝明目，润肺健脾，据《本草纲目》记载，红枣具有润肺健脾、止咳、补五脏、疗虚损的作用，配以滋补强身的黑木耳，其补益、滋养、活血、养容的作用增强，加之口味好，可直接食用还能做食材，因而深受广大消费者的喜爱。

榆林市作为陕西省红枣的主产区，有着悠久的红枣栽培和加工历史。其气候条件适宜红枣生长，种植面积大，红枣品种资源丰富，贮藏、加工、销售企业都已初具规模，加工技术也日益成熟，已逐步形成了种植—加工—销售的完整产业链。目前随着买方市场的逐步完善，红枣销售难的问题越发凸显出来，成为影响枣农增收，制约经济发展的一个重要障碍，相当多的枣农为红枣没有销路犯愁。销售难问题严重阻碍了红枣产业的发展壮大，呈现出面积最大，而产量和产值不能同比例增长的局面。

虽然我国红枣产品品牌和企业众多，但市场竞争格局仍然处在群雄割据时代，绝大多数都是地方性的小企业或区域性的品牌，可以说红枣产业整体的营销水平还停留在较低的层次，市场竞争的激烈程度远不及方便面、茶饮料或食用油等产品，这对于中小红枣企业或新进入红枣市场的品牌而言都有足够做大品牌和市场规模的机会。

面对广阔的市场前景和日趋激烈的市场竞争，如何准确定位，合理布局，从根本上解决红枣产业发展中的制约因素是目前榆林市红枣产业发展的首要问题。本文主要目的是为了解决枣农的经济来源，为了枣农有更好的收入渠道，同时拉动经济增长，目的在于使红枣在各种竞争环境之下顺利推出市场，在琳琅满目的红枣食品网络市场获得更多的市场占有率，从而赢得消费者的青睐，获得更大的企业利益，在市场上得到广大消费人群的认可。

随着社会经济的发展，人民生活条件的改善，陕北红枣产业的区域经济也随之变化。基

础设施的建设步伐加快，部分红枣种植区开始硬化道路，不少村落开展了饮用自来水工程，这些使得每年的红枣种植养护能力大大加强，枣农得以使用一些现代化农用工具进入田间，并进行大面积的灌溉，每年的秋收效率增强。生活水平的提高使得这些红枣区域的城镇互联网覆盖率开始增大，随着智能机的普及，年轻一代人的观念带动老一辈人的思想，通讯设备的使用率增加带来了新的视角，对于农业不再一味的经验种植，开始思索科学的种植方式，探讨创新的经营理念，紧跟社会前进的步伐。随着政府的改革以及政策的鼓励，当地企业开始关注本土产业的问题，他乡外地的知识分子以及大学生开始回归故乡，这一整体氛围带动了区域环境的变化，关注故乡聚焦陕北，红枣产业链的发展成为一个重要的焦点，引发人们深深的思考。由于陕北红枣区域产业带地势特殊，多丘陵沟壑，沿黄河流域生植，因此交通情况以及城市开发程度没有中国沿海发达城市高，相对应的这里生态环境比较良好，驱车进入这些种植区会发现房前屋后，到处都是草木树荫，人民生态和谐，整体人文环境非常美好。

二、榆林红枣产业发展存在的问题

（一）相应的培养技术缺乏，管理能力差

从实地考察来看，由于大多数年轻人外出打工，红枣的种植、管理大多是年龄较大的老年人，因此在红枣种植管理上难免会出现心有余而力不足的现象，进而会出现产量和质量上的问题。榆林一带的红枣主栽品种大部分是晚熟品种，9～10月阴雨连绵却也正值红枣成熟时期，缺乏红枣的抗裂果技术和害虫防治技术，出现裂果、霉烂的现象无可避免，每年因裂果给农民造成了巨大损失，甚至会出现颗粒不收的情况，这对农民来说，就是一场灾难。

（二）产业程度低，难以形成规模优势

红枣产业程度低的主要原因有以下几个方面：① 枣区的乡镇生产专业化程度不高，远远达不到“一村一品”“一乡一业”的要求，经营主体分散，难以形成规模生产；② 红枣布局区域化差，部分乡镇还不能按照区域比较优势原则设立专业化小区，不能按小区进行资源要素合理配置，安排红枣生产基地布局；③ 经营一体化不到位，红枣产业的各个环节，就神木县，吴堡县目前来看还没有形成一个合理的产业链，红枣的生产、加工、销售各个紧密相关的环节各自分割，使得红枣生产的产、供、销脱节；④ 社会化服务没有形成，科技服务、流通领域的服务和信息，远远满足不了红枣产业化建设的需要，农民卖红枣，不是坐等客商上门，就是挑红枣沿路摆卖，农民手中的红枣大多卖给“二道贩子”。

（三）红枣深加工企业尚未形成

目前枣园品种混乱，初级产品多，高质量、高附加值的产品少，当前市场上的红枣加工产品仍以粗加工的干枣为主，像浓缩枣汁、枣泥、枣醋、枣酒、枣饮料等深加工产品相对缺乏。另外，产品的档次偏低，包装跟不上，大部分产品都以原料形式出售，或者仅经简单包

装后就出售，难以提高产品的附加值，进而导致企业的利润空间缩小。

（四）产业集群效应和龙头企业带动效应不够凸显

红枣加工企业以中小企业居多，规模化不足。目前全市红枣加工企业零星分散，生产能力、装备水平、科技含量等水平低下，利润薄，很难形成规模经济。加之企业全部都属于私营性质，缺乏现代企业管理理念和营销方略，企业很难发展壮大。龙头企业带动力不强，集约化程度低，未能形成真正集生产、收购、储存、加工、销售于一体的产业链条和“公司+中介+农户+消费者”的产业化经营模式。

（五）产品同质化严重，缺乏品牌建设

在大中型超市、食品批发市场或小食品店看到的红枣产品，绝大多数在产品包装形式，包装设计，产品口味、价格定位和产品销售渠道方面同质化现象非常严重，消费者只能记住红枣这个产品品类，很难分清红枣企业、红枣品牌和红枣产品之间的区别。目前红枣市场上，新疆红枣最为著名而陕北红枣口碑不足且市场份额很小。

（六）市场营销体系体系未建立，销售人才欠缺

在市场建设和营销方面，红枣初加工企业专业市场建设进展缓慢，没有形成系统规模的营销网络，当今网络时代已把销售的国内外市场连成了一个大家庭，而榆林大多数红枣的初加工企业没有开展网络这一销售方式，没有自己专门的销售对象，大多以红枣原料出售，相比同行业来说，市场优势还没有稳定形成，难以进入国际市场。

三、榆林红枣产业发展对策分析

（一）因地制宜提高枣区产量及质量

根据榆林红枣生产区域的特点，尽快建立良种苗木繁育基地，大力引进推广早熟、晚熟、耐雨等优良红枣品种，淘汰劣质品种。建立优质制干用红枣生产基地，改进红枣烘干工艺技术，同时加强产品的标准化、定量化。

（二）建设工业园区，形成产业集群

大力整合现有红枣产业要素，使红枣产业由农业产业形态向工业化形态进行转变。通过兴办工业园，有效整合现有加工企业。重视不同品种、品质、等级、成熟度红枣的分类利用，提高产品的细分程度。使红枣加工业在集团化、专业化、节约化经营上寻求突破。最大限度地将红枣资源优势转化为产品优势、品牌优势、经济优势。

（三）通过产品差异化建设品牌优势

红枣市场这种竞争格局下，只有通过差异化的营销才能从众多同质化的品牌和产品中跳出来，才有机会快速做大红枣的品牌和产品的销量。通过调研分析找到消费者对红枣产品差异化的消费需求，然后从品牌定位、目标市场、价格卖点包装设计等差异化渠道有效提升品牌知名度和产品销量。

（四）加大科研力量的投入力度，以科技进步推动红枣产业发展

要构筑以企业为主体，高等院校和科研院所为依托的产、学、研相结合的企业技术创新体系，加强人才培养，研发和改进红枣的品种并积极开发新产品，加速红枣产业的发展。比如，充分运用省市县和西北农林科技大学在清涧共建的红枣科研中心这个平台，全方位为红枣产业实现优质、丰产、高效三大目标提供技术支持。建立企业新产品孵化基地及成果产业化基地。

（五）加强红枣产业文化的宣传、进行横向扩展，打造风韵枣都

挖掘整理和创新开发红枣的历史、民俗、药食、工艺礼品、文学艺术等文化，同时在保健以及饮食行业进行创新，不断增加枣业文化的厚实度和扩张力，不断增进枣乡风情的浓郁度和感染力。精心打造以红枣博览园、枣业文化博览馆和枣乡特色步行街等为主的重点城市景观群，将红枣文化的传承发扬与旅游结合起来，着力打造西部乃至全国红枣名城。

（六）传统营销与网络营销相结合

在传统的网络营销同时建立企业产品网站，寻求创新，紧跟时代，在网络的商务平台开设网店，网络广告推销等。利用博客营销、微博推广，与大型的团购网站合作。树立红枣食品的健康品牌，积极推广绿色食品。通过互联网在线活动建立和维持与客户的关系，以协调满足枣农与消费者之间交换红枣和服务的目标，让消费者足不出户就可以购买到新鲜的红枣产品，达到提高红枣品牌形象、改善对顾客的服务并最终扩大红枣销量的目的。

参考文献

[1] 杨飞燕. 陕北红枣产业发展现状、问题及对策研究[J]. 陕西林业，2004（5）.
[2] 金农. 我国枣产业的发展现状[J]. 农产品加工，2007（1）：74.
[3] 刘孟军. 中国红枣产业的现状与发展建议[J]. 果农之友，2008（3）.
[4] 高改英，王青. 浅析跨县域经济下的农业产业化——以陕西红枣产业为例[J]. 安徽农业科学，2007（16）.
[5] 党维勤，郑妍. 谈黄土丘陵沟壑区红枣产业的发展[J]. 中国水土保持，2007（5）.

浅析渭南市老龄服务产业发展现状及其困境

王瑞妮

（渭南师范学院经济与管理学院）

摘要： 本文在梳理了我国关于老龄服务产业发展相关研究文献的基础上，结合对渭南市民政局、老年公寓、养老院等养老机构的调研，总结分析了渭南市老龄服务供给的现状，从中探寻出渭南市老龄服务产业发展的困境，期望为促进渭南市老龄服务产业发展提供借鉴。

关键词： 老龄服务产业；养老需求；养老服务；

基金项目： 渭南师范学院特色学科建设项目（14TSXK03）；渭南师范学院人文社科项目（14SKYM06）；陕西省社科界重大理论与现实问题研究项目（2014Z068）

一、引　言

随着我国老龄化的日益严重，加之我国养老保障制度的不完善，使得养老问题尤为突出。我国养老问题的解决与我国社会经济发展水平密切联系，而各地区养老问题的解决更是受到当地社会经济发展的制约。渭南市地处陕西东部，其社会经济发展水平比较低，但截至 2014 年底渭南市 60 岁以上的人口占渭南市的总人口的 13.31%，可见渭南市的人口老问题也比较突出，可谓是“未富先老”。本研究选择以渭南市为研究对象，首先通过对我国关于老龄服务产业相关研究成果的梳理，再通过对渭南市老龄服务供给状况的调研，着重探讨渭南市老龄服务产业发展困境，期望通过该研究能为渭南市养老问题的解决提供建议。

目前，我国关于老龄服务产业的研究主要集中在以下三个方面：一是老龄服务产业融资模式。吴蝉君[1][2]（2012）从筹资主体、筹资方式、项目运营模式、配套政策四个方面分析了杭州市老龄服务产业的筹资机制，发现存在筹资主体薄弱、筹资体系单薄、项目筹资运营模式单一等方面问题，从创新筹资体系、运营模式和完善配套政策三方面提出了对策。二是老龄服务体系建设。俞卫、刘柏惠[3]（2012）对上海的老年照料服务进行了预测分析，提出老年照料服务包括：生活照料、医疗照料、精神照料三方面，总结我国现有的老年照料供给形式主要有护理院、养老院、居家养老、家庭养老、居家病床等，提出构建老年照料服务体系应将需求与供给对接，并建立老年人在不同模式之间的流转机制，形成动态老年照料服务体系。张智勇，赵俊，石永强[4]（2015）基于服务供应链分析了计划生育家庭老年服务体系建设，提出基于供应链老龄服务体系需要信息技术和物联网的技术支持，并对供应链服务体系的评价做了分析，认为服务链评价体系的内容有服务标准、人员资质标准、能力建设培训标准、信息化建设标准、整条供应链的运营成本。三是老龄服务的保障机制。鞠晓东[5]（2011）针对居家养老、社区养老、社会养老的不同养老模式，分别提出了保障措施，着重对于社区养老模式提出要依托声讯台、社区卫生服务平台、社区活动站平台和养老机构提供多样化、全方位老龄服务，同时还特别提出构建老龄社会服务体系，从服务队伍、合作供给机制、监督体系、法律建设等方面进行了深入的分析。

二、渭南市老龄服务供给现状

为了了解渭南市老龄服务产业发展状况，笔者于 2015 年 3 月至 6 月间对渭南市老龄服务的供给状况进行了调研，走访调查了渭南市民政局、临渭区民政局、渭南市临渭区 12 家养老院、养老服务站、日间照料中心和大理安仁养老院等机构，初步了解了渭南市老龄服务供给基本情况。调查显示，截止到 2014 年年底，渭南市总共有公办养老院 28 所，民办养老院 48 所，农村幸福院 338 所，养老服务站 4 所、日间照料中心 13 家。据统计渭南养老机构床位总数 11 063 张，平均 15 张/千人，这与国家规定的 30 张/千人的标准差距还很大。

通过对公办养老院和民办养老的调研，从养老院的基础设施、人员配备、服务项目、收费水平等方面了解到了这两类养老机构之间的差距。详情介绍如下：

1. 基础设施

从调研的临渭区 3 家公办养老院看，养老院除老人居住的房间外，另外有厨房、餐厅、娱乐室、卫生室、活动室、洗衣房，安全消防设施齐备，且在各公共场所配有监控和呼叫设备，这三家养老院都能实现让老人和其子女视频聊天。生活能自理的老人是 2 人一间，房间配有卫生间、电视、空调、暖气、呼叫设备；不能自理的老人是 1 人一间，并配有专人一对一照料。这些老人房间干净卫生无异味。可以看出公办养老院的基础设施配备齐全，层次高且卫生状况良好。从我们调研的民办养老来看，其基础设施相对而言较差一些。一般只有厨房、阅览室、娱乐室等，没有餐厅，老人是在自己房间或阅览室、过道吃饭。阅览室只有较少的旧杂志和一台旧电视。

2. 人员配备

人员配备方面公办养老院显然要比民办养老院具有绝对优势。公办养老的大部分工作人员享受国家事业编制，工资由财政发放，因此其机构设置齐全，人员配备充足。以护理人员为例，我们调研的临渭区老年公寓，他们通过事业单位招考，近 3 年招录了十几名具有护理资格的专业护理人员。而民办养老院一般除了院长外，只有日常运营必需的财务一名、办公室人员一两名、厨师、打扫卫生的保洁员及数名不具备专业护理知识和能力的护理人员，我们在访问中了解到这些护理人员都是在附近农村招来的 40 岁至 60 岁的妇女。有的民办养老院有一名兼职医生或一两名专业助理员，有的养老院一名也没有，同时没有配备医疗卫生室。

3. 服务项目

公办养老院的服务项目多而全，且服务水平高。临渭区老年公寓除了日常的照顾、护理保健、娱乐服务外，还提供基本的医疗保健、代为购物、陪伴就医、临终关怀、丧葬服务等。而民办养老院，一般只提供基本的日常照顾、护理保健、娱乐服务，且这些服务的层次比较低。明显的对比是，在公办养老院收住的瘫痪老人的房间，整洁卫生、空气清新，而在民办养老院一名卧床的老人的房间脏乱且气味浓重。

4. 收费水平

从收费水平来看，公办养老的收费比民办养老的收费略高。完全自理老人在公办养老院的收费一般在 900 ~ 1 000 元/月，而民办的在 750 ~ 850 元/月；半自理老人在公办养老院收费在 1 300 ~ 1 500 元/月；而民办的在 1 000 ~ 1 200 元/月；完全不能自理需要一对一 24 小时全护的老人，在公办的养老院收费在 2 400 ~ 2 600 元/月，民办的在 1 900 ~ 2 100 元/月。

三、从渭南市老龄服务供给中存在的问题透视渭南市老龄服务产业发展困境

（一）老龄服务供给与渭南市的养老需求差距大

目前渭南市 60 岁以上的老年人口有 74 万多，占渭南市总人口的比例为 13.31%，可见渭南市已处于老龄化阶段，养老需求突出。但从调研中了解到，目前渭南市所有养老机构所能提供的床位数只 11 063 张，平均每千名老年人只有 15 张，只达到国家标准的一半。调研中走访过的养老院中，公办养老院的入住率是 100%，甚至有排队等候的现象，而民办养老院的入住情况差异比较大，服务和设施相对比较好的入住率在 90%以上，中等的入住率在 60% ~ 80%之间，而最差的入住率不到 40%。

（二）民办养老院设施和服务质量参差不齐，且安全隐患比较突出

在调研中的总体感受是，相对而言民办养老院整体上比公办要差，而且民办养老院内部参差不齐，差距巨大。在调研中笔者去过渭南市高新区一家养老院，该养老院位于一栋老旧的居民楼 3 层，白天楼道黑暗，冬天开着电暖气都觉阴冷。老人表示他们这里没有暖气，冬天靠电暖气和电褥子取暖，这里入住有 13 位 70 岁以上的老人，且属于完全自理型老人。我们观察发现，这里没有配备消防安全设施，据老人讲这所养老院只有一位管理人员、两名打扫卫生人员、一名厨师、两名日常照顾人员。当然民办养老院中也有比较好的，其基本生活设施、娱乐设施、安全设施以及医疗服务人员、日常护理人员是具备的。

（三）老龄服务供给中资金缺乏

通过对渭南市民政局、临渭区民政局及各养老机构的调研，笔者发现一个共性的困境就是资金短缺。从民政局的角度，由于财政资金短缺，致使政府扶持老龄服务产业发展的相关政策不能落实。如陕西省出台的对于新建养老院 3 000 元/年，改扩建养老院 2 000 元/年的补

贴，以及运行中 300 元/床·年的补贴截至 2015 年 6 月还未兑现。为了在“十二五”规划完成前，达到国家规定的每千名老人 30 张床位的要求，渭南市加大了兴建养老机构的步伐，但由于这需要数百亿投资，资金短缺成为最大障碍。从养老机构角度，公办养老机构的资金主要来源于财政，相对而言其资金问题不是特别突出，但也有个别养老机构资金紧张，民办养老院资金紧张问题更是突出。目前，渭南市的民办养老院基本上都是改扩建形成的，其基础设施不能完全达到我国关于养老机构基础设施建造标准，但新建养老院在土地、设施建设等方面投资巨大，私人一般很难承担。

参考文献

[1] 吴婵娟. 浙江老龄服务产业市场化融资模式创新研究[J]. 浙江学刊，2011（4）：184-188.

[2] 吴婵娟. 老龄服务产业筹资机制的创新研究：杭州实证[J]. 浙江庶人大学学报，2012（3）：29-32.

[3] 俞卫，刘柏惠. 我国老年照料服务体系构建及需求量预测——以上海为例[J]. 人口学刊，2012（4）：3-13.

[4] 张智勇，赵俊，石永强. 基于服务供应链的计划生育家庭老年服务体系构建[J]. 中国老龄学杂志，2015（10）：247-2849.

[5] 鞠晓东. 论多极化老龄服务保障体系的构建[J]. 江苏经贸职业技术学院学报，2011（5）：45-47.

陕西民间艺术产业化路径分析

陈　艳

（渭南师范学院经济与管理学院）

摘要：陕西作为中华民族文化的发祥地之一，艺术资源丰厚，民间艺术形式多，且具有独特的地域魅力，但民间艺术生产缺乏市场化、规模化，缺乏健全的投融资体系，文化生态失衡，传承人才严重缺失，至今在产业化道路上仍困境丛生。陕西民间艺术产业化只有选择集约化、品牌化路线激活内动力增强发展，以政策支持、科研帮带、人才帮衬为翼促进发展的路径才能走出困境的智慧选择。

关键词：民间艺术；产业化；集约化；文化品牌

民间艺术是在人类文明传承中基于独特的生产生活方式、地域环境和文化历史背景而积淀下来的艺术，富有深沉的文化艺术价值，在世界艺术宝库中光彩夺目，既体现了劳动群众崇高的精神境界，也是维系和推动社会发展的动力。

产业化，简言之，就是把资源变为商品并形成企业运作的动态过程。在保持民间艺术文化功能特征的前提下实行艺术产业化，不仅可以使文化市场更加繁荣，而且可以促进民间艺术资源的保护和发展。随着我国经济转型发展的需要，文化产业化越来越被人们所认知和重视，作为文化产业重要内容之一的民间艺术资源的产业化发展，也越来越引起政府及相关部门的高度重视。陕西民间艺术虽然有丰厚的艺术资源，有着独特的魅力，拥有众多影响巨大的民间艺术形式，但在民间艺术产业化的发展道路上仍困境丛生，所以对其产业化发展路径的研究势在必行。

一、陕西省民间艺术产业发展的和特点优势

近代民艺学家张紫晨先生认为："民间艺术是民俗的直接需要，它来源于民俗，是民俗的组成部分，它的内容和形式大多受民俗活动或民俗心理的制约，民间艺术是民俗观念的载体。"[1] 陕西民间艺术指出自于陕西民间，并在陕西地域内广泛流传的艺术，它们体现着陕西独特的地域文化与民俗风情，反映着陕西民众的信仰观念和价值体系。作为中华民族文化的发祥地之一，陕西省民间艺术在漫漫的历史长河中，孕育出了多姿多彩而又别具特色的民间文化艺术，其中，民歌、秦腔、腰鼓、剪纸、西安鼓乐、农民画、泥塑、皮影等都有很高的知名度，民间艺术产业开发模式具有良好的基础。

（一）民间艺术种类丰富，存量多

在文化全球化的背景下，民间艺术资源以其天然的文化差异性，构成了世界多样性文化存在的基础，也日益成为区域文化实力和文化产业竞争力的重要组成部分。处于中华文化发源腹地的陕西，拥有如民歌、秦腔、腰鼓、剪纸、西安鼓乐、农民画、泥塑、皮影等民俗文化源远流长，异彩纷呈，为特色文化产品创新提供了取之不竭、用之不尽的动力源泉。截至2013年9月，全省统计非物质文化遗产县级名录2 292项，市级名录590项，省级名录295项，国家名录61项，西安鼓乐、中国剪纸成功进入世界级非物质文化遗产名录。目前，列入国家和省级非物质文化遗产保护名录的就有169个民间文化项目。2004年，文化部在陕西省命名“全国民间艺术之乡”20个。[2]

（二）民间艺术特色鲜明，分布各异

列宁说：“地理环境的特性决定着生产力的发展，而生产力的发展有决定着经济关系，以及随在经济关系后面的所有其他社会关系的发展。”[3]民间艺术作为一种文化现象，根植于其特殊的文化生态系统中。由于陕西的自然环境和地理条件不同，形成了陕北、关中、陕南三个特色鲜明地域传统文化。即开阔奔放、感情炽烈深沉的陕北民间艺术，气势恢弘、深沉博大的关中民间艺术和南北荟萃、东西交融的陕南民间艺术。陕北地处高原，属于农业和畜牧业交错地带，由于历史上长期受游牧文化的影响，使得陕北文化更具有西部文化内在的生命力和强烈的感染力，如昂扬悠长的信天游、激越铿锵的安塞腰鼓、凄凉幽怨的唢呐。关中文化是中华民族民族文化的起源地之一，文化悠久，辉煌灿烂，是黄河中游文化的代表、中国正统文化的重要组成部分。受耕地文化的影响，无论是节日欢乐和喜庆之中的关中社火，还是反映各种社会矛盾，爱情生活以及传说故事的关中民歌无一不显示周、秦、汉、唐泱泱大国的气度和古老文明的成就，表现关中秦人耿直、坦诚、直率、倔犟的性格特征和精神气质。陕南地处秦巴山区、汉江两岸、丹江流域的陕南地区，自古有“秦龙楚尾”之称，受着楚文化和巴蜀文化的影响，不少民间艺术和湖北、四川很接近，有长江文化的特点，如悠扬婉转的紫阳民歌、花鼓子、彩莲船、五节龙、四船扑莲等无一不有江南水乡的俊秀格调。

（三）民间艺术产业发展初见成效

民间艺术源于民间，传于民间，是民族文化的重要组成部分。 陕西省在历史上是传统的农耕地区，结合三秦文化独特的韵味，陕西民间艺术在自身的土壤中发展延续，虽然外来文化不断给予冲击，但缘于三秦文化的深厚底蕴，陕西民间艺术始终没有发生根本的改变，音乐、舞蹈等表演艺术品类表现出较强的文化传承性，同时基于陕西省独特的历史影响以及区位优势，伴随着三秦文化的广为传播，陕西民间艺术已经走向整个中国和世界。西安市仿古迎宾入城模式超过百场，接待过许多外国元首和中央领导，被誉为“中华迎宾经典之作”；以安塞腰鼓为龙头的“鼓”文化系列，打出了黄土高原的雄风，在国内外享有盛誉；奥运期间，在特色鲜明、内容丰富的陕西“祥云小屋”中 8 位陕西民间艺人，凤翔泥彩塑艺人胡新民、

华县皮影艺人姜建合与侯新明、宝鸡社火脸谱传承人张星、千阳布艺新秀张海丽和安塞青年农民画家陈海莉等，他们向世界讲述中国的同时，也向世界展示了陕西优秀的民间文化艺术，同时也给陕西省带来可观的经济效益和社会文化效益，从而也为陕西发展民间文化艺术产业化奠定了良好的国际声誉。

（四）科教人力资源富集

陕西拥有普通高校 76 所、国家级和省级重点科研院所 100 多个。雄厚的科教实力，为民间艺术产业发展提供了大量的专门人才。演艺、书画、新闻出版、印刷包装、广播电视、影视制作等传统文化专业优势明显。网游、动漫、信息服务、软件开发等新兴文化专业教育发展迅速。文化管理、产业经营等人才的教育培养也呈现新趋势。这些，都为陕西省民间艺术抢滩文化产业高地储备了丰富的人才资源。

二、陕西民间艺术产业化发展面临的主要困境

当代社会，民间艺术蕴藏的传统文化越来越得到整个社会的认同，就陕西而言，在民间艺术的开发保护方面也在渐渐加大力度，但是由于诸如文化产业化意识不强、政策滞后、资金不足、产品设计水平不高、后继乏人等原因，导致了民间艺术的产业化发展进程困难重重，文明的有序传承不容乐观。

（一）民间艺术生产缺乏市场化、规模化

民间艺术的产业开发，首先要转变思维，树立民间艺术不仅仅是文化的“艺术瑰宝”，更是一种可转化为商品的潜在资源的理念。近年来，陕西的少量民间艺术文化品类进入文化市场，这为民间艺术文化产品融入市场经济做了初步的尝试。但陕西地处内陆，受传统的农耕文化观念和计划经济思想的影响，文化部门文化产业化意识薄弱，对文化的经济属性和经济价值的理解上存在着较大的片面性。在产业开发中，文化部门受传统观念的束缚，市场经济意识比较淡漠，政府对民间文化艺术产业的重视不够，导致民间文化艺术产业在体制改革和相关政策建构方面相对滞后，没有为陕西民间文化艺术产业发展营造良好的政策环境，使部分发展势头较好的民间文化艺术产业在运营中也受到阻碍。同时，陕西民间艺术的专业管理机构尚未形成，缺乏专业人才的帮助与指导，缺乏统一的管理体系，管理力度不够，各地方政府无法制定对当地民间文化艺术企业的专项资金投入和财税扶持等相关优惠政策。整个陕西民间艺术文化的保护传承还缺乏规模性和影响力，没有进入到大市场良性循环的领域中，长此以往，将逐渐丧失弘扬地方民间文化艺术的广大市场。

（二）民间艺术缺乏健全投融资体系

产业开发，简言之，就是把资源变为商品并形成企业运作的动态过程。民间艺术的产业

开发就是要把某些过去私相授受、零散学习的民间技艺形式，变成艺术商品并按照市场规律运作的自由企业经济形式，且达到相当规模，创造利润的过程。民间艺术产业发展需要大量的资金投入，无论是举办民间文化艺术节，还是鼓励创新，培养后继人才，都需要相当多的资金投入。目前，陕西民间艺术产业开发受阻的一个重要因素就是：产业资金缺乏，资源利用率过低。陕西民间艺术团体或产业单位的发展经费主要依赖政府财政，资金来源单一，缺乏广泛而又正当的融资渠道，至今没有达到其他产业的市场融资能力，因而，民间艺术产业缺乏规模化运作的扩张能力。缺乏健全的投融资体系，加上现有的民间艺术文化资源闲置浪费严重，使现有的民间艺术文化经营单位资金流动比率低，盈利能力差，致使众多艺术团体生存艰难，跟不上产业发展。

（三）民间艺术文化生态失衡

民间艺术资源，是民族精神文化的重要标识，内含着一个民族特有的思维方式、想象力和文化意识，承载着一个国家一个民族文化生命的密码。在全球化和现代化进程中，世界文化的生态发生了巨大的变化，蕴涵民族精神家园的陕西民间艺术遗产受到猛烈的冲击，面临濒危。首先全球经济一体化导致了文化上的趋同，改变了人们原有的生活方式和思维观念，陕西民间艺术渐渐失去了原有的存在土壤和环境，加之随意滥用、过度开发，这更加速了陕西民间艺术遗产的蒸发。如陕西民间的口传文学自然流失；陕西原住民族的服饰和织锦、祖传的民族图案和手工艺品被现代图案和现代日用品所取代；外来文化的装饰替代了传统装饰；现代建筑替代了传统民居；华州、凤翔皮影戏，新中国建立初期可以演 100 多个剧目，目前最好的艺人也只能演 20 个剧目；唐代音乐的《唐和曲》，随着传人的离世而再也难以听其“环佩之声”。其次在经济利益的驱动下，一些民间艺术寻求商业化的途径实现了全新的发展，成为纯商品，但艺术品产品设计水平不高，艺术性缺失，缺乏创意，一些民间艺术遭到粗糙、机械的模仿，陕西民间艺术文化生态的失衡导致民间艺术文化逐渐失去了原有的生存空间和自身的完整性，可持续发展受到严重冲击。

（四）民间艺术的传承人才严重缺失

文化产业发展需要两条腿走路：一方面需要文化传承；另一方面要把产业做大做强，把文化推广出去，更有利于传承。文化传承要全程技艺，需要在全程技艺中把原汁原味的工艺和文化传承下来。民间艺术传承方式主要是口传身授、家族传播，甚至一对一传授，一些民间艺术仅依靠表演者或制作者本人为载体传承下来。民间艺术大师是民间文化的“活化石”，他们带徒传艺，传授绝技，让民间艺术薪火相传，在传承保护民间艺术的同时，丰富了群众文化生活，是民间艺术得以繁荣和发展的主导力量。在全球化和现代化进程中，陕西民间艺术资源渐渐失去了原有的存在土壤和环境，加之掌握一定传统艺术技能的老艺人已为数不多且正日渐老去，而新一代青年的生长环境与民间艺术产生的环境迥异，他们接触传统民间艺术机会较少，对中国传统民间艺术缺乏基本的认知，本土文化应有的自豪感和荣誉感正日渐消弭，相反对接触更多的西方工业文明助长的文化和艺术形式，比如网络和电影，陷入了狂热的痴迷。有关资料显示，陕西当前约有 20 余种重要的属独门绝技，口传心授的民间演艺艺术正面临失传的困境，处于濒危状态，“民间艺术后继人才的缺乏导致陕西民间艺术发展渐受挤压”。[4]

三、陕西省民间艺术产业化发展路径选择

发展有地域特色的民间艺术产业化意义深远，因为这不仅关系到如何挽救民间艺术文化，更关系到我国如何摆脱“文化赤字”的不利局面。陕西民间艺术产业化只有通过对自身存在问题的内省并借助外部相关政策的帮扶，才能探寻一条合于规律、合于发展目的的道路，从而走出困境。

（一）民间艺术集约化、品牌化路径

首先，民间艺术产业化发展要走集约化路线。“集约”一词 1958 年由苏联经济学家第一次引用，解释其义指在社会经济活动中，在同一经济范围内，通过经营要素质量的提高、要素含量的增加、要素投入的集中以及要素组合方式的调整来增进效益的经营方式。集约化经营是目前经济学领域广泛使用的经营方式，它的含义是相对于粗放而言的，是以效益（社会效益和经济效益）为追求目标对经营诸要素进行重组，从而实现以最小的成本获得最大的投资回报。民间艺术产业集约化是为实现民间艺术产业的可持续发展而采取的民间艺术经济发展运行方式，通过对民间艺术产业发展诸要素进行重组，以最小成本投资获最大收益为目标，强调经济效益、社会效益以及生态效益相和谐，民间艺术产业发展质与量互统一。陕西省民间艺术虽然种类繁多，存量丰富，有利于产业化，但是由于陕西民间艺术产业产业化水平低，分布不集中，且资金匮乏，统一管理难度颇大。陕西省民间艺术要占领市场高地，破解投融资困局，实现可持续发展，就要集中统筹资源进行合理配置，整合类型、经营项目和模式一致的小型产业，以形成民间艺术的规模化，集约化发展是我省民间艺术产业化的必然选择。

其次，要树立有地方特色的民间艺术品牌。现当代，品牌是国际市场的通用语言，是民族产业的核心财富，是构成一个国家或一个地区产业竞争力的重要组成部分。产业品牌化具有龙头功能、规模经济功能、创新功能和社会文化功能，对产业化具有积极的促进作用。陕西民间艺术资源厚重丰富，产业化发展初见雏形，但是还存在一系列问题，最为关键的问题表现在于品牌缺乏，国际性品牌屈指可数，市场狭小，带动性不强，民间艺术难以从“地方土特产品”向知名品牌跨越。就何如打造文化知名品牌，我国文化产业的著名研究者胡惠林认为“文化品牌实质上就是具有文化意义和文化价值，并具有独特标记的产品”。[5]民俗文化研究者章建刚说：“打造民族文化品牌首先必须发掘、整理、总结、提升民族文化资源，把民族文化资源中那些有意义、有价值、符合时代发展需要的因子发掘、整理出来，并进行总结、提升，重新编码。”[6]所以民间艺术品牌创立，前提是保持原有的本土特色和艺术精华。陕西省民间艺术要形成创新型民间文化产业特色品牌，实现产品文化附加值的不断提高，就要以悠久历史，有神奇魅力的地方特色为主线，以民俗、民风、民艺和黄土地的文化内涵以及文物古迹背后的故事为主题，积极开发具有发展潜力的新品牌，创造出具有历史文化积淀的陕西地方特色精神产品，并将其作为产业最大的（实物产品以外）卖点。如以陕西歌舞剧院“仿

唐乐舞”等系列作品的成功为典范，大力挖掘历史题材，创作优秀舞台剧目；依靠品牌的力量，扩大民间艺术的知名度，使其走出陕西、走向全国、走向世界，带动更多资本投入，增进民间艺术产业化的快速发展，优化陕西民间艺术的发展环境。

（二）政策支持、科研帮带、人才帮衬

探寻艺术精粹和坚守文化品质，走精品化的品牌道路是陕西省民间艺术产业化发展的内部动力和主要动力。政策支持、科研帮带和人才培养的辅助和帮衬也是民间艺术产业化发展不可或缺的因素。

首先，政府扶持对民间艺术产业化发展尤为关键。陕西民间艺术产业化发展目前仍处于初级阶段，政府作为国家宏观调控的职能机构，其政策导向对当地民间艺术产业的构建、启动和发展具有巨大的影响。党的十七大报告中提出大力发展民间文化产业的决议后，陕西省人民政府下发了《关于加强全省非物质文化遗产保护工作的意见》等相关文件，目的就是为了焕发民间文化艺术的青春，活跃民间文化艺术的血脉，使具有民族特色、地方特点和时代特征的新农村文化蓬勃兴起。2011 年 9 月，陕西省首届民间文化艺术节成功举办。艺术节的推广不但加强了各地民间艺术交流，更加拓展了民间艺术发展的新视域、新思路。在今后的工作中，政府相关部门还应加大民间艺术保护范围，完善投融资体系，加强民间艺术保护立法，积极开展民间艺术的保护开发、对人才（人才储备计划）等方面问题研究和探讨，不断完善和建立相关方面的政策，为民间艺术产业市场秩序的完善提供政策保障，以保证民间艺术产业化发展的各环节有章可循。

其次，民间艺术的发展还应纳入科学研究的视域，成立专门的科研机构或将其置入高校课程体系，以科学的方法和观念分析我省民间艺术产业化的现状、存在的问题，探索其发展规律和前进方向，为我省民间艺术产业化发展提供理论依据。我省科教人力资源富集，高校和科研机构文化积淀深厚，易于对地区经济、民俗、民间艺术产生理解和认同，有利于民间艺术的理论研究达到新的高度，是我省民间艺术产业化发展不可忽视的力量。另外“民族文化进校园”有利于于培养大学生对本民族文化的认同感和自豪感，让本民族文化深入学生的骨髓，融入其血液。让陕西人不管身处世界何地，只要看到皮影，听到唢呐响等这些民族元素，就禁不住血液沸腾。在民族文化进校园方面，既要有“民族常识”“民族文化”等显性课程，更要重视涉及民族文化的隐性课程。民族文化的教育应该渗入到其他课程之中，如校园文化，校园建筑中，营造强烈的民族文化传承氛围。将民间艺术进入高校课程体系，发展高校人员参与民间艺术研究，不但有利于有利于民间艺术的进一步发展，还有利于青年一代了解、承继民间文化，完善民间文化的传承体系，可谓一举双得。

最后，文化产业是创意密集型行业，民间艺术文化要实现可持续发展的产业化发展之路，除了需要高素质、洞悉国际艺术文化产业发展前沿和通晓中西艺术文化的创意型人才之外，还需要一批精良的艺术文化经营、管理人才。陕西民间艺术产业化要走出文化生态失衡与民间艺术传承人才严重缺失的困境，就必须着力于建设培养一支高素质的文化产业发展所需的人才队伍。在人才队伍建设过程中，首先可以选择优秀的陕西民间工艺大师送到我国知名艺术学府或是国外进行培训，以增益其艺术技能；在培养人才的同时，还需大力引进国内外高层次、高素质的人才。

参考文献

[1] 张紫晨. 民俗与民间美术[M]. 长沙：湖南美术出版社，1990：16-18.
[2] 列宁. 列宁全集[M]. 北京：商务印书馆，2012，38：459.
[4] 乔晓光. 民间剪纸：正在消失的母亲河[N]. 中国教育报，2003-01-14.
[5] 胡惠林. 文化产业概论[M]. 昆明：云南大学出版社，2005：179.
[6] 章建刚. 民俗与民间美术[M]. 长沙：湖南美术出版社，1990：16-18.

我国应急产业发展现状及对策建议

肖　越

（渭南师范学院经济与管理学院）

摘要： 自 2003 年“非典”以来，国家建立了突发公共卫生事件的应急体系，虽然国家制定了发展应急产业的相关政策，也在部分地区建立了应急产业基地，但应急产业在我国仍是个新兴产业。如何发展应急产业成为政府工作的重点，本文在分析我国应急产业现状的基础上，针对性地提出我国应急产业现在所面临的突出问题，认为应该以坚持以政府为主导制定相关政策、加快应急产业基地建设、增强应急创新能力和培养复合型应急人才和专业管理团队等四个方面促进和培育整个应急产业的发展。

关键词： 应急产业；新兴产业；应急产业现状分析；应急对策建议

2003 年“SARS”病毒先后“侵入”广东、北京等城市，危急时刻，中央政府及时决断，公开信息，全民共同击退“SARS”，中国由此建立了突发公共卫生事件的应急体系。经历非典事件后，党中央、国务院高度重视应急管理工作，应急管理体系逐步完善、防灾减灾能力日益提升。应急产业是一个社会所需要，并且在产业生命周期中处于萌芽期的产业，产业发展潜力大。当前我国应急管理工作的重点是对应急产业的培育和发展。

一、应急产业的含义

（一）广义的概念

应急产业作为一个新的概念，政府及学界关于应急产业的理论研究和实践探索刚刚起步。不同视角的研究对于应急产业的认识也各不相同，对应急产业的定义和内涵也有一定的差异。广义的“应急产业”是针对各类突发事件应急活动相关产品、技术和服务的集合，是一种宽泛的概念。我国《国家突发公共事件总体应急预案》中，根据突发事件的发生过程、性质和机理，将突发事件分成自然灾害、事故灾难、公共卫生和社会安全四类。应急产业广义的概念应当覆盖这四大类事件。

（二）狭义的概念

从另一方面讲，“应急”主要针对事故灾难类生产安全事故应急救援，不同于针对公共安全的广义概念，是一种狭义的概念。

（三）应急产业的特性

应急产业的形成和发展，是经济社会发展到一定阶段的产物，是社会分工深化的结果，是国家明确的战略性新兴产业，其特性表现为以下几点：

第一，社会公共性。从应急产业广义的概念上看，应急产业提供的产品和服务是以满足社会公共安全需要为首要目的的。应急产业所提供的产品和服务都属于准公共物品，具有使用上的非排他性，并且应急产品的供给很大程度上要依赖政府的决策。

第二，需求刚性。在面对突发事件时，无论是自然灾害、事故灾难、公共卫生还是社会安全，人们对应急产品和服务的需求必不可少，具有典型的需求刚性的特点。

第三，需求的时效性。应急产品和服务若没有在突发事件发生的第一时间内提供，则会造成严重的经济损失和社会负面影响。

二、我国应急产业发展现状

（一）发展应急产业成为社会共识

第一，政策法律、法规的相关政策导向。2007 年 11 月 1 日起施行的《突发事件应对法》第三十六条规定：“国家鼓励、扶持具备相应条件的教学科研机构培养应急管理专门人才，鼓励、扶持教学科研机构和有关企业研究开发用于突发事件预防、监测、预警、应急处置与救援的新技术、新设备和新工具。”为应急产业发展奠定了法律基础。

第二，领导的重要讲话。2007 年 11 月 13 日，时任国务委员华建敏同志在全国贯彻实施突发事件应对法电视电话会议上的讲话中指出：“进一步加快发展应急产业。全面提高我国抵御风险、防范应对突发事件的能力，关键要靠科技和产业支撑。”

由此可见，大力发展应急产业已成为社会共识，应急产业作为应急管理的重要物质和技术保障，始终受到党中央、国务院的高度重视，。

（二）应急产业发展初具规模

第一，从市场发展现状看，据国家发改委、财政部等相关部委 2006 年的预测，应急产业市场年容量 500 亿 ~ 1 000 亿元，如果包括所带动的相关产业链，年容量近 4 000 亿元。据中国安全防范产品行业协会的调查数据显示，“十一五”期间，我国安防行业规模迅速扩大。2010 年，安防企业达到了 25 000 家左右，从业人员约 120 万人；行业总产值达到 2 300 多亿元，其中安防产品产值约为 1 000 亿元，安防工程和服务市场约为 1 300 亿元。

第二，从相关产业基地建设看，我国多个地区都建立了安全相关的产业基地，主要包括以下几个：

1. 广东东莞

2009 年 6 月，民政部中国紧急救援促进中心在东莞松山湖开始筹建中国紧急救援产业支持中心，打造应急救援产业园区。预计新增就业 5 000 人，产值 63.5 亿~83.5 亿元，创造利税 12.6 亿元。

2. 安徽合肥

合肥公共安全产业园建设用地面积 3.1 平方千米。2012 年，公共安全产业园实现产值 240 亿元，建成公共安全产业孵化器和加速器 150 多万平方米，经认定的公共安全产业高新技术企业达到 130 个，具有自主知识产权的技术和产品大幅增加，部分公共安全主导产品实现升级换代。

3. 四川绵阳

绵阳将建设 10 平方千米的防震减灾科技产业园。防震减灾科技产业园将引进一批高技术强竞争力的项目，运用信息技术、生物技术、新能源技术、新材料、空间技术等高新技术，开发研究防灾减灾新产品新技术。

4. 温州乐青

温州乐清在 2003 年“非典”之后就介入应急产业，截至 2009 年，乐清应急产业相关产品的产值约 100 亿元。

5. 陕西西安

2013 年 6 月，“天狼”空天地一体化北斗应急通信指挥车应用暨北斗应急产业园项目在西安启动，并举行了西安北斗应急产业园 1 000 亩（1 亩=666.67 平方米）地规划建设签约仪式。“天狼北斗应急指挥车”将在陕西建立研发、集成、生产一体化产业基地，打造多用途无人机、机器人、无线有线设备、电子信息产业、软件产业等新兴产业集群。

三、我国应急产业发展存在的问题

（一）应急产业政策宏观，标准不明确，制定缺乏针对性、可操作性

应急产业作为我们的新兴产业，产业需求日趋增长，原有产业标准更新不及时、修订不完善，应急产业发展需求与相应的政策和标准不能有效指导之间的矛盾日益凸显。同时，在应急产业政策和标准制定方面，政策导向主要侧重于国家层面，内容比较宏观，缺乏相应的实施政策，应急产业政策缺乏针对性和可操作性，加上产业标准之间缺乏有效的衔接和有机联系，导致产业政策难以构成一个成体系的系统。

（二）应急产业软硬件建设仍有很大发展空间

从硬件建设来看，我国应急产业相关基地建设仍处于起步晚、规模小的初步发展阶段。现有的几个安全相关产业基地的建设基本上都是从2009年以来才慢慢建立、发展起来的，规模主要集中200亿~300亿元。从发展重点看，合肥偏向公共安全领域，东莞偏向应急救援领域，绵阳偏向自然灾害领域，乐清偏向公共卫生应急领域；对于安全生产领域，个别产业基地（园区）也涉及相关内容，但并不属于这些产业基地的主体内容。从软件建设来看，目前我国的应急产业相关的资源保障体系、物资和设备分类储备体系等方面的管理亟须进一步完善和健全。

（三）应急产业专业人才、专业团队严重不足

目前我国应急产业专业人才严重缺乏。从应急产业人才培养途径来看，我国现有的应急专业人才培养主要依赖常规的高等教育模式，偏重于研究型人才的培养，对于从事安全生产或应急救援的管理型、技能型工作人员，缺乏相应教育和培训。对于实际需求迫切的应急产品，缺乏高素质的研发团队。

四、推动应急产业发展的政策建议

（一）坚持政府主导原则，不断完善政府应急管理组织体系

我国政府高度重视防灾减灾和应急能力建设，要坚持政府主导优化应急产业市场，不断提高预防和处置突发公共事件的能力。首先，政府部门需加强对发展应急产业的认识，尽早出台有效的应急产业标准（产业标准体系、产品认证制度），明确产业门类、制定应急产业目录。其次，建立、完善各项保障应急产业发展的法律法规和政策制度体系，有效引导企业行为，为应急产业发展营造良好的法制环境。最后，强化应急产业信息化管理。

（二）加快应急产业基地建设，构建数量级产业集聚

根据灾情灾种的区域分布特征和应急需求强度，结合国家经济结构调整和战略性新兴产业发展需要，按照“合理布局、保证急需”的原则，以城市产业园区、现代物流基地为依托，以城市经济圈的产业能力为建设动力，以国家增量投入并整合存量资源与拉动关联产业为基点，推进应急产业园区基地布局建设，重点建设华北、华东、华南、华中、东北、西北、西南六大区域性应急产业基地，既可推动应急产业集聚，又可发挥应急产业基地在各个区域的辐射与示范作用。

（三）增强应急产业科技创新能力，以公共安全科技助力应急产业创新

科技应用含量是检验一个国家灾害防御和紧急救援现代化的重要标志之一。公共安全事

件的不确定性、难以预见性和迅速扩散性等特征，客观上要求应急产业的专业化、规模化发展以科技力量为支撑点和推动力。我国的应急产业必须以提升自主创新能力和产业综合竞争力为重点，只有依托公共安全科技，加强自主创新，争取在关键领域掌握更多的自主知识产权、拥有更多技术专利，才能提升应急产业核心竞争力，优化我国应急产业结构，推动应急产业的不断创新。

（四）重点培养复合型应急人才，打造应急产业专业管理团队

应急产业的高风险、综合性等特点，决定了产业发展对人才的要求不同于其他产业。中国还未形成健全的应急管理教育培训体系，目前的教育培训偏重于研究性内容，缺乏基础性和应用性内容。因此，需要改进应急产业人才培养机制，高度重视应急管理专业人才的培养，加强基础教育，鼓励跨学科教育。

参考文献

[1] 国务院应急办应急产业和装备发展调研组．关于我国应急产业和装备发展现状的调研报告[J]．中国应急管理，2012（2）：10-13.

[2] 郑胜利．我国应急产业发展现状与展望[J]．经济研究参考，2010（28）：10-17.

[3] 佘廉，郭翔．从汶川地震救援看我国应急救援产业化发展[J]．华中科技大学学报：社会科学版，2008，22（4）：65-71.

[4] 魏际刚．加快发展应急产业的思路和建议[J]．重庆理工大学学报：社会科学版，2012，26（1）：1-6.

论地方政府在“装备制造业合同”中的法律地位和作用

张元丰

（渭南师范学院）

摘要：随着地方政府与企业签订大量的《装备制造业招商引资合同》，大量与以往不同的法律问题日益凸显，本文通过分析政府在装备制造业招商引资中的法律地位和作用，进一步为地方装备制造业高效，有序发展提供理论支持。

关键字：装备制造业；合同；法律地位

基金项目：渭南师范学院特色学科建设项目（14TSXK03）

依照中央大力发展高端装备制造业的号召，促进地方高端装备制造业的快速发展，各级地方政府纷纷向企业抛出了“高端装备制造业”的绣球，并通过签订《装备制造业招商引资合同》的形式予以体现。同时，大量政府参与民商事经济活动的法律问题日益凸显，这些法律问题与以往传统的法律法规具有明显的区别，该区别主要表现在政府是否作为经济主体参与运营、政府签订的高端装备制造业合同的法律效率问题等。只有正确认识政府职能，把握住政府在装备制造业招商引资以及参与民商事活动的法律地位和作用，才能促进政府依法行政，建立一个良好的投资环境，对加快地方经济发展具有积极的推动作用。

一、高端装备制造业发展的深远意义

高端装备制造业是以高新技术为引领，处于价值链高端和产业链核心环节，决定着整个产业链综合竞争力的战略性新兴产业，是现代产业体系的脊梁，是推动工业转型升级的引擎。大力培育和发展高端装备制造业，是提升我国产业核心竞争力的必然要求，是抢占未来经济和科技发展制高点的战略选择，对于加快转变经济发展方式、实现由制造业大国向制造业强国转变具有重要战略意义。

当前，世界经济竞争格局正在发生深刻变革和调整。加速培育和发展高端装备制造业，既是构建国际竞争新优势，掌握发展主动权的迫切需要，也是转变经济发展方式，推进产业结构升级的内在要求。从国际看，金融危机使工业发达国家重新重视实体经济发展，提出了“再工业化”、低碳经济、下一代新能源、智慧地球等发展路线，瞄准高端制造领域，瞄准新兴产业，谋求塑造新的竞争优势。这不仅对我国高端装备的未来发展构成激烈竞争，而且还将对已经形成优势的产品造成市场空间挤压。从国内看，国民经济重点产业的转型升级、战略性新兴产业的培育发展和国家重大工程建设等，对装备制造业绿色化、智能化、服务化提出了新的更高的要求，并提供了巨大的市场需求空间。未来 5~10 年，我国高端装备制造业将迎来发展的重要战略机遇期。

二、地方政府在装备制造业的《招商引资合同》中的法律性质及表现形式

（一）地方政府在装备制造业《招商引资合同》中主体性质的界定

地方政府在装备制造业招商引资的过程中，常常以政府的名义作为合同主体的一方，与作为投资人的另一方签订《装备制造业招商引资合同》。目前，最为典型的表现形式为政府与其他经济主体签订的各类装备制造业招商引资合同。

（二）在装备制造业招商引资合同中政府承诺的“优惠条件”的法律性质

很多地方政府部门为了引进资金和制造业规模，往往在装备制造业招商引资合同中承诺给予对方一定的优惠条件。但在合同实际履行过程中，政府未履行承诺，从而引发了多起诉争案件。由于对承诺奖励行为的法律性质，目前我国的相关法律尚未作出明确规定。有学者认为该种承诺优惠或奖励应当视为行政法学上的一种新型的具体行政行为，可以根据民法学上的合理信赖原则和比例原则来进行判断，以期保护合同相对方的利益。目前，国内对此领域进行专项研究的学者稀少，能够见到的文章同样稀少。

（三）地方政府部门超越职权签订的招商引资合同

在实践中，有部分合同是地方政府部门超越职权以政府的名义代替其他主体与投资方签订装备制造业招商引资合同。针对该类合同的效力问题如果将该类合同认定为无效合同或效力待定的合同，那么势必会影响投资方的利益，届时血本无归的投资方定会认为该地区投资环境恶劣，从而对地方政府形象造成一定的影响。所以我们对这种超越职权签订装备制造业招商引资合同的行为要严格控制、规范政府行为，从而促进政府依法行政，规范民商事活动中的法律主体及行为，营造一个良好的投资环境，达到带动本地经济又快又好的发展的目的。

三、地方政府在装备制造业招商引资中的法律地位及作用

认定政府在装备制造业招商引资过程中的法律地位尤为重要，其法律地位的性质决定了合同的法律效率。从合同的生效要件来看首先应当考虑签订合同的主体是否适格。

（一）地方政府在装备制造业招商引资中的职能

政府的职能体现为管理国家或地方的政治、经济、文化，制定或引导国家或地方的经济、

政治发展战略，具体体现方式如下：

（1）宏观调控职能：地方政府通过手中的各种行政资源和行政手段，制定和运用财税手段调整社会利润分配方式、调整货币政策，对整个地方经济运行进行间接调控，其主要调控的是宏观方面。

（2）提供公共产品和服务职能：地方政府通过管理制定各种产业政策、计划引导、就业规划等各种方式，对整个地方经济实施间接调控。

（3）地方政府的市场监管职能：地方政府为了确保市场安全畅通运行，保障公平交易、维护社会主义经济秩序、维护企业合法利益而对企业和其他主体进行管理和监督。

（二）地方政府在装备制造业招商引资中的承诺与装备制造业招商合同履约主体装备制造业招商引资合同的分类

（1）一类为地方政府承诺，即地方政府对外来投资者予以承诺给予投资者一定的优惠政策，由投资方独立投资、融资，最后由投资者独立经营、独立核算，地方政府不参与利润分配。该类合同涉及的内容比较多，涉及的地方政府部门也比较多，故而涉及的权利义务综合性较强。

（2）另一类为地方政府基于合同双方之外，为了撮合两个合同主体进行合作，地方政府承诺对合同主体的双方或一方在一定程度上给予一定的优惠政策。在此种情况下容易造成合同签约主体与实际履行主体的直接或间接脱离，产生行政行为与民商事行为混同的现象。

四、地方政府在装备制造业招商引资过程中要注重目标选择和竞争策略

现实表明，越是经济不发达地区，地方政府装备制造业招商引资的热情就越发高涨，这是因为不发达地区市场机制调节作用相对薄弱，地方政府职能相对强化，追赶发达地区、改变落后面貌的愿望十分迫切。贵州省作为欠发达地区，在装备制造业招商引资的过程中目标选择和竞争策略显得尤为重要。

地方政府装备制造业招商引资种类繁多，但其目的十分现实。归结起来，一是国企解困，地方国有企业，大多是中小企业，负债沉重，经营亏损，市场萎缩，欲死不能，想活不成，成为地方政府的“心病”。因此政府多希望通过引进“外资”，盘活国有资产，对国有企业进行改制，解决国有企业职工下岗再就业问题。二是地方市政建设存在城市面貌陈旧，城市基础设施欠帐过多，公用事业底子薄、负担重、经营亏损等问题。这些方面以往是由财政支持，现在财政资金缺口大、投资效益差，通过引资，准许进入原来属于政府垄断经营的行业，同时引进市场竞争机制，这样在一定程度上缓解了政府财政资金的压力，提高了公用事业的供应保障能力和服务质量、改善了城市面貌。三是新区开发，通过城市规划、扩大城市规模、增加建设用地、出让土地使用权、成片开发、形成产业集群，往往是“筑巢引凤”和“引凤筑巢”等方式并用，力图大量吸引“外资”，在短期内形成一定的规模，实现投资收益。四是增加地方税收，即使在减免税费的优惠政策下，外来投资者直接缴纳的税收可能低于本地企业的水平。

五、针对地方政府在装备制造业招商引资中存在的问题，提供以下对策和建议

（1）项目选择应当从本地实际情况出发，根据区域社会经济发展战略，注重拉动经济增长、优化产业结构、消化就业压力，利用本地资源、市场前景乐观，技术升级换代的项目，对于不符合国家产业政策、转移强制淘汰设备、导致环境恶化、产业结构趋同化、区域间资源争夺加剧等项目要严格限制，不能为凑数达标而降低项目选择标准。

（2）应当构建科学合理的装备制造业招商引资指标体系，不能只有总量指标。在数量指标上应当与本地经济增长速度成正比例关系，不能只盲目追求数量、规模和增长速度，以上年计划为基数搞逐年递增；在质量指标上应当确定招商引资的资金到位、项目完成验收、投资周期、投资收益、财政增收、行业分布、产业链、吸收就业等多种指标，设计指标综合评估方法，以此对装备制造业招商引资项目进行评估。

（3）要加强装备制造业招商引资的组织领导和监督管理，地方政府建立装备制造业招商办公室等办事机构，聘请专家、企业家提出咨询建议，参与论证评审，进行社会监督。地方人大和政协应当将政府装备制造业招商引资作为重要的监督内容，重点对装备制造业招商引资的规划指标、优惠政策、项目运作、经费预算、环境建设和综合效益进行监督评议。对于装备制造业招商引资卓有成效的单位和个人要给予适当奖励，但更重要的是总结经验，交流推广。

综上：地方装备制造业招商引资工作要立足长远，放眼全球，追求实效，节约成本，避免朝令夕改，一哄而上，大起大落。既要搞组团路演、会展推介，又要建立长期稳定的窗口单位和传播渠道。在装备制造业招商项目的引进上要进行评价，引进一批低耗能、高环保、收益较高的企业，只有这样才能实现地方经济又好又快的发展战略。

参考文献

[1] 张万强. 提升中国装备制造业市场竞争力的财政政策研究[D]. 沈阳：辽宁大学，2013.
[2] 史丹. 振兴我国装备制造业的对策研究[J]. 经济研究参考，2002（36）：2-22，43.

浅析中小企业财务风险及其防范措施

刘军勇

（渭南师范学院经济与管理学院）

摘要：财务风险作为一种经济上的风险现象，逐渐成为企业存在及发展中非常重要的问题。财务风险无处不在，企业财务风险的成因，既有客观原因，也有主观原因。随着市场经济的发展，中小企业渐渐成为了市场中的竞争主体，因此，怎样采取合理有效的措施来避免中小企业在经营过程中出现的财务风险以及提高防范意识是每个中小企业必须面对的重大课题，也对中小企业的生存和发展具有重要的现实意义。

关键词：中小企业；财务风险；风险防范措施

财务风险的产生是现代企业在市场竞争的自然结果，它属于一种经济风险现象，逐渐成为现代财务管理理论的重要构成部分。随着经济的持续增长以及宏观经济政策的不断调整，中小企业逐渐成为市场中的竞争主体，成为推动社会前进的动力，但随着我国的市场经济的不断发展，中小企业生存与发展的环境因素的不确定性越来越明显。企业的风险是无时不在时时在，无处不有处处有。提高中小企业对抗风险的能力成为企业存在与发展的首要课题。因此，准确地对造成财务风险的原因及内在规律进行深入地了解和分析，并采用多种方法来加强防范财务风险就变得十分重要。

一、中小企业财务风险的表现形式

财务风险的表现形式有很多，在我国中小企业中比较常见的表现形式如下：

（一）盈利能力较低，经济效益差

具体表现为产品的成本费用过高，毛利率较低；资产的获利水平比较差，投资的回报率较低。从长远的角度看，盈利能力是对企业的经营管理状况和获现能力进行评判和检验的最重要的指标之一。在实际中，中小企业一般用投资以后所获得的收益来偿还企业所欠的债务，若企业在投资以后取得的收益小于或等于其所投入的投资额，则企业就没有能力来清偿到期的债务，即表明企业存在较高的财务风险。

（二）缺乏资金，偿债能力不足

具体表现为中小企业的资金缺乏，债务规模过大；企业的信用等级水平较低，融资能力较差。中小企业适度负债，可以为企业获得财务杠杆利益，但太多的债务，一方面会降低公司的信用评级，提高融资成本；另一方面也会削弱企业的支付能力。如果中小企业信用链的相关环节出现问题，或净现金流低于预期，将会影响企业的到期债务，严重的话甚至会导致财务危机。

（三）债务结构不合理

通常来说，中小企业筹集的短期债务资金应该用于流动性强的资产，更准确地来说，应该与速动资产保持一致。当企业的现金不能支付到期债务，企业就会将流动性较强的资产进行变现然后用来偿付到期的债务。如果企业的短期负债比例过高，或者将企业的短期借款的钱投资于流动性相对差的固定资产和其他长期资产，将会使企业资产的流动性降低，进而对企业的短期偿债能力产生影响。

（四）经营能力不佳，不良资产比例大

资产是企业拥有或控制的预期能够给企业带来经济收益的资源，资产周转率体现了企业对资产的使用效率。企业的不良资产比例越大也就意味着企业的财务风险越大，资产周转率越低，资产的运用效率低。对于中小企业来说，如果资产管理能力差，不仅会影响企业实现预期的目标，而且会影响企业未来的发展，可能导致财务危机。

（五）成长能力较弱，企业发展停滞不前

具体表现为中小企业的资本积累率及销售增长率降低，业务规模不断地削减，市场的占有率减少。成长能力反映了一个企业的发展趋势，成长能力暂时下降，并不表明企业将面临财务危机，但成长能力长期下降，或者是企业的经营状况出现了问题，都是企业财务风险加剧的体现。

二、中小企业财务风险成因分析

财务风险是客观存在的，任何企业都无法避免，只能用科学有效的方法来降低风险，然而只有充分把握财务风险构成的成因才能实施有效方法防范财务风险。引起中小企业财务风险的原因多种多样，既包括企业外部的环境变化所形成的外部原因，也包括企业内部财务制度和管理机制等的变化所形成的内部原因。

（一）外部原因

1. 宏观经济状况

经济发展、法律制度、市场环境、货币政策等均属于宏观经济形势。由于这些因素都存在企业之外，中小企业很难准确地对宏观经济状况的变化进行预测，从而造成企业的财务状况具有很大的不确定性。目前，我国许多中小企业仍有许多不足之处，如财务管理系统创建不合理、规章制度不完善，以及聘用的管理人员素质较低等，具体表现为企业对于外部环境的不利变化反应比较迟缓，进而诱发财务风险。

2. 金融市场状况

在金融市场上很多因素的变动都会直接或间接地对企业的财务状况产生影响，例如货币资金的供求状况、利率水平、汇率水平的变动，均会导致财务风险。金融市场的流动性紧缩、利率升高，往往会企业出现流动性短缺，增加企业的偿债成本，进而增大企业的财务风险。汇率水平的变动不仅会直接地对涉及企业进出口的业务产生影响，而且也会间接地对其他的企业产生影响。

（二）内部原因

1. 资本结构不合理

一般来说，企业的资本结构，是指价值的组成和各种企业资本比例，反映了企业的资产负债率，通常用资产和负债或权益比率表示，它在某种特定的程度上对企业的偿债能力以及再融资能力起决定作用，是评判一个企业财务状况的重要指标。通常来说，合理的资金结构比率是：股权资本 40%左右，债务资本 60%左右；流动负债与长期负债的比率大约为 2∶1。目前，资本结构不合理主要体现在两个方面：一是债务资本占总资本的比例过高；二是权益资本占总资本的比例过高。企业在筹资的过程当中，为了使其资本成本降低，采取的主要方式是债务融资。因此，如果中小企业的举债规模过大，则会加大企业支付利息的压力，导致企业的偿债能力受到影响，从而使企业面临较大的财务风险。

2. 投资决策缺乏科学性

投资决策是企业的一项重大事项，具体包括对内投资和对外投资，需要对其进行科学、合理的财务分析。实际的操作过程中，在对外投资方面，由于投资决策者对于投资风险的认识不充分，盲目地进行投资，使得企业投资损失重大，因而不断地出现财务风险。在对内投资方面，主要进行的是固定资产投资，在此类投资决策过程，许多中小企业投资项目的可行性还没有被充分的分析和研究，并且获得经济信息的决策过程是不完整的，使得很多企业在投资决策时容易出现主观判断、经验决策甚至进行盲目投资的现象，从而使得投资项目难以实现预期的收益，不能按照期限收回投资额，增加了企业的财务风险。

3. 财务管理制度不健全

从总体来说，企业的财务管理工作涉及企业基本活动的方方面面。在企业的财务管理系统中，内部财务监控是一个很重要而且十分独特的系统，为了企业能够充分发挥其内部财务监控的职能，不仅需要设置独立的组织机构，而且还要根据企业的实际情况，建立和完善内部财务监控制度，确保企业内部财务监控系统在一定程度上能够高效运行。然而，目前大多数中小企业仍然还没有建立和完善其内部财务监控机制，即便是建立了企业内部监控机制，也没有严格地执行财务监督制度，甚至有的企业将管理、监督合为一体，进而在一定程度上难以对其进行约束，极易发生财务风险。

三、中小企业财务风险的防范措施

（一）增强企业财务管理对宏观环境变化的适应能力

虽然宏观环境的变化在企业之外，企业的管理人员很难对其进行有效的控制，但是中小企业还是应对其进行详尽的分析和研究，制定出一系列相应的风险调控机制及财务战略，不断对企业的财务管理体系进行完善，增强中小企业财务管理环境对风险的应对能力。此外，中小企业还应时刻对国家相关政策的变动进行关注，以便最大限度地减小由于环境要素的改变引发的财务风险。

（二）保持和提高资产的流动性

企业偿付债务的能力是由其债务总额以及资产的流动性来决定的。企业可以通过自己的业务需求和生产规模确定资产的流动性，但在某些情况下，企业可以采用一些措施，提高企业资产的流动性。比如采取措施加速资金的周转、尽可能地降低对资金的占用额、努力缩短生产周期、提升产品的销售比率、降低企业的应收账款等，进而使企业的获利水平得到提升。

（三）保持合理的资本结构

中小企业应当在自有资本和借入资本之间保持合适的比例结构。一定比例的债务可以在某种程度上给企业带来避税的效果，以及约束和鼓励经营者等积极作用。但是，由于企业存在财务杠杆系数的作用，当企业的负债增加时，也会增加企业的财务风险。因此，中小企业必须加强对其负债规模的控制，如果对企业财务风险的控制情况不明确时，采用权益资本融资更好，以保证企业资本结构的合理化，最大限度地降低中小企业的财务风险。

（四）必须健全企业的内部控制体系，不断完善财务管理系统

一方面，不仅要对中小企业的内控制度加强建设，以保证风险监控制度能够健康高效地

实行，为防范和化解中小企业财务风险构筑起第一道保护线。另一方面，还要清楚地了解企业财务风险监管工作的流程，做到权责分明。此外，中小企业还应不断地对财务管理系统进行完善，以此来适应财务管理环境所发生的变化。为了使企业能够在不断变化的财务管理环境中健康发展，中小企业应当招募一些高质量的财务管理人员，创建科学高效的财务管理机构，并不断对企业的相关规章制度及各项基础工作进行加强和完善，确保财务管理体系可以健康有效地实行，防止因企业财务环境的变动诱发风险。

四、小　结

中小企业的财务风险防范与其所有者密切相关，由于财务风险客观存在于企业财务管理工作的每个环节中，不可否认会对中小企业的生产经营状况具有重大影响。因此，中小企业在经营管理的过程当中，应该对财务风险形成的原因进行仔细的剖析，创建出科学、高效的风险处理机制，强化对资产的管理，增强风险意识，降低企业所面临的财务风险，最大限度地提高企业的经济效益。

参考文献

[1] 陈永霞．企业财务风险分析与防范措施探讨[J]．企业导报，2012.
[2] 刘岩．浅谈企业财务风险的分析与防范[J]．青春岁月，2013.
[3] 邓敏．浅析企业财务风险及防范措施[J]．江西化工，2012.
[4] 纪振英．浅析企业财务风险的表现形式及识别方法[J]．财经界，2009.
[5] 徐秀红．试论企业财务风险的基本类型与防范措施[J]．中国总会计师，2013.

浅谈“营改增”对物流业税负的影响

王娟娟

（渭南师范学院经济与管理学院）

摘要： 2011 年 11 月 17 日，我国财政部、国家税务总局正式公布营业税改征增值税试点方案，自此我国税收改革的大幕正式拉开。2012 年 1 月 1 日起，交通运输业“营改增”首先在上海试行，旨在减轻重复征税。2013 年 8 月 1 日，税制改革扩大到全国试行，物流行业纳入税改范围，新增 11%和 6%两档税率。文章分析“营改增”对物流业税负的影响情况，从而提出相应的纳税筹划建议。

关键词： 营改增；物流；税负；策略

基金项目： 渭南师范学院特色学科建设项目（14TSXK03）

一、“营改增”政策解读

2013 年 8 月 1 日起，在全国范围内开展了交通运输业和部分现代服务业“营改增”试点。交通运输业包括陆路运输服务（包括但不限于铁路运输）、水路运输服务、航空运输服务和管道运输服务。部分现代服务业包括研发和技术服务、信息技术服务、文化创意服务、物流辅助服务、有形动产租赁服务（不包括不动产租赁服务）、鉴证咨询服务、广播影视服务[1]。计税方法的改变，也带来了税率的变动。小规模纳税人税负明显减轻，各项税负都在降低或持平。对一般纳税人而言，税率均有所提高，但改征增值税后，进项税额又可以进行抵扣，可抵扣额和上涨的税率是影响税负的关键因素。

二、影响物流企业税负的因素分析

（一）税率增高而可抵扣项过少

目前交通运输业税率为 11%，较之前增长了 8%，而且增值税进项税额抵扣范围对物流企业而言还是远远不够。从报表资料得知，A 公司“营改增”初期能够进行进项税额抵扣的成本仅占全部费用的 40%～50%，而且，企业大量的投入，比如人力成本、过路过桥费等无法作为进项税额进行抵扣，这也是大部分物流企业“营改增”初期税负反增的主要原因之一。

（二）部分增值税业务未取得增值税专用发票

物流公司下面有很多车辆司机只是签订临时合同，司机跑业务的途中加油或者修理车辆往往为了方便，采取就近原则，并没有收取增值税专用发票的意识，而公司对收取专用发票也不够重视，经常忽视这个问题，没有对这一行为进行制约，导致短期内很多应税范围内的业务没有取得专用发票，可抵扣的项目白白流失。

（三）差额征税的废止

《财政部、国家税务总局关于在全国开展交通运输业和部分现代服务业营业税改征增值税试点税收政策的通知》（财税〔2013〕37号）文件最大的变化就是废除了差额征收，即支付给非试点纳税人的价款不能在销售额中扣除。而改革前A公司的运输业务中很大一部分是差额征税的方式，随着该项优惠政策的废止直接造成可以差额扣除的业务无法扣除，税负增加。

三、“营改增”后物流企业如何进行税收筹划

（一）合理选择纳税人身份

从上文分析可知，小规模纳税人和一般纳税人税率是完全不同的。现行税法规定：未超过标准销售额（500万）的小规模纳税人以及新开业的试点纳税人只要符合以下两种条件就可申请成为一般纳税人：①有固定的生产经营场所；②能够按照国家统一的会计制度规定设置账簿，根据合法、有效凭证核算，能够提供准确税务资料[2]。

这就说明只要年销售额不超过500万，制度健全、场所固定就可以自由选择纳税人身份，两者的计税方法差异很大，小规模纳税人采用简易计税方法，一般纳税人采用销项和进项的差额计算应纳税额，企业可根据自身情况选择。

（二）调整定价体系转嫁税负

“营改增”后交通运输服务税负不降反增，前文分析过这是因为交通运输服务税率上调幅度太大，实际可抵扣项目较少造成的。营业税是含税计征，现在实行增值税后则是不含税计征，企业应以利润为目标，重新制定新的价格体系。企业可调整定价体系，适当提高物流服务的价格，将增加的税负部分转嫁给下家。同时对下家而言，可以抵扣购买试点服务产生的进项税额，实际采购成本相应也会减少[3]。可见，调整价格，双方都能获益，可谓两全其美。

（三）加强企业对增值税发票的管理，严格细分业务

实行“营改增”以来，部分企业为了弥补上涨的税负，获取更大的利润，出现了真票假

开及虚开代开的违法行为，因此，物流企业应当加强对增值税专用发票的管理力度，及时取得增值税专用发票，并及时办理相关认证手续。

同时，物流公司应严格区分不同业务对应的不同税率。比如承包给小运输商的业务，实际属于货物代理，应按实际代理费开具6%的专用发票，而实际中由于混业经营，往往是对该笔运输业务直接开具 11%的专用发票。物流公司应当严格区分物流辅助和交通运输，避免从高税率缴纳。

（四）调整产业结构

抓住“营改增”契机，调整产业结构。对物流企业而言，增值税产生的进项税额可以抵扣，有利于促进专业化分工协作。“营改增”后，企业会加大研发投入与技术创新，以减少人工费用占营业成本的比例，一方面提高了自身效率和竞争力，另一方面采购的机械设备也可以抵扣部分增值税额。

“营改增”促进企业减少人工成本的投入，促进产业分工专业化，减少重复纳税，增进现代化水平，激励企业自主创新，获得核心竞争力。因此，企业必须抓住战略机遇，调整产业结构，加快发展脚步。

（五）建议政府扩大“营改增”范围，扩大进项税抵扣范围

财税部门应该逐步扩大“营改增”试点范围，适当增加可抵扣的项目。2013 年 8 月 1 日起，全国范围内对物流业进行“营改增”试点，公平起见，应扩大试点的行业范围，将物流业相关行业也纳入“营改增”范围。范围扩大后，产业抵扣链逐渐完整，加之随着税制完善，税负将有所降低。

中国物流与采购联合会在给财政部的报告中提出，适当增加进项税抵扣项目，对占物流业较大成本的过路过桥费、房屋租金等纳入进项税抵扣范围。对于一些费用相对固定但较难取得专用发票的支出（如燃油消耗、修理费等）应当按照行业平均水平估算抵减比例[4]。随着试点范围逐步扩大，短期内引起可抵扣难题的原因如果逐渐解决，最终将减轻企业税负，实现税负公平。对企业而言，应当尽可能的获取更多的增值税专用发票，当然前提是合法合理。

（六）申请过渡性的国家政策支持

过渡性财政支持指让某些企业能够最大限度降低“营改增”对企业带来的负面影响。我国财政部门已经相继出台了一系列过渡期扶持政策，例如上海市就采纳出台了财政补贴政策，企业应尽力争取财政补贴，以缓解企业在改革过程中的财政压力。自然，前提是企业应如实汇报实际数据，切勿趁机索取国家资金。同时，扶持政策只是暂时性的，企业不可能依靠其维持盈利，长远考虑，企业还是应从根本出发在自身寻找解决方法，从各方面进行合理的纳税筹划，同时提高业务量，从根本上实现盈利。

实施“营改增”，从长远来看对物流企业有着积极的作用，企业应抓住此次改革的契机，深入研究相关政策，积极进行税收筹划，尽量在营业收入不变的情况下，尽可能地获得更多

可抵扣项。另外，物流企业可以调整定价，转嫁税负，并调整自身产业结构，更新设备，自主创新，从而使企业税负合理。

参考文献

[1] 韩丽."营改增"对物流行业税负的影响分析[J]. 长江大学学报：社会科学版，2013，36（5）：59-60.

[2] 景世中."营改增"对物流行业财税处理的影响分析[D]. 昆明：云南财经大学，2014.

[3] 李云柯."营改增"政策对现代物流业的涉税影响和应对措施研究[D]. 武汉：华中科技大学，2013.

[4] 周艳. 浅议"营改增"对物流企业的影响[J]. 财会研究，2012（18）：54-56.

浅谈工程项目造价管理与控制

何军峰
（渭南师范学院经济与管理学院）

摘要： 工程项目造价管理的基本内容就是合理确定和有效地控制工程项目造价。工程造价的合理确定，就是在建设程序中，合理确定各个阶段的造价。工程造价的有效控制，就是在保证工程项目质量与工期前提下，在工程项目建设的各个阶段，采用一定的方法和措施，把工程造价实际额控制在限额以内。

关键词： 工程管理；造价控制；工程变更；质量控制

一、概　念

工程造价管理是指在遵循工程造价运动的客观规律和特点的前提下，运用科学、技术原理和方法，解决工程建设活动中的工程造价的确定与控制、经营与管理等实际问题。在统一目标、各负其责的原则下，所进行的全过程、全方位的符合政策和客观规律的全部业务行为和组织活动。工程项目造价有两种含义，相应的，工程项目造价管理就有两种，一为工程投资管理，二为工程项目价格管理。针对工程投资管理，所谓工程项目造价的有效控制，就是在优化建设方案、设计方案的基础上，在建设程序的各个阶段，采用一定方法和措施把工程项目造价的产生控制在合理的范围和核定的造价限额以内。

二、我国工程造价管理的现状及问题

我国工程造价管理在唐朝就有记载，但发展缓慢。新中国成立以后，得到了很大的发展。1985 年成立了中国工程建设概预算定额委员会，1990 年在此基础上成立了中国工程造价管理协会，1996 年国家人事部和建设部已确定并行文建立注册造价工程师制度，标志着该学科已发展成为一个独立的、完整的学科体系。经过十多年的发展，取得了可喜的成绩，对我国的社会主义现代化建设做出了重大贡献。但随着社会主义市场经济体制的建立和发展，现行的工程造价管理制度存在的问题也随之暴露出来。主要表现在如下几个方面：

（一）造价控制重施工轻设计

我国现阶段的工程造价管理以办理工程结算价为目的，只注重在施工过程中的造价控制，而忽视了项目建设前期阶段的重要性，因此经常出现投资超限的现象。有些项目甚至在建成后投资大幅超过计划，从而形成了大量效益不好的工程。近些年来，国际上发达国家对工程投资的要求是事前预控、事中控制。而我国传统的做法是把造价控制重点放在施工阶段，在客观上造成轻决策重实施、轻经济重技术、先建设后算账的后果。造价多为事后算账，依附于建筑设计师，被动地反映设计和施工。

工程造价管理以被动的按照设计图纸编制的大概预算和计算工程造价为主，忽视了在设计阶段用工程造价管理优化设计，有效的控制造价。根据有关统计资料表明，设计阶段影响工程投资的可能性为 75% 以上，但目前我国的设计者，大多追求高安全度和设计收费，设计时不考虑经济因素，造成了许多工程大量浪费材料的现象。

（二）工程造价管理体系还不完善

工程造价管理的各阶段相互脱节，投资估算、设计概算、施工图预算、合同价、结算价、决算价，这六个阶段的造价分别由建设单位及其主管部门、设计单位、施工企业各自管理，没有建立前者控制后者，后者影响前者的有效的工程造价管理体系。

（三）缺乏信息加工和传递制度

我国目前的工程造价管理资料收集整理制度不完善。已经完工的工程项目的工程造价的收集、整理与分析资料对造价师具有十分重要的参考价值。但是目前，我国这部分资料十分有限，大多属造价工程师个人所有，达不到数据共享。造价师之间不能互通有无，相互学习，造成资源的浪费。

（四）工程造价咨询机构不健全，工程咨询业发展还不成熟

有的地方虽已建立咨询机构，但没有充分发挥出工程造价咨询的作用。目前，我国的工程造价咨询单位普遍实力薄弱，规模偏小，技术力量不强，改革也没有完全到位，还无法应对市场的变化和竞争。工程造价咨询业发展中存在不少的问题，主要表现在：基础差、素质低、单一从事编制工程预算业务、不适应市场经济发展的要求；行业管理体制尚未理顺，存在行业、地区、部门垄断封锁的现象，严重地阻碍了公平竞争的发展；行业服务规范和制度建设急需与国际接轨。

三、加强工程项目造价管理与控制的对策

（一）项目投资决策阶段工程造价控制

做好基础资料收集，编制可行性研究报告。工程投资预测需要较多的资料，如工程所在地水电、地质、材料设备价格、现有已建类似工程资料等，对于做经济评价的项目则需收集

更多资料。造价人员要对资料的准确性、可靠性认真分析；工程项目可行性研究中，项目建设标准的决策对工程造价及项目效益有决定性影响。可行性研究是指在调查的基础上，通过市场分析、技术分析、财务分析和国民经济分析，对各种投资项目的技术可行性与经济合理性进行的综合评价。

（二）项目设计阶段工程造价控制

推行限额设计，明确控制造价责任。首先，按照批准的设计任务书和投资估算来控制初步设计，再按照批准的初步设计总概算控制施工图设计，然后在各专业保证使用功能的前提下，按投资限额控制技术以及施工图设计。其次，按设计估算、概算、预算的不同阶段，将工程投资按专业进行分配。如果突破限额指标，要分析查找原因，并明确责任。投资分解和工程量控制是实行限额设计的有效途径。最后，造价人员对每一阶段的设计要进行造价核算，超过限额要及时与设计人员分析原因，并修改设计，确保在设计阶段将工程造价控制在投资估算之内。

（三）项目发包阶段工程造价控制

工程招投标是建设单位控制工程造价的有效手段。建设项目招投标是以竞争择优选择承包单位，合理控制工程造价。发包阶段的工程造价控制主要体现在标底的编制和合同承包价的确定。

通过建筑市场招投标竞争，以招标文件和施工设计图规定技术、质量、材料品牌为依据，让工程项目既合格又能够有效的控制造价。合同价以合同形式表现，工程合同是承包人工程建设、发包人支付价款的依据，也可利用它的法律效力作为工程造价的结算依据。这种用合同价控制建设工程造价的行为，就是动态控制管理。对有关合同的新增、调整价格条款与内容界定一定要清楚，价格计算一定要明确，避免由此带来的风险。增强合同价控制，做好造价控制，是建设工程造价控制的有益补充。

（四）项目实施阶段工程造价控制

严格把握、参与设计变更及方案调整，避免施工图预算突破概算。工程建设项目中做好工程设计变更和现场签证，加强设计变更管理，把设计变更控制在开工前，使其对工程造价影响降到最低。设计变更一定要有工程造价专业人员的共同参与，先进行比较分析，后进行变更。解决设计变更方案是控制工程造价的有效手段。

合理确定材料价格，控制材料用量。工程造价控制中材料价格的控制最为主要，材料费在工程造价中的比例很大，约为 70%。在施工阶段严格按合同控制材料用量，合理确定材料价格，并有效控制工程造价。多渠道材料供应，工程造价人员密切关注市场行情，随工程进度深入现场和市场，掌握第一手市场材料信息和施工情况，为结算时工程造价控制提供有力依据。

提高控制造价意识，分解承包风险。一个工程项目施工周期较长，涉及的经济和法律关系复杂，受客观因素影响较大，这些都会让项目实际情况与招投标情况产生一些差异。因此，确定工程量、严格现场签证、及时处理工程索赔和认真按合同要求支付工程进度款也就成为了施工阶段造价控制的主要工作。

四、加强工程变更的控制

在工程项目的实施过程中，由于建设单位、设计、施工等方面的原因。常常会出现工程量、材料、施工进度等变化。导致工程费用发生改变，因此，应该合理控制这些工程变更。

（1）工程变更的原因。建设单位对建设工程提出新的要求。例如，修改项目总计划；削减预算；更换不同材质的门窗等。由于设计上的错误，必须对设计图纸作修改。由于使用新技术，有必要改变原设计、原施工方案。由于施工现场的环境发生了变化，预定的工程条件不准确。政府部门对建设项目有新的要求，如环境保护要求，城市规划要求等。以上情况都会导致变更的产生。

（2）工程变更中应注意的问题。第一，工程师的认可权应合理限制常常通过工程师对材料的认可权，提高材料的质量标准；对设计的认可权，提高设计质量标准。对施工认可权提高施工质量标准。承包商对超出合同规定的要求应争取业主或工程师的书面确认，然后提出工期和额外费用的索赔。第二，工程变更不能超过合同规定的工程范围。工程变更绝对不能超出合同规定的工程范围。如果超过了这个范围，承包商有权不执行变更或坚持先商定价格后再进行变更。第三，承包商不能擅做主张进行工程变更。对任何工程问题，承包商不能自作主张，进行工程变更。特别是在国际承包工程中更不能这样做。

五、加强施工阶段质量控制的途径与方法

（1）在进行每道工序施工前，项目技术负责人应当与施工班组长进行书面的交底。

（2）质量检验员要进行跟班实时质量监督，及时处理发现的质量问题，对不符合建筑工程项目设计及要求的施工，要求其立即停工并限期整改，采取质量一票否决制度。

（3）做好上下工序和交叉工序的交接验收。如果前一道工序不符合质量要求，下一道工序不能施工作业。

（4）合理安排施工工序的交叉。明确交叉单位的责任，做好相关的交接和验收工作，加强对施工产品的保护。

（5）各个施工工序要坚持自检、互检以及专检的质量检查制度，要做到逐级检查，层层把关。要求所有隐蔽工程必须经监理或业主验收，做好隐蔽记录，在业主或者监理签字后才可进入下一道工序。

（6）加强工程资料的管理。项目资料负责人对相关资料进行收集和整理，保证资料和数据的完整性和准确性，同时根据合同要求编制竣工资料。

六、结束语

建筑工程造价管理控制涉及工程建设的诸多方面，完善我国工程造价管理制度，提高造价人员的素质，是企业能够长远发展的基础。它与工程建设的全过程中每个环节紧密相连，只有提高技术经济分析论证能力，才能最终增强企业的市场竞争能力。

参考文献

[1] 文娟. 国际工程管理造价控制[D]. 北京：北方工业大学，2010.
[2] 武飞. 变电站工程现场造价管理及控制研究[D]. 北京：华北电力大学，2014.

新会计制度下高校固定资产管理探析

张静莉

（渭南师范学院国有资产管理处）

摘要：新高校会计制度在对固定资产会计核算方面提出了“修正的权责发生制”以及“虚提”固定资产折旧等具体内容，本文在对比新旧高校会计制度的基础之上，分析高校固定资产在会计核算方面的不同，提出了科学有效地做好高校固定资产会计核算及账务处理的建议，期望提高资产利用效率，最大限度地发挥其功用。

关键词：新高校会计制度；财务管理；固定资产

高校的固定资产是高校重要的物质资源，是高校日常教学等活动顺利进行必不可少的物质基础条件，是衡量高校办学效益和综合竞争力的重要因素，因此高校对于固定资产的会计核算及账务处理就显得极其重要[1]。新《高等学校会计制度》（以下简称“新高校会计制度”）已经于2014年1月1日起在全国范围内正式开始实施，新高校会计制度在固定资产的确认、分类、核算等各个方面都进行了完善。在结合高校实际发展情况基础之下将会计核算基础由收付实现制并改为权责发生制应用到了固定资产核算体系中，在固定资产后续处理上提出了“虚提”高校固定资产折旧的内容，完善了资产的确认和入账管理，在一定程度上确保了国家资产的安全完整。

一、新旧高校会计制度的比较

与1998年3月份出台的旧的高校会计制度相比，新高校会计制度相比较优越性主要体现在以下几个方面：

1. 会计基础的变化

旧的高校会计制度要求高校在日常一般业务活动中采用收付实现制，也就是说高校的会计核算基础采用收付实现制，一般不建议采用权责发生制，只有当日常经济业务涉及经营性收支业务时要求采用权责发生制，这也是高校在财务管理方面区别于其他单位的重要标志[2]。而新高校会计制度规定高校会计采用“修正的权责发生制”为基础，拉小了高校与其他行业的距离。尽管新制度规定采用的是区别于其他企业的“修正的权责发生制”，在一定程度上可以理解为并没有完全取代收付实现制，但却还是迈出了很大的一步，将原来以收付实现制为主的核算基础逐渐向权责发生制过渡，在高校固定资产方面当然也创新地引入了“修正的权责发生制”，高校固定资产会计基础的变化必然会带来高校固定资产会计具体核算的变化，也将最终影响高校固定资产管理的会计成果以及高校管理决策者的决策结果。

2. 会计核算的变化

新高校会计制度在固定资产的确认、分类、核算等方面都发生了较大的变化，在固定资产确认方面更加具体地规定了确认的标准；在高校固定资产的分类方面，根据高校固定资产的特点完善了固定资产的分类标准；在固定资产的核算方面，对于固定资产的入账账务处理、固定资产的折旧核算及账务处理、固定资产期末盘点及使用终了的处置账务处理等都做了明确的规定。在固定资产后续处理中创新地提出了“虚提”固定资产折旧的概念以及对于高校固定资产会计账务处理更加严格的规定，能够更加真实完整地反应高校固定资产价值，突出强化了对固资产的计价和入账管理，也规范了高校固定资产核算程序，确保了国有资产的安全完整、利用效率。

3. 编制财务报告方面的变化

在旧制度中高校最终的财务报告不需要编制现金流量表，使高校的现金以及现金等价物具体情况没有得到很好的反映。为了改善这一状况，在新高校会计基础之下（也即权责发生制）需要编制现金流量表，反映高校现金及现金等价物实际收支情况，这样不仅可以在一定程度上更好地反映出高校本年度的现金流入与流出情况，也为高校管理者做出日常开支决策提供了依据[3]。

二、基于新高校会计制度对高校固定资产的具体研究

在新高校会计制度下对固定资产的会计核算变化，主要体现在以下几个方面：

1. 对高校固定资产确认的变化

并不是任何东西都能称之为固定资产，高校的固定资产必须经过下列条件的约束，符合后才能予以确认并且据以入账：该固定资产的成本能够可靠的计量[4]。原制度规定固定资产的确认标准为一般设备单位价值在 500 元以上、专用设备单位价值在 800 元以上。新制度结合实际情况在这方面有了很大的改变，固定资产确认标准为一般设备单位价值在 1 000 元以上、专用设备单位价值在 1 500 元以上。在固定资产的确认标准上，新制度对一般设备、专用设备分别提高了 500 元、700 元[5]。

2. 对高校固定资产分类的变化

新高校会计制度对高等学校固定资产的分类具体做了如下规定，即将固定资产分为六类：房屋及构筑物；专用设备；通用设备；文物和陈列品；图书、档案，家具、用具、装具及动

植物。其中由于文物和陈列品、图书、档案、动植物等资产具有单位价值低、损耗大的特点，为了简化会计核算工作对这些资产不计提折旧[6]，高校财务人员在实际工作中一定要注意这点。原制度固定资产分为：房屋和建筑物；专用设备；一般设备；文物和陈列品；图书；其他固定资产。为了更好地反映固定资产，新制度在此基础上取消了一般设备、其他固定资产的分类，增加了通用设备和家具、用具、装具及动植物分类。

3. 对高校固定资产具体会计核算的变化

（1）从固定资产的取得来分析。新制度为了更好地核算固定资产，从源头上控制固定资产，在高校取得固定资产时要求对于不论通过外购、自建、改扩建、融资租入、接受捐赠、无偿调入等途径获得的固定资产都应该分别进行核算及账务处理，不能统统放到一起来处理，否则容易发生混乱以及账务不清。

（2）从固定资产的后续支出来分析。新高校会计制度引入了“虚提”折旧的方法，当高校固定资产需要计提折旧时并非像一般企业一样根据固定资产的受益对象进行分配以及账务处理，而是在发生折旧的当期冲减“非流动资产基金”，不计入高等学校日常支出，这样不会造成高校日常支出过大，既能真实反映固定资产的实际价值，也符合《事业单位国有资产管理暂行办法》中提出的“实物管理与价值管理相结合的原则”[7]。

（3）从固定资产的处置来分析。高校固定资产类型多、差异大、价值高、使用寿命各不相同，而且对于固定资产的实物管理由后勤部门进行，固定资产账务管理则由会计核算部门进行，这就导致资产的实物管理和账务管理严重脱节以及由于某些原因导致固定资产丢失，进而容易产生固定资产的账账不符、账实不符的情况。因此为了核实准确以及减轻工作量，高校应该定期全面进行高校固定资产的清查。

三、在新制度下对于高校固定资产核算及账务处理的建议

（1）全面深入地学习了解新高校会计制度，加强财务人员的培训，提高专业素质和业务水平。由于制度在不断更新，使用者也不能墨守成规、一成不变，要不然新制度也就变成了一纸空文，没有实际意义。高校财务人员在深入学习了解新制度的基础之下应该迅速转变工作思维，合理安排工作计划，切实提高工作效率。

（2）根据新制度的规定要求不断规范自身的会计核算制度。高校财务人员在深入学习新制度的基础之下，结合本校实际情况规范学校的会计核算制度，在实际工作中发现问题随时更改，只有这样才能使高校的财务管理工作井然有序地进行。

（3）切实加强对高校固定资产的管理。高校固定资产的实物管理者与财务管理者应该相互配合，一方面确保资产的完整，发现短缺及时与财务管理部门沟通，防止资产的缺失给高校日常工作带来不便；另一方面高校财务管理工作者要定时进行盘查，保证资产的账实相符，如果出现不符应当及时查找原因进行处理。应该根据实际情况计提固定资产折旧以反映其真实价值，进而使财务报告数据真实符合实际情况。各部门各司其职，切实做好自己分内的事，加强交流与沟通，才能使高校财务管理工作井然有序地进行。

参考文献

[1] 财政部. 高等学校会计制度[J]. 财会，2013（30）：13-14.
[2] 杨洋. 新旧高校会计制度衔接的建议[J]. 财经界：学术版，2014（14）：45-50.
[3] 乔凡. 新高等学校会计制度的变化解析[J]. 行政事业资产与财务，2014（19）：56-57.
[4] 王国生. 新旧《高等学校会计制度》之比较[J]. 财会月刊，2014（07）.
[5] 肖翔. 新高校会计制度下固定资产计提折旧刍议[J]. 行政事业资产与财务，2014（15）：24-25.
[6] 毕素红. 新会计制度下高校会计核算工作的探讨[J]. 中国乡镇企业会计，2014（07）：198-201.
[7] 田红. 浅谈高校固定资产管理存在的问题及对策[J]. 中国商贸，2013（33）：12-15.

浅议内部审计与政府审计

王　菁

（渭南师范学院审计处）

摘要： 内部审计、民间审计及政府审计共同构成了我国的审计监督体系，内部审计作为公司治理工具和企业内部管理手段，其根本目的是要服务于组织的管理者，为提高组织内部经济效益而开展的审计；政府审计又称国家审计，是政府的一个职能部门，根据政府赋予的职责权限实施审计。正确处理好内部审计和政府审计的关系，将有助于发挥审计监督体系的整体效能，更好地为社会主义市场经济服务。

关键字： 内部审计；政府审计；审计监督

内部审计、民间审计及政府审计共同构成了我国的审计监督体系，内部审计作为公司治理工具和企业内部管理手段，其根本目的是要服务于组织的管理者，为提高组织内部经济效益而开展的审计；民间审计也称社会审计，只有接受当事人的委托才能开展审计；政府审计又称国家审计，是政府的一个职能部门，根据政府赋予的职责权限实施审计。它们的共同目标是加强财政财务管理，维护国家财政经济秩序，提高经济效益，保障国民经济健康快速发展，正确处理好三种审计的关系，将有助于发挥审计监督体系的整体效能，更好地为社会主义市场经济服务。

一、内部审计的历史发展

在国外，早在公元前3500年的美索不达米亚文明，就有对财务交易进行验证的记载。到了公元前 510 年左右的古罗马时期，一些奴隶主为了防止负责管理土地和财务的人员出现舞弊行为，他们采用了“账户听证”方式对这些人员经管的财务收支进行监督，或者指派专人执行审查并向他们报告，这项工作使用的术语就是“审计”。到了中世纪，内部审计在西欧有了进一步的发展，出现了专职人员负责查错防弊工作。在欧洲大陆，德国的康采恩・克虏伯公司也于1875年开始实行内部审计制度。在美国，19世纪后半期，随着铁路建设的发展，铁路主管人员要确保全国各地的站长正确地处理收入，外部审计明显不能充分的满足这一经营需要，因此铁路行业开始实行内部审计，按照规定，内部审计人员不仅对财务进行审计，还广泛开展了经营审计。1941年12月9日，北美公用事业公司的约翰・瑟斯顿在纽约倡导建立了内部审计师协会（Institute of Internal Auditors），成为国际内部审计师协会的前身。国际内部审计师协会成立之初只在纽约设有分会，后来发展到底特律、芝加哥、费城、洛杉矶和克利夫兰。20世纪90年代以来，关于内部审计的立法也得到进一步发展，美国1998年修订的《证券交易法》规定证券发行者应当建立和维持内部审计制度，美国国会于2002年通过的《萨班斯-奥克斯利法案》确立了美国企业中审计委员会和内部审计的法律地位，强化了内部审计的作用，韩国2010年颁布的《公共部门内部审计法案》明确了确保内部审计独立性、加强内部审计师专业性、规范内部审计程序的措施，并确立了最高审计机关与内部审计师之间的合作机制。

新中国的内部审计产生于计划经济向市场经济转轨的20世纪80年代，是随着1982年宪法确定实行审计监督制度之后，在国家审计的推动下逐步产生和发展起来的。1983年《审计署关于开展审计工作几个问题的请示》，明确了“对下属单位实行集中统一领导或下属单位较多的主管部门，以及大中型企事业组织，可根据工作需要建立内部审计机构或配备审计人员，实行内部审计监督”。1998年11月国务院发布了《中华人民共和国审计条例》，对内部审计的机构设置、职责、工作范围和领导关系作出了明确规定。2003年2月审计署发布了修订后的《审计署关于内部审计工作的规定》，要求“国家机关、金融机构、企事业组织、社会团体以及其他单位，应当按照国家规定建立健全内部审计制度”。内部审计作为组织治理的重要组成部分和实施组织内部控制、监督和管理的重要手段，为加强风险管理、完善内部控制、推进廉政建设，进而为促进经济社会的健康发展发挥了重要作用。

二、政府审计的历史发展

大约在公元前3500年左右，古埃及奴隶主阶级的最高统治者法老就设置了一种有较高独立性的监督官：“记录监督官”和“谷物监督官”，监督官实际上也就是当时的审计官，他们以听证的方式，对掌管国家财务和赋税的官吏进行审查和考核，成为具有审计性质的经济监督工作。中世纪，西方国家的封建王朝中大都设置有审计机构和审计官员，对国家财政收支进行审计监督，但在组织上、体制上、方法上都处于很不完善的初始状态。1256年，法国国王圣路易颁布“伟大法令”，要求实行审计监督，从而使各级政府机构和官员接受审计成为一项强制性措施。18世纪资产阶级民主思想的兴起奠定了“三权分立”学说，资本主义国家大多实行立法、行政、司法三权分立的分权与制衡机制，现代审计应运而生。

我国政府审计经历了漫长的发展历程，在春秋战国时期就已建立了“上计”制度，这是审计制度的雏形。秦朝的中央机构实行三公九卿制，三公为丞相、太史、御史大夫，御史大夫主管监察，执掌弹劾、纠察之权，专管监督全国的民政、财政以及财务审计事项。三国两晋南北朝时期，政府审计取得重大突破，其主要标志是出现了独立于财计部门的专职审计机构——比部。隋代将比部正式隶属于刑部之下，从组织体制上明确了比部的司法监督性质，突出了比部的财务审计职能。唐代比部的审计范围更加广泛，包括了财政收入、财政支出以及公库系统的出纳。宋代元丰改制后还专门设置“审计司”，是我国“审计”的正式命名之始，对后世审计机构的命名有着直接影响。元明清三代，审计机构隶属于监察系统——御史台和督察院，保证了审计工作的独立性和权威性，但审计业务只是监察工作的一部分，缺乏独立的专业的政府审计机构。北洋军阀政府时期，1912年国务院下设审计处，1914年改为审计院，同年颁布中国历史上第一部《审计法》和《审计法实施条例》。新中国成立后，1983年9月

15 日，国务院正式设立审计署，1984 年中国审计学会成立。1994 年第八届全国人大常委会第九次会议上通过了《审计法》，并与 1995 年 1 月 1 日实施，《审计法》的颁布实施标志着我国国家审计正式跨入了法制化的轨道。1997年10月以中华人民共和国国务院令发布并实施了《中华人民共和国审计法实施条例》，自 2000 年以来，国家审计署陆续制定和颁布了《国家审计基本准则》以及若干通用审计准则，进一步完善了我国审计法律规范体系。

三、内部审计与政府审计的区别

内部审计与政府审计、社会审计共同构成了我国审计监督体系，内部审计和政府审计的目标都是为了提高资金的使用效益，正确处理好内部审计和政府审计的关系，有助于发挥审计监督体系的整体效能，更好地为社会主义市场经济服务。内部审计和政府审计的不同在于：

（一）审计依据

内部审计的依据有《审计法》《审计法实施条例》《内部审计准则》，其中《内部审计准则》是内部审计人员在实施内部审计工作时应当遵循的行为规范，是内部审计职业界对内部审计行为提出的技术性要求。内部审计准则为规范和指导内部审计工作提供依据，是衡量内部审计工作质量的尺度，确定和解脱内部审计责任的标准，有助于内部审计职业与各利益相关方的良好沟通，也为完善内部审计机构内部管理提供良好的基础。

政府审计的依据是《宪法》《审计法》及《审计法实施条例》等相关法律法规。我国法律从实体和程序上都规定了审计机关依法审计的内容和要求。

（二）审计权限

审计机关权限是法律赋予审计机关在履行审计职责过程中享有的权利，是审计机关履行审计监督职责、完成审计工作任务的基本保障。审计法律法规赋予审计机关的权限主要有：要求报送资料权、检察权、调查权、采取强制措施权、处理处罚权、建议权、通报和公布审计结果权等。

《审计署关于内部审计工作的规定》中明确了内部审计机构的权限，主要有：要求被审计单位按实报送生产、经营、财务收支计划、预算执行情况、决算、会计报表和其他有关文件、资料；参加本单位有关会议，召开与审计事项有关的会议；参与研究制定有关的规章制度，提出内部审计规章制度；检查有关生产、经营和财务活动的资料、文件和现场勘察实物；检查有关的计算机系统及其电子数据和资料；对违法违规和造成损失浪费的单位和人员，给予通报批评或者提出追究责任的建议。

四、审计职责

内部审计机构的职责主要有：对本单位及所属单位的财务收支以及有关的经济活动进行

审计；对本单位以及所属单位预算内、预算外资金的管理和使用情况进行审计；对本单位以及所属单位的固定资产投资项目进行审计；对本单位以及所属单位内部控制制度的健全性和有效性以及风险管理进行评审；对本单位及其所属单位经济管理和效益情况进行审计；法律法规规定和本单位主要负责人或者权利机构要求办理的其他审计事项。

政府审计的职责是由我国法律明文规定的，主要包括三个方面：一是审计职责；二是专项审计调查职责；三是指导、监督内部审计和监督社会审计业务质量。审计机关职责是从国家对审计机关的要求而言的，是审计机关应当对国家履行的职责。

内部审计和政府审计在历史发展中存在相辅相成的关系，经济的发展推动了审计的形成，政府审计的发展也为内部审计提供了借鉴。政府审计在指导内部审计的同时，内部审计的一些先进经验也可以为政府审计提供参考。正确处理好内部审计和政府审计的关系，将有助于发挥审计监督体系的整体效能，更好地为社会主义市场经济服务。

参考文献

[1] 畅晶. 基于公司治理下企业内部审计的研究[D]. 太原：山西财经大学，2014.
[2] 郑洪权. 中国内部审计的发展现状、问题及对策[D]. 天津：天津大学，2005.

现代企业制度下成本管理中存在的问题

孙碧荣

（渭南师范学院经济与管理学院）

摘要： 在竞争日益激烈的经济环境下，现代企业制度下的成本管理是企业实现经济效益、增加市场竞争力和物质财富的重要途径之一，我国现行企业成本管理还存在很多弊端，本文在现代企业制度的前提下简要介绍成本管理的概念及其必要性，明确现代企业成本管理中普遍存在的问题：管理手段落后；组织机构不完善、规章制度不健全；成本管理信息不真实、成本核算浮于形式等。

关键词： 现代企业制度；成本管理；市场竞争；会计核算

基金项目： 渭南师范学院特色学科建设项目（14TSXK03）

一、现代企业制度下成本管理的必要性

成本管理是指：企业生产经营过程中各项成本核算、成本分析、成本决策和成本控制等一系列科学管理行为的总称。成本管理一般包括成本预测、成本决策、成本计划、成本核算、成本控制、成本分析、成本考核等职能。研究成本管理的目的是，充分动员和组织企业全体人员，在保证产品质量的前提下，对企业生产经营过程的各个环节进行科学合理的管理，力求以最少的生产耗费取得最大的生产成果[1]。面对日益激烈的市场竞争，现行的成本管理方法已经无法满足现代企业的管理要求，这就对现代企业制度下的企业管理者和管理机制提出了更高的要求，现代企业管理所采用的成本管理方法必须要具备科学的成本管理方法和系统性的实际操作流程，而不是片面的，难以实施的。

（一）加强企业成本管理是提高企业经济效益的主要途径

经济效益作为企业的根本，决定着企业是否能够健康持续的经营和发展。有效的企业成本管理是企业进行多层面多角度的成本压缩以提高企业经济效益的重要途径。经济效益主要体现在劳动所得与所费的关系比较。有效的成本管理，可以在最大限度内挖掘企业的创新能力，不断为企业创收。在这个过程中，要适应企业经营方式与经营手段的调整，保证成本管理符合现行的经营方式和手段，成为经营的核心内容。企业不断地细化内部分工，相应地组织协调机构配合协作，有效地提高企业管理效率，降低边际成本，减少企业内部的资源浪费和经济损失。

（二）加强企业成本管理是增加市场竞争力的重要条件

企业管理的重要组成部分是成本管理，成本管理直接关系到企业内外部主体的切身经济利益，同时也影响着企业未来的发展。成本管理也是企业生存的一个重要保障，也是提高企业自身竞争力的关键，而成本的高低以及经济效益是通过有效的成本控制来实现的。在市场经济条件下，现代企业数量逐年增加，这就对新形势下的现代企业提出了更加严峻的考验。企业生产经营的直接主体是市场，企业要想在庞大的市场竞争中存活，加强成本管理迫在眉睫。有效地控制产品成本是企业取得发展的基础，也是对企业经济效益提升的最直接、最有效的途径。目前，我国大部分企业在成本管理中存在着诸多弊端，主要体现在企业的成本控制水平不能满足当前经济市场的需求[2]。

（三）增加社会物质财富的重要途径

现代企业不再是单一的个体，而是不断地融入到经济、社会环境之中的，这就要求企业对社会有一定的贡献。企业生产成本的高低直接决定着企业对社会贡献程度的大小，决定着企业在同类行业内的发展水平和竞争力。降低成本是增加利润的来源。成本是以货币形式来补偿价值尺度的，有效地降低成本也就是有效地减少了补偿价值，为社会劳动创造价值提供了基础、贡献了力量。降低成本和提高利润是一脉相承的，为国家和企业增加资本积累的同时也为人民物质文化生活水平提高打下坚实的基础。

二、成本管理存在的问题

（一）企业市场观念不强和成本意识淡薄

传统成本管理制度下，成本会计的工作重点是成本的核算，工作内容主要围绕着计算产品的总成本和单位成本而开展。对于事前，成本的统计与核算工作只是对成本做一个具体的分解，对应不同的产品类别或批次，并没有实现成本管理参与经济决策的管理者地位，更谈不上生产经营的预测了[3]。过去我国在计划经济的背景下很难真正地面对激烈的市场竞争，现在的市场改变了，企业就要改变思路，拓展方向，勇于探索和实践，在成本管理上不断创新，采用新的方式进行成本管理。企业的核心竞争力取决于产品，产品价格的竞争就是产品的竞争，而价格竞争归根到底又是产品成本的竞争，产品价格的高低又决定了产品的成本，因此控制产品成本对企业至关重要。企业领导应当引导员工增强成本管理意识，对成本核算和管理有一个更加深刻的认识，不能因为不重视经营亏损的现实压力和参与竞争的市场动力，导致成本管理工作没有有效实施。观念的落后会导致企业无法适应市场经济发展的新要求，使企业走向市场淘汰的道路。

（二）成本管理手段落后造成不能对成本进行有效控制

成本管理过程中使用的还是传统方法，手段落后，不是现代科学的、准确的管理体系，因此也不适应市场经济管理体系的管理方法和管理手段。许多企业在成本管理过程中只注重生产过程中的成本管理，而忽略了供销过程的成本管理，一味的核算投产后的成本管理，不关注投产前产品成本预测和要素费用的合理归集。甚至一些企业就没有事前和事中的成本管理，不预测，不计划，不分析，不考核，成本决策缺乏一定的依据，成本计划不科学、不真实，因此，使事中、事后成本管理也不科学。在具体实践过程中，过度的注重财务成本核算，而忽略管理成本核算，过度的重视生产成本的核算，轻视产品期间费用的核算，使得产品成本归集的出现问题。产品成本有效控制主要是通过事后、事前的对比分析而来的。在平时的工作中无法准确地、及时地核算成本，不能保质保量地提供成本信息造成后续的成本考评无法实施。同时企业只进行了成本预测，不进行成本决策，使得成本管理没有顺利实施。也没有达到预期的管理效果[4]。

（三）成本管理组织机构不完善规章制度不健全

企业的成本管理机构是企业直接从事成本管理的机构。作为会计机构的一个部分，它的主要工作是为了进行成本核算，主要作用就是进行事后记录核算。任何组织和机构都必须要与现代企业制度相适应，缺乏相互牵制、相互制约的成本管理组织机构在激烈的市场竞争中迟早是会被淘汰的。在市场经济的大环境下，管理必须科学是现代企业制度下的企业的基本特征，企业管理制度的一个重要组成部分是成本管理，成本管理更应走向科学化。因此，成本管理组织机构责任重大，并不仅限于是承担事后记录核算的责任，还需要进行事前的成本预测、事中的成本控制和成本决策、成本分析等一系列的成本管理工作。另外，现代社会是法制社会，完善的法律制度为成本管理的有效实施提供了保障。健全的法律法规保证了制度的运行，对于企业而言，成本管理工作的良好实施的需要健全的规章制度来保证。而目前企业成本管理制度已经无法适应现代企业制度下成本管理的新要求。因此，现代企业进行成本管理首先要做的一项重要工作就是建立一套适应现代企业制度的成本管理制度。因此，需要对原有的成本管理管理组织和管理制度进行相应的改革，从而更好地适应经济环境的发展。

（四）成本管理信息不真实与成本核算浮于形式

成本管理信息不真实的情况普遍存在，具体表现为：财务人员对会计期间的工作内容划分不清晰；会计成本堆积、不计少计现象普遍存在，违反了相应的成本核算制度；不能明确区分成本核算对象，成本界限的不清直接导致了核算现象归集成本不实，为造成经营性支出和非经营性支出的混淆创造了条件。核算体系的建设只是形式工作，贯彻实施失真现象严重，错误的核算导致成本信息的不真实。一方面使得成本管理控制失去原有的效果，另一方面造成成本现象与企业经济责任制脱节。现代企业大多是按照成本计算对象归集生产费用和计算产品成本的，只能提供产品成本具体内容，无法明确反映企业内部各单位的具体情况，给企业成本信息内部的评价工作带来麻烦，使企业无法根据收集的成本信息评价考核企业各单位的工作业绩，对企业内部管理留下隐患。会计信息失真中成本信息的失真较为明显，具体表现在经营性支出和非经营性支出无法区分。

参考文献

[1] 薛少汉．现代企业制度下的成本管理[J]．当代经济，2013（16）：14-15.

[2] 杨新利，牟建军．现代企业制度下的成本管理[J]．当代经济，2013（6）：12-13.

[3] 秦超，杜麦来．浅谈现代企业制度下的成本管理[J]．中小企业管理与科技，2012（19）：31-32.

[4] 金珠．论现代企业制度的建立与会计监督[J]．行政事业资产与财务（下），2012（1）：122-122.

渭北旱塬地区水资源利用现状及对策研究

——以合阳澄城两县为例

吴养学

（渭南师范学院经济与管理学院）

摘要： 在渭北旱塬地区水资源紧缺的严峻形势下，充分了解和分析水资源利用的效率和效益，有利于当地水资源的合理配置和可持续利用的规划和决策。本文通过对合阳澄城两县水资源现状进行分析，指出存在的问题并提出相应对策。

关键词： 渭北旱源地区；水资源；利用；对策

渭北旱塬地区位于陕西省关中平原以北，陕北丘陵沟壑区以南；在黄土高原中，属地势较平坦的部分，土地面积大，土质良好，是陕西第二粮仓，也是国家二十个粮食生产基地之一。陕西全省粮、油、果、畜一半以上的生产基地都分布在渭北旱塬地区内，以盛产优质小麦而著称。

本研究项目主要对位于渭北旱源地区腹地的合阳澄城两县的水资源现状以及洽川湿地进行调研，分析其现状对当地乃至整个渭北旱源地区农业、经济等各方面的影响，总结出相应的对策建议。

一、合阳澄城两县水资源及其利用现状

（一）合阳县

合阳县地处陕西省渭北旱源东部，总面积 1 437 km²。全县人口总数 45.7 万，耕地面积 94.72 万亩（1 亩≈666.67 m²），农作物有小麦、玉米、棉花、油料等，经济作物有苹果、红提葡萄、花椒等。

1. 水资源及利用现状

合阳县全县水资源总量为 1.1 亿 m³，可利用总量为 12 991.6 万 m³。一是地表水资源：地表水资源量为 4 664 万 m³/年（不含黄河客水），近年来平均地表水可利用量为 2 972 万 m³。全县地表径流自北向南逐渐减少，年降雨量为 553 mm，主要集中在 6 ~ 9 月份，占全年降水的 60%。二是地下水资源：全县地下水资源量为 6 347 万 m³（不含“380”岩溶水），年开采

利用量为 1 895.6 万 m³。全县按自产水资源总量计算，每平方千米综合产水量为 8.2 万 m³，每亩耕地占有水量 118.2 m³，人均占有水量 244.7 m³，水资源人均占有量和亩均占有量分别为全省的 1/5 和 1/7。另外，全县“380”井年用水量约 1 836 万 m³。关中东雷抽黄工程分配到合阳县的水资源利用量为 6 288 万 m³。

2. 水利设施概况

合阳县农田灌溉设施包括大型灌区 1 处，即东雷抽黄工程，主要涉及路井、坊镇、新池、黑池 4 镇，有效灌溉面积 26 万亩。中型水库灌区 5 处，即红旗水库灌区、白家河水库灌区、定国水库灌区、五八水库灌区和百良水库灌区。5 座水库总库容 2 128.44 万 m³，另有兴利水库库容 1 008 万 m³，年可供水 339 万 m³。全县小型泵站 109 座，有机井 490 眼，其中“380 岩溶井”48 眼，有自流引渠 68 条。

3. 黄河滩区湿地及其开发利用

沿黄洽川地区现有各类取水设施 33 处，其中机电井 7 处、自喷井 29 处，日取水量 15 万 m³，为当地农业生产群众生活和旅游业发展提供了水资源保障。现有“380”岩溶水补给量为每年 5 553.52 万 m³，已开发利用 1 432 万 m³，还有 4 121.52 万 m³ 可开发利用。洽川是“380”岩溶水的排泄点，据统计，7 眼瀵泉涌水量每年为 2 615.78 万 m³；洽川地区 29 眼自喷井总排泄量为 2 785 万 m³，目前已开发利用 989 万 m³，其中申都供水工程用水 315 万 m³，人饮用水 286 万 m³，工业用水 28 万 m³；洽川塬上现有“380”机井 19 眼，供 17.88 万人、2.23 万头家畜饮水，可供水资源量 152 万 m³，年实际开采量 141 万 m³。

（二）澄城县

澄城县位于渭北旱源东北部，地处秦晋豫黄河三角经济协作区腹地，总面积 1 121 km²。总人口 37.8 万人，其中农业人口 31.2 万人，农村劳动力 15.5 万人；耕地面积 88 万亩，人均 2.8 亩，主产粮、棉、油、果、畜，自然资源丰富。

1. 水资源及利用现状

据统计分析，澄城县近年来平均水资源总量约为 16 639.947 万 m³，水资源年可开采量 3 644.94 万 m³，地下水与地表水重复计算量 2 822.08 万 m³，人均占有水量 395 m³，亩均占有水量 190 m³。

澄城县一年用水量约为 8 069 万 m³，其中，农业灌溉用水量约为 6 185 万 m³，占总用水量的 76.7%；工业生产用水 1 036 万 m³，占总用水量的 12.8%；农村饮水及生态用水量 848 万 m³，占总用水量的 10.5%。从水资源开发利用程度分析，该县水资源总量为 16 639.95 万 m³，现利用量为 5 808 万 m³，水资源利用程度 35%，开发利用程度较低。

澄城县 2010 年总用水量 5 808 m³，其中农业灌溉用水量 4 376 万 m³，占到总用水量的 75.3%，城镇用水量 286 万 m³，占到总用水量的 4.9%，农村用水量 563 万 m³，占到总用水量的 9.7%，工业用水量 570 万 m³，占到总用水量的 9.8%，生态用水量 13 万 m³，占到总用水量的 3.2%。

2. 水利设施概况

澄城县目前县域内建有各类水利工程 754 处，其中中小型水库 10 座，总库容 1 803 m^3；小型引水供水工程 43 处；机井 568 眼；抽水站 164 处；塘坝 17 处，总容量 23.7 万 m^3。2010 年实际供水量 5 808 万 m^3，其中地表供水量 3 405 万 m^3，占到总供给量的 58.6%，地下水供水量 2 403 万 m^3，占到总供水量的 41.4%。

二、合澄两县水资源利用存在的问题

（一）用水缺口大，水资源供需形势十分严峻

合阳澄城两县地处渭北旱源区，水资源较为紧缺，合阳县按自产水资源总量计算，每平方千米综合产水量为 8.2 万 m^3，每亩耕地占有水量 118.2 m^3，人均占有水量 244.7 m^3。澄城县人均占有水量 395 m^3，亩均占有水量 190 m^3，两县都远低于全国平均水平的 2 200 m^3/人，而中国的人均水资源占有量只是世界人均 1/4。

（二）水资源分布极不均衡，开发利用难度大

合阳县县域内地表水年际变化大，降水地域分布由北向南逐渐递减；地下水主要集中在洽川地区，储量丰富，但海拔相对较低，提水工程难度大；县域南部储水条件差，水位埋深大，水资源贫乏且水质差，开采投资大，利用率低；县域北部水位埋藏浅，水量丰富但开发潜力小。黄河水资源丰富，但调用难度大，处理费用高，仅能用于农业灌溉。

澄城县抽黄灌区地下水丰富且水位较浅，较易开发利用，但是石堡川灌区地下水却并不丰富，开采难度大，大部分设施面积不能灌溉，供水量逐年下降。

另外，两县降水时间不均衡，主要集中在 6 ~ 9 月份，占全年降水的 60%。加之政府财政困难，对水资源开发的资金投入少，影响了县域水资源的合理开发利用。

（三）水利基础设施建设滞后，水资源循环利用率低

两县的大部分农田水利设施年久失修，可利用率低。合阳县 15 座水库承担着大部分防洪保安任务，仅有 5 座小（一）型水库的水资源开发潜力大，加之西龙等大部分小（二）型水库因有效库容小，基础设施配备不到位，目前处于带病运行状态。而澄城县目前无大型水利工程，水源工程规模小，老化失修严重，供水能力下降，有的基本报废，污水处理利用率低。目前建成的县城污水处理厂日处理污水 1 万吨，远期将达 3 万吨，因循环利用配套设施建设不到位，处理后的污水质量不高，不能够得到有效利用。另外，合阳澄城县域内矿坑排水没有充分利用，造成了外部不经济。正在生产的煤矿日排水量可达到 4 800 m^3（其中西卓子

80 m^3/h、山阳 50 m^3/h、平政 50 m^3/h、百良旭升 20 m^3/h），因为没有建设专门的循环利用设施，导致大量的水资源浪费。

三、改善合澄两县水资源利用状况的对策

（一）精心编制规划，科学合理高效利用好县域内水资源

水是基础性自然资源和战略性经济资源，是生态环境的控制性要素，在经济社会发展和国家安全中具有极其重要的地位，合理的开发利用是确保经济社会快速发展的有力保障，制定中长期水资源开发利用规划显得尤为重要。当地水务部门要尽快编制好中长期水资源开发利用规划，特别是围绕“十二五”经济发展规划，坚持优先满足城乡居民生活用水，兼顾保障工业和农业用水的原则，高标准地编制好城乡居民生活用水、工业园区用水、现代农业发展用水规划等详规，规划必须结合实际，具有较强的科学性和操作性。

（二）包装争取项目，切实提高水资源利用率

近年来，国家出台了一系列优惠政策，在水利建设方面给予项目和资金扶持。各乡镇和经发、水务、农办等相关部门，要认真研究国家政策，积极策划包装项目，力争更多的水利项目落户本地，切实解决好工业、农业、人畜饮水和生态用水等重点问题。水务部门要抓紧策划农村安全饮水、城区管网改扩建、供水主管道改造、灌区节水改造、煤矿排水利用灌溉、水库除险加固、小型抽水站、抽黄灌区末级渠道节水改造工程等重点项目；园区办要做好污水处理项目的包装、争取工作，最大限度提高水资源利用率。

（三）加大资金投入，加强水利基础设施建设

一是要加大资金投入。建议政府财政每年拿出专项资金，用于农田水利渠道、城乡人畜供水管网正常维护。同时，在水利项目实施过程中，建议政府财政按照省市要求给予一定比例的配套资金，解决项目建设资金问题。二是经发、财政、水务、农办、电力等部门要积极整合各类资金，重点解决人饮和农田灌溉所需基础设施建设费用。水务和农业部门结合县上规划的几个现代农业示范园区的地理位置，筹措资金，加强基础设施建设，解决农业园区用水问题。三是激励民营投入。在水库、抽水站、机电井的开发利用上，通过拍卖、租赁、承包和群众集资等方式广泛吸纳民间资本和社会资金投入农田水利建设，提高水资源利用率。

（四）加强污水处理，提高矿坑水和污水循环利用

开展污水循环再利用是保护水资源的必由之路。水务、建设、农业等相关部门，应加强协作配合，在污水处理厂附近建设专门的蓄水大坝，并配套建设专门的水利设施，主要用于农业灌溉、城市生活用水和生态用水。对于矿坑排水，政府部门要结合正在开发建设的几大

煤矿的设计排水量，修建专门的蓄水大坝，并结合农业发展规划，配套建设专门的管网和用电等基础设施，解决农业灌溉用水问题，使各矿坑排水得以充分利用。同时，水务部门结合工业园区发展规划，提前规划设计好园区污水循环再利用问题，全面提高污水循环利用率。

参考文献

[1] 刘玉凤. 渭北旱塬县域农业可持续发展策略[J]. 水土保持研究，2004.

[2] 安凯春. 渭北旱塬地区农业可持续发展的途径[D]. 西安：西北农林科技大学，2010.

[3] 王忠福. 我国水资源利用中的问题与可持续利用对策[D]. 西安：西安邮电学院，2011：5-6.

陕西中小房地产企业品牌营销战略

——以陕西裕华渭南高新幸福城项目为例

韩宏刚

（渭南师范学院经济与管理学院）

摘要：我国房地产的营销方式已经从产品竞争、质量竞争、价格竞争阶段到了品牌竞争阶段。陕西裕华凭借自己十几年的品牌知名度在渭南市场上一直注重洋房的居住品质，让自己的品牌形象在人们心中根深蒂固。然而渭南高新幸福城项目存在着品牌战略意识不强、定位不清楚、目标市场不明确、建设时间过长、难以被消费者认可等方面的品牌建设问题。需要地产企业通过增强品牌战略意识、进行市场细分而确定目标市场、展开市场调查进行品牌定位并快速的建立起强势的品牌等途径进行品牌建设。

关键词：中小企业房地产；陕西裕华；品牌

一、房地产品牌营销策略概述

菲力浦·科特勒认为："品牌的要点是销售者向购买者长期提供的一组特定的特点、利益和服务。"目前市场上流行的品牌定义有三方面：定位说明、品牌联想、品牌阶梯。这三个部分包括品牌的名称、标志、商标、口号、产品广告中的主题句、特征和品牌的外形，以及给人的感觉，他们共同构造了品牌的个性及品牌的创造性形象[1]。房地产品牌是用以识别某个开发商的某个项目的名称、商标、图案、色彩、设计等，其目的是要使自己开发的项目有别于竞争对手。房地产开发商在进行营销活动时，有计划有目的地设计、塑造品牌形象，并由社会公众认知房地产项目的品质和价值，也是公众对房地产行业和产品的理性认识和感性认识的总和。房地产的品牌有企业品牌、项目品牌与物业品牌之分，企业品牌反映的是企业的整体形象，是对企业整体资源的整合，是房地产企业信誉、素质、服务和文化品位的一种标志，是企业对消费者的一种承诺。项目品牌和物业品牌是房地产企业单个项目的品牌，项目品牌的塑造只能带动项目本身的销售，只能对消费者产生吸引力和忠诚度，对企业整体形象与价值提升作用有限，两者是主体与个体的关系[2]。

二、渭南高新幸福城品牌营销现状与存在的问题

（一）品牌战略意识不强

林恩·阿普认为，当一个企业非常清楚地知道"他的企业、他的产品和所提供的服务在

市场上、在消费者中间的影响力，以及这种影响力所造成的认知度、忠诚度、联想度，并能够采取适当的战略将品牌融入消费者和潜在消费者的生活过程时，他也就在一定意义上培育了自己的品牌意识”[3]。品牌意识为企业制定品牌战略铸就强势品牌提供了坚实的理论基础，成为现代竞争经济中引领企业制胜的战略性意识。由于陕西裕华刚开始时在渭南市场上发展不成熟，集中度低，产业结构不合理，品牌战略意识不强，并没有从全局以及长远的角度来考虑房地产品牌营销，所以品牌的建设落后于其在渭南市场上房地产的发展。同时，渭南作为一个三线城市，大多数的开发商追求的也只是眼前的利益，做的只是如何将利益最大化，并没有看到品牌的重要性，这种竞争方式导致房地产品牌塑造相对落后。

（二）品牌定位不清楚

企业的品牌定位是将企业理念进行细化，明确赋予企业品牌特殊的意义以及鲜明的特征，并在营销过程中不断强化企业理念，同时树立本企业更加独特的情感、个性、精神内涵，让品牌在消费者心中有深刻印象。现在的社会是一个价值观多元化的社会，人们的个性越来越强烈，都会按照自己的爱好和个性去选择自己喜欢的品牌，这就要求中小房地产企业在进行品牌营销时，要有自己独特显明的特点。高新幸福城前三期都是普通多层住宅，直到第四期，才开始打造属于自己独有的品牌特征，从带花园洋房直到多层带电梯的花园洋房，品牌定位不明确、不清晰。

（三）品牌目标市场不明确

品牌的塑造是为了在激烈的竞争市场上取得优势地位。塑造品牌就必须对市场进行细分，进而对不同的消费群体的需要进行分析，找到属于自己的消费群体。然而，因为高新幸福城的项目位置处在渭南的最西边，相对来说比较偏僻，所以一部分消费群体是农民，是农民进城的首选项目；另一部分是渭南的企业白领，这一部分人大多数是在再次置业，因为项目的定位是多层洋房，同时在渭南也是独一无二的，居住在里面是一种身份的象征。但是这两种消费群体是相冲突的，这使得目标市场很混乱。

（四）品牌建设时间过长

每一个项目的开发时间决定了品牌塑造的时间，因为品牌塑造是一个持续不断的投资和维护，很多中小型开发商不愿意过多的对其投入，只是想通过广告或者投机取巧的炒作方法来维护自己的品牌在消费者心目中的地位，显然这是不足的，更多的开发商过于追求短期利益的行为显然与品牌塑造相违背。首先，2003 年裕华刚入驻渭南时，并没有品牌意识，只是一味地想着如何打开渭南市场在渭南市场上立足，使得建立品牌的步伐落后。其次，在 2003 年的时候，渭南房地产市场很不成熟，大部分开发商都没有品牌意识，缺少一个大氛围，所以使得品牌建设的时间很长。

（五）品牌难以被消费者认可

在渭南市场上，很多开发商认为只有那些大的企业才应该有品牌，小企业大众化的住宅不需要品牌，其实这是不对的。大众化的住宅更容易创造知名品牌，因为知名品牌的一个重要特征就是具有较高的知名度以及市场占有率，是否具有较多的消费者才是知名品牌的首要条件。有些开发商在塑造品牌时一味地追求高档次、齐全的配套，这不仅会增加开发成本，并且当开发商无法兑现自己的承诺时，也会对企业品牌带来很大的负面影响。开发商不管做怎样的决定都要依据市场需求的变化，这样才能得到消费者的认可。渭南高新幸福城打造的是洋房的理念，但是在开发区买房的人都是刚性需求，需要的都是经济适用房。消费者觉得是不是洋房都没有关系，只要价格可以接受就行。所以洋房带给人们的舒适度以及身份的象征难以被重视，品牌也难以被消费者认可。

三、渭南高新幸福城品牌营销问题的解决策略

（一）增强品牌战略意识

品牌代表着企业的信誉，是企业赖以生存的基础。增强品牌战略意识就是提升核心竞争力。通过市场调查从实际出发开发产品品牌。品牌战略的关键是在越来越趋于同质化的情况下，开发同质化的商品要体现出异质性。异质化才是品牌开发的成功之处，关键所在。同时，要做好广告宣传工作，对裕华房地产企业而言，通过宣传，在短时间内让消费者认同其品牌很重要，在宣传过程中要突出品牌的核心价值，找准产品与消费者之间情感交汇点，让消费者在短时间内对产品产生认同感。可通过以下渠道来宣传：线上推广（媒体、短信、网站、户外广告、售楼部暖场活动），线下推广（销使派单、社区巡展、户外活动、合作推广）。

（二）明确品牌目标市场

市场细分是根据整体市场上顾客需求的差异性，以影响顾客需求和欲望的某些因素为依据，将一个整体市场划分为两个或两个以上的顾客群体，每一个需求特点相类似的顾客群就构成一个细分市场或子市场。在对市场进行细分之后，就会存在很多子市场，就要在子市场里面选择目标市场[4]。开发商在选择目标市场时，要对企业的各方面进行分析，包括资金、技术、管理、服务等方面；还要对竞争对手进行分析，哪些方面强于竞争对手，哪些方面弱于竞争对手，从而准确地确定目标市场。最后还要考虑持续经营的需要，以便于做到标准化生产，从而取得更大的经济效益。

（三）明确品牌定位

品牌定位不仅是为了实现产品差异化，更重要的是实现品牌差异化。品牌定位要与目标市场、房产的地点、所面对的消费群体相结合。通过市场调研，让自己的品牌特征更加的鲜

明，让所有人都知道高新幸福城打造的是洋房。消费者的需求是不断变化的，那就要求房地产品牌定位也要及时调整，根据实际情况灵活转变。品牌重新定位并非品牌更新，主要是通过解决一些问题，以保持品牌的持续成长和健康发展，也就是品牌不断维护的过程。

（四）迅速建立强势品牌

首先要明确自己的优势。体现它是一个大型的成熟社区，生活配套齐全，它的开发商——陕西裕华的实力很强，是民营企业中具有“双资质”的企业。其次要确认品牌与消费者的关系。品牌和消费者有五个层次的关系，知名度、相关性、功能、优点和联结[4]，当这些关系建成之后就没有办法取代了。现在幸福城在开发区的知名度已经很高了，但是由于所处地理位置的关系，临渭区和老城的知名度就不如开发区，并且认可程度也不高，所以要让自己的产品功能、优点和不同的消费者相结合，在市区做宣传时不能只是展板、传单宣传、LED 屏幕宣传等，要对消费者全面渗透，让消费者了解自己项目的同时还要了解到项目的优势。

（五）建立消费者认可的品牌

建立被消费者认可的品牌，就是将品牌和消费者结合起来。与产品使用者结合的品牌定位，往往能为品牌带来高品质的形象，同时也容易建立品牌认同。幸福城在塑造品牌时，先要进行市场调查，了解客户的需求，把握客户的需求动机，从而有方向性地塑造自己的品牌，这样树立起的品牌不仅可信度强，而且也深入人心。

参考文献

[1] 吴佐夫．品牌营销[M]．北京：中国华侨出版社，2002：2-14.
[2] 叶剑平．房地产市场营销[M]．北京：中国人民大学出版社，2000：380-390.
[3] 黄静．品牌营销[M]．北京：北京大学出版社，2008：3-29.
[4] 吕一林，杨立宇．市场营销学[M]．北京：中国人民大学出版社，2011：68-78.

保障房建设对房地产市场价格影响的经济学分析

席景奇

（渭南师范学院）

摘要： 随着我国城市化与工业化进程的加快，越来越多的中低收入人群进入城市，使城市的住房需求不断扩大，导致城市商品性住房的价格不断攀升。过高的房价使得城市中低收入群体的住房得不到保障，为了实现住有所居的目标，我国进行了大规模的保障性住房建设。本文分析了保障性住房对房地产市场的挤出效应与吸收效应，并据此提出了相关的对策建议，旨在实现公共保障与市场机制的有机结合，将房价控制在合理的水平范围之内，保持房地产市场的健康平稳发展。

关键词： 保障性住房；挤出效应；吸收效应；刚性需求

基金项目： 渭南师范学院人文社科项目（编号：14SKZD08）

一、引　言

2008 年，国务院在《关于促进房地产市场健康发展的若干意见》中提出要加大保障性住房建设力度；十八大报告指出“建立市场配置和政府保障相结合的住房制度，加强保障性住房建设和管理，满足困难家庭基本需求”，提出了“基本形成住房保障体系”的新要求。以上均表明政府为了解决中低收入群体的住房问题，加大了保障性住房建设，以实现“住有所居”的目标。据住建部的统计数据显示，2011—2013 年，全国城镇保障性安居工程累计开工 2 490 万套，其中，棚户区改造 1 084 万户；基本建成 1 577 万套，其中，棚户区改造 668 万户。截至 2014 年，全国计划新开工城镇保障性安居工程 700 万套以上（其中各类棚户区 470 万套以上），基本建成 480 万套。可以看出，国家为了有效解决中低收入群体阶段性支付能力不足的矛盾，实现“住有所居”的居住目标，大规模实施城镇保障性安居工程，该工程是专门针对中低收入群体建设的具有社会保障性质的住房，包括廉租房、公租房、经济适用房以及限价房，加快保障性住房建设对我国城镇化建设、促进住房公平以及社会和谐稳定有着重大意义。

二、文献综述

针对保障房建设对商品房价格的影响，国内外学者从不同角度进行了研究。国外学者 Murry（1983）从挤出效应角度研究了美国公共住房建设对私人开发住房的影响，提出对中等收入阶层给予补贴没有增加住房供应，只是对私人开发的一个替代 [1]。Struyk（1975）通过研究保障性住房政策对于住房供应以及对于房地产价格的影响，提出如果住房补贴政策不能增加住房供给，则会导致房价的上涨，相应的补贴也会被上涨的房价对冲掉。Lee（2007）也从挤出效应研究了韩国的保障性住房投资与私人投资会产生相互的挤出效应，提出挤出效应随着住房自有率的增加而增加[2]。以上是国外学者从住房供给方面研究保障性住房对商品房价格的影响，除此之外，国外学者还从需求方面研究了保障性住房对市场租金的影响，Scott Susin（2000）通过实证研究了住房券政策对低收入家庭住房的改善作用，实证结果表明住房券发放越多的地区，由于需求增加导致住房价格上涨得越快。

国内学者从土地供给与刚性需求相互作用出发，研究了保障性住房对商品房价格的影响，角度不同，得出的结论也不同。有的学者认为保障性住房能够对商品房价格起到一定的抑制作用，谷俊青（2010）、马国强（2012）、张光进（2011）等学者认为保障性住房建设通过增加住房供给，吸收房地产市场中的刚性需求，分流商品房市场的需求，从而拉低房价[3-5]。但是，也有的学者认为保障性住房挤占了商品房的建设用地，加之国家土地制度制约，导致商品房建设成本增加，进而推高商品房价格。茅于轼（2008）认为大规模建造经济适用房会减少商品房供给，从而使商品房价格上升[6]。任超群、张娟锋（2011）定量分析土地供应对商品房市场的影响，提出商品房土地供应将导致住房供应量减少，房价上涨[7]。巴曙松（2011）认为我国房地产市场处于增量阶段，所建住房的数量小于家庭数量，中等偏上收入人群主导着商品房市场，因此他提出保障房建设规模增加对商品房市场的冲击有限[8]。许子枋（2011）则认为保障房建设用地对商品房建设的用地有挤出效应，因此保障房的建设将会推高商品房价格[9]。王盛、旷丽军（2014）通过从保障房与商品房市场的供需结构的角度入手，分析保障房市场对商品房市场产生的影响，提出我国实行住房市场的“双轨制”的相关对策建议[10]。综上所述，国内外学者通过对住房市场的供求理论与实证研究，针对不同国家的保障性住房与商品房价格的影响，提出保障性住房对商品房价格的影响会通过挤出效应与吸收效应机制发挥作用，但是影响大小会因不同国家与地区的经济背景、房地产政策、房地产市场化程度的不同而不同。

三、保障性住房对房地产市场影响的经济学分析

（一）保障性住房对房地产市场的挤出效应

保障性住房建设过程中，在建设用地、资金及其他资源等方面会对商品房产生挤出效应。依据经济学的供求定理，假定市场上的商品房需求不变，保障房建设用地、资金等对商品房产生挤出效应，造成商品房建造成本增加，商品房的供给减少，导致商品房的价格上升。在国家加大保障房建设规模后，由于土地的供给是无弹性的，保障房建设用土地对商品房建设用土地会产生挤出效应，造成商品房建设用地减少，土地价格增加。同时，在资金及其他资源等方面也同样会产生挤出效应，导致商品房融资成本及生产成本上升。依据生产费用理论对商品房定价，城市商品房价格等于土地取得成本、建造成本、管理成本、资本利息、相关税费以及开发商所追求的利润之和。同时，我国的保障房与商品房市场没有根据居民收入来划定，保障房的建设在解决在低收入群体住房问题的同时，也会对商品房市场产生较大的影

响，引致商品房价格发生较大的波动。

（二）保障性住房对房地产市场的吸收效应

依据一般均衡理论，现实中各个市场之间是相互联系、相互影响的，一个市场供求的变化会引起一系列相关的市场供求的连锁反应，尽而影响相关市场的价格水平。也就是说，一种商品的供求不仅取决于该产品本身的价格高低，而且还取决于其他相关商品和要素的价格高低。在房地产市场中，由于区位、环境、房屋结构等不同导致住房具有异质性、垄断性、信息不对称等特点，其中垄断性、信息不完全会导致外部性，外部性会导致房地产市场失灵。针对不断上升的房价，国家实施了保障性安居工程，旨在解决城市中低收入群体的住房问题。保障性住房作为一种准公共产品，具有正的外部性，在“保障归保障，市场归市场”的双轨制下，套型面积小于 90 m^2 的保障房，势必将把市场上低端户型商品住宅和楼盘挤出市场，从而吸纳掉一部分商品房的刚性需求，当商品房市场有效需求降低时，商品房的价格会下降。

四、合理进行保障房建设，保持房地产市场平稳发展

（一）合理界定政府与市场的边界，形成政府干预、公共保障和市场机制协同作用

合理界定政府与市场的作用边界，使政府“看得见的手”与市场“看不见的手”有机结合，协同发生作用，有效配置房地产市场的资源。为了达到住房市场的资源优化配置，依据住房市场的多样化需求以及各个阶层对于住房需求弹性的不同，可以将住房市场分为需求价格弹性为正的商品房市场，此时的住房兼具消费品与投资品双重属性。还有面向中低收入群体的保障房市场，此时的住房具有公共产品及正的外部性特征。商品房资源由市场配置，保障房则采用政府主导、企业参与的配建模式。在价格上对上述两种住房实行“双轨制”，商品房采用市场价格机制，由市场的供求决定其价格，保障房价格则由政府统一制定。

（二）逐步扩大保障性住房规模

通过保障性住房来平衡房价，在保障性住房的建设过程中，对中低收入群体进行调研，科学合理控制保障性住房数量，确保保障性住房建设真正起到抑制房价作用。保障房的提供，一方面要满足城市低收入阶层的住房需求，使他们“住有所居”，享受社会进步和经济发展的成果。但是从另一方面来说，大规模保障性住房的供给，会对商品房的建设用地造成挤占，使商品房价格出现波动。因此在保障性住房建设过程中，还要尊重市场规律，控制保障范围，避免导致商品房价格出现大的波动，破坏市场发展规律。

（三）依据“梯度消费理论-住房过滤模型”，设计适应多层次住房需求的保障房供给模式

在“市场归市场，保障归保障”的价格双轨制下，保障房不适合完全通过新建形式来实

现，大量新建保障房，不仅与商品住宅竞争有限的土地资源，使商品住宅稀缺性放大，商品房价难以回落，同时直接压缩了中低档商品住房的市场空间，商品住宅只剩下高档房和豪宅，政府提供的保障房与市场化商品住宅之间出现过大的落差。依据住房经济学的“梯度消费理论-住房过滤模型”，政府通过房产税等政策从现有住房资源中挤出闲置住房，成立公共组织收购空置住房的使用权，向中低收入家庭提供补贴支持其租赁空置住房。新建住房满足高收入者不断上升的住房改善需求，通过税收等制度设计引导高收入者放弃原来的较旧住房，转移给中间收入者，中间收入者再把手头的中间品质住房让渡给中低收入者购买或租赁，这种模式一方面符合市场规律的住房发展模式，另一方面又能够保障中低收入家庭的住房需求。

参考文献

[1] MURRAY M. Subsidized and Unsubsidized housing starts：1961-1977[J]. Review of Economics and Statistics，1983，64（4）：590-597.

[2] LEE，CHUL-IN.Does provision of public rental housing crowd out private housing investment? a Panel VAR approach[J]. Journal of Housing Economics，2007，16（1）：1-20.

[3] 谷俊青. 2007—2009年保障性住房实施效果评价及政策建议[J]. 中国建设信息，2010（7）：47-49.

[4] 马国强，田文杰. 保障性住房的发展状况及对房地产市场的影响分析[J]. 新东方，2012（1）：64-68.

[5] 张光进. 建设保障性安居工程是政府的基本职责[J]. 陕西发展和改革，2011（4）：4-11.

[6] 茅于轼. 大建限价房和经济适用房可能推高房价[N]. 信息日报，2008-04-28.

[7] 任超群，张娟锋. 土地供应量对新建商品房市场的影响——基于35个大中城市的实证研究[J]. 软科学，2011（5）：1-4.

[8] 巴曙松. 保障房建设提速对商品房冲击有限[N]. 中国证券报，2011-06-08.

[9] 许子枋. 大规模建设保障房将推高商品房价格[OL]. 2011-03-06.

[10] 王盛，旷丽军. 保障房市场和商品房市场的影响关系研究[J]. 上海房地，2014（8）：12-15.

第三篇　知识产权保护

我国科技型中小微企业知识产权运用能力提升研究

屈晓娟

（渭南师范学院经济与管理学院）

摘要：20 世纪 80 年代以来，世界各国都在为增强本国综合竞争力而发展国家知识产权战略，强化本国的知识产权能力建设，重视知识产权正在成为一种世界性潮流。本文通过实证，研究了我国科技型中小微企业知识产权运用能力现状与存在的问题，并从深层次剖析了问题产生的原因，最后针对所出现的问题分别从政府、企业、社会三个方面提出有效提升我国科技型中小微企业知识产权运用能力的对策建议。

关键词：知识产权运用；知识产权质押融资；专利实施；专利池

基金项目：渭南师范学院特色学科建设项目（14TSXK03）

一、引　言

20 世纪 80 年代以来，世界各国都在为增强本国综合竞争力而发展国家知识产权战略，强化本国的知识产权能力建设，重视知识产权正在成为一种世界性潮流。2008 年，我国颁布了《国家知识产权战略纲要》，将提升我国知识产权的创造、运用、保护和管理能力作为今后发展的重点，其中重点指出企业知识产权运用和管理是对知识产权价值的提升。党的“十八大”提出要有效转化科技成果和知识产权，具有知识产权的科技成果不仅要成为国家竞争的工具，而且要有效实现商业化。

近年来，我国企业知识产权总量以超过 20%的速度迅猛增长，截至 2013 年 6 月，电子信息、装备制造、轻工、石化、钢铁、汽车、纺织、船舶、有色金属等九大行业的发明专利和实用新型专利申请总量超过 616.7 万件。其中，发明专利超过 317.3 万件，占比 51.5%。中小企业聚集区专利申请数量年均增长 53.8%。在取得这些成效的同时，还应该认识到企业创新能力在支撑工业转型升级的作用方面亟待加强，企业知识产权运用与工业创新驱动发展要求还有一定的距离。因此应该关注科技型中小微企业知识产权运用能力，引导和支持中小企业进行专利创造和运用，重点推动知识产权运用，以此实现企业技术创新成果的市场价值与社会价值。

二、文献综述

国外对于知识产权的理论研究已进入到制度设计和实务探讨阶段，西方学者对于中小企业知识产权的著述，极大地促进了知识产权理论的传播。William Kingston（2004）指出知识产权研究更要关注“小实体”，而不仅仅只是“中小企业”，还包括个人投资者和非营利组织。Silvana Krasteva（2011）认为，专利保护阻碍创新，抑制企业之间的竞争，从而降低了整个经济的创新水平。Sandner 和 Block（2012）对企业商标做了研究，认为商标是一个企业重要的无形资产，原因在于商标的不可替代性，中小微企业也应该对商标进行一定程度的保护。Jaiya（2009）分析了专利权创造、运用、管理、保护等环节中的成本，并提出了一些控制企业知识产权成本的措施。

国内针对科技型中小企业知识产权的研究多集中于质押融资与证券定价、政策体系建设、保护体系建设、能力建设、知识产权战略等方面的研究。钱坤（2013）对中小企业知识产权质押融资比较分析等方面进行了研究，对于知识产权内在机理、价值分析、风险配置、知识产权定价模型进行了分析，并给出了相应的对策建议。赵亚静（2013）阐释了在构建中小企业知识产权政策体系过程中的政府定位，旨在解决中小企业知识产权建设的难题。

三、我国科技型中小微企业知识产权运用能力提升中存在的问题

（一）科技型中小微企业知识产权拥有量较低

通过对 1 230 家科技型中小微企业的调查，有 595 家企业申请过专利，约占企业总数的 50%，有 495 家企业拥有自己的注册商标，约占总数的 40%，有 405 家企业进行过软件登记，占企业总数的 30%左右，拥有 5 项以上发明专利的样本企业占样本企业总量的 12%，拥有 10 项以上发明专利的样本企业仅占 3.88%，所有中小微企业的平均发明专利数量仅为 4.6 项。拥有注册商标的企业中，仅有 1 件的企业占到企业总数的比例为 19.6%，5 件以上的占总样本企业的 10.4%。

（二）专利实施率低、转让与许可较少

根据所调查样本企业的专利具体实施的统计数据，可以得出大部分企业专利实施率较低，占到总样本企业总量的 62%，专利实施率为中的占到总企业数的 26.5%，专利实施率高的企业占企业总数 11.5%。所调查样本企业转让与许可 10 项以上的企业占企业总数的 3%，10 项以下的占企业总数的 6.5%，未进行专利转让和许可的企业占样本总量的 90.5%。由统计数据可以看出，中小微企业的专利转让和许可数量非常少。

（三）知识产权质押融资难度较大

虽然我国推行知识产权质押融资政策已有数年，但是实施效果一直不理想，北京、上海浦东以及武汉虽然进行了知识产权质押的有益尝试，但是通过我们的调研发现，样本企业中仅有不到 10%的企业获得质押融资。与传统资产比较而言，导致这一状况的重要原因是知识产权资产价值的不确定性，管理、操作难度大，这就使融资风险变得易变而不可控。当然，深层次的原因还在于知识产权本身的价值并未为全社会所充分认识。

（四）国内外知识产权布局能力较差

首先，国际知识产权前瞻布局的能力相对薄弱。2013 年，我国 PCT 国际专利申请达 2.1516 万件，排名全球第三位。但在全球 PCT 专利申请 50 强中我国企业仅 4 家，全部来自数字通信和互联网领域。相比之下，我国企业国际专利布局的能力明显不足。美、日、德等发达国家的企业对国际专利布局极为重视，国外专利授权通常占全部专利授权比重的 50%以上，而我国这一比重长期徘徊在 10%左右，远低于主要发达国家。

四、提升我国科技型中小微企业知识产权运用能力的对策建议

针对科技型中小微企业知识产权能力建设的现状与困境，应该从政府、企业、社会三个层面全面推进，形成三方联动协同格局，以政府政策引导、企业主动创新和社会积极参与共同推进科技型中小微企业知识产权创造、运用、管理和保护，以增强其市场竞争力和综合实力，实现创新与可持续发展。

（一）政府层面

1. 加强立法、把握原则、做好定位，为提升科技型中小微企业知识产权运用能力提供保障与支持

在加强立法方面，应从法律体系的高度完善转化运用法律制度，力求法律规定之间不交叉、不重复、不冲突。及时制定《转化法》实施细则，明确科技成果转化的程序和救济措施，提高法律的可操作性。引导科技型中小微企业充分、合理地运用知识产权，打击滥用知识产权行为，维护公司竞争的市场秩序。同时与主要的国家或地区政府合作，设立缓解专利冲突的机制，从政府层面向国外推广我国知识产权优势企业技术标准，帮助企业进行品牌宣传。

2. 营造有利于科技型中小微企业知识产权运用能力提升的外部环境

出台有利于知识产权运用与产业化的政策，运用财政、金融、投资、政府采购政策和产业、能源、环境保护政策，引导和支持市场主体创造和运用知识产权，推动企业成为知识产权创造和运用的主体；推动知识产权市场创新发展，营造有利于科技型中小微企业知识产权运用能力建设的市场支持环境。建立健全知识产权质押融资机制，提升科技型中小微企业对科技创新的投入力度。

（二）企业层面

1. 推进企业自主创新与知识产权能力建设协同发展

一是注重培育发展关键核心技术，加强自有知识产权创造。以知识产权创造与运用为导

向，加强对相关领域知识产权情报信息的收集及分析，积极开展核心技术攻关，加快形成一批拥有自主知识产权的技术和产品，并将创新成果产权化。二是加强知识产权转化。科技型中小微企业可利用知识产权信息交易平台，与其他企业建立知识产权联盟，共同推进成果转化。三是提升知识产权管理能力及水平。四是加强对自有知识产权的保护。提高对自有知识产权的法律保护意识，建立有效的知识产权管理制度和保护机制。

2. 构建企业专利预警机制，规避科技型中小微企业知识产权运用风险

科技型中小微企业应该积极利用全球创新成果开展技术创新，通过专利态势分析、专利地图制作等方式有效利用专利信息，把握技术路线和研发方向。对于致力于开拓海外市场的要提前进行专利布局并做好专利预警。对于科技型中小微企业来说，可以尝试对公司业务中一些重要的、核心的技术，建立初级的专利预警机制，并从该机制的建立过程中积累经验，为公司未来整体预警体系的全面建立打下基础。

3. 提升企业知识产权布局能力

专利布局是指企业综合产业、市场和法律等因素，对专利进行的有机结合，涵盖了企业利害相关的时间、地域、技术和产品等维度，构建严密高效的专利保护网，最终形成对企业有利格局的专利组合。对于自主创新能力较强的企业适时将核心技术申请基本专利，抢占国际产业竞争高地。对于创新能力一般的跟随型企业跟踪分析国际专利实力强的公司的基本专利，构筑有控制力的外围专利网。

（三）社会层面

1. 充分发挥创新支持机构的作用

一方面，各类科技园区、孵化器以及科技创新平台应加强自身知识产权能力建设，并配备知识产权与科技管理的专业人员，为科技型中小微企业提供专业化、有针对性的服务；另一方面，各类科技园区、孵化器以及科技创新平台应直接参与科技型中小微企业的创新活动，在投资者与知识产权拥有者之间搭建桥梁，加快知识产权成果转化，推动科技创新型和创业型小微企业的可持续发展。

2. 充分发挥中介服务机构的作用

各知识产权信息公共服务机构、专利代理机构及各知识产权管理、咨询、培训机构应积极拓展综合服务功能，形成以知识产权信息提供、代理、评估、交易、咨询、诉讼等中介服务为主，符合市场经济发展需要的知识产权服务体系，促进科技型中小微企业的专利展示、交易、许可、转让及科技成果的对接与转化。

3. 集聚社会力量，培育知识产权文化氛围

高等院校应开展基础性创新教育，注重创新能力的培养。相关培训机构要加强创新型人

才培训，培养出一批懂科技、懂经济、懂法制的知识技能型人才。各商务运作中心应推进科技型中小微企业知识产权商务化运作，推动专业、商标、版权等知识产权成果转化和知识产权贸易工作。各投资集团、产业投资公司应放宽对科技型中小微企业融的资门槛，增强其产出及转化能力。知识产权部门及各大媒体应采取各种措施加强知识产权宣传，不断培育知识产权文化，提升科技型中小微企业知识产权意识，形成尊重和保护知识产权的良好氛围。

参考文献

[1] WILLIAM KINGSTON. Making patents useful to small firms[J]. Intellectual Property Quarterly，2004（4）：369-378.

[2] SILVANA KRASTEVA. Imperfect Patent Protection and Innovation[J]. Research Paper，2011.

[3] 钱坤，沈厚才，黄忠全.知识产权质押融资的研究现状及发展趋势[J].科技与经济，2013，26（2）：51-55.

[4] 赵亚静，黄娜.我国中小企业知识产权政策体系的功能及政府角色定位[J].吉林师范大学学报，2013，41（5）：79-82.

知识产权保护、网络创新与区域经济增长方式转变关系研究

杨　芳

（渭南师范学院经济与管理学院）

摘要：知识产权保护是加强市场监管和维护市场秩序的重要手段之一，只有公平的市场竞争秩序才能保障利益最大化的个体行为与社会利益一致，否则将出现行为扭曲，甚至“劣币驱逐良币”的现象。在区域经济发展的过程中，网络创新是一种重要的发展路径。知识产权保护是区域创新网络中各个行为主体（企业、大学或研究机构、政府、中介机构等）之间重要的链接关系。知识产权开发、保护和利用由各个行为主体发出，同时作用于其他主体，这种相互作用的关系对整个区域的经济增长起着至关重要的作用。

关键字：知识产权；网络创新；区域经济增长

基金项目：渭南师范学院特色学科建设项目（14TSXK03）；渭南师范学院校级项目（14SKYB14）；陕西省社科界重大理论与现实问题研究项目（2015Z063）

熊彼特（Schumpeter，1942）首次提出创新在经济增长中具有重要作用。企业家通过控制和调整生产资料（土地、劳动和资本）来实现最有效率的生产，在现代经济发展中发挥着核心作用；企业家投入大量成本研发新产品，但他人的模仿侵蚀了企业的利润，削弱了企业家创新的动力。因此知识产权制度尤显得为重要：通过专利等制度赋予成功的创新者对创新思想（产品）的专有控制权，使企业拥有一定程度的市场权利（Market Power），从而能够在不完全竞争市场上获得足够的经济租金，为其研究开发活动提供激励。熊彼特的创新理论主要表现在以下两个方面：第一，经济的静态资源配置效率与长期增长之间存在冲突；第二，技术创新的积极性取决于在短期垄断条件下对回报的期望。从这个角度可以明确地解释知识产权作用于经济增长的关键机制——为企业提供短期的垄断地位，短期垄断利润的存在使创新企业对新技术的投资变得合算，而随着时间的推移，新技术将逐渐普及，此时企业家又创造了更新的技术并形成了新的垄断，从而推动经济不断向前发展。伊利奇·考夫、王黎萤、彭福扬等认为，技术创新过程需要对知识产权的激励和保护，但对知识产权保护不足和过度都会阻碍技术创新。保护不足，则企业的创新热情将会随其创造成果的增加而降低；保护过度，则市场上涉及知识产权产品的价格会上涨，产品的传播将会受到阻碍，创新成本就会增加，创新速度将放慢。所以，为了促进经济发展，应强调知识产权战略与技术创新协调发展。

在熊彼特研究的基础上，一般认为创新具有以下五种形式：① 新的或经过改进的产品的引进；② 新技术的采用；③ 新组织结构的引入；④ 新市场的发现；⑤ 新的投入要素的适用（Balzat，2002）。以上五种形式的创新，都具有使生产力增长的潜力，并由此提高竞争力。

近年来随着对创新研究的不断深入，人们普遍认为，经济发展的主要动力来自于技术的变化，而技术变化的核心就是创新，其本质是依赖于广泛的相关知识的积累和发展的创新过程（Fischer，2001）。安德森和卡尔森（Andersson 和 Karlsson，2002）则从创新参与者相互作用的角度，对创新进行了界定，他们认为，创新是公司以及围绕它们各种各样的创新参与者所进行的持续合作和相互作用的结果，参与者包括消费者、生产者、承包商、顾问、政府机构、研究机构和大学等。

技术创新不仅是经济持续增长的动力，也是经济增长方式转变的源泉；知识产权保护通过为技术创新优化制度环境、激励创新和增加知识存量来促进技术进步。彭福扬等利用对2000—2009 年我国内地 28 个地区的面板数据进行的实证研究表明，提高知识产权保护水平和加大技术创新投入均能促进我国经济增长方式由粗放型向集约型转变。在知识产权战略对经济增长方式的影响研究方面，金永红和吴江涛认为，知识产权战略已成为知识经济时代主要的生产要素和创造新竞争优势的基础，它可以辐射和带动整个经济的发展。冷民、郑成思和张平等认为，一国应结合本国企业的实际状况和发展需求来构建适应本国国情的国家创新体系和服务于本国经济发展的知识产权战略。华鹰认为，技术进步对经济的贡献已经明显超过资本和劳动的贡献，知识产权战略的实施对经济增长具有明显的促进作用。实证检验技术创新对经济增长方式的影响，赵彦云和刘思明运用我国 1988—2008 年的省级面板数据，利用全要素生产率反映经济增长方式，实证检验了不同类型专利对经济增长方式的影响。实证结果发现，发明专利在 1997 年前对全要素生产率无显著影响，但在 1998—2008 年对全要素生产率的影响远远大于实用新型专利和外观设计专利，表明原创型创新对现阶段我国经济增长方式的转变具有重要作用。

创新是推动区域经济发展的根本动力，它不仅可以促进区域经济增长，提高区域生产率和竞争力，而且有助于产业结构的调整和升级，推动区域经济发展方式的转变，提高区域增长质量和福利水平。现代经济理论十分强调技术创新和人力资本在解释经济增长中的重要性。一般认为，那些技术创新水平较高的区域将会呈现出更快的经济增长。为了检验创新对区域增长的影响，近年来已经有一些学者从地区层面进行了实证研究。巴丁杰和汤德尔（Badinger 和 Tondl，2002）在研究中，采用增长核算方法对欧盟区域增长的来源进行了研究。该方法既包括了新古典增长模型，也包括了当前流行的内生增长模型和技术追赶理论。

在高新技术产业区发展的过程中，区域内存在的制度应该在两方面体现它的作用，即：① 降低创新中的不确定性和交易费用；② 提高对创新的奖励。只有这样，区域内才能形成利于创新的制度环境。在区域内，创新网络是指该区域范围内，各个行为主体（包括企业、大学、研究机构、地方政府等组织及其个人）在交互作用与协同创新过程中，彼此建立起各种相对稳定的、能够促进创新的、正式或非正式的关系总和。研究表明，网络中创新活动的发生与完成是一个群体活动、分散决策的过程。当某一新观念、新技术或需求的信息在网络某一结点产生之后，就会沿网络连线在整个网络中传递、反馈、交互循环、反复流动（赵慕兰等，1997）。网络中创新的参与者特别是企业会依据不同层次、不同方面的信息和技术进行分析、处理，做出创新决策，进行有效整合与配置，并通过网络扩散、外溢。在此过程中，相关主体会根据此创新决策及时反应和协调，在协同作用的基础上导致网络式的创新诞生。

因此，区域创新网络系统，主要包含两方面的内容：

其一，区域创新网络的主要形式是指区内正式的合作网络。主要是指区域内每一个企业在其设计、技术开发、生产、市场营销等创造价值的活动中，选择性地与其他企业或行为主体所结成的长期的稳定的关系（主要是指区域内的产业链条上下游各环节之间的价值创造活动），如两个以上的企业通过合资、分包、战略联盟等结成的市场交易网络、供应商网络、分包商网络等。还有企业与研究机构或大学在共同参与技术合作、知识技术扩散等活动过程中而结成的研发合作网络或者技术交易网络等，以及企业与公共机构或中介服务机构结成的教育、培训、公共政策扶持等服务网络。这些网络往往能够通过有形的客观存在形式表现出来。而且在这种形式的网络中传递和扩散的知识以编码化的知识为主要内容。

其二，区域创新网络还包括地方行为主体相互作用过程中产生的非正式（或非契约）关系。这种非正式的网络包括基于共同的社会文化背景基础上建立的人与人之间的社会网络关系（这种网络关系是区域内自身所固有的），包括企业内部各阶层的管理者、技术专家和生产工人之间的交流，企业主之间、企业内部职工与大学（研究机构）的人员、政府官员等非市场交易活动中建立的公共关系网络或个人间的人际关系网络，这些关系往往是在非正式的交流与接触中、频繁的交易或合作过程中基于彼此信任基础上建立的，所以相对较稳定。知识在这种非正式的网络中传递与扩散的方式，往往是通过人与人之间有效的非正式交流或频繁接触而进行的。这种网络形式能够更有效地传递和扩散隐含经验类知识（Saxenian，1994），从而更有效地推动人力资本和知识产生的社会化过程，加速知识创新速率，有效地保持与增强区域的竞争力。

在产业集聚、创新网络和区域经济发展的研究中，传统的区域经济学方面的研究主要集中在研究产业的空间活动过程中资金、劳动力，或者经济或产业的外部性，对知识、技术等要素对区域经济发展的影响也只停留在单要素分析和点状分析，而忽视了知识、技术、资金、劳动力等要素在空间地域上投入与效率的网络复杂关系。而网络创新将区域经济内不同的行为主体和内外部环境要素有机地结合起来。同时，将知识产权保护作为改变网络行为主体间关键要素研究网络创新对区域经济增长的机制，是两会“创新驱动发展”和“知识产权保护和运用”的结合，也对揭示区域经济发展中制度创新具有重要的意义。

参考文献

[1] 金永红，吴江涛．企业自主知识产权战略管理研究：以上海为例[J]．软科学，2008，22（8）：60-67.

[2] 冷民．“中国制造”背景下的知识产权战略：宁波案例[J]．科学学与科学技术管理，2005（5）：28-32.

[3] 郑成思．经济全球化国际竞争中的知识产权战略与策略[J]．中国经贸导刊，2006（9）：32.

[4] 张平．国家发展与知识产权战略[J]．河南社会科学，2007，15（4）：52-55.

[5] 华鹰．我国地方区域性知识产权战略研究[J]．重庆工商大学学报：社会科学版，2007，24（6）：60-64.

[6] 赵彦云，刘思明．中国专利对经济增长方式影响的实证研究：1988—2008年[J]．数量经济技术经济研究，2011（4）：34-48.

[7] 彭福扬，彭民安，李丽纯. 知识产权保护、技术创新与经济增长方式转变——基于我国区域面板数据的实证研究[J]. 科技进步与对策，2012，24：56-61.
[8] 伊利奇 · 考夫. 专利制度经济学[M]. 北京：北京大学出版社，2005.
[9] 王黎萤，陈劲，杨幽红. 技术标准战略、知识产权战略与技术创新协同发展关系研究[J]. 中国软科学，2004（12）：24-27.

浅谈我国企业知识产权管理体系的构建

张亚翠

（渭南师范学院经济与管理学院 西部区域经济与城市发展研究中心）

摘要：知识产权是企业重要的无形资产，在知识经济时代，知识产权管理是企业经营管理的重要内容，是提升企业核心竞争力的重要工具。完善的企业知识产权管理体系是保障企业有效运营知识产权的基础，是实现企业知识产权管理目标和落实企业知识产权基本任务的前提条件。本文主要从我国企业知识产权管理存在的问题入手，分析了企业知识产权管理体系的构架，并提出构建企业知识产权管理体系的策略。

关键词：知识产权管理；管理体系；知识产权战略

基金项目：渭南师范学院学科建设项目（14TSXK03）

一、我国企业知识产权管理存在的问题

（一）企业知识产权管理缺乏战略规划

国内除了极少数企业对知识产权有比较系统规范的管理外，绝大多数企业还没有将知识产权管理上升到战略高度，大多仅限于一般性管理，诸如开发项目管理、申请项目管理、合伙项目管理等。不少企业对知识产权的管理是很被动的，当其他企业诉讼该企业侵权时，或者是意识到其他企业侵权时，才会为了应对而去进行一些管理。由于缺乏战略高度的规划，许多企业成果只申请了中国专利而造成技术流失，专利申请后利用率很低，产业化、商品化程度低。

（二）企业缺乏与自身发展相适应的知识产权管理制度

我国的许多企业都没有建立与企业发展相适应的知识产权管理制度，绝大多数企业的知识产权基础工作十分薄弱，存在管理制度不健全，工作措施不到位，工作实效不明显等诸多问题。我国企业设有知识产权专门机构的少，只有少数大中型企业设有知识产权管理机构，大多数企业既没有设立知识产权管理机构，也没有相应的知识产权管理制度，更没有将知识产权贯穿到企业技术创新，生产经营的全过程[1]。在涉及知识产权问题时大多数企业是通过聘请律师帮助解决的。

（三）缺乏知识产权管理与运作的人才

我国大部分企业没有知识产权的专门人才，特别是缺乏将知识产权管理与企业业务紧密结合的专职人员，致使企业的知识产权无人管理或管理不力。企业没有重视自身的知识产权人才培养，也没有大量引进知识产权专业人才，导致企业在面临知识产权纠纷时，不知所措，处于被动的地位，不会正确运用知识产权法律法规维护自身的合法权益。相关人才的缺乏直接导致知识产权在保护的过程中受到各种阻碍，使企业蒙受各种损失，甚至成为企业倒闭的直接原因。

（四）知识产权管理内容不全面

我国大多数企业知识产权管理内容不全面，如在有关鼓励创新的激励机制方面，尽管我国早在 1984 年颁布《专利法》时就规定单位可以给予发明人或者设计人相应奖励，但在实践中许多发明人、设计人的利益得不到切实保障。在有关知识产权纠纷处理方面，我国企业遇到纠纷时往往直接选择诉讼方式，忽略了知识产权管理对知识产权纠纷的预防作用，而且由于缺少知识产权基本管理，往往还会因证据、时效等原因而错失司法救济的最好时机[2]。

二、企业知识产权管理体系的构架

企业知识产权管理具有很强的系统性。它是一个系统化建设，而企业知识产权管理系统是依据企业知识产权管理目标将知识产权管理诸要素给予合理的配置，并明确其活动范围和方式，进而形成的相对稳定的、科学的系统[3]。

（1）企业知识产权管理的产权体系。

产权管理的要旨是保障企业通过技术创新等形式获得的知识成果及时获得知识产权，强化对自身拥有的知识产权的保护，同时对企业内外知识产权活动及时进行监控，防止侵犯知识产权的行为发生。企业知识产权的产权管理要求，应及时、充分地将对企业技术发展和生产经营具有重要意义的创新成果纳入知识产权保护体系，防止知识产权在技术开发、生产经营活动的任何环节中流失。为此，企业应当将知识产权管理与企业的技术创新、生产经营、市场营销活动有机地融合，将知识产权保护贯穿于企业活动始终。

（2）企业知识产权管理的运营体系。

知识产权运营管理是将知识产权当成一种经营资源，利用知识产权保护机制和功能，在知识产权价值创造和整合的基础之上创造高额利润。首先，在企业知识产权的引进和转让环节，企业可根据自身知识、技术、资源状况和发展需求，有选择地引进知识产权，作为企业自主研发知识产权的一种补充。而知识产权的转让则是企业知识创新为企业直接创造利润的新途径，也是企业知识管理的重要成果。其次，知识产权运用是维持知识产权生命力的重要途径。知识产权的有效运用不但可以充分挖掘其价值，还会在运用过程中不断发现问题并促进新一轮创新支点的生成，开始新一轮的创新运作，使企业的知识创新进入良性循环。最后，知识产权的运营离不开知识产权保护。知识产权保护的内容包括知识产权的范围、地域、期限。企业在自己核心专利的周围，应适当设置生产工艺、质量标准等外围专利，全方位保护核心技术不受侵犯。

（3）企业知识产权管理的评估体系。

为了使企业能更加客观地评价本企业的知识产权管理和应用状况，以提高经营者的知识产权意识，改善知识产权管理，企业应当建立知识产权管理评估体系。企业知识产权评估主要应解决两方面的问题，一方面要考虑哪些因素对评估存在影响，影响程度有多大；另一方面是选择采用何种可以量化计算的方法。目前，我国还没有形成统一的企业知识产权管理评估指标，企业可以借鉴国外企业的评估指标，结合企业的现状制定适合于本企业发展的知识产权管理评估体系。

三、企业知识产权管理体系的构建策略

（一）建立知识产权管理组织体系，明确知识产权管理部门的职能

首先，完善的知识产权管理组织体系离不开知识产权的专门管理机构和专门人员的负责。在具备条件的企业设置知识产权管理的专门机构具有很大的必要性。这一机构的设立目的在于对企业拥有的知识产权资源进行有效地计划、组织、领导和控制，实现企业最佳经济效益。其次，企业还应将知识产权管理置于企业领导层开展活动，特别是对企业具有重大价值的知识产权的转让、投资等事宜需要由企业决策层做出，以便更好地协调多部门之间的关系，从企业全局出发，将企业知识产权管理纳入企业战略管理之中。最后，企业应注意加强内部各职能部门之间的联系与沟通，如生产部门、研发部门、市场营销部门、法务部等就产品、技术、市场、法律保护、资源配置等方面问题保持联系与交流。

（二）建立企业知识产权管理的培训体系

企业知识产权教育培训是提高员工知识产权意识、提高知识产权管理人员的专业技能的重要途径，主要包括培训内容、培训方法、知识转化和监督纠偏[4]。首先，需要针对不同的培训对象，选取不同培训内容，如：管理层的培训更加侧重管理框架、目标制定等思维方面，而研发人员的培训就需要更加侧重工作效率提升的技能。其次，由于培训课程的不同也就需要采用不同的培训方法，如：管理层采取的是顾问沟通式，知识产权工作人员采用的则是制度执行和过程监督，技术人员就是专利检索技术的运用。再次，需要制定相应的知识转化评估标准，如：法律防范制度评估、专利检索评估等。最后，为保障培训项目推进和执行过程中的频次和质量，需要管理层对每个阶段环节的过程进行跟踪和监督，对于存在疏忽的环节给予纠偏。

（三）加强知识产权管理的风险防范

企业有效的风险防范应将事前防范和事后维权两大机制相结合，加强自我保护，规避侵

权损失，实现企业对知识产权的全方位保护[5]。事前防范，渗透于企业日常经营过程中的每个环节，不仅仅是通常意义上合同法律条款的审核，还包括一切无形资产和有形资产的保护，如：在员工层面进行商业秘密法律保护制度的知识普及和行为督导，技术转让、合作或者授权过程中的权利保护，在产品研发及市场销售过程中对企业自我权利保护的确立和同行企业权利保护的规避等。事后维权不是简单地依靠外聘律师来处理和解决事情，在企业内部也需要建立一套侵权行为采集的反馈机制，及时获取权利被侵犯的第一手信息和有利证据，有效帮助企业维护自身知识产权。

（四）完善企业知识产权的激励机制

只有建立良好的激励机制，企业智力成果才会不断地产生。企业激励机制应采取物质激励与精神激励相结合的方法，充分调动职工参与知识产权保护和管理的积极性，鼓励全体职工为企业新产品和新技术的开发出谋划策。有效的激励机制应包括设奖条件、受奖办法和违奖责任三方面的内容[6]。设奖条件应科学合理，既不能过高，让员工感觉高不可攀，又不能将条件定得过低，达不到促进技术进步的目的。受奖的办法应明确具体，并与设奖条件相匹配，与技术难易程度、开发成本和产出相对应。违奖行为应根据具体情况适度追究其相应的责任。

参考文献

[1] 孙伟平. 企业知识产权管理中的问题与对策[J]. 中国市场，2013（28）：40-41.

[2] 张晶晶. 我国创新型企业知识产权管理问题研究[J]. 商业经济，2013（13）：122-123.

[3] 安春明. 以知识管理为核心的企业知识产权管理体系构建研究[J]. 情报科学，2009（5）：668-671.

[4] 江洪，王微，叶茂. 我国企业知识产权管理前沿调查及对策研究[J]. 科技管理研究，2015（12）：140-145.

[5] 冯晓青. 企业技术创新、合作创新过程中的知识产权风险管理研究[J]. 甘肃社会科学，2013（4）：205-208.

[6] 李伟，董玉鹏. 协同创新知识产权管理机制建设研究——基于知识溢出的视角[J]. 技术经济与管理研究，2015（8）：31-35.

西部地区地方政府在知识产权保护中的职能分析

陈小红

（渭南师范学院经济与管理学院）

摘要：知识经济时代，知识产权作为一种公共物品日益成为体现政府竞争力的重要工具，是保护经济发展不可或缺的体系。政府作为知识产权制度的制定者和责任承担者，要切实有效地实施知识产权保护战略，将政府的宏观调控手段与市场发展规律有机统一，鼓励创新与创造热情，提升自主创新能力。

关键词：地方政府；知识产权保护；职能

基金项目：渭南师范学院特色学科建设项目（14TSXK03）

知识经济时代，知识产权在国民经济中的地位和作用日益凸显，已经成为世界各国和国内各地区提高区域经济竞争力的有力指标，知识产权保护已经不单纯是企业行为，逐渐成为政府新经济行为和经济职能的重要组成部分。为了更好地规范经济社会中知识产权相关的各类活动和行为，履行政府经济职能，各级政府部门要充分发挥指导、组织与协调作用，制定相应的知识产权战略，发挥知识产权的制度作用，维护社会公共利益和创新主体的经济利益。

一、知识经济时代知识产权管理的重要性与必要性

（一）知识经济与知识产权管理

知识经济时代，知识和技术创新成为经济发展和社会进步的直接动力，也对政府行政管理提出了更高要求。知识经济是以知识和信息的生产、分配和使用为基础，以智力资源为依托，以高科技产业为支柱的经济，与传统农业经济、工业经济有本质的区别。知识产权是国家赋予创造者对其智力成果在一定时期内享有的专有权或独占权，体现着人类智力的价值，是人类治理创造的成果。知识产权是近代经济发展的重要战略资源，是世界各个国家为谋求经济发展而相互竞争、占领市场优势的重要因素。

（二）知识经济时代知识产权管理的重要性与必要性

1. 知识产权管理的成效关系区域经济发展和进步

知识经济从一定意义上说是市场经济发展的必然结果，知识经济就是高度发展的市场经

济，这种发展不仅指科技的高度发展，也包括与之相适应的法律体制的高度完善。知识产权管理的重要性是由知识产权制度本身的特点和市场经济发展的客观要求决定的，它在合理配置科技资源、优化经济结构、激励自主创新、调节公共利益、保障技术创新等方面发挥着重要作用。随着社会主义市场经济体制的建立和完善，需要政府进行有效的知识产权管理，保障知识产权市场秩序，打击各种涉及知识产权活动的违法犯罪行为，推动市场经济健康、持续发展。

2. 知识产权管理推动着市场经济体制转变和经济增长方式转变

首先，知识产权管理是市场经济的重要组成部分，是经济体制转变的必然要求。在我国经济由计划经济向市场经济体制转变的过程中，对企业的基本要求是尽快适应市场经济体制下的竞争环境，按照市场经济的规律和规则经营发展。其次，知识产权管理是粗放型经济增长方式转换、推动经济社会发展转入全面协调可持续发展轨道的关键和动力。知识增长是经济发展的源泉，有效的知识产权管理制度能促进创意产业的发展，从就业结构、产业结构及分配结构等层面优化区域经济结构，开发区域经济潜力，促进地方经济发展。

3. 增强社会创新能力

Barney 认为资源要素转化为竞争优势需满足五个条件：资源有价值、资源稀有、资源不能完全被模仿获得、资源无法被替代、获取资源的价格应低于其本身价值。而知识产权正符合这五个条件。为了激励新技术与新发明，政府对作为公共物品的知识产权进行管理及保护，以有效保护和激励创新能力和创造精神。当前加大创新人才的培养力度是提高社会创新能力的关键途径，因此不断提高公民的创新意识和创新能力，将为知识产权发展提供坚实的基础。

二、西部地区地方政府知识产权管理现状

由于国家对西部地区及中小企业发展的重视，随着科学技术进步和社会化分工的不断深入，知识产权管理的重要性日益凸显，西部地区地方政府在知识产权管理的理论研究与实践管理方面取得了一定成绩，也存在不足。

（一）专利申请与授予数量逐年增长，但专利申请区域、行业分布不均

以渭南市为例，近年来，专利申请数量逐年递增，从 2010 年的 426 件上升至 2013 年 1 554 件，发明专利申请从 2010 年 77 件增长到 2013 年 411 件，产权、专利申请与保护意识不断增长。但是也存在专利申请与授权在区域、行业分布不均现象，专利申请主要集中在冶金、矿产、机械、电子、医药化工等方面，在财政、税收、金融、科技、贸易、产业等政策方面扶持不足，知识产权立项较少。

（二）知识产权管理主体分散，企业知识产权管理制度不完善

目前，地方知识产权管理主体主要包括知识产权管理机构、政府其他有关部门、企事业

单位和组织三个方面。其中地方政府知识产权管理机构如知识产权局、工商局、新闻出版局、质量技术监督局、信息产业局、海关等众多行政管理机构，分别承担对专利权、商标权、著作权、原产地名称等的保护与执法职能，但是管理分散，各自为政，执法行动不统一，权力重叠情况严重，部门之间关系难以协调。另外，企业大多数没有知识产权管理机构和制度，知识产权保护意识还不够强。

（三）创新费用投入较少，持续研发动力不足

地方政府的“行政导向性”决定了它在参与经济活动和管理过程中常发挥局部性的政府替代功能，通过证券机构用行政手段来强化经济管理。由于行政导向向，决策层总是倾向于追求任期业绩和短期效果，出现短视行为。加之地方政府在财政、税收、金融、科技、产业等政策方面扶持不足，西部地区企业获得的高级别支持资金不足，知识产权立项过少，在持续研发及知识成果转化方面存在不足。

（四）政府在知识产权管理方面越位与缺位并存

首先，地方政府通过政策制定、财政拨款等制度安排，对高校知识产权成果转化以及专利的申请干预较多，致使高校缺乏相应的自主权，科研体系缺乏活力。其次，政府轻视对政策规划的后续监管。目前，地方政府对诸多支持产学研合作的科研基金的管理主要集中在科研项目的审批过程中，而对已通过审批项目的后续科技成果转化等成效评估的监管却存在很多问题。另外，当前，地方政府过分强调发展“高新技术”产业，忽视了本地实际。

三、西部地区地方政府在知识产权战略中的职能

（一）地方政府要统筹协调，提供资金支持和保障

首先，地方政府要明确定位，在企业和高校之间发挥桥梁纽带作用，提升对知识产权的认识，打造合作平台，推动协同创新。其次，政府要强化政策与资金支持。在每年的政府预算中应追加知识产权发展、保护、战略实施等方面的经费；大力发展教育事业、科技文化产业，引导多渠道、多手段支持；实施积极有效的激励制度，如提供企业财政补贴、个人财政补贴、专利实施资助、职务发明奖励、优秀专利代理人奖励、企业科技项目资助等，为知识产权事业发展提供强有力的支持与保障。最后，加强科技、教育以及其他文化产业的专项资金支持，多手段、多途径为知识产权工作服务。

（二）发挥地缘优势和区域化战略优势，整合资源，弥补不足，增强知识产权自主研发能力，缩小与周边地区之间的差距

首先，由于城乡二元结构及地区差异的客观存在，西部地区知识产权战略及保护方面发

展较为缓慢。因此政府要鼓励自主创新，激发企业从自身特点和优势出发。其次，“三流企业卖苦力，二流企业卖产品，一流企业卖专利”，科技创新是企业生存和发展的源泉，政府要引导企业重视创新，发展特色，提高企业核心竞争力，深入挖掘已申请专利的经济效益，通过各种方式使一些有技术缺资金或缺人才的企业有效地对成果进行开发和市场化。

（三）完善平台建设和配套服务

首先，完善知识产权法律保护体系，创造有利于企业创新的公平环境。目前，我国已颁布实施了 8 部知识产权法和 30 多部相关法律法规，但是，还必须制定专项行政法规及司法保护标准与之相配套，因此，有立法权的城市要尽快出台相关知识产权保护的地方行政法规和部门规章，加大执法力度，规范知识产权管理。其次，尽快建成知识产权一站式服务平台。利用网络信息前沿技术，为企业、个人、政府提供专利检索、转让、产学研合作渠道等公益服务。

（四）增强公民知识产权意识

在知识产权战略中，政府应积极作为，大力宣传知识产权在建设创新型国家中具有的重要作用，通过大力宣传、培训及普及教育，提高公民和企业的知识产权保护意识。政府要促进地区企业与高校的合作，建立信息和技术流通、资源合理配置的平台，充分利用高校的智力资源，对企业和居民进行培训和援助，建立和完善知识产权管理制度。

参考文献

[1] 姜海洋，企业知识产权战略初探[J]. 科学管理研究，2011（3）：12.

[2] 李顺德，知识产权概论[M]. 北京：知识产权出版社，2005：95.

[3] 李玉米，周霞，政府知识产权管理对产业集群升级的作用机制研究[J]. 岭南学刊，2015（4）：58-62.

[4] 徐强，论在知识产权保护中地方政府的能力范围和事权界定[J]. 华东经济管理，2007（10）：57-60.

国防知识产权的双重属性及利益均衡

——基于法理学形式上的分析

黄东梅

（渭南师范学院经济与管理学院　区域与城市发展研究院）

摘要：“军民结合、寓军于民”是国家发展的重要战略，在此背景下，国防知识产权在合作创新过程中的问题日益凸现。本文从国防知识产权的内涵及其特征入手，分析了国防知识产权的法理属性，进一步根据我国国防知识产权政策的价值导向，探索了国家、研发组织之间缓解其利益归属与分享矛盾的平衡原则及政策意蕴。

关键字：国防知识产权；利益平衡；国防安全

基金项目：渭南师范学院特色学科建设项目（14TSXK03）

国防知识产权在我国知识产权的法律体系中扮演着极其重要的角色，而国防知识产权属性的分析与研究是正确把握国防知识产权战略定位的重要前提，这对于当前基于军民融合背景下推动国防知识产权的发展具有重要的现实意义。本文通过对国防知识产权法理属性的分析与探讨，为国防知识产权归属问题提供理论支撑。

一、国防知识产权的作用及其保护现状

众所周知，国防知识产权是关系到国家安全的基础性、战略性和前沿性的技术领域，而健全的国防知识产权制度则具有激励自主创新，增强国家安全保障能力，有效配置国防科技资源和提高资源综合利用效能的作用。然而，由于目前对于国防知识产权的法理属性界定不清，造成知识的创造者与利用者之间存在着极大的误解，在实践中致使国防知识产权很难发挥其激励机制的功能。主要存在问题就是产权界定不明晰，即国防知识产权的权利归属在法律界定上的不明晰，在事实上的不确定。由于军方享有成果实施单位的指定权，其权益得不到保护，也严重影响了研制单位申请国防专利的积极性[1]。对于国防知识产权的保护方面之所以存在混乱的状态，笔者认为首先应明确国防知识产权的内涵及特点，再从法理上对国防知识产权的属性作整体思考，才能正确理解国防知识产权的归属，从而对国防知识产权保护战略进行总体规划与实施。

二、国防知识产权的内涵及特点

（一）国防知识产权的内涵

正确把握国防知识产权的内涵，是科学认识国防知识产权的根本依据，也是正确理解国防知识产权属性的重要前提[2]。

然而，我国相关法律法规和现行政策中对于国防知识产权并没有明确的定义。根据我国国防和军队建设实践，我们认为，国防知识产权是与国防和军队建设有关的知识产权，包括国家为国防和军队建设直接投入资金形成的并用于国防目的的知识产权，也包括其他投入产生并专用于国防和军队建设的知识产权[3]。

（二）国防知识产权的特点

正确把握国防知识产权的特点，不仅有助于准确理解有关国防知识产权的规定，而且有助于理解国防知识产权的法律属性。从现实中来看，由于国防知识产权涉及国防和军队等国防安全方面的建设，因此，可以从保密性、非完全市场性和权益分配特殊性这三个方面来把握国防知识产权的特点。第一是保密性。由于在国防和军队建设领域，智力成果的内容或使用范围等信息涉及国家安全，只能在一定时间内限于特定范围的人员知悉，禁止向社会公开，由于具有保密性的特点，国防知识产权的管理活动要受到保密法和国家有关保密规定的约束。第二是国防特性。国防知识产权以国防服务为主要目的，相当多的国防知识产权经过产业化后形成的产品多为武器装备性军品。国家对国防知识产权在国防领域拥有绝对垄断权和免费使用权。第三是不完全市场性。非完全市场性知识产权是市场竞争的产物，是权利人相对于竞争对手依法享有的“垄断”市场的专有权利。一般来说，在市场条件下，知识产权权利人可以自主做出决策，自愿进行交易，而国防是典型的公共物品，在国家安全方面的具有特殊地位，其交易行为和交易市场具有很强的行政性，并对其实行严格管制。

三、国防知识产权属性的法理分析

由于国防知识产权的内涵及其特点，使其在产权归属方面有极大的误解或模糊性，使广大研发单位（个人）对其研发失去积极性，从而造成绝大部分既可军用也可民用的两用技术闲置，造成资源极大的浪费。因此，有必要从国防知识产权的法理属性方面对其分析，从而揭示国防知识产权法的本质及其立法精神。

（一）国防知识产权的性质的“公”“私”辨析

1. 私权性：国防知识产权的本质属性

《与贸易有关的知识产权协议》（TRIPS 协议）在前言中指出“知识产权属于私权”，其本意在于强调知识产权主体的平等性。国防知识产权作为知识产权的一种，自然具有私权的属性，因此从本质上说仍然是民事权利，然而国家也是一个为经济权利而斗争的经济实体，经济权利与民事权利的本质区别是，前者是在承认私权的前提下强调国家的管理即公权，后者则特别强调权利者的意思自治，属于私权[4]。虽然近年来，关于知识产权的私权公权化的讨论一直不断，但其私权的本质属性是不可能改变的。因此，国防知识产权并不能因知识产权由私权领域渐渐地渗透到公权领域这一趋势的表面现象，而改变私权的本质属性。

2. 国防知识产权“公权”化动因与趋势

进入 20 世纪以来，西方国家出现了“法律社会化”“私法公法化”的立法潮流和理论观点，在这一潮流中，政治国家与市民社会的分野日益模糊，公法与私法的相互渗透和融合形成了所谓“第三法域”[5]。在知识产权领域普遍的共识就是私权和公权有统一的趋向[6]。这种“公”“私”融合，可使知识产权在当代更加符合社会发展需要。另外，我国部分学者受传统“公有”思想的影响，认为国防技术等创新成果的获得离不开社会的知识宝库，这些智力成果是一种具有社会性质的产品，应由每一个社会成员共同享有、无偿使用。也正因为国防知识产权具有强烈的政治色彩、公益性色彩，使部分学者误认为国防知识产权应属公权范畴。

3. 国防知识产权的绝对私权性与相对公权性

我国《国防法》明确规定，国家直接投资形成的用于国防目的的技术成果属于国防资产，归国家所有。这里已明确了是在“用于国防目的”时，说明了公权介入的依据。说明了国防知识产权的主体是作为平等的民事主体而参与到市场交易中去的。虽其法律位阶较低，但也说明了“国家”并非国防知识产权的唯一主体，所以并不能推断出国防知识产权的公权属性。

（二）利益平衡：国防知识产权的价值目标

由于知识产权的大部分保护客体不仅具有国防特性，同时也兼具军民融合性，不仅关系到知识产权人的个人利益，也关系到社会公共利益。因此，在寻求国防知识产权的私人利益与公共利益之间的平衡就成为《国防法》建立以来一直追求的目标。

1. 国防知识产权归属与合作创新的矛盾冲突

相对于一般知识产权，国防知识产权的国防专用性、保密性及非市场性等特征，进一步加剧了国防知识产权与合作创新间的矛盾冲突。这表现在以下几个方面：第一，国防知识产权的国防专用性，使得国防知识产权的运作和转移只能局限在一个相对独立的封闭系统内进行，研发合作的对象与范围都大大缩减，导致原来由研发单位（个人）所享有的生产、技术、市场知识和技能，即其私权的属性，向国家所有转化，同时也相对地缩小了知识财富的公有领域，从而造成知识创造者的利益与国家作为利用者的利益之间的冲突。第二，国防知识产权的保密性与知识外溢性存在矛盾。在保密性问题上，确实存在着与一般专利的公开性之间的冲突，这也是采取国防专利这种特殊保护模式的根本原因所在。第三，国防知识产权的非完全市场性加剧了科技要素在军民之间双向流动和转移的矛盾。这里就存在优化配置的问题，但由于国防知识产权的不完全市场性，就造成创造者与利用者之间在利益归属上的不平衡。

如何解决上述矛盾，这是国防技术无法回避的问题，笔者认为，无论何时，国防是首位的。国家利益是不容侵害的，而国防利益作为国家利益的核心部分，也是没有可以讨价还价的余地的，因此，涉及国防利益的核心技术一定要掌握在国家手中。国防技术的创造根本上说依赖于个体，而最终要有效地掌握在国家手里，也就是如何完成私权的公权化是调和国防技术私权和公权矛盾，发挥国防科技工业内生创新动力的关键[7]。

2. 国防知识产权的价值权衡

国防知识产权的公权属性表明，由于国防目的，国家必须介入到私权领域。两者的深层矛盾根源于单位（个人）权利与公共权力，私人利益与共同福利的冲突与对立。另外，公权干预私域并与私权相互融合也为实现经济目的，增强国力之所需，因此，一方面，要在国防知识产权的研发主体的利益得到必要保障并且获得激励和鼓励的同时，为社会创造更多的知识和财富，以增进社会福利，体现国防知识产权的立法目的。另一方面，就其立法目的来说，一是利益取向的选择性问题，虽然国防知识产权的私权属性与公权属性是矛盾的对立与统一的关系，但其公权属性是矛盾的主要方面，而私权属性也是不能忽视的。换言之，国防知识产权私权的公权化表明，在国家日益强调其公权属性时，在维护研发单位（个人）私益时，要防止垄断保护，以避免私权的过度膨胀而损害社会公众利益和公共利益。二是利益兼顾，即要促进科技、文化事业发展及国防安全、民族利益等重大国家利益问题，也要与保护创造者利益并重。这种平衡包括：国防知识产权所有人权利与义务之间的平衡；创造者、传播者、使用者三者之间关系的平衡；公共利益与个人利益的平衡。

参考文献

[1] 马兰．关于国防知识产权归属与利用的思考[J]．舰船科学技术，2007（29）：2.

[2] 李颖．国防科技自主创新对知识产权管理的影响研究[J]．现代管理科学，2008（3）：28.

[3] 缪蕾，戴少杰．正确把握国防知识产权的战略定位[J]．国防科技工业，2008（8）：19.

[4] 刘华，戚昌文．直面知识经济：知识产权的冲突、调整与发展走向[J]．华中师范大学学报：人文社会科学版，2000（5）：42.

[5] 董保华，等．社会法原论[M]．北京：中国政法大学出版社，2001：11.

[6] 冯晓青，刘淑华．试论知识产权的私权属性及其公权化趋向[J]．中国法学，2004（1）：61-68.

[7] 李振亚，孟凡生．国防专利制度内在矛盾冲突分析[J]．情报杂志，2010（4）：26.

中小型装备制造企业知识产权法律保护机制缺陷及对策

张均涛

（渭南师范学院人文与社会发展学院　陕西省县域知识产权研究中心）

摘要： 随着我国经济改革开放和经济市场化程度的深入，中小装备制造企业的数量越来越多。中小企业要想在日益激烈竞争的立足，需要加强高新科技产品的开发创新。并做好知识产权法律保护，实现企业的快速发展。但是目前中小型装备制造企业的知识产权法律保护机制还存在一定的缺陷。因此，国家政府与企业需要通过采取有效措施，完善中小企业知识产权法律保护机制，为中小企业的发展保驾护航。

关键词： 中小型企业；知识产权；法律保护机制；装备制造

基金项目： 渭南师范学院特色学科建设项目（14TSXK03）

随着经济一体化和国际化进程的深入，我国成功加入世界贸易组织以来，给中小型装备制造企业的发展既带来了机遇，同时中小企业也面临着重大的挑战。国外高新企业的直接冲击促使中小企业必须要不断加强高新技术创新，提高产品的科技含量，增强企业竞争力，知识产权保护作为激发中小企业进行创新、优化和知识产权有关贸易秩序的有效工具，对中小企业进行技术创新非常重要。但是目前中小企业知识产权的法律保护机制还存在一定的缺陷，需要不断地完善。

一、中小型装备制造企业知识产权法律保护机制存在的缺陷

近些年，我国中小型装备制造企业发展迅猛，许多企业经过不断地开发创新，拥有了自主知识产权的技术支撑与自主品牌，对知识产权保护也越来越重视，积极采取了一系列相关的专利保护对策，把知识产权的优势转变成了产业优势。知识产权是一种民事权利，权利人需要采取积极有效的法律保护措施，不然即便有完善的法律，也无法实现有效的知识产权保护。对中小企业而言，能否有效保护、应用和管理好企业知识产权，直接影响企业生存与发展。我国中小型企业对于知识产权保护工作认识、推进与实施起步比较晚，知识产权保护工作的整体水平偏低，还存在不少的缺陷。

（一）对知识产权法律保护的重视程度不够

目前，我国中小企业对知识产权保护的重视还不够，未建立完善的法律保护机制，使中

小企业知识产权的流失相当严重。

一方面，中小型装备制造企科研人员流动导致知识产权流失。科研人员的流动作为市场经济体制下劳动自由择业的体现，也是促进人才分流、实现科技人才和技术资源优化配置的一项重要措施。然而，由于企业管理的缺陷，加上某些科技人员法律意识薄弱，不少科技人员在流动过程中，不遵守国家法律、法规和企业的管理制度，把本企业的关键技术或秘密当作给新企业的见面礼并以此作为提高自己“身价”，得到器重的砝码和资本。

另一方面，中小型装备制造对知识产权价值评估没有足够的重视，也是导致知识产权流失的一个重要原因。尽管知识产权价值是企业资产的重要组成部分，但以知识产权为重要内容的无形资产评估却未受到企业应有的重视，相当一部分企业在评估企业资产时，没有包括专利权、商标权等知识产权，有些企业即使对知识产权进行评估，往往也是低估，远远低于知识产权的实际价值，从而造成知识产权的流失。

（二）中小型装备制造企业依法维权的能力欠缺

中小型装备制造企业的知识产权保护意识相对淡薄，主要表现在：① 企业科技人员长期受科技计划管理和评价体制的约束，偏重学术研究，市场观念和竞争意识相对薄弱，缺乏足够的知识产权保护知识和经验；② 许多企业对知识产权的认识仍停留在专利等工业产权的层面上，而对品牌、企业形象、外观设计、软件等知识产权特征认识不足，更谈不上有效管理和保护；③ 当企业知识产权受到非法侵犯时，有些企业不愿也不会诉诸法律来保护自己的合法知识产权权益，在运用法律武器保护自己合法权益方面显然还有所欠缺。

（三）中小型装备制造知识产权管理尚不完善

一些中小型装备制造企业的科研工作仍是走“立项、完成、验收、鉴定”的程序化道路。企业在科研课题的立项上，并没有把知识产权作为科研工作的重要目标，没有把能否形成自主知识产权作为一个重要指标来衡量。中小型企业组织结构中，没有设置专门的知识产权管理机构或承担该项职能的部门，缺乏知识产权管理人才，这导致企业内知识产权的管理始终维持在低层次的管理层面——档案管理层面。企业内与知识产权管理相配套的规章制度如知识产权管理制度、保密制度、成果归档制度、劳动合同制度等不够健全，这在很大程度上使企业自主知识产权的管理、保护和运用效率大打折扣。

（四）中小型装备制造不善于运用专利文献提供技术信息

有些企业在搞项目研究时，不善于运用专利文献提供的技术信息，在研发过程中造成重复或无效劳动，导致科研经费的浪费。或者对信息检索方法不够了解，很难检索到最新的国内外相关技术专利信息。如有些企业在赴国外考察或引进国外技术前没有事先检索专利文献，结果引进的技术落后或侵犯了他人的专利权。

目前已经建立了专利信息平台，为企业提供专利信息服务，指导企业在新技术新产品研究开发、产品和技术出口、技术设备引进和合资合作中进行专利检索。提高研究开发起点，一定程度避免出现低水平重复和发生侵犯他人专利权的现象。

二、完善中小型装备制造型企业知识产权法律保护机制的对策

（一）完善知识产权执法体系

政府应当从宏观方面推进知识产权保护的制度建设，着力营造“保护严密、执法有力、服务便利”的知识产权运行环境，政府有关部门应当完善知识产权的执法体系，加强社会宣传和执法队伍培训，提高管理效能，加大执法力度。

第一，扶持知识产权中介机构的发展。如果从事知识产权服务的中介机构数量足够多、水平足够高，就可以对各种具体的知识产权事务提供比较全面的信息和科学的指导性意见。如果企业能够比较便捷地获得这种服务，就可以降低侵犯他人知识产权的风险，提高自身知识产权的保护系数。因此，政府应当为知识产权中介机构的发展创造便利条件，帮助资质良好的知识产权中介机构快速成长起来。

第二，建立有效的知识产权激励导向机制。传统的科技管理措施包括技术鉴定、论文统计等，具有浓厚的计划经济色彩，难以与市场相结合，难以与知识产权保护相结合。导致我国科技界形成了一种不良倾向：重视理论而轻视发明；重视科研成果而轻视专利；重视论文评奖而轻视市场应用。为此，政府应当通过完善相关政策和法律，引导和帮助企业、科研单位建立健全知识产权管理制度，充分发挥知识产权激励机制的作用，使知识产权管理贯穿创新的全过程，加快自主知识成果的产业化。

第三，大力推动涉外知识产权争端的妥善解决。支持企业运用 WTO 规则维护自身权益，帮助企业建立海外维权援助机制，及时提供有关信息和公共服务。以适当方式介入涉外知识产权争端，为妥善解决争端、维护本国企业的正当权益创造条件，建立和完善打击侵权行为的双边、多边合作机制，遏制跨国、跨境的侵权行为。建立知识产权维权援助中心，对因经济困难不能支付知识产权纠纷处理和诉讼费用的企业，涉及较大影响的涉外知识产权纠纷时，可求助于知识产权维权援助中心进行处理。

（二）建立和完善技术创新机制

中小型装备制造企业要建立和完善技术创新机制，加大研究开发投入，提高自主创新能力。加快高新技术开发和传统产业改造，着力突破产业和行业关键技术，增加技术创新储备，形成一批拥有自主知识产权的核心技术和知名品牌，发挥对产业升级、结构优化的带动作用。

（三）强化知识产权保护意识

中小型装备制造企业要强化知识产权意识，实施知识产权战略，实现技术创新与知识产权的良性互动。企业在新产品开发和技术改造过程中，对具备新颖性、创造性和实用性，又符合其专利申请条件的技术或产品，要及时申请专利，使科研成果获得法律保护。同时要将

一些实施效益高、易被仿制的技术及时申请专利，对一些在技术竞争激烈领域中的不能实施的技术也要及时申请专利。对某些发明创造，在申请专利时，不得公开全部技术内容，而要保留一定的技术秘密，只将其中易被仿制的技术部分申请专利。

（四）自发组织行业协会

行业协会可以组织企业进行有关知识产权保护对策与方案的经验交流，共同探讨高新技术领域知识产权事务的管理与服务。并对侵权加以防范与打击，必要时候可以以行业协会的名义对受害企业予以支持。

（五）建立专利事务管理部门

大型企业及专利事务较多的中小型企业，应借鉴发达国家、跨国企业的先进经验，设立专门的专利事务部门，并选择或外聘既懂知识产权、专利知识，又精通技术的人员专职处理企业专利事务。专利事务部门不只是参与专利纠纷的处理，更重要的是通过参与企业专利战略的制订以及有关技术从研发到应用的全过程，及时掌握企业可能出现的专利问题，为企业决策提供帮助。没有条件设立专利事务部门的企业，可以借助社会力量解决专利预警的问题，聘请专业知识产权机构作为顾问，让知识产权专业人员参与企业的知识产权管理，为企业制订知识产权战略，解决企业专利纠纷。

参考文献

[1] 王立诚，黄继东，鲁程．专利文献计量研究——国内外20年专利申请统计分析研究[J]．科技成果纵横，2009（6）．

[2] 范德成，贾爱梅．我国企业知识产权管理中存在的问题及对策分析[J]．商业研究，2010（5）．

[3] 杨拉克．中小企业知识产权保护策略研究[J]．科技进步与对策，2007（12）．

[4] 陈其聪．浅谈加强对我国知识产权的法律保护[J]．引进与咨询，20012（6）．

第四篇　教育及其他

五位一体：加强普通高校学风建设路径选择

景根杰

（渭南师范学院经济与管理学院）

摘要：学风是一所大学生存与发展的根本。优良的学风是学校的宝贵财富，是教书育人、治校立校之本。学风建设是推进素质教育、提高学生素质的重要途径。针对当前大学生学风差的主要表现形式，通过从“教、学、管、研、践”五条路径入手，切实加强和推进大学生学风建设。

关键词：普通高校；学风建设；路径选择

“惟源清，方流清；惟风正，才学正!”学风是一所大学治学、读书、做人的风气，是全体师生在长期的教学实践中表现出的精神风貌、文化风气以及所形成的“治学目的、治学精神、治学态度、治学风尚和治学方法”。优良的学风一旦形成，就会对学生起到潜移默化的影响，是保证学校教学质量的重要前提。学风建设不仅关系到学生的成长和成才，而且还关系到学校的长远发展。

一、普通高校大学生学风差的表现

“学风”在我国古籍《礼记·中庸》中有着精辟的释义，包含“广泛学习，虚心求教，善于思考，善于实践”等四个层面的意蕴，分析普通高校大学生学风方面存在的问题，可以梳理到这四个层面来辨析。

（一）学而不广，狭隘到为了应付考试而学习

目前，普通高校大学生中有很大一部分人并不具备要广泛学习知识的兴趣，对于学习存在三种心理：① 抱着投机式心理，只要在考试中能拿到60分就叫“万岁”；② 轻松式的学习心理，摆脱家庭的束缚和教师的监督，享受大学自由的学习生活，考试临阵磨枪，混个及格也就可以了；③ 混文凭，上大学的目的就是混文凭，混得一个就职资格，学好和学不好对于将来走向社会没有什么太大的区别。

以上心理导致大学生抱有消极的学习态度和应付式学习的表现：学习观念淡化，对课堂学习“出人不上心”，混个教师点名不缺课，教师讲过的课程有笔记，考试时突击背题，能拿个及格成绩就满足了。因此，很多学生仅仅在课堂上听听教师讲的专业课，不能主动地读书

和做学习笔记，甚至当所学的课程结束时，手里的教科书还连翻都没翻过，至于利用图书馆和上网学习也就更无从谈起。对于学校组织的报告会、讨论会、读书竞赛等学习活动也尽可能地不参加。

（二）无心求教，懒惰到回避或无视学习中出现的问题

对所学课程不上心者，在学习态度上是懒惰的，其表现如：不愿意听课，甚至逃课，不愿意承担学习任务，对所学知识信马由疆，能记住多少算多少，不愿意做深入细致的思考，不愿意做作业，作业相互抄袭，更有甚者到网上去下载作业；对所学知识不上心、不动脑、不思考、不请教；偶尔发现问题又懒于求教和羞于求教，把学习中的问题束之高阁。当然，也有部分同学会产生求教心理，但求教态度上是否虚心，求教行为是否急功近利，须知很多学习上的问题是需要思考——请教——再思考——再请教的循环往复的持续行为来实现的，因为一时一事的请教而后就缺乏了请教行为的虚心和耐心是不行的。

（三）不善思考，拘泥于学习倦怠的不良心态中不能自拔

不善思考的问题可以分为三个群体：① 不大会思考，愿意学习想学习，但“钻”劲和“研”劲不足，“钻”会因为精力不够集中而钻不进和钻的程度不够，“研”会因为方法不对而半途而废；② 害怕思考，有学习的愿望，但不愿刻苦思考，学习的本身就是艰苦付出的脑力劳动的过程，特别在大学阶段的知识，是最深奥和最前卫的部分，学会这些知识不花费力气、不吃苦是不行的，必须通过勤于思考、刻苦思考乃至拼搏式思考去获得；③ 不想思考，对学习成绩持无所谓的态度，上大学就是脱离学习的苦海，混个文凭，获得走向社会的资格，整天沉溺于网上游戏、谈情说爱、娱乐逍遥的享受之中。

（四）不善实践，偏见于知识没有用武之地而轻视学习

大学生“不善实践”的学风既与其主观认知有关，又与社会实践的大环境有关。从主观认知看，学习知识就是学好课本上的东西，在考试中能够取得好成绩。但是在实践中却显现出知识的浅薄和能力的不足，知识水平与能力水平极不相称。从社会实践的大环境看，许多大学生“高分低能”和“眼高手低”，一些用人单位看重实践履历。社会实践对大学生的偏见让大学生产生了的“读书无用”思想。校园学习与社会需求的脱节，理论知识与实践能力的脱节，使大学生的学风变得越来越漂浮。

二、加强学风建设的路径

（一）教

教师在学风建设中起着主导作用，教师的一言一行，教师的教风状况，对学生的学风培

养产生着直接影响。但随着形势的变化和对工作要求的不断提高，部分教师的育人意识和严谨治学的精神欠缺，教学内容、教学方法、教学管理有待进一步完善和提高。因此，从学校层面，要始终把师德师风建设放在学校工作的重要位置，制定和完善一系列规章制度，实现依法治校。从教师层面，教师要有严谨的治学态度，追求真理的科学精神，不断加强自己的道德修养，规范自己的职业行为，真正做到为人师表，教书育人，学为人师，行为世范；要严格履行岗位职责，自觉把培养优良学风作为教书育人的根本任务，并贯穿于教学工作的全方位、全过程；要致力于深化教育教学改革，努力提高课堂教学质量，潜心学术，体现出较好的职业精神和职业责任感；要全方位地提升自己的综合素质，满足大学生对新知识的强烈渴求，体现出较好的专业素质；要在自己的职业活动中体现出爱与责任，全面关心学生的成长，体现出较好的敬业精神。

（二）学

著名教育家苏霍姆林斯基说过："为了激发和发展学生的才能，最有效的办法是依靠他们的独立性来组织活动。"强调教育教学活动应注重引导学生主动学习，培养学生的学习能力，激发学生成长成才的动力，增强学生大学生涯设计意识，引导和帮助学生进行素质拓展，转变学生的思想观念和成才意识，变"要我学、被动学"为"我要学、主动学"，真正实现大学生学风的转变。

端正"学习价值观"，激励大学生为"学以致用"而学习。将"学习价值观"教育作为社会主义核心价值观教育中的应然内容抓实抓好。通过"学习价值观"教育，做到边破边立。即：破除"读书无用论"和"读书镀金论"，能够明确地为"学以致用"而学习，以学习观念的变化来校正大学生的学习动机，激发他们的学习热情。正如我国教育界的专家学者的观点：我国目前的大学教育缺失什么？缺失的最主要内容是价值观教育。

大学生在"学习价值观"上出现的问题并不完全来自于自身，还与高校管理中的功利主义倾向相联系，与教师的实用化倾向相联系，因此，在端正大学生的"学习价值观"的同时，还需要端正高校管理和教师的价值观，破除功利主义和实用化的观念，树立"教书育人"的正确观念。

（三）管

学生日常管理的好与坏，关系到教学秩序的正常进行，关系到校风校纪的优良，关系到学校的方方面面。因此，从学生管理层面上要坚持从严管理的原则，严格各项规定和准则，规范学生的学习、生活行为。从考风抓起，以考风带动学风，以学风带动校风，为学风建设提供基本保障。通过严格课堂点名制度，将学生留在课堂上。针对夜不归宿、通宵上网、校外租房等现象开展专项治理。加强班级管理，从制度上强化班风、学风建设。针对个别同学学习方法、学习态度等方面存在的问题，以实施"端正学风工程"项目、开展学习讲座、树先进典型、心理辅导、学习经验交流会等形式和活动，促进学生学风建设，实现整体学风的转变。

（四）研

引导教师开展教学研究与教学改革，不断提高教学水平，增强课堂吸引力和感染力，激发学生的求知欲；加快开放性和设计性实验室的建设，鼓励教师吸收学生参加科研，引导学生主动参与教师的科研工作，注重学生创新思维和综合素质的培养；实施“精品课程”和“精品教材”建设工程，调动教师的教学热情，促进教师不断提高教学水平，使课堂成为体现优良学风的窗口。

（五）践

构建长效载体，即构建大学生理论与实践相联系的有效途径。一是要将学生实践基地的做法坚持下去，从中不断总结经验，调适做法；二是对于课堂授课应尽可能地改变教师“一张嘴”满堂灌的做法，增加教师演绎和学生参与演绎所学知识的环节，注意利用多媒体教学工具，将电气化教学的手段有计划地利用好；三是将校外的专门人才请进校园讲学和演绎实践中对学生所学知识的利用情况；四是抓好抓实大四的社会实践，应从学校的角度建立学生实践联系单位，不要让学生在社会实践中“放羊”；五是组织知识竞赛活动，将实践能力的内容充实到竞赛内容中，总之，可以利用的长效载体很多，需要学校有意识地构建。

参考文献

[1] 平洪，张国扬．英语习语与英美文化[M]．北京：外语教学与研究出版社，2000.

[2] 文学运．新建本科院校加强学风建设探究[J]．四川文理学院学报，2011（4）.

[3] 黄正平．关于加强学风建设的几点思考[J]．中国德育，2011（4）.

高校经营性国有资产监督管理体制的思考

韩全林

（渭南师范学院资产经营公司）

摘要： 本文旨在通过对国有资产的分类、高校经营性国有资产监督管理体制的完善等问题的阐述和分析的基础上，提出一些可行的策略，以期有利于高校经营性国有资产监督管理体制改革的进一步推进。

关键词： 高校；经营性国有资产；监督管理体制；增值保值

随着社会主义市场经济体制改革的深入，高校管理模式和办学思路的改变，高校扩大建设范围和提高办学条件等，以营利为目的的高校经营性国有资产已成为高校国有资产的重要组成部分。高校经营性国有资产主要依托学校的房产、土地、科技成果和现有的服务资源等，通过有效的运作和管理获得利益，达到实现科技成果转化，提高办学条件，改善职工福利待遇，提高大学生学习生活条件，解决因制度等客观原因造成的富余人员的就业等目的。实现高校经营性国有资产的有效管理，是高等学校国有资产管理的重要任务，要实现管好用好的目的必须有行之有效、科学规范的制度作为管理准绳和纪律约束，有效的管理制度建立，有利于提高工作效率、规范日常管理、实现工作目标。

一、国有资产管理的分类

综观我国关于国有资产的现行立法，国有资产的一般包括下列三种法律形态：① 经营性国有资产，即投入企业生产经营或者按企业要求经营使用的国有资产。② 非经营性国有资产，又称行政事业性国有资产，是指不投入生产经营，而由国家机关、事业单位和社会团体（统称行政事业单位）用于国家公务和社会公益事业的国有资产，以及尚未启用的国有资产。③ 资源性国有资产，即国有自然资源。自然资源是不通过人类劳动而在自然界运动中形成的，在一定条件下有经济价值的物质和能量。

十八大报告中关于国有资产管理体制的改革的论述主要有："在坚持国家所有的前提下，充分发挥中央和地方两个积极性。国家要制定法律法规，建立中央政府和地方政府分别代表国家履行出资人职责，享有所有者权益，权利、义务和责任相统一，管资产和管人、管事相结合的国有资产管理体制。"关系国民经济命脉和国家安全的大型国有企业、基础设施和重要自然资源等，由中央政府代表国家履行出资人职责。其他国有资产由地方政府代表国家履行出资人职责。中央政府和省、市（地）两级地方政府设立国有资产管理机构，继续探索有效的国有资产经营体制和方式。各级政府要严格执行国有资产管理法律法规，坚持政企分开，实行所有权和经营权分离，使企业自主经营、自负盈亏，实现国有资产保值增值。

二、高校经营性国有资产监督管理体制的完善

（一）加快推进高校企业总法律顾问制度建设

通过建立高校企业法律顾问制度，使高校企业的法制意识普遍得到增强，企业法制工作力量得到充实，有力地推动企业依法经营管理，促进高校企业规范改制。进一步建立高校经营性国有资产监督管理体制，加快推进高校企业改革发展的任务和目标，根据新形势的发展变化，加快推进高校企业法律顾问制度建设，是完善社会主义市场经济体制的时代要求，是加强高校经营性固有资产监督管理的迫切需要，是深化高校企业改革的重要措施，也是加快高校企业发展、做强做大国有企业的有力保障。

（二）进一步明确资产经营委员会职责，真正实现政资分开

在高校资产运行系统中，高校具有政、资双重职能。所谓“政”的职能，即作为代表学校的固资处对学校国有资产实施管理的职能；所谓“资”的职能，即作为资产经营公司受托支配经营性国有资产的职能。因此，《中共中央关于实行社会主义市场经济体制若干问题的决定》中明确指出，国有资产管理体制必须“按照政府的社会经济管理职能和国有资产所有者职能分开的原则”进行改革。在《国有企业财产监管条例》等法规中，都肯定了这项原则。在我国国有资产监督管理体制改革的推进过程中，这是必须坚持的一项原则。

（三）推进配套监管制度的出台

高校资产经营管理委员会的有效运作只有在法律的有效规制下才可以保障其有效运作，制定经营性国有资产监管制度也是其中的一个应有之义。

（四）引入信息披露制度

我们可以考虑借鉴一些证券法上的制度，特别是涉及国有产权的交易应充分实行公开原则，通过信息披露和舆论监督进行补正。也就是说，我们可以将证券法上的强制性披露机制引入高校经营性国有资产管理，要求高校企业将涉及国有资产的重大交易的情况向国有资产管理部门进行登记并对职工进行披露，只有保证职工的知情权并发挥“阳光防腐剂”的作用，才能有效地予以监督和控制。

三、高校经营性国有资产保值增值的策略

高校经营性国有资产管理尚存问题，保值增值工作意义重大，笔者认为可以从以下几个方面着手，逐步完善高校经营性国有资产管理体制。

（一）强化高校经营性国有资产监督管理

无规矩不成方圆，强化监督管理才能确保高校经营性国有资产保值增值。

（1）完善高校经营性国有资产监督制度，依法规范管理。认真贯彻执行国有资产管理的有关文件精神及政策，切实采取有效措施，建立和完善规章制度，做到依法规范管理，从思想上重视国有资产管理，掌握国有资产管理的有关政策。

（2）建立资产管理信息系统，实现资产管理信息化。为防止资产清查的前清后乱，尽快建立国有资产动态管理系统，使国资部门及主管部门能及时、全面的掌握国有资产的总体情况，以利于资产管理的透明化和资源共享。

（3）加强基础建设，落实责任，确保高校经营性国有资产安全完整。完善资产管理制度和监督制度，通过内部制约机制和外部制约机制相结合，使每一个环节都有章可循，发挥制度建设的保障作用。明确法定代表人为高校经营性国有资产管理的第一责任人，加强高校经营性国有资产产权占有登记，使企业的产权权属更趋于明晰，明确管理目标。

（4）坚持高校经营性国有资产管理体制改革，处理好国有资产管理、监督和营运的关系。建立并完善国有企业出资人制度、明确分工、各负其责；明晰产权，认真履行产权界定和登记制度；深化中央和地方各级相关职能部门的改革，建立新型高效的国有资产国家管理体制；加强出资人财务监督，努力完善财务预算和决算管理制度。

（二）理顺产权关系，明确产权责任

管好高校经营性国有资产，最关键的一个问题是明晰产权关系，使国有财产有人管，管得住。对此，要坚定不移地按照国家所有、分级管理、分工监督、委托营运的原则，去做好这项政策性很强、难度很大的工作，以确保国有资产的保值增值。

（三）完善会计操作规则和监督制度

首先要严格执行会计法规、制度，及时、全面、准确地组织会计核算，如实反映企业经营和盈亏情况，积极参与企业经营管理，为经营者服务，及时、准确、真实反映各单位的财务状况和经营成果，履行好核算职责。

其次充分发挥内审作用，实行事后监督，对经济业务进行审核和复查，做到发现问题及时指出，限期整改，尽可能将各种管理漏洞和失误消灭在萌芽状态，把经营风险和损失降低到最低，形成会计和审计的双重监管监督机制。

（四）加强对国有资产的监督和检查

（1）加强对各类报表的日常检查。通过对报表指标的分析，检查经营状况，考核其经营业绩，综合评价国有资产的运营状况。应重点分析国有资产保值增值率及国有资产收益率等指标的变化是否正常，发现问题及时组织重点或者专项检查。

（2）开展定期检查。重点对国有资产产权登记、产权界定、运营质量以及收益分配等方面进行检查，以确保国有资产安全完整。

（五）国有资产证券化模式运作

国有资产证券化既是对国有资产的进一步优化配置，又是在不增加国有企业负债或资产的前提下实现融资计划，提高高校资产经营公司综合实力，改善财务困境，确保国有资产保值增值。

总而言之，我国高校经营性国有资产监督管理体制改革的推进是一个长期的、艰巨的历史过程，我们必须不断地分析问题、发现问题、解决问题，进而推进改革，只有这样才可以有利于高校经营性国有资产的全面发展。

参考文献

[1] 江文清. 高校国有资产经营管理论[D]. 成都：四川大学，2004.

[2] 钟志奇. 高校经营性国有资产运营的探讨[J]. 改革与战略，2008（3）：41-43.

高校特殊群体大学生的预警与援助体系研究

韩双明

（渭南师范学院西岳校区教学部）

摘要： 通过分析不同类型特殊学生群体的特征，建构针对不同群体特殊学生的预警与援助运行机制，对将要发生和可能发生的特殊学生思想问题、行为偏向等进行预防并主动实施援助，减少和避免灾难性结果，增强思想政治教育的针对性、实效性、吸引力和感染力，对学生思想教育工作具有重要意义。

关键词： 特殊大学生群体；思想政治教育；预警与援助体系

特殊群体是一个社会学概念，特指某些群体在社会结构中的特殊地位及其生存状况。高校特殊大学生群体的界定是一个相对的、动态的、交叉的复杂概念。群体中有些大学生只是在某一方显得“特殊”而在其他方面很正常，或者只是暂时的“特殊”，也可能同时兼具多种交叉的“特殊”倾向性，这就决定了必须要以科学、全面、发展、合理的态度帮助这些具有特殊问题的学生实现各方面的协调发展。例如经济贫困生群体、有心理问题或疾病的学生群体、学习困难大学生群体、人际交往障碍大学生群体等。这些大学生因一个或多个方面存在突出问题，仅依靠其自身又无法完全解决并摆脱当前困境，需要借助外部帮扶力量实现内外部平衡状态。因此，构建高校特殊群体学生预警与援助体系，不仅可以减少和避免灾难性结果的发生，维护校园和谐稳定，而且还能增强思想政治教育者的危机意识和责任意识，增强思想政治教育的针对性、实效性、吸引力和感染力。

一、高校特殊大学生群体的分类及特证分析

（一）经济困难型大学生群体

经济困难型大学生群体，顾名思义是在指家庭经济贫困，难以维持学费及日常生活开支的大学生群体。这些贫困生大多来自于贫困农村家庭、边远山区等经济欠发达地区、城市低收入家庭等，他们本人及家庭无力支持大学生正常的学习、生活费用。此类大学生经济、学习压力较大，思想负担较重，存在不同程度的自卑心理。

（二）学习困难型大学生群体

随着高校招生规模不断扩招，在为更多学生提供接受高等教育机会的同时也带来了生源

质量的下降。高校学习困难学生人数逐渐增多，由此导致的挂科、试读、抑郁、考试恐惧症等现象层出不穷，成为摆在高校面前的一个突出问题。

（三）心理问题型大学生群体

心理问题，是指大学生正常的内部心理环境因内部或外部刺激而失去平衡，集中体现在心理适应方面、自我认知方面、人际交往方面等问题。刺激的来源产生于学习、情感、家庭、社会、就业等多个方向，加上一部分学生心理抗压、抗挫能力较弱，产生了焦虑、自卑、抑郁、烦躁、畏惧、孤独等心理问题，成为威胁学生个人、学校和社会安全稳定的潜在诱因。

（四）网络成瘾型大学生群体

网络成瘾型大学生群体，是指长时间沉迷于上网聊天、电影、网游、交友、网恋、黄色暴力等内容，进而严重影响自身身心健康和学业生涯的大学生群体。这部分学生往往自制力较差，不惜放弃自己正常的学习和休息时间沉迷于网络世界不能自拔，在耽误正常学业的同时，也带来了诸如现实生活中的人际交往障碍、性格缺陷、孤僻自闭等问题，危害甚重。相当一部分学生因为网络成瘾，最后导致退学。

二、高校特殊群体学生预警与援助体系的运行机制

高校特殊群体学生预警与援助体系是针对大学生将要发生和可能发生的思想问题和行为偏向进行预测防范，主动实施援助的方法。它是指在学校、院系、辅导员和班主任以及学生之间建立多方沟通与协作机制，借助学校教学信息服务系统和管理服务系统等信息工具，对特殊群体学生进行全方位、多层次监控并实施有效帮助的教育管理手段。根据以上特殊群体大学的分类，我们建构的预警与援助体系包括学业、思想、生活、心理、安全和健康六个组成部分，具体如图 1 所示。

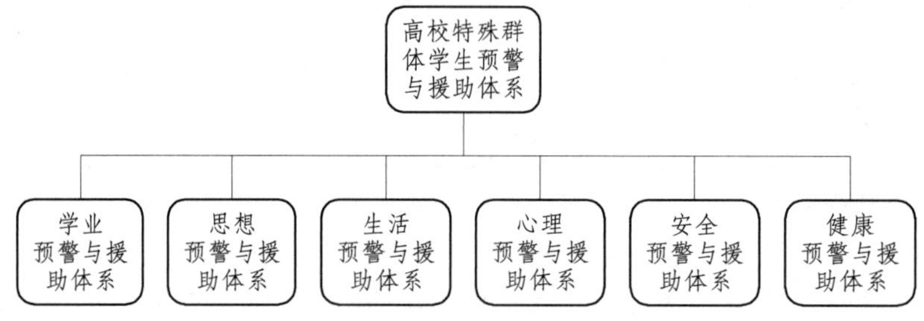

图 1　高校特殊群体学生预警与援助体系的组成

当特殊群体学生出现各种倾向时，及时反馈信息，采取一系列控制行为，以期有效预防、处理和消除危险苗头，这就是预警与援助体系的运行机制。它包括预警指标和援助预案的确定，预警信息的收集，划分警情等级，确定预警界限，发布预警指示，实施援助等环节构成。

高校特殊群体学生预警与援助体系的组织结构具体由学工部、教务处、各院系负责人、班主任和学生干部组成思想政治教育“快速反应部队”实施（如图 2 所示）。

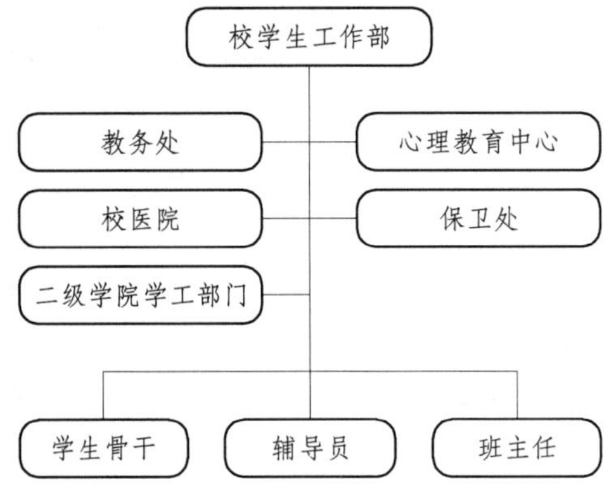

图 2　高校特殊群体学生预警与援助体系的组织机构图

（一）生活预警与援助体系的运行机制

和其他扶贫助困制度不同，生活预警与援助体系应当更人性化，采取隐形资助方式。一是通过“一卡通”来实施。比如通过学生们就餐时使用的“校园一卡通”密切关注学生的生活情况，由学生处和饮食中心定期对“一卡通”显示的学生消费情况进行抽查，设定“每月就餐 60 次以上、消费水平 240 元以下”的预警线，对达到预警线的同学，按院系进行追踪和核实，启动“隐形援助”。不需要学生自己申请和院系签署意见，直接由学生处、财务处通过“一卡通”给学生“加卡”（如一等援助每月 160 元，二等援助 100 元，而且实行动态操作，一名学生一年最多可以得到 10 次“加卡”资助）。二是对于家庭或自身突遭不幸的学生，根据实际情况，给予额度在 300 ~ 2 000 元之间的临时特困补助，将学生的真实姓名隐去，代之以化名，使贫困生在得到补助的同时，情感上也能得到抚慰。

（二）思想预警与援助体系的运行机制

网络普及化的发展趋势要求高校一方面努力建设深受学生喜爱的校园网站，丰富学生的精神文化生活；另一方面，努力营造良好的网络环境，加强对网络内容的监管，密切跟踪讨论热点，捕捉不安全因素，最大限度地防止非法、有害的信息妨害大学生的身心健康，使网络在大学生成长的过程中，更好地发挥积极的、正面的作用。根据调查，网上聊天、网络游戏、BBS 论坛留言发帖，已经成为学生最喜爱的三种上网用途，尤其 BBS 论坛是大学生最常聚集的虚拟社区。针对这一情况，应当建立了由校网络信息中心等相关部门组成的网络思想预警与援助体系，及时跟踪管理网络，对于偏激言论或散布虚假信息，混淆是非，或影响、危害校园稳定和谐的帖子，立即删除，防止造成不良影响；同时找到发帖人，了解产生偏激思想的根源，有针对性地进行调查了解、引导教育和适当处理。针对 BBS 论坛所反映的思想动态，定期通报学校领导和各院系学工负责人，将问题消除在萌芽状态。

（三）安全和健康预警与援助体系的运行机制

由于社会生活难免出现各种各样的突发事件，要将学生人身、财务安全和身体健康方面的异常现象都纳入预警援助系统，从而全面及时发现、分析和解决学生问题，将问题解决在萌芽状态。如每年通过新生入学教育和“11・9”火灾逃生演习，大力宣传安全常识，树立广大学生的安全意识和防范意识，切实保护自己的合法权益。通过学生指导委员会统筹协调有关工作，不定期召开会议，相关部门针对学生管理中存在的安全方面的突出问题，共同商议，及时拿出解决方案，确保学生人身财务安全预警与援助工作在第一时间监控到位。另外，辅导员和班主任与任课教师经常沟通，从不同侧面了解学生状态，分析学生行为异常的诱因，共同研究解决办法，共同督促学生。如在新生中广泛开展校规校纪学习活动，加深学生对学校规章制度的理解。学生社区管理办公室加大对宿舍违章电器使用的处罚程度，通过下发文件对存在使用违章电器行为的班级，取消其一切评优评奖的资格，实施“一票否决”制度。这些都已成为逐步完善大学生预警与援助体系的重要基础。

高校特殊群体学生预警与援助体系是一项长期而又复杂的系统工程，需要全校各个部门通力协作，在统一领导下有计划、有层次的实施。帮助学生解决一次学业危机、心理危机或违纪危机还只是一个开始，要真正使学生化危机为机遇，从有关危机中得到警示，从危机中得到成长还需要后续的跟踪教育。这不仅是对预警与援助效果的保证，也是促进大学生思想政治素质提高的需要。

参考文献

[1] 孙明辉，杨志永. 对构建高校特殊大学生群体教育管理机制的探索[J]. 科教导刊，2012（4）：197-199.

[2] 毕明生. 试论贴近大学生生活实际的高校德育[J]. 思想理论教育导刊，2008（6）：124-128.

[3] 欧永美，等. 高校学生特殊群体援助体系的构建[J]. 教育与职业，2008（8）：25-28.

[4] 张国强. 高校学生预警教育管理模式的探索与实践[J]. 中国电力教育，2008（2）：39-41.

大学生心理问题诱因及对策

李铁丁

（渭南师范学院）

摘要： 随着高等教育的飞速发展，高校大学生的心理健康问题愈来愈显得尤为重要。文章通过对当前大学生产生心理问题诱因的分析，提出教育措施和积极的应对策略，已达到更加有效地对大学生进行心理健康教育的目的。

关键词： 大学生；心理健康；诱因；对策

当学子们迈入大学生活后，意味着他们的角色发生转变。在这个人生的重要阶段，他们将经历多元文化的冲击，价值观的转变，复杂的人际关系、激烈的竞争环境和严峻的就业形势。诸多因素，使这个承载着社会和家庭高期望值的群体中，出现了焦虑、烦躁、自闭、抑郁、偏执和精神分裂等许多心理问题，严重影响他们的成长成才。本文通过对渭南师范学院近 2 000 名学生的问卷调查、走访部分辅导员、心理问题专家等形式，了解该校大学生心理问题的诱因，提出解决问题的具体措施及应对策略，以期为各高校做好大学生心里疏导工作提供宝贵经验。

一、大学生心理问题诱因

通过对渭南师范学院近 2 000 名学生发放问卷调查与个别访谈，笔者发现分别有 9.32%和 48.99%的同学表示经常或偶尔有心理问题，这其中的绝大部分学生认为，人际交往压力、学习压力、就业压力、情感问题以及对周围环境的不适应等因素，是引起自身心理问题的原因。

1. 人际交往

在大学，任何一个学生都不可能不与老师、同学、食堂和宿舍的管理服务人员、其他社会人员等发生交往活动，交往的对象当然也不仅仅是同性。有些存在人际交往障碍的大学生，他们自身也体验到由于人际交往引发的不适、困惑和苦恼，进而会引发一些不良情绪，如不快、不满、失望、孤独、烦恼、自卑等，严重者表现为行为上的自我封闭、逃避现实、抑郁、焦虑等。

2. 学习压力

很多大学生在刚刚进入大学的时候，往往在学习方面感到不习惯、不适应，归咎其原因，主要有学习方式方法与高中有着本质的区别、对所学专业不满意等。有些大学生不知道如何安排平时的学习，依然按照中学的学习方法，或者临近期末考试时突击、熬夜，有些大学生还会面临着挂科、补考、重修的问题，这在一定程度上会使这类大学生在学习激情与信心上受到较大的打击，还有可能陷入不愿意学习的恶性循环怪圈；认为没有考上自己喜爱的专业或者所学专业没有前途的部分大学生，学习动力不足，明知不对，但难以改正，容易导致强迫、焦虑的心理。

3. 就业压力

心理专家认为，大学生就业的过程，是一个复杂的心理变化过程。随着双向选择的推广，就业面临着更大的困难，也面临着更大的心理压力和冲突。例如：不能正确地认识主观与客观的现实，错误地拔高自己的实际能力，容易产生盲目自信的心理；面对激烈的竞争，觉得自己这也不行，那也不如别人，容易产生自卑畏怯的心理；当断不断、难以把握住求职机会，容易产生患得患失的心理。凡此种种都有可能导致大学生在就业过程中的焦虑、抑郁、自卑、嫉妒。

4. 情感问题

大学生情感困扰主要集中在恋爱方面，表现为：与异性交往困难，喜欢某个人不敢说不敢讲而陷入痛苦的单相思；陷入不正确的恋爱关系却无法自拔；由于失恋、与恋人发生矛盾等问题而苦闷、烦恼，不知道如何解决，更有甚者以死殉情；对性冲动的不良心理反应、性自慰行为产生的焦虑、自责等。

5. 对周围环境的不适

大多数时候，人与环境的适应，要求人自身做出调节，适应既定的环境。大学生除了难以适应大学的学习、人际以外，难以适应的自理生活、学生管理方式以及经济困难等因素，也可能导致大学生的心理问题。例如：经济负担重，缺乏独立生活能力，缺乏集体生活习惯，不能转变角色，不适应气候、水土、风俗等，都有可能使一部分学生不能正确地认同自我，处于自卑与自尊、抑郁与焦虑、依赖与自强、自我封闭与软性自卫并存的状态当中。

6. 其他方面

主要有：家庭教养方式不当、单亲家庭、外部环境等方面引起的困扰，大学生在消费上的浪费攀比导致的困扰，不能正确认识家庭经济困难而带来的困扰等。

二、大学生心理教育具体措施

目前，大学生心理健康问题已经引起各大高校的高度重视，是摆在教育工作者面前的一个亟待解决的现实问题。渭南师范学院早在 1998 年成立了心理咨询室。该校坚持以学生为本，倡导“天天奋斗、天天快乐”的心理健康教育理念，积极探索符合自身特点的大学生心理健康教育工作新路子。

1. 强化组织建设

渭南师范学院成立了“大学生心理健康教育指导中心”，由主管学生工作的校领导担任主任，学生管理部门的领导为主要成员，负责学校心理健康教育工作的规划、组织、协调，检查督促心理健康教育工作任务的落实。

2. 完善教育机制

该校初步建立起“四级心理危机预警和干预机制”，即由大学生心理健康教育指导中心、大学生心理健康辅导小组、班级辅导员和学生爱心互助小组组成，完善了心理健康教育工作管理和服务体制。

3. 确立工作原则

该校确立了“面向全体，重在教育，培养学生自我调适能力；各学科渗透，课内外结合，寓心理健康教育于丰富多彩的校园文化活动之中”的工作原则，努力引导学生实现“四助”，即因助人而快乐，因受助而成长，因互助而不再孤独，因自助而实现自我。

4. 建立预警系统

为了及早预防、及时疏导、有效干预、快速控制学生中可能出现的心理危机突发事件，该校建立了大学生心理健康四级预警系统。实施异常情况报告制度，完善应急处理预案，建立了从学生骨干、学生辅导员、大学生心理健康教育指导中心再到学校领导的应急处理快速通道。

5. 加强心理咨询室建设

渭南师范学院加大投入力度，在设备、资金、人员上给予支持。新建成的心理咨询室，投资 60 余万元，环境整洁、设备先进，为大学生心理咨询提供了良好氛围，为进一步做好心理咨询工作提供了物资保障。

6. 抓好心理危机预警与干预

一是建立“五个早”预警机制，即“早发现、早报告、早研判、早预防、早控制”；重点监控“7 个重要时段”，即放假前、考试前后、开学前后、新生入学后、毕业生离校前、重大活动前、季节交替前后；重点关注“11 类学生”，即家庭经济困难、言行异常、性格内向、父母离异、家庭发生重大变故、直系亲属有精神病史、本人有精神病史、遭受重大打击、考试成绩急剧下降、失恋、网络痴迷的学生，特别是新生和毕业生。二是建立“五个一”危机干预机制，即“一名学生、一名领导、一名辅导教师、一个方案、一抓到底”。

7. 开展心理测评与追踪

配合课堂教学，对大一学生开展适应性教育，并进行心理状态初步检测，及时分类、建档、监控；对大二学生进行学习科学及思维科学教育；对大三学生性格中的优缺点进行分析，帮助其进一步认清自我；对大四学生开展走入社会的心理适应、挫折训练等，帮助毕业生做好入职心理准备和转型。

8. 拓宽心理健康宣传

该校从2006年起，将每年5月定为“心理健康宣传节”，10月定为“心理健康宣传月”，通过主题签名、印制心理健康宣传手册、心理电影展播、心理健康知识竞答等一系列活动，提高广大学生的心理健康意识，营造良好的心理健康氛围。

通过以上制度措施，渭南师范学院大学生心理健康教育取得了一定成绩，有效地解决了大学生所出现的各种心理问题，并分别于2009年、2015年获得陕西省十大先进心理服务机构、大学生心理健康教育先进单位等。

三、大学生心理问题对策

高校的心理健康教育，要与专业技能教育、素质教育、思想政治教育等有机结合起来，通过传播心理健康知识、开展心理健康教育和组织心理健康训练，不断提高大学生的心理素质。渭南师范学院的学生心理健康教育有特色、有成效，各高等院校也应结合自身特色，把握学生心理动向，确保大学生心理健康。

1. 加强校园文化建设

对于可塑性较强的大学生来说，和谐的校园文化在塑造积极人格方面发挥着巨大作用。首先，大力绿化美化校园、增加人文文化设施等措施，可以使大学生受到美丽校园的熏陶；其次，加强校风校纪建设，积极弘扬正气新风，坚决抵制歪风邪气，可以起到感召大学生的作用；最后，通过开展丰富多彩的校园文化活动，可以陶冶他们的情操，净化他们的心灵。

2. 普及心理健康知识

高校可以利用校报校刊、通识课程、专题讲座、新媒体、校园网络等多种方式途径，宣传和普及心理健康知识，使大学生能够正确认识、了解心理健康和心理问题，提高大学生心理问题防范、调节和处理的能力，提升大学生心理健康整体水平。

3. 建立心理状况档案

从新生入学起，高校应该定期通过问卷、谈话等多种形式组织开展心理健康调查，为每一名学生建立心理状况档案，并对其中有心理问题倾向的学生进行追踪调查，个别研究，对有心理问题的学生做到早发现、早预防，对有心理疾病的学生及早给予帮助。同时，还要建立高校、家庭和社会共同结合的心理教育系统，家长要与老师保持紧密的联系，经常分析学生各方面思想状况，构建有效的“保护网”。

4. 有针对性地开展心理健康教育

在不同的时期，面对不同的学生群体，开展的心理健康教育要有针对性。对刚进入高校学习的新生，要尽早组织开展心理测试，帮助他们调整心态、学习方法以及人际交往方式等。而对于高年级学生，要侧重训练他们加强对社会环境的适应、对社会特别是各种社会观念的认识，做好步入社会的心理准备。此外，对单亲家庭学生、家庭经济困难学生、少数民族学生等特殊群体，开展心理健康教育工作都要有不同的侧重点和针对性。

5. 建立个别帮助机制

根据学生的具体心理问题和各方面实际，选择合适的教师与学生结对子，建立教师与学生一对一（或一对二、一对三）的帮助常态机制。对于特殊学生，不仅仅要给予物质上的帮助，更重要的是帮助他们的学习和生活，引导大学生树立健康人格。教师要定期与他们谈心和辅导功课，了解他们的学习、生活和家庭情况，掌握其思想动态、情绪变化、学习情况，并及时加以心理辅导，做好记录。

6. 加强心理咨询师资队伍建设

要加强心理咨询、心理健康教育的师资队伍建设，对教师进行专业化的培训。当大学生需要心理咨询时，让他们可以找到倾诉的对象，并且逐渐对心理咨询产生信赖。教师要针对客观事实，分析原因，找到解决的对策，同时，也要引导学生之间互相进行开导，帮助有心理问题的大学生走出困境和误区。

总之，当前大学生的心理健康问题，是摆在教育工作者面前一个亟待解决的现实问题。只有认识到位、及早发现、措施正确、及时妥善解决，才能够应对当代大学生心理问题不断增多的现状；只有把大学生的心理健康问题提高到一个应有的高度，通过学校、社会和家庭的共同努力，采取有效措施，才能确保大学生心理健康，才能为国家培养和输送更多的身体健康、心理健康以及全面发展的社会主义事业建设者和接班人。

参考文献

[1] 何彬生，刘波，吴建芳. 大学生心理与健康教育[M]. 北京：人民教育出版社，2006：114-123.
[2] 曲建武，张贵仁. 大学生思想政治工作科学体系研究[M]. 大连：辽宁师范大学出版社，2004：264-288.

弘扬红色革命精神　培育创业创新人才

韩文娟

（渭南师范学院党政办）

摘要： 中国共产党的成立，改写了中国的历史发展方向，也揭开了中国革命的新篇章。新民主主义革命的过程是曲折而又艰难的漫漫长路，但共产党人以其坚定的信念与顽强的斗志取得了一次次的伟大胜利。在这之中，共产党人孕育出了井冈山精神、延安精神、渭华照金精神等一系列中国红色革命精神，这极大地丰富了中国共产党的精神宝库，乃是其活的灵魂。中国红色革命精神不但对中国历史做出了巨大贡献，更将长期地对中国发展与中华民族伟大复兴发挥巨大作用。青年大学生应传承弘扬宝贵的红色精神财富，成为社会主义建设事业的可靠接班人与合格建设者。

关键词： 中国红色革命精神；创业创新；青年大学生

一、中国主要红色革命精神及其内涵

中国红色革命精神是马克思主义中国化的重要产物，是对中国传统文化的继承、创新与发展，更是中国共产党精神体系的重要组成部分。它是对井冈山精神、延安精神、渭华照金精神等一系列革命精神的高度概括与总结。

井冈山革命根据地，是以毛泽东同志为代表的中国共产党人，领导中国人民在第二次国内革命战争时期建立的第一个革命根据地，是中国革命的摇篮。[1]在井冈山革命根据地艰苦卓绝、不屈不挠的斗争中，孕育出了红色革命精神的先河——井冈山精神。其主要内涵是：坚定的革命信念，自力更生，英勇奋战，百折不挠，艰苦奋斗。坚定的革命信念是这一精神的主题。[2]井冈山精神为中国红色革命精神体系打下了扎实牢靠的基础，坚定了共产党人的信念，引领着共产党人不断向前。

延安精神的诞生，是新民主主义革命由第二次失败走向成功的标志。共产党人在延安地区秉承着坚定革命信念的传统，领导人民创造了一个辉煌的时代，也为中国红色革命精神增添了又一奇葩——延安精神。延安精神的主要内容是“坚定正确的政治方向，解放思想，实事求是的思想路线，全心全意为人民服务的根本宗旨，自力更生、艰苦奋斗的创业精神”[3]。正是共产党人凭借延安精神这一强大的精神动力，才使中国革命由败转胜，中国共产党在这其中也得以不断壮大，在中国现代史的篇章里书写下了浓墨重彩的一笔。

渭华照金精神，是与井冈山精神、延安精神既一脉相承，又有所创新的重要革命精神财富。它形成于20世纪二三十年代西北革命根据地创建、发展的历史进程中，是秦东乃至陕西红色文化的精神所在，其主要内涵为“爱国为民、教育引领、务实求真、快乐奋斗”。核心理念是坚定地创业创新[4]。渭华照金精神引领着中国革命又进入了一个质的飞跃时期，再一次极大地丰富了中国红色革命精神体系。它是老一辈无产阶级革命家革命信仰、求真思想和奋斗精神的集中体现，仍将长期对中国社会主义建设事业产生特殊而深远的影响。

无论井冈山精神、延安精神还是渭华照金精神，都是中国红色革命精神中不可磨灭的精彩华章。在新时期的多元化背景下，继续传承中国红色革命精神是一项极其重要的任务与使命。而其核心就在于争做一名立志、修德、勤奋、笃学的创业创新人才，成为新时代的青年马克思主义者。

二、青年大学生传承中国红色革命精神的必要性

人与动物的本质区别是因为人具有精神与思想，而精神力量能调动人的主观能动性，也正因为如此，历史创造出了一个革命年代。每一个先烈的革命精神与事迹谱写起来就是一首恢弘的史诗，鼓舞着共产党人与中国人民奋发向前。“读诸葛孔明《出师表》而不堕泪者，其人必不忠。读李令伯《陈情表》而不堕泪者，其人必不孝。读韩退之《祭十二郎文》而不堕泪者，其人必不友。”[5]而读先烈革命奋斗史而不泣者，其人必昧心。

在新时期，青年大学生继承中国红色革命精神，既有时代的必要性，又有现实的紧迫性。梁启超先生曾在其《少年中国说》中写道：“少年强则国强。”广大的青年大学生是中华民族的希望、未来，一个国家的兴衰取决于学生的素质。青年大学生是构建社会主义和谐社会之中流砥柱，是构筑中华民族伟大复兴的中国梦之坚定基石。

改革开放 30 多年来，西方一些腐朽堕落的思想正在冲刷着广大青年大学生的心灵。不少学生觉得革命精神“过时了”，不符合当代社会的发展需要。崇洋媚外之风屡见不鲜，在广大学生群体中建立了不良的价值取向，这其中也包含了不少青年学生党员——在入党前乐于奉献、艰苦朴素，在入党后判若两人，在广大学生群里中失去了党员的模范积极性，不是一名名副其实的青年马克思主义者。中国红色革命精神中艰苦朴素、百折不挠的优秀品质是当今青年大学生所稀缺的，因此，中国红色革命精神并未“过时”，在当今仍具有很大的教育意义，是提高青年大学生思想道德修养的强大法宝。

另外，在党的十八大召开之后，改革正不断深化。改革这一攻坚战，需要在中国共产党的带领下，社会各方的共同合力来完成这项意义重大而且艰苦卓伦的战斗。作为青年马克思主义者的当代大学生，在此迫在眉睫之刻更加有必要学习中国红色革命精神，进而将自己所学、所识、所见、所想佐以中国红色革命精神，发挥老一辈革命党人忠党爱国，敢为人先的优秀品质，为社会主义建设事业献谋献策，更早地实现“中国梦”。

随着我国的高等教育进入大众化阶段以及当今社会的繁复纷杂，大学毕业生的就业问题一直是社会聚焦的热点。许多毕业生就业能力低下，内心也承受着巨大的压力。大学生创新创业训练项目的出现，为广大青年大学生带来了新的春天。通过这一项目，不但可以提升广大青年学生的创新创业能力，还能造就出一大批国家建设需要的高水平创新人才。

三、坚定不移地培育创业创新人才

（一）充分利用思想政治理论课的教育作用

思想政治理论课是对青年大学生系统地进修思想政治和道德教育的主要渠道，在培养坚定的青年马克思主义者中发挥着不可替代的重要作用。因此，培育创业创新人才就要充分发挥思想政治理论课的课程资源，在实际教学过程中加强中国红色革命精神的教育，加强青年大学生的创新创业意识。把中国红色革命精神的内涵和精华以及创新创业等内容作为教学重点内容，始终贯穿于课程之中。而思想政治理论课好坏的关键性因素，则离不开教师的引导。渭南师范学院思政课部每年修改教学方案，选派教师进修提高，切实完成好教学任务，使在校的青年大学生全面系统地接受马克思主义教育，坚定其理想信念。

与此同时，一名合格的马克思主义者，一名创业创新的人才，爱国、爱党、爱校是其最基本的素养。渭南师范学院专门成立了学校校史课题组作为重大研究项目，追寻共产党人早年在秦东地区创办学校、开展革命活动的光荣历史，并以校史研究成果作为青年大学生学习、研读的活的教材。

（二）将中国红色革命精神融入校园文化建设

校园文化建设是学校制度、精神、物质文化的统一体，是推动学校发展的软实力。把中国红色革命精神纳入校园文化的核心，作为学校管理中的重要内容是学校办学指导思想的集中体现。校园文化的好坏直接影响着青年大学生的一言一行，对大学生继承中国红色革命精神、自觉地争做创业创新人才具有重要作用。

近年来，渭南师范学院大力宣传以刘志丹、习仲勋等老一辈无产阶级革命家为首的革命活动事迹及以创业创新为核心的“渭华照金”精神，建设了刘志丹、习仲勋关中东部革命活动纪念馆、渭南师范学院校训壁、渭南师范学院校史馆、渭华门等校园文化设施。这是渭南师范学院不断加深对创新创业人才培养的认识，结合学校实际，传承先进的中国红色革命精神，深入挖掘学校资源优势，初步建立的独具学校特色的校园文化。

渭南师范学院的校园文化体系使身处其中的青年大学生无时无刻不在接受中华民族的优秀文化与马克思主义教育。发端于渭南的革命精神、渭南师范学院的建立者们的奋斗历程，愈以其鲜活、真实的形象激励着一批批学校学子，在学生群体中取得了预期的教育效果，也得到了不少学生的热烈响应。

（三）丰富“青年马克思主义者培养工程”

从当前大学生思想政治教育的特殊性来看，培养青年马克思主义者是高校义不容辞的职责。培养坚定的青年马克思主义者，最关键、最核心的在于思想理论的武装。渭南师范学院近年来高度重视“青年马克思主义者培养工程”，不断探索创业创新人才培养的路径和方法，建立了一套行之有效的青年马克思主义者培养模式。与此同时，把 QQ、微信、微博等当今青年大学生普遍运用的网络媒体作为培养学生中国红色革命精神的有效工具，在虚拟世界中进一步进行教育。亦开设了马克思主义理论学习心得交流群、中国红色革命精神专题网页等形式进一步拓宽“青马工程”的开展方式，在网络中实现创业创新人才的培育。

渭南师范学院还树立了明确的青年马克思主义者的培养目标，形成了较为系统的理论见解，其中最为核心的就是提出了两条：① 青年大学生都能够成为青年马克思主义者；② 青年马克思主义者最应具备的核心素养是坚定地创业创新。这两条见解得到了学生们的完全赞同，青年大学生获得了成为青年马克思主义者的信心与力量。

（四）大力开展创新创业的实践活动

实践是检验真理的唯一标准，是青年大学生运用所学马克思主义理论知识，在实际运用过程中不断提高理论水平和分析问题、解决问题的重要途径，在培育创业创新人才的过程中起着不可替代的作用。渭南师范学院近年来还重视青年大学生创业创新的实践活动，每年设立了“百项大学生创业创新计划”以及“大学生创业创新校长奖”以激励在校学生自觉地争做一名创业创新人才。

此外，渭南师范学院还大力支持青年大学生积极参加社会实践活动和社会公益活动。定期开展暑期“三下乡”活动，深入贫苦地区开展医疗扶贫活动，利用假日参加为残疾儿童、敬老院服务的志愿者活动，以增强其社会责任感。这是一名创业创新不可或缺的优秀品质，也是传承老一辈无产阶级革命家乐于奉献、不求回报的最直接体现。

总而言之，创业创新人才的培育，是我国高等教育发展中的一项重要工作，这离不开中国红色革命精神的继承与创新。中国红色革命精神随着时代的变化而变化，而其内涵依旧未发生改变，其形式得到了不断的丰富与发展。青年大学生应以国家民族的前途为使命，积极继承中国红色革命精神，争做一名立志、修德、勤奋、笃学的创业创新人才，成为新时代的青年马克思主义者。

参考文献

[1] 刘进喜．井冈山——中国革命的摇篮[J]．军事历史，1995（2）．

[2] 杨娜，李德芬．试论琼崖革命精神的特性——兼与井冈山精神、延安精神、西柏坡精神比较[J]．海南大学学报：人文社会科学版，2008（4）．

[3] 江泽民论有中国特色社会主义（专题摘编）[M]．北京：中央文献出版社，2002．

[4] 丁德科，马忠智，袁梁．论渭华照金精神的时代价值[J]．渭南师范学院学报，2013（11）．

[5] [南宋]赵与时．宾退录（第九卷）[M]．上海：上海古籍出版社，1985．

当代大学生信仰危机的对策研究

叶晓燕

（渭南师范学院）

摘要： 我国现在处于社会转型时期，大学生在不同程度上存在着“信仰危机”，解决这些问题就需要加强学校和家庭的道德教育，营造良好的社会舆论环境，提高大学生的自身素养，促进大学生树立正确的世界观、人生观、价值观，调动社会的各方力量以应对大学生的信仰危机。

关键词： 大学生；信仰危机；对策研究

所谓“信仰危机”并不是处于转型时期的中国所特有的，在西方资本主义世界同样存在这个问题。“信仰危机”并不意味着也不可能是社会主导信仰或时代精神的缺失，而是说，人们对原有的主导共同信仰的态度有所动摇、削弱，以至于诱发困惑或迷失的社会心理[1]。应当指出的是，当代大学生的信仰心态不仅仅表现为各种思想、观念的平行排列，更多的是传统的、转型的、西方的各种古往今来的思想的立体交错和叠加。

一、当代大学生信仰状况调查及信仰危机表现

信仰是人们对某种宗教，或某种主义极度信服和尊重，并以至为行动的准则。从根本上说，信仰是人类特有的精神心理现象，是指人们对一定的世界观、人生观、价值观等观念体系的信奉和遵循，是统摄、指导其他一切意识形式的最高的意识形式。

河北大学青年发展研究中心通过实际走访对河北大学部分大学生的生活质量进行了调研，其调研报告中指出：66.1%的大学生奉行信仰“实用主义”。在回答“学习动机”问题时，大学生倾向于选择“将来找份好工作”“报答父母的养育之恩”“实现自己的价值”“提高能力、完善人格”，仅有 9.7%的大学生选择“报效国家”。37%的人求职时看重“是否有利于实现自我价值”，29.4%的人看重“经济收入”，13.8%的人认为“专业对口”更重要，仅有 8.3%的人回答“祖国需要”[2]。可见，当代大学生的思维方式已经发生了根本性的转变——从注重理想主义转向注重实用主义。

“信仰危机”表现为对原有价值观和其他价值观念的信仰动摇、信仰怀疑、信仰崩溃、信仰错误以及无信仰等形式。从大学生个人的价值来看，信仰的缺失，犹如在茫茫的大海航行中迷失了方向的小船，找不到幸福的彼岸在哪里，“心归何处”的绝望情绪随之而生。从民族的发展来看，信仰的缺失，就意味着失去了民族凝聚力，怎能确立起共同的奋斗目标？中华

民族正处在现代化建设的艰难转轨之中，没有人文精神的支撑，没有坚定的信仰和价值追求，社会如何和谐，民族何以复兴，国家如何富强？[3]信仰在不同社会群体中有不同的表现，信仰危机在当代大学中具体表现为以下几个方面：

1. 信仰的缺失与多元化

大学生在信仰问题上日益表现出“自我选择”的特点，强调自我意识，更倾向于从自我需要出发决定是否信仰、信仰什么、如何信仰。部分大学生无信仰，不谈信仰。有的大学生信仰马克思主义，有些信仰宗教，有人信仰神秘命运。这说明大学生在信仰上出现了追求个性自由的倾向，信仰的多元化是难以改变的现实，其最为突出的是主流信仰模糊化、边缘化、复杂化的趋向[4]。

2. 信仰功利化、世俗化

一是有些大学生出现了信仰世俗化和功利化的现象。他们从自身的实际需要出发，把实用主义、功利主义、个人主义当做自己的信仰，注重物质利益的追求，重金钱实惠。二是有些大学生极端自私的个人主义、利己主义盛行，“事不关己，高高挂起”，自我观念盛行。

3. 信仰的非理性化

部分学生还存在着迷信、盲从、盲目信仰的倾向。一切跟着感觉走，凭感觉的触觉在多变的社会中摸索前行，生活跟着潮流跑，“追星族”现象就是例证[5]。他们对一些现实问题，不加以理性思考，要么肯定一切，要么否定一切。本土文化意识淡薄，西方文化抢滩校园、西方国家通过电台广播网络等现代高科技对其生活方式价值观念等进行传播与影响，更是加强了对大学生青春躁动的刺激，让青年一代的心灵得到了释放，过度地追求自由、独立与浪漫。

二、当代大学生信仰危机的成因分析

当代大学生出现上述信仰危机不是偶然的，它不仅与转型期的现实社会环境，家庭环境，高校的教育体制、管理体制有关，也与大学生的自身因素有关。

1. 大学生身心发展状态的不足

从大学生自身来看，其身体和生理机能都处于成熟高峰，心理发展迅速，处于成熟而未真正完全成熟的阶段，心理不成熟容易导致信仰迷失，大学生涉世不深，阅历太浅，容易被一些貌似新颖的思潮吸引和打动，而轻易对传统的思想做出否定性的评价。部分人缺乏正确的世界观、人生观和价值观，不重视理论修养，更不能用马克思主义理论和方法分析和认识意识问题和现实问题，面对宗教活动，面对西方思潮的传播，往往因好奇而追捧、效仿，自觉和不自觉地偏离了正确信仰的发展轨道，使信仰的选择与确定出现失误。

2. 我国转型期市场经济的负面影响

根据马克思主义基本原理，经济基础决定上层建筑。信仰属于上层建筑。我国当前正处在由传统的计划经济体制向社会主义市场经济体制的转轨时期，社会生活由于变革节奏加快，出现了许多人们无法把握的不确定因素，如无序竞争、腐败以及社会分配不公，教育、医疗、住房等问题日益成为民众关注的焦点[6]。经济与社会基础的变更必然会影响到处于转型期人们的心理，社会思想的多元化态势，对涉世不深、缺乏社会经验的大学生来说，容易导致其在信仰、人生观、价值观的选择上产生困惑。

3. 高校教育体制和管理机制存在很大的问题

高校信仰教育与实践脱节，“两课”教育没有收到应有的效果。据调查近八成学生对“两课”的看法是“具有较强的指导意义，但应调整改革，以适应时代变迁”[7]。大学应是追求知识创新、文明进步的精神殿堂。而在校大学生在面对考研、求职等残酷竞争的现实，他们的选择往往是现实的，对共产主义理论及思想道德教育不感兴趣。这种教育体制和大学生现实的选择相脱离，不利于大学生的人格完善和个性发展。

4 家庭教育对大学生价值观的误导

家庭教育是信仰教育的基础环节，家庭教育质量的好坏，主要取决于家长对子女的教育水平和他们自身的素质。在我国相当一部分家庭中父母本身的素质是不高的，他们本身就缺乏正确的是非观念和评判标准，这样在他们的道德信仰中势必也会产生不良影响，他们对子女的教育就可想而知了。还有一种情况就是，随着计划生育政策的推行，我国独生子女家庭越来越多，很多父母很自然地将过多的爱给予子女，甚至可以为子女的良好成长和教育做出牺牲。

三、大学生信仰重建的路径和对策

当代大学生是祖国的未来，国家事业的建设者，正确对待大学生信仰危机的现状，并对此提出解决的办法和措施，重建大学生的精神家园，关系到社会的发展、民族的前途，具有重要的意义。

1. 大学生合理认知方式的构建

首先，我们要正面向大学生进行有关方面知识的介绍和普及，让他们了解认知方式的作用及其心理过程的规律，使其自觉地进行自我调节，从而使自己的认知方式逐渐走向成熟。学会以一种积极向上的态度来看待周围的事物。其次，对于个别的学生要给予心理咨询和辅导，要完善大学生的心理辅导和咨询工作。改变大学生的认知方式仅靠知识的普及的是不够的，往往有认知偏差的大学生他自己本身并不知道自己存在这方面的问题，并没有意识到自己看问题的方式存在漏洞[8]。

2. 大学生要加强自身的理论学习，科学认识当今社会的新发展

外因只有通过内因才能起作用，完成内化取决于大学生的自我教育。首先要勤于学习。提高对马克思主义的认识，才能自觉抵制各种错误思潮的侵袭。其次要勤于思考。只有通过思考才能对所接触到的知识进行分析、辨别，才能去伪存真，获得科学真理，树立科学的信仰。再次要勤于践行。行成于思，用马克思主义信仰来指导自己的实践，才能真正内化为自己的素质，才能坚定对社会主义的理想信念。

3. 营造良好的社会舆论环境，坚持马克思主义信仰的主导地位

舆论是社会教育的重要方式，正确的社会舆论对大学生强化信仰教育具有十分积极的作用。首先国家和社会应高度重视，不断完善信仰教育的内容体系，营造有利于大学生树立正确科学信仰的环境，将学校教育、社会教育、家庭教育有机结合起来，对家庭教育和高校、社会教育进行有效沟通，实现社会、高校和家庭信仰教育资源的汇聚合流，形成共教共育的合力[9]。其次要从爱国主义、集体主义教育中寻找突破口，加大正面舆论宣传的力度，利用一切可以利用的手段大张旗鼓地加以宣传，使整个社会舆论环境得以优化。

4. 发挥学校和家庭的道德教育，全方位展开信仰教育

一要加强高校“两课”思想教育作用，及时解决大学生关心的热点问题，教会他们运用马克思主义的立场、观点、方法分析解决现实中的实际问题，从而提高辨别真伪、判断是非的能力。二要提高家庭成员的道德修养。在家庭中，父母应当加强学习，提高自己，树立正确的信仰，使自己成为孩子的榜样作用，以身作则，身体力行。家庭成员应当以血浓于水的亲情力量感染、熏陶大学生，以亲情、爱心关爱大学生，充分展现人性之美，以勤劳、勇敢、智慧在生活中潜移默化地进行教育引导，避免不良嗜好、习惯和思想对大学生的侵蚀。

信仰是一个人的精神支柱和动力源泉，它具有激励斗志、催人奋发、增强社会凝聚力等功能。信仰树立的前提和基础是信仰主体对一些思想观念的自由选择和认同内化，因此，在教育过程中要突出大学生的主体地位，尽量少发号施令把某种信仰和价值观强加于大学生，而应尽可能多地告诉大学生进行信仰选择的标准和方法，在尊重大学生主体意识的基础上，引导大学生自觉地树立正确的信仰。大学生要时刻牢记新时期青年的历史使命，不断提高自身素质，自觉地担当起时代的重任，坚定理想信念，曾强社会责任感和历史使命感，成为拥有正确坚定信仰的新一代四有新人。

参考文献

[1] 陈霞. 当代大学生信仰危机解析[J]. 资治文摘素质教育，2009（3）：67-81.

[2] 李正军. 大学生问题的调查与研究[J]. 思想教育研究，2006（1）：36-38.

[3] 温丽萍. 谈如何加强大学生的荣辱观教育[N]. 科教文汇，2007-05-21（9）.

[4] 黄明理，徐明德. 当代我国公民信仰的特点与信仰危机辩析[J]. 江西师范大学学报，2005（6）：27-30.

[5] 沈国权. 思想政治教育环境论[M]. 上海：复旦大学出版社，2002.

[6] 荆学民．社会转型与信仰重建[M]．太原：山西高等教育出版社，1999.
[7] 教育部思想政治工作司，教育部社会科学司，教育部高等学校社会科学发展研究中心组织编写．聚焦：大学生关注的思想理论问题[M]．北京：中国人民大学出版社，2008.
[8] 张玲．心理健康研究与指导[M]．北京：教育科学出版社，2001.
[9] 赵建芳．转型期我国社会信仰危机的成因及出路探析[J]．中共云南省委党校学报，2005.

理性的科学分析——从中世纪末期理性的复兴到康德的先验哲学

魏　婕

（渭南师范学院经济与管理学院）

摘要： 从中世纪末期到近代晚期，是欧洲理性思想继古希腊以后一个完整的发展阶段。这一时期的理性与科学互相推动，科学的巨大可能性使理性的科学构建顺理成章的开始了。从英国、法国再到德国的康德得以实现，他通过科学的形而上学以内省的方式全面武装了理性，规定了它的形式，划清了它的界限。

关键词： 理性；中世纪；科学分析；康德

理性的科学分析在康德手中成为一个重要的角色，他认为这个问题的广阔性足以建立一门新的科学学科。使康德的思想得以实现的最重要的因素要回到中世纪去寻找，理性与科学的关系在这一时期比以往任何时期都结合得更为紧密。从中世纪末期一直到近代末期，这一思想虽然没有得到足够的重视，但它也作为一个问题进入人们的视野中，并且逐渐明晰起来。本文将从一个独特的视角，即中世纪末期基督教中产生出的理性思想开始开始，分三个不同的阶段，中世纪末期至近代初期、大陆理性主义和康德的先验理性三部分开始着手讨论。

一、理性与科学发展的同步化

科学精神最基本的要素——理性思维在古希腊就已经形成规模。当生存不再是每个人生活中的头等大事，一部分人开始从中解脱出来，他们有了多余的时间和精力，自觉地想要改变从前那种被动接受自然界的模式。这时候，很多充满智慧和好奇心的人开始从周围的自然界入手，第一次形成了具有理性思维的自然观。

西欧的理性思潮一直从古希腊延续到罗马帝国时期。基督教作为整个中世纪的统治思想，渗透到了人们生活的方方面面。虽然它一方面压制了人们的思想自由，使理性思想无法传播；但另一方面，它保留了许多古希腊的文献资料。这样，到了中世纪中期时，封建统治开始稳固，十世纪以后，西欧农业经济开始恢复，手工业、贸易、城市开始发展，人们的欲望开始迅速膨胀。为了满足更大的物质财富需求，十字军东征开始了，虽然原本的目的没有达到，但教会的权威开始大大降低，教会皇权开始衰落。西欧国家不仅从东方获取了巨大的物质财富，而且掌握了许多科学知识。

基督教为了适应时代的要求不得不进行改革，他们开始用科学的方式重新解释自己的教义内容。新的理性思想诞生了，理性思想开始与实践结合，产生了近代科学，对理性进行科学分析的思想也开始萌芽了。

二、理性思想发展过程中的科学可能性

自然科学的成就带来了 18 世纪这个“理性时代”，哲学思考的方向也发生了转变，这也是对理性进行科学分析的初步阶段。马克·帕蒂森说：“理性主义在 18 世纪上半叶的英国是一种统治着所有人头脑的思想习惯。”这时的理性主义与以前的不同是它完全进入了现实生活中，与人们的经验相融合，理性思维找到了现实的物质依托。不同于亚里士多德的思维理性，他们开始发展实践性的理性，也就是区别于古希腊哲学家的只注重理解自然，这时的理性思维已经形成了物质性的力量。

大陆理性主义的创立者笛卡尔是完全脱离他们的思维路线的。他认为理性思维是达到真理的唯一途径，“他由数学的精密性得到启发，认为在数学演绎的过程中人是完全依靠自己的心智获得真理性的知识”。因此他得出结论：“不仅在数学领域，在任何领域中都必然存在着一个人类理性的最基本的东西。”笛卡尔认为理性是独立的，而且独自发挥作用，不需要依靠信仰，也不需要依靠经验。这同以前的哲学理论都不同。以笛卡尔为例，总结大陆理性主义在对理性进行科学分析的成果就会发现，他们实际上从来就没有开始过“真正的分析”，因为他们已经根据数学给自己首先戴上了一顶科学的“帽子”。在这个帽子的保护下，就可以制定任何规则，进行任何假设。他们这种独特的视角也给后面对理性的分析许多启示。但我们所讨论的主题只能给他们这样的定位：这只能算是一种理性的分析，而不是理性的“科学分析”。

如果说大陆理性主义提出了科学分析的主张，那么 18 世纪的经验主义则以行动运用了科学分析的方法，带来了这一时期科学思想的新发展，即把科学分析运用到人本身。休谟认为，应该把人的研究建立在观察、实验的基础上。他认为理性思维虽然无边无际，但它只能通过我们的感觉经验体现出来，不存在没有经验色彩的理性观念。他坚持极端经验主义，不承认理性主义必然性的因果观念，特别指出，所谓因果性观念其实也只是一种习惯，并不具有某种科学的预见性。显然，至少在这方面，他的理论也陷入了困境。尽管这样，他们对理性的探讨可以说更为深刻。那么，我们仿照理性主义也给经验主义一个定位：他们这是排除理性在外的“科学分析”。

总的说来，大陆理性主义和经验主义都使得理性的科学分析成了不完整的概念。如何把它们整合起来就成为了进一步解决这个问题的关键。它引起了下一位伟大的科学家康德的注意，他把这一难题变成自己哲学研究中最重要的工作之一。更为隐蔽的一点是，经验主义虽然战胜了形而上学，在各个领域人们都在从事经验和观察。但是，人的思想世界不会仅依靠这些事实生存下去，如果我们仔细研究这时期科学发现的过程，就会明白这些科学在找到论点后，还存在理论上的假设。我们在人性的角度上找到了隐藏在经验主义中的先验因素，这或许是康德对自己的先验领域充满信心的缘由。

三、康德的科学哲学

康德，作为近代末期的一位哲学家，吸取了文艺复兴和启蒙运动中形形色色的哲学思想，运用他渊博的知识和不偏激的头脑构造出了一个先验理性领域。康德对先验理性的探索实现了对理性进行科学分析的任务。但是亚里士多德进行科学分析的对象是思维理性。而康德这时所面对的理性已经没有那么单纯了。它已经是中世纪理性被压制后的新理性。在这一背景下，康德对理性进行科学分析就有了自己新的特点。

1. 严格的科学模式

康德对科学知识的存在深信不疑，他早期求学期间进行了大量自然科学知识的学习，“尤其是牛顿物理学，在康德看来这就是严格科学的模式”。

康德把这种模式应用到他的纯粹理性批判中去。他认为：“只有那些其确定性是无可置辩的科学才能成为本意上的科学；仅仅只是具有经验性的确定性的知识只能在非本意上称之为学问。”他区分了什么是真正纯粹的、先天的自然科学知识，也就是什么是纯粹理性的知识。这些才是理性所要寻找的无可置辩的确定性。然后，他认为哲学就需要这样一门科学来规定先验领域里的一切可能性、原则和方法。

2. 内省的模式

理性主义在18世纪上半叶发展的如火如荼，且在下半叶转移到了德国，而且在德国取得了难以想象的胜利。德国这个国家在当时是独树一帜的，它在欧洲有不同于其他国家的独特性，德国的自然科学从开普勒之后就停滞了，直到这时才又复苏。“在法国人看来，人们的心灵能力在原则上可以分析为在运动中的物质，这些能力为外来的力量所决定。德国人则比较着重内省的方法他们对人类的心灵的主动性感兴趣。”德国的这种风气对康德影响很大，康德思想最重要的转变我认为就在于此。他认为经验产生了所有的知识，但是给我们经验的客观事物我们却无法知道，我们看到的只是它们的表象。他认为，错误就在于人们看待问题的角度，我们总是把自己的认识建立在对外部世界的了解上。也就是说，是我们自己捆绑了我们自己的理性，他这里的理性就已经抛开经验了。康德十分重视休谟的理论，他认为有必要对理性思维进行深入研究。他相信科学，必然抛不开经验，因此就被推到了调和得任务中，这也是德国资产阶级软弱、妥协的必然结果。在这里，我们似乎又找到康德哲学内化的又一原因，这就把他推得更远了，他开始研究人类的感知形式，他认为存在先天的东西即时间和空间，即“空间和时间是纯直观，它们是先天地给经验的东西做基础的，所以它们永远是去不掉的”。

追本溯源，给理性科学的分析从中世纪末期理论与手工技术结合就已经萌芽了，这时的理性思想以丰富的实践性带来了近代科学的革命。这种科学变革反过来给理性思想注入了活力，一场思想领域的变革产生了。大陆理性主义在数学启发的基础上以一种看似科学的角度出发，这种粗浅的尝试以失败告终。经验主义的休谟敏锐的发现了这一问题，他看到了大陆理性主义者想用科学来研究人们的理智世界的企图，并指出他们的想法不可能实现；因为这种科学本身就值得怀疑。康德接过了休谟的问题，尽管他的出发点是错的，但他最终通过有条不紊的验证过程给了理性思维独立存在的独特位置。

参考文献

[1] 林赛．新编剑桥世界近代史[M]．北京：中国社会科学出版社，1999.

[2] [德]温德尔班．哲学史教程[M]．北京：商务印书馆，1997：204-205.

[3] [德]奥特弗里德·赫费．康德生平著作与影响[M]．北京：人民出版社，2007：13.

[4] [德]康德．自然科学的形而上学基础[M]．上海：上海人民出版社，2003.

[5] [美]默顿．十七世纪英格兰的科学、技术与社会[M]．北京：商务印书馆，2007：140-141.

就业导向的电子商务专业大学生能力培养研究综述

马西洁　黄　超　闫　妍

（渭南师范学院经济与管理学院）

摘要：本文从电子商务毕业生就业能力的角度分析，对研究电子商务人才就业状况的文献资料进行归纳整理，了解目前电子商务专业毕业生的就业能力状况。目的是让大学生自己和学校注重怎样学习和培养电子商务专业大学生的就业能力，以及了解其影响因素；提出方法和建议，以提高电子商务毕业生就业率。

关键词：电子商务；就业；人才培养；能力

基金项目：2015 年陕西省级大学生创新创业训练计划项目（2155）

一、就业能力概述

国内外学者对于就业能力和电子商务的定义各有不同：

“就业能力”（Employ Ability）这一概念最早出现在 20 世纪伊始的英国，被定义为“可雇佣性”，也就是个体获得和保持工作的能力。20 世纪 90 年代中后期，西方学界对就业能力的研究，不断在研究范围、研究内容以及研究深度方面发生转变，就业能力的研究更多地集中于高校就业课程和职场培训。

国外学者富盖特（Fugate）对于就业能力的定义是个体在其职业期间确认和实现在组织内部和外部职业机会的能力[1]；布朗（Brown）提出就业能力是找到并保持不同就业的相对机会[2]；英国工业联合会（CBI）认为就业能力是个体为适应雇主或顾客的变化的需要而具备的资格或竞争能力，以及在工作中释放激情和潜力的能力[3]；Hillage 和 Pollard 将就业能力定义为获得最初就业、维持就业和需要获取新的就业机会时所需要的能力[4]。

国内学者也对就业能力的定义进行了探讨：郑晓明认为就业能力是指大学毕业生在校期间通过知识的学习和综合素质的开发而获得的能够实现就业理想、满足社会需求、在社会生活中实现自身价值的本领[5]。

无论是国外学者还是国内学者对就业能力有不同的定义，本文认为就业能力就是大学生在校期间的专业技能和综合素养的总和。

二、电子商务专业大学生目前就业存在的问题

（一）学校培养的人才和企业的需求不对等

目前，社会上对电子商务专业毕业的大学生的需求量很大，就业岗位空缺，但是实际现象是电商专业的毕业生找不到合适的工作，出现就业难的状况。据新华社报道，电子商务就业率仅 20%。电商专业的大学生不是自己想干什么而是能干什么。

（二）大量电子商务专业的毕业生步入其他行业

毕业后大量电子商务大学生步入其他行业，大家更倾向于选择一些比较稳定而且待遇比较好的工作，如事业单位，国有企业等。

（三）大学生对于自己以后的就业目标是盲目的

岗位群不明确，学生不知道自己今后的就业方向，更不知道毕业以后应该具备什么能力和证书，才能让自己更有就业竞争力[6]。

基于这些问题本文主要利用搜集文献的方法对电子商务大学生就业能力的构成因素、结构模型进行分析。

对于大学生就业能力构成因素的分析：

通过研究大学生就业能力的构成要素，从而得到就业能力的评价体系，找出培养大学生就业能力的方法和途径。

美国劳工部就业技能调查委员会提出，21 世纪就业人员需具备三大基础和五大能力。三大基础是能力基础、思维基础、素质基础；五大能力是资源确定、组织、规划与分配能力，良好的人际关系及与他人合作的能力，获取并利用信息的能力，对复杂相互关系认知并系统运作的能力，能利用多种科技知识手段进行工作的能力[7]。

郑晓明指出就业能力主要包括学习能力、思想能力、实践能力、应聘能力、适应能力等。

汪怿认为，就业能力由三部分的要素构成：基础技能（沟通能力、思考能力、解决问题能力、信息管理和数理运算能力）、个体管理技能（自信心、责任心、执行力、适应社会的能力、终身学习能力等）、团队工作技能（团队合作等）[8]。孟晓红等认为大学生的就业能力主要包括三个方面的能力：一是基本就业能力，具体包括就业动机、职业素养、专业素质、就业技巧；二是核心就业能力，具体包括人文素质、学习能力、社会适应能力、实践能力、团体合作能力、信息素养能力；三是持续发展能力，包括规划和创业能力、人际关系技巧、心理品质、职业规划能力、人力资本（教育、相关经验、职业成功经历）[9]。张琛麟等认为就业能力的内容主要包括以下三个方面：一是专业知识储备及能力，即大学生在从事某一项工作的时候所具有的专业知识及运用这些知识的能力，二是实践能力，即大学生在实际工作中的动手能力，三是心理情感技能，即大学生在求职及就业过程中养成良好思维及行为习惯的能力，以及遇到挫折积极面对，及时调整自己心态的能力[10]。陆根书分析了个体因素、高校因

素、家庭因素、就业环境因素对大学生就业能力的影响[11]。

由此可见大学生就业能力的构成因素有多种，本文认为电子商务大学生就业能力有三要素构成：一是基础能力，学习能力、忠诚意识、诚信意识。二是专业技能：如 ps 技能、编辑能力、宣传策划能力、营销能力、计算机能力、沟通交流能力、外语能力、驾驶能力等。三是思维能力：对一个事物或问题有自己的看法、反应和应变能力、团队合作能力、解决问题的能力等。

三、对于大学生就业能力研究方法及结构模型的分析

国外学者提出了不同的理论模型。Fugate 等构建的三维度的心理-社会性就业能力模型，包括个体适应性社会和人力资本、职业生涯识别[12]；Yorke 和 Knight 提出的 USEM 模型，包括理解能力、技能、自我效能、元认知四个维度[13]；Pool 和 Sewell 构建的“就业能力的关键构成要素”（Career E DGE）模型，就业能力由高层的自尊、自信和自我效能与底层的职业发展学习、工作生活经验、专业知识技能、通用技能和情商构成[14]。

国内杨旭华通过项目分析，探索性因子分析，验证性因子分析构建了“90 后”大学生就业能力的四维度模型，并形成“90 后”大学生就业能力调查量表，用于“90 后”大学生就业能力的测量[15]。肖云等通过因子分析法采取配额抽样和问卷调查方法，对重庆市 8 所高校在校大学生和用人单位进行了调查，得到了 3 个公共因子[16]。刘奎颖等从企业的角度，研究大学生就业能力结构维度，总结出构成就业能力的 7 个因子，即个人品质能力，团队协作能力，领导能力，专业知识能力，处理问题能力，创新能力和情绪控制能力[17]。

四、针对目前电子商务专业大学生就业能力情况的建议

（一）注重大学生能力培养

大学生就业能力提升自身是关键主体[18]。从定义角度看大学生应该在校期间努力学习专业知识，加强自己的就业能力；寻求解决就业的方法；注意构成大学生就业能力的因素。培养自身学校的积极性。

（二）加强教师就业能力提升

教师应该不断地学习，电子商务本来就是个新兴专业，作为本专业的老师不仅要学习书本的理论知识，而且要深入实践去企业去公司学习；老师也要改变教学方法，提倡“以赛代教”“以赛代练”。学校应该通过高校招聘，企业选聘，企业实践、挂职锻炼，社会服务、培训考证等途径，培养“双师型”教师。电子商务技能大赛是课程实践教学的一项重要内容，通过技能竞赛实现“以赛促学”，帮助学生开阔眼界，创新思路，提升创业技能，增进创业成功的信心[19]。

（三）建立就业能力培养体系

学校应坚持与时俱进，在课程的选择和安排时要与实际紧密结合。对教学大纲进行调整。

要转变教育理念、改变教学方法，实行灵活的教育教学模式，做到真正的因材施教，将大学生在校的学习与社会实际紧密的联合起来，努力培养大学生的实践能力[20]。根据就业市场需求适时调整课程结构、修订教材高校要通过调研毕业生的就业情况，对学科专业结构进行优化。在制定各专业的课程体系、课程标准和选订教材时要充分考虑社会的实际需求，使大学生的专业知识能够适应现实岗位的需求，使大学生的专业技能不与市场脱节[21]。学校可每年在校内通过海报、横幅等媒介宣传该年度的就业前景和就业趋势，让学生置身于就业的浓厚氛围；开展社会实践或者见习活动，鼓励学生利用寒暑假进行实习，让学生具有就业的真实体验。建立高效的就业信息交流平台[22]要建立健全“学校主导、学院主体、学科联盟”的就业工作机制，从体制层面保证了大学生就业能力提升[23]。

建设电子商务实验室。学校的教学不应该是虚拟的，要真真切切的办实事。实验室的建立有利于老师教学和学生学习，学生可以选择自己感兴趣的产品通过自己所学的电子商务知识进行实际的操作而非虚拟的实验。

（四）加强校企合作

校企合作有效的将理论和实践、学校和社会结合在一起，而且为学生提供了实习的机会。校内创业实训基地采用真实电子商务企业运营模式，学生在实现创业的同时能够深入了解企业电子商务运作模式及相关工作岗位流程和职责，增强了经营管理能力，提高了就业竞争力和创业能力。加强“校企合作”，强化实践教学环节。高校应充分利用校内外一切资源，深化与用人单位之间的合作关系，建立“校企合作”办学模式，大力建设实习基地，为学生增加实训机会，便于培养学生的实践能力和岗位适应能力。除了实习基地外，校企可以共同探讨学科与课程体系设置，提高教学内容的针对性和实用性，实现学校教学与用人单位岗位间的有效对接，能极大地提高学生的就业能力[24]。

（五）把握就业能力和综合素养的关系

大学生在注重就业能力培养时也要注意综合素养的培养，不能一味地注重就业能力而忽视综合素养。要知道综合素养是就业的基础，要把握好两者的关系，把握好一个度。

参考文献

[1] FUGATE，M，A J KINICKI，B E ASHFORTH. Employability：a psycho-social construct，its dimensions，and applications[J]. ournalof vocational behavior，2004，(1).

[2] POOL L D，P SEWELL. The key to employability：developing a practical model of graduate employability [J]. Education and Training，2007，49 (4).

[3] CONFEDERATION OF BRITISH INDUSTRIES. In search of employability [R]. A Response

by NIACE to the CBI Discussion Document，1998.

[4] HILLAGE J，POLLARD E. Employability：developinga framework for policy analysis[J]. Department for Educationand Employment，London，1998.

[5] 郑晓明. 就业能力论[J]. 中国青年政治学院学报，2002（3）.

[6] 朱艳艳，蓬耀. 电子商务专业学生就业前景分析[J]. 产业与科技论坛，2013（10）：119-120.

[7] U S DEPARTMENT OF LABOR. What Work Requires of Schools：A SCANS Report for America 2000 [R]. 1991.

[8] 汪怿. 就业能力：促进高校就业的重要方面[J]. 教育发展研究，2005（7）：31-34.

[9] 孟晓红，何伟峰，王秋红. 大学生就业能力构成要素研究[J]. 河南教育（高教），2015（4）：74-75.

[10] 张琛麟，崔涛. 大学生就业能力提升的对策研究[J]. 经营管理者，2015（21）：392-393.

[11] 陆根书，刘敏. 大学生的就业能力及其影响因素分析[J]. 中国高等教育评论，2012（0）：208-230.

[12] FUGATE M et al.. Employability：a psycho -socialconstruct，its dimensions and application[J]. Journal of Voca-tional Behavior，2004，65.

[13] YORKE M KNIGHT P T. Embedding employ abilityinto the curriculum[J]. Higher Education Academy，York，2004.

[14] POOL L D，SEWELL P. The key to employability：developing a practical model of graduate employability[J]. E-ducation + Training，2007，49（4）.

[15] 杨旭华. “90 后”大学生就业能力结构模型研究[J]. 人口与经济，2012（2）.

[16] 肖云，杜毅，刘昕. 大学生就业能力与社会需求差异研究——基于对重庆市 1618 名大学毕业生和 272 家用人单位的调查[J]. 高教探索，2007（6）.

[17] 刘奎颖，郄丽娜，黄春萍. 大学生就业能力构成及其与就业满意度关系研究[J]. 河北工业大学学报，2010（12）：6-10.

[18] 薛荣生，眭国荣，徐源. 新时期大学生就业能力缺失的原因及对策[J]. 教育探索，2011（9）.

[19] 孟娟娜. 高职院校电子商务专业工学结合人才培养模式的探索与实践[J]. 中国教育学刊，2015（4）.

[20] 阮灵杰，费江波. 大学生的就业能力现状调查报告[J]. 才智，2015（21）.

[21] 孟晓红，何伟峰，王秋红. 大学生就业能力构成要素研究[J]. 河南教育（高教），2015.

[22] 罗小涛. 大学生就业能力教育的缺失与治理[J]. 中国成人教育，2015（4）.

[23] 王渤，游菲. 大学生就业能力提升的创新与践行机制[J]. 教育与职业，2015（16）.

[24] 徐帅. 当代大学生就业能力提升研究[J]. 人力资源管理，2015（4）.

浅议机动车交通事故责任纠纷中事故认定书的效力

段晓梅

（渭南师范学院经济与管理学院）

摘要：在目前交通事故案件处理中，由于交警部门责任认定书引起的问题主要有：事故认定书复核期间起诉问题和事故认定书效力问题；针对以上问题我们可以采取完善立案制度，充分保障当事人的救济权；另外可以成立专门审核机构，聘请专业人员，对事故认定的效力进行评价，以保障当事人合法权益。

关键词：机动车交通事故；事故认定书；效力

一、我国目前交通事故处理适用的原则

《道路交通安全法》确定的机动车交通事故损害赔偿的归责原则，既不能简单地理解为一概适用过错责任原则，也不能简单地理解为一概适用无过错责任原则，它确立了一个归责原则体系，对于不同情况下的责任承担适用不同的归责原则。

（一）在交强险赔偿范围内赔偿中适用无过错责任原则

《中华人民共和国道路交通安全法》第七十六条规定：机动车发生交通事故造成人身伤亡、财产损失的，由保险公司在机动车第三者责任强制保险责任限额范围内予以赔偿。根据交通安全法的规定，如果肇事车辆参加了第三者责任强制保险，那么一旦发生交通事故导致他人人身伤害或者财产损失，无论受害人是否有过错，保险公司都应当按照机动车第三者责任强制保险责任规定的限额范围内予以赔偿。根据这种赔偿原则，显然在交强险赔付的过程中，对于保险公司适用的是无过错责任原则。

（二）机动车之间发生交通事故适用过错责任原则

《中华人民共和国道路交通安全法》第七十六条规定：机动车发生交通事故造成人身伤亡、财产损失的，由保险公司在机动车第三者责任强制保险责任限额范围内予以赔偿。超过责任限额的部分，按照下列方式承担赔偿责任：

（1）机动车之间发生交通事故的，由有过错的一方承担责任；双方都有过错的，按照各

自过错的比例分担责任。

根据该法律规定可知，机动车之间发生交通事故，适用过错责任原则，双方有过错，则适用过错相抵规则。在机动车之间的交通事故适用过错责任归责原则，体现了公平与效率原则。因为机动车之间不存在非机动车驾驶人、行人与机动车之间明显弱势的一方，适用过错责任原则更能体现公平；同时适用过错责任原则也能促使机动车驾驶人在行车过程中更加谨慎地避免事故，在发生事故时，根据自己过错责任，就能确定自己应承担的赔偿份额，在事故赔偿调解中选择最便捷的方式解决纠纷，从而提高案件处理的效率。

（2）机动车与非机动车驾驶人、行人之间发生交通事故适用过错推定原则超过责任限额的部分，按照下列方式承担赔偿责任：

《中华人民共和国道路交通安全法》第七十六条规定：机动车发生交通事故造成人身伤亡、财产损失的，由保险公司在机动车第三者责任强制保险责任限额范围内予以赔偿。超过责任限额的部分，按照下列方式承担赔偿责任：

根据该规定，机动车与非机动车驾驶人、行人之间发生交通事故时，非机动车驾驶人、行人只要证明了违法行为、损害事实和因果关系，无需对机动车一方的主观过错进行举证，而是由机动车一方对其无过错进行反证，机动车一方不能证明自己没有过错的，则推定其有过错，对受害人承担赔偿责任。如果机动车一方能证明非机动车驾驶人、行人等受害人也存在过错，则可以根据其过错程度适当减轻机动车一方的赔偿责任，但是即使机动车一方没有过错，也应承担不超过 10%的赔偿责任。在机动车与非机动车驾驶人、行人之间发生交通事故时，对机动车一方适用过错推定原则，能够合理分配交通事故的风险，体现了优者负担危险原则的要求，也是民法上公平责任原则的要求。

二、交通管理部门事故责任认定在赔偿案件处理中引起的问题

《道路交通安全法》第七十三条规定：“公安机关交通管理部门应当根据交通事故现场勘验、检查、调查情况和有关的检验、鉴定结论，及时制作交通事故认定书，作为处理交通事故的证据。交通事故认定书应当载明交通事故的基本事实、成因和当事人的责任，并送达当事人。”根据该规定，在交通事故处理过程中，交警部门对事故处理的最主要程序和最终结果是出具事故认定书，该事故认定书是对事故成因的分析，对当事人过错的认定。在司法实践中，交警部门出具的事故认定书已经成为人民法院处理道路交通事故案件赔偿规则的主要依据。但在案件处理实践中，因事故认定书引起当事人之间争议较大，出现了很多问题。

（一）交警部门事故认定书复核期间起诉问题

2004 年 5 月 1 日之前，交通事故责任认定书属于具体行政行为，当事人对事故责任认定书不服，依法可以提起行政诉讼。在这种运行模式下，很多事故赔偿处理中出现当事人故意通过行政复议、行政诉讼拖延时间时间，给受害人权益保障带来很大的障碍。

2004 年 5 月 1 日实施的《道路交通安全法》第七十三条对交通事故认定作了规定，将原来的“道路交通事故责任认定书”更名为“交通事故认定书”取消了“责任”二字，体现了

道路交通事故处理机制和理念上的变化，淡化了行政色彩，突出了民事侵权责任的特点，认定书纳入了公文书证的范畴，因此，根据新的道路交通安全法的规定，对交通事故认定书不服，是不能向上一级公安机关提起复议申请的。

2009 年 1 月 1 日起施行的公安部令第 104 号《道路交通事故处理程序》第五十一条规定：当事人对道路交通事故认定有异议的，可以自道路交通事故认定书送达之日起三日内，向上一级公安机关交通管理部门提出书面复核申请。

通过以上规定可以看出，对于交通事故认定书，当事人不能再提起行政复议和行政诉讼，其唯一的救济途径是通过上一级公安交通管理部门复核。

《道路交通事故处理程序》第五十二条规定：下列情况公安机关终止事故认定：① 任何一方当事人向人民法院提起诉讼并经法院受理的；② 人民检察院对交通肇事犯罪嫌疑人批准逮捕的；③ 适用简易程序处理的道路交通事故；④ 车辆在道路以外通行时发生的事故。在司法实践中，由于事故责任认定一方当事人不服，而一方当事人为了阻碍复核程序，通过向法院提起诉讼，终止公安机关的复核程序。

2011 年 8 月 6 日下午 15 时许，董某驾驶陕 ET0178 号出租车（车载曹某、王某）沿乐天大街由东向西行驶至乐天大街与仓程路十字向南左转弯时，与丁某驾驶的陕 EUK333 号微型普通客车（车载王某某）由西向东行驶时发生碰撞，致使曹某、王某、王某某受伤，两车受损，造成车损人伤的交通事故。渭南市公安局交警支队临渭大队渭临交肇〔2011〕第 371 号事故认定书认定：董某应负事故的全部责任，丁某、曹某、王某、王某某不负事故责任。事故认定下发后，陕 ET0178 号出租车不服，提起复核程序。在此期间，受害人王某、曹某依法提起诉讼。人民法院受理期间，渭南市交警支队撤销了〔2011〕第 371 号事故认定书，后临渭交警大队重新作出〔2011〕第 592 号事故认定书，认定董某负事故主要责任，丁某负事故次要责任[1]。

在这起事故中，涉及事故认定复核期间起诉的问题。第一起事故由于当事人一方起诉，交警部门按照法律规定，终结认定程序，交由人民法院裁量。第二起事故出现了两份事故认定书，事故认定依据也成为事故赔偿处理的核心问题。

（二）事故认定书在划分责任的中的效力。

公安机关交通事故认定书是指公安交通管理部门通过对交通事故现场勘察、技术分析和有关检验、鉴定结论，分析查明交通事故的基本事实、成因和当事人责任后所作的结论。在审判实践中，对于公安机关所作的事故认定书的采纳上长期存在一种误区，认为交通事故认定书只要未经过复核撤销，没有新的认定书否决，就当然具有法律效力和可以直接采用；法官怠于行使审查的权力，直接以其责任认定比例确定民事赔偿数额，对当事人的抗辩事由不作过多的考虑。这样，导致很多案件的赔偿对当事人显然不公平，也不利于纠纷解决，引起很多涉法申诉案件。

2011 年 5 月 4 日，高速执勤协警樊某在渭蒲高速收费站执行公务，姜某驾驶陕 E67395 重型半挂牵引车牵引陕 E9210 挂重型仓栅式半挂车进入高速入口，由于姜某观察不周，在发现樊某时不及时停车，也没有采取任何措施，直接将樊某卷入车下，造成樊某当场死亡的交通事故。2011 年 5 月 30 日，樊某收到蒲城县公安局交通警察大队蒲公交认字〔2011〕第 373

号事故认定书，该事故认定书依据《交通警察道路执勤执法工作规范》第七十二条第二项、七十三条第四项之规定，认为樊某违反交警执勤规范，应承担事故同等责任。当事人对此事故认定书不服，提起复核，复核决定维持了蒲公交认字〔2011〕第373号事故认定书[2]。但是，从本案事实来看，认定樊某负事故同等责任适用的不是法律，而是公安机关内部规定，而该内部规定并不能作为当事人承担事故责任的合法依据。但是，人民法院在审理案件中，只能依据该事故认定书确定各方责任及赔偿比例，显然，由于判决依据的不公平性而导致判决结果具有不公平性，从而也损害了当事人的利益。

三、交通事故案件处理中解决事故认定书问题的措施

（一）完善立案审查程序，保证当事人救济权

针对以上问题，我国可以通过完善交通事故立案审核程序，保障当事人的复核权。依据法律规定，机动车交通事故责任认定书的唯一救济途径是向上级机构提起复核，为了避免当事人为剥夺他人复核权恶意起诉情况出现，以至于影响审判结果公平性，我们应该完善相应的立案程序，在立案过程中，要求原告出具事故认定部门提供的事故认定书生效的证明，或者提供调解终结书，这样，就可以避免一方申请复核，一方起诉，而导致案件起诉后申请复核方的复核被依法终结的情形，保护了当事人救济权，也保障了法律的公平与公正。

（二）依法适用交警部门责任认定书，维护权威机构认定结论。

交通警察部门是我国法定的交通事故纠纷处理部门，他们对事故认定具有一定的专业性，做出的事故认定应该是根据事故现场、当事人陈述、证人证言等各个方面的证据认定的，其他任何部门对此认定不具有专业性，所以，一旦交警部门做出的事故认定书，没有充分的证据能够证明认定书违背了法律规定，那么，该认定书就具有相应的法律效力，应该作为认定案件事实的证据。

（三）建立专门的审查机构，确认交通警察部门事故认定书的合法性。

虽然，交通警察部门是事故处理的权威部门，但并非说交警部门的事故认定书没有错误可言，如果当事人在案件审理过程中，确实提供了充分证据，证明交警部门认定责任的事实和证据存在瑕疵，在这种情况下，作为人民法院有权不将该认定作为划分赔偿责任的依据。因为根据法律规定，事故认定书在民事诉讼中仅仅是一个证据，那么，作为证据，最终能够作为认定案件事实的依据，其决策权仍然在法院。但是，在司法实践中，人民法院总是以事故认定不是自己职责范围为由，拒绝否认事故认定书，即使事故认定书不符合事实，也依据错误的认定划分当事人的责任，这样很可能严重侵害了当事人的合法权益。为了慎重对待事故认定书的效力问题，人民法院应该建立一个专门的机构，这个机构可以邀请具有专门事故处理专家作为成员，并制定完善的制度和程序，当当事人对事故认定书分歧较大，人民法院

就启动这个特别程序，慎重的审查事故认定书的效力，以保障其公平性。

事故认定书在交通事故案件处理中具有重要的作用，在案件审理中，审理法官应该充分了解案件情况，对事故认定书做详尽分析，针对不同情况，正确认定事故认定书效力，以便做出符合合法合理的判决，彰显法律的公平与公正。

参考文献

[1] 立夏. 国外交通责任制度 车轮面前并非“一视同仁”[J]. 道路交通管理，2006（9）.
[2] 刘文莉，谢尊武. 中日机动车事故损害赔偿法律制度比较研究[J]. 长沙电力学院学报：社会科学版，2004（2）.

汉语中的借形词及其在对外汉语教学中存在的问题

华若云

（渭南师范学院西岳校区教学部）

摘要： 在汉语中，一般来说，外来词是指在词义源自外族语中某词的前提下，语音形式上全部或部分借自相对应的该外族语词，并在不同程度上汉语化了的汉语词。本文主要讨论了汉语特有的外来词—日语借形词。借形词在中日语言中有着深厚的渊源，因此在对日本学生进行汉语教学时，借形词就会给教师的教授和学生的学习带来很多便利以及不少弊端。

关键词： 外来词；借形词；对外汉语教学

一、汉语中的借形词

在汉语中，一般来说，外来词是指在词义源自外族语中某词的前提下，语音形式上全部或部分借自相对应的该外族语词，并在不同程度上汉语化了的汉语词；严格地说，还应具备在汉语中使用较长时期的条件，才能作为真正意义上的外来词。我们通常所说的外来词，多为整体上的借用外语词语音形式的狭义上的外来词，例如，“布丁”（pudding），以及外语加汉语语素的“卡车”（英.car），或者是语音形式中一部分大致借用外族语词相对应的部分。而另一部分则意译外族语词相对应部分的这种广义上的外来词，例如，“冰淇淋”（ice-cream）、“摩托车”（motorcycle）。但更广义一点儿地说，日语汉字词进入汉语后也可以认为是一种外来词，不过这不是借音，而是借形，借的是文字之“形”。例如，“手续”（日训读，tetsuzuki）。

中日词汇交流存在着一些历史积案。“语素或语词来源于中国并用汉字书写出来的语词（即音读汉字词），在日本不作为‘外来语’对待，而叫做‘汉语’，实际上其中一部分是日制汉语。同样，来源于日本并按照日本的汉字组合形式借入的词，在中国也是很长时期内不承认是外来词。直到20世纪50年代才逐渐承认其外来地位，但仍然与其他外来词相区别。”（《汉语外来词》，史有为，商务印书馆，2000）但事实上，在大多数情况下，从日语输入的大部分音读汉字词同汉语固有的词或汉语自造的词也的确很难分清，涉及的问题也很复杂。

根据现在研究的成果看，近代中日之间的交流是双向的，并非只是从日本流向中国。本文主要讨论汉语中的日语外来词。要弄清楚这个问题，就要对外来词的产生类型进行分析，从外来词同双方语言的关系来看，产生的类型主要有直接进入和回流进入两类。所谓“回流进入”是指甲语言的 A 词引进乙语言后成为 A´ 词，经过一段时间，A´ 词已经在许多方面被乙语言同化，并融合于乙语言中，原来的身份逐渐模糊，已经普遍被认作是该语言的词，这时候该词又被甲语言引进，成为 A″ 词。

许多日语来源外来词本来也是古汉语的词，被日语借用，日语改造后用以翻译西方语词，现代又借入。例如，“经济、革命、中和、柔道、理事”等词，它们就是一种词汇的回流。相对于回流进入的就是“直流进入”，也就是单纯地从甲语言流向乙语言，原词可以来源于丙语言、丁语言，但同乙语言无关。

日语曾在古代大量吸收了汉语的词汇，把它们改造为日语词汇的成员，即日语的外来词。到了近代，日本在经济、文化、政治等方面都学习西方，吸收和意译了西方各语言的大量词语。在西方各语言的意译上，日语往往利用某个来自古代汉语的外来词或这些汉语来源的外来词的组合来翻译。中国向西方学习晚于日本。要把西方表示新事物的大量词语吸收过来，往往不必把西方语言的词语连音带义地照搬，而只需将日语中用汉语来源的外来词作了意译的现成词语搬取回来。这些有日语读音、已属于日语词汇的意译词，由于利用了古代汉语的材料，特别在书写符号上又仍沿用汉字，是明显地具有浓厚汉语色彩的，就仿佛直接用汉语的语素材料翻译西方词语的产物。因此把这些现成的、译好了的词搬取回现代汉语里来，是极自然的，既符合汉语使用自身语素材料的要求，又极方便而不必再另选语素来翻译。不过这“搬取回来”，并非原封不动地移用过来，而要作一定的音译，即把词语的日语语音形式改造为符合于现代汉语语音习惯的形式。这是一种回流外来词，是世界各种语言所不见而唯独汉语具有的外来词特殊类型。

二、借形词能够存在的几点原因

外族语言的语词进入本族语言有三种基本方法：借音并借义、单纯借义、借用字形并借义。长期以来，日语汉字词在汉语中的归属都是个有争议的问题。经过长时间的思考和实践，现在学术界多已认可外来词中还应包括从日语借来的汉字词，即“借形词”。这是由于不同语言具有其不同的特点。对于汉语来说，这个特点就是由记录语言的汉字所引起的。

汉字是表音的意音文字。每个汉字都有意义，而且形、音、义统一。印欧语的感知单位（音素）、听觉单位（音节）和意义单位（词）三者各自独立，表音字符不联系意义，因此就比较适合采用意义和声音分离的音素文字。相反汉字的字形、读音、意义三者统一在一个汉字上，因此就比较适合采用表意的意音文字。虽说汉字形、音、义三者统一在一个汉字中，但是汉字字形不跟着读音改变，具有超时空性。而印欧语是音素（音位）文字，读音变了文字也跟着变。

语言是一种音义结合的符号系统。要知道语言符号的特点，最好从语言的最基本的、能独立使用的单位——词入手。人类语言的每一个词都是一个音义结合的符号。当然，借形词也同样是音义结合的符号。其音、义之间也并没有什么必然的本质的联系。什么音和什么义结合完全是任意的、不可论证的，是由不同的社会集团约定俗成的。例如，汉语的“经济 jīngjì”和日语的“経済 keizai”，相同的字形、相近的意义，却结合了不同的语音形式。在这里，日本汉字的音读音虽然是来自汉语，但属于古代系统，而且经过适合日语音系的改造，再经过数百年的演变，读音早与汉语大不相同，具有了相对独立的地位，已经不可能再引进书写形式的同时也能方便地根据汉字读成大致的日语音。这就是说，在一般文字上大致可以统一的形、音、义，在汉字身上被极大地割裂开了。字形和字义仍然较紧密地结合着，而字音则同前二者分离得更明显了。于是字形和字义可独立地同不同语言系统的语音相结合而无须改变。因此，中日之间最方便的借用就是借形，借汉字组合之形，而不改变各自的汉字读音。而由于字形和字义仍然紧密结合在一起，借形的同时当然也就是借义。从本质上说，中日之间现代的这种借用，并非完全的或典型的语词借用，因为它没有借用语词中不可缺少的“能指”部分，即语音形式。可以说，这种词是介于固有词和纯粹外来词之间的一种中介物。它是一种日制汉语词，使用的是汉语固有语素和固有构词法，但又不是在汉语环境下所造，也不是为汉语所创；它借了词的形式，但却不是词的语音形式，而只是词的书面形式。我们必须承认这对立的两个方面，承认其特殊性。

三、借形词在对外汉语教学中应该注意的问题

既然借形词在中日语言中有着深厚的渊源，那么，在对日本学生进行汉语教学时，借形词就会给教师的教授和学生的学习带来很大的便利条件。借形词在日本学生眼中，都会有一种似曾相识的感觉，这就不会使他们在学习这一部分词汇的时候产生惧怕心理。同时，这也会极大地激发学习者想要掌握这些语词的兴趣。比如，一个日本学生一看到“经济”一词的字形，就会产生一种亲切感，立即联想相关日语词的意思。正是由于借形词的特殊性，这个学生就大概了解了汉语中“经济”一词的意思了，只是需要对读音做一番改变而已。

借形词的这种特殊性在为日本学生学习汉语带来上述优势的同时，也带来了很大的弊端。日本学生往往会凭借这一点而沾沾自喜，从而忽视对借形词的学习。这就会造成许多日本学生根据自己已有的日语汉字词的相关知识推断汉语中同样汉字的意思，容易引发误解。前面说过，日语中的汉字词和汉语中的词在语义上有一定的联系，但是并不完全一样，其功能用法更是有很大的差别。例如，强盗（汉语义：名词；日语义：动词）、出品（汉语义：产品，出产；日语义：展出品）、迷惑（汉语义：辨别不清楚是非，弄不明白；日语义：麻烦人家，总是打搅）、专门（汉语义：副词、区别词，针对某范围或事业（进行）；日语义：名词，专业）。

借形词是一种纯音译外来词，它的读音发生了很大的变化，已经汉语化了。日本学生在发这些词的音时，就要读相应地汉语音系中的音，这对于早已习惯于日语发音的他们来说，有一定的困难。因为汉语语音是音节型的，送气不送气对立，元音趋近正则且变化较多，具有声调，无长音却有轻声（短音）等。而日语语音是韵素型的，送气不送气不对立，元音趋近中央且变化较少，无声调，有长音和高低型重音。二者在类型上很不相同，从后者转变到前者有相当的难度，再加上日本人特有的性格和文化，即日本人的集体性格以及行为文化和处世文化（内向内聚性格；耻文化，即不愿在公众场合表现自己，尤其害怕出丑），因此他们一般很难发音到位。

面对这些问题，教师就应该及时地扭转日本学生对汉语中借形词的态度，激发和鼓励他们学习汉语的兴趣，为他们的学习创造良好的语言环境，帮助他们克服心理上的障碍，使其能够积极地用汉语与他人进行交流。同时，教师也要留心日本学生在学习借形词的过程中存

在“轻敌”情绪，适时地使他们认识到汉语中的借形词和日语中的汉字词并不是简单对应的。从而提高教学的质量和学生学习的效率。

参考文献

[1] 史有为．汉语外来词[M]．北京：商务印书馆，2000.
[2] 刘叔新．汉语描写词汇学（重排本）[M]．北京：商务印书馆，2005.
[3] 符淮青．现代汉语词汇[M]．北京：北京大学出版社，2004.
[4] 葛本仪．现代汉语词汇学[M]．济南：山东人民出版社，2004.
[5] 叶蜚声，徐通锵．语言学纲要[M]．北京：北京大学出版社，2003.
[6] 沈阳．语言学常识十五讲[M]．北京：北京大学出版社，2005.
[7] 岑运强．语言学理论基础[M]．北京：北京师范大学出版社，2005.

莲瓣兰转录因子MADS家族DEF基因克隆及拟南芥遗传转化

李琼洁

（渭南师范学院经济与管理学院）

摘要： 以莲瓣兰“玉兔彩蝶”花瓣为材料，根据 GenBank 中已经登录的春兰 DEF 基因序列（HM106982.1）设计引物，克隆 DEF 基因开放阅读框，构建表达载体，转化‘拟南芥’，验证基因功能。结果表明：所扩增的 DEF 基因开放阅读框大小为 669 bp，编码 222 个氨基酸，预测蛋白质分子质量为 25.560 kD，该基因具有典型的植物 MADS-box 基因结构域，与春兰开放阅读框同源性达 99%，与其他兰花同源性都在 90%以上。将 DEF 基因构建到植物真核表达载体 pCAMBIA2300 中，利用农杆菌花序法转化拟南芥，经 PCR 分子鉴定，获得含 DEF 转基因拟南芥植株。

关键词： 莲瓣兰；MADS；DEF；克隆；转化

基金项目： 云南省教育厅研究生项目（2012J076）

莲瓣兰（Cymbidium Tortisepalum）主产于云南的大理，是中国春兰的一个新品系，并表现高度特异的形态、结构和生理特性。当今，在云南，莲瓣兰已经成了观赏价值和经济价值高，开发前景好的滇兰主体（陈定谋等，2010）。然而，其环境的破坏和高价位兰花使得来源于广袤无垠的林地的莲瓣兰资源变得十分稀有，在一些局部地区甚至已完全灭绝（罗毅波等，2003），因此克隆莲瓣兰重要功能基因并研究其功能，对保护国兰野生资源，培育优良国兰品种具有重要意义。

MADS 基因家族在兰花成花转换及花器官发育过程中具有重要作用，这些基因的表达及功能可能与兰花结构的特异性及多样性有关（田敏等，2011），研究兰花 MADS 基因将有助于对中国兰花发育机理的了解，为国兰花型遗传改良奠定基础。DEF 基因为 MADS 基因家族中 B 类功能基因，参与植物花瓣和雄蕊的发育。

本项目以莲瓣兰“玉兔彩蝶”花瓣为研究对象，根据 GenBank 中其它物种 DEF 基因序列设计简并引物，从“玉兔彩蝶”花瓣中克隆 DEF 基因全长 cDNA，构建表达载体，转化“拟南芥”，观察“拟南芥”花型的变化，验证基因功能。为探索国兰蝶花形成分子机理和进一步培育蝶花新品种提供新思路和理论依据。

一、结果与分析

（一）“玉兔彩蝶”总 RNA 提取与基因克隆

用 Takara RNAiso Plus 提取“玉兔彩蝶”花瓣总 RNA，电泳检测结果显示（见图 1），在总 RNA 的 28S、18S 和 5S 处条带整齐明亮，而且比例恰当，说明所提取的 RNA 比较完整，无降解。通过紫外分光光度计检测并计算："玉兔彩蝶"花瓣总 RNA 的 A260 / A280 值为 1.95，表明所提取的"玉兔彩蝶"总 RNA 纯度高，没有糖、蛋白质等污染，可以用于下一步试验。

用 TransGen 公司反转录试剂盒进行反转录，以反转录 cDNA 为模板，进行 PCR 扩增，胶回收后连接到 pEASY-T1，提取质粒送至生工生物工程(上海)股份有限公司测序。再以 pEASY-DFF 质粒为模板，用获得序列的编码区，pEASY-T1 载体和 pCambia2300 双元载体多克隆位点设计的引物，进行开放阅读框克隆，将胶回收纯化的 DEF 基因开放阅读与 TransGen 公司的 pEASY-T1 载体进行连接，提取阳性克隆 pEASY- DFF1 质粒(见图 2)，pEASY- DFF1 质粒 PCR 产物电泳结果显示，在 600 ~ 700 bp 处有 1 条明显的亮带（见图 3），说明已获得 DEF 基因开放阅读框。

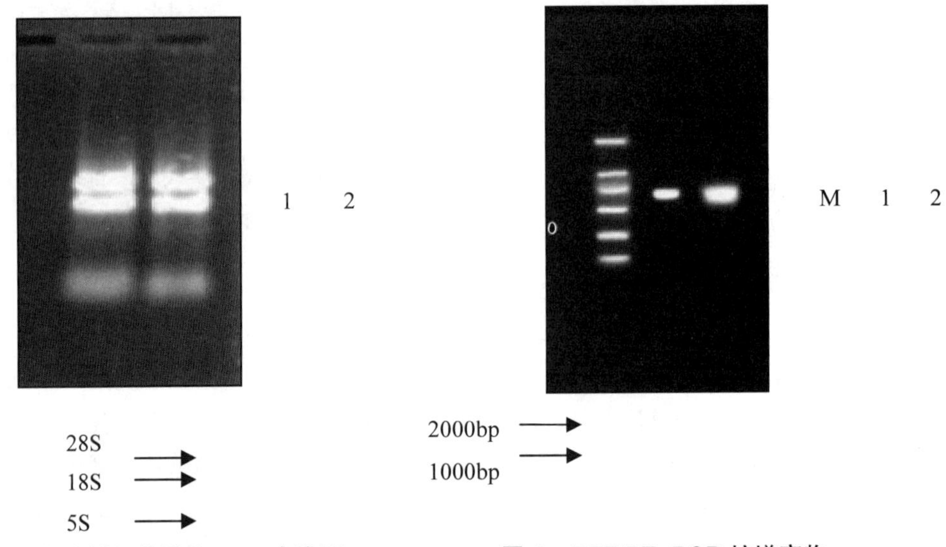

图 1 '玉兔彩蝶'花瓣总 RNA 电泳图

1，2：'玉兔彩蝶'花瓣总 RNA 电泳图

图 3 DFF RT-PCR 扩增产物

M：DNA 标准分子量（TaKaRa 公司）1，2：DFF RT-PCR 扩增产物

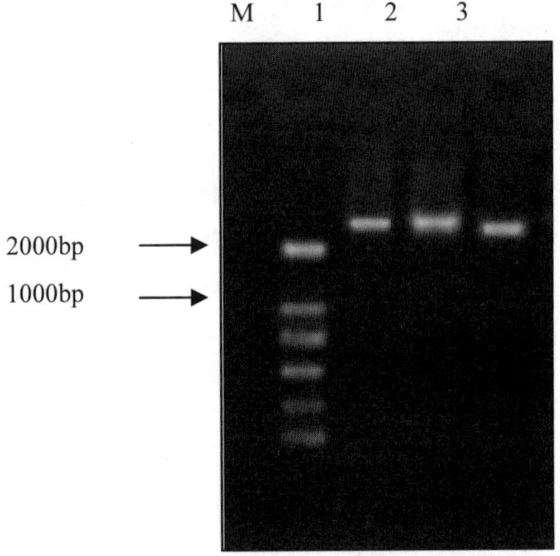

图 2 pEASY-DFF 质粒

M：DNA 标准分子量（TaKaRa 公司） 1-3：提取质粒

（二）序列分析

序列分析表明，所扩增的基因开放阅读框大小为 669bp，编码 222 个氨基酸，预测蛋白质分子质量为 25.560 kD。利用 Genious 软件搜索基序表明，此基因具有典型的植物 MADS-box 基因的结构，并且其编码的蛋白质与春兰（AF169801.1）DEF 蛋白有着较高同源性，达 99%，与文心兰 DEF 蛋白同源性达 95%，与石斛达 94%，与红鹤顶兰达 93%，因此可以推测该基因属于莲瓣兰 DEF 功能基因（见图 4）。

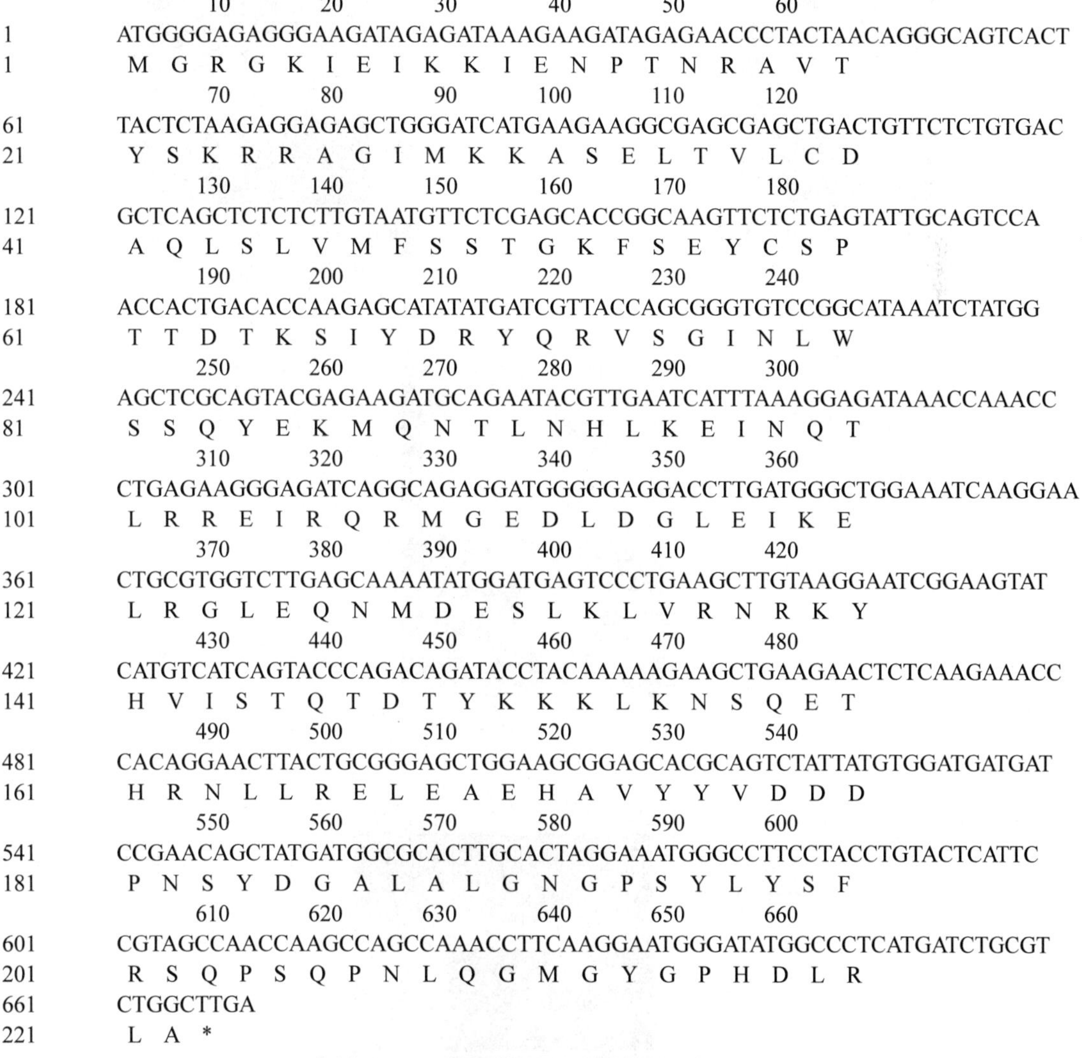

```
         10        20        30        40        50        60
1    ATGGGAGAGGGAAGATAGAGATAAAGAAGATAGAGAACCCTACTAACAGGGCAGTCACT
1     M  G  R  G  K  I  E  I  K  K  I  E  N  P  T  N  R  A  V  T
         70        80        90        100       110       120
61   TACTCTAAGAGGAGAGCTGGGATCATGAAGAAGGCGAGCGAGCTGACTGTTCTCTGTGAC
21    Y  S  K  R  R  A  G  I  M  K  K  A  S  E  L  T  V  L  C  D
         130       140       150       160       170       180
121  GCTCAGCTCTCTCTTGTAATGTTCTCGAGCACCGGCAAGTTCTCTGAGTATTGCAGTCCA
41    A  Q  L  S  L  V  M  F  S  S  T  G  K  F  S  E  Y  C  S  P
         190       200       210       220       230       240
181  ACCACTGACACCAAGAGCATATATGATCGTTACCAGCGGGTGTCCGGCATAAATCTATGG
61    T  T  D  T  K  S  I  Y  D  R  Y  Q  R  V  S  G  I  N  L  W
         250       260       270       280       290       300
241  AGCTCGCAGTACGAGAAGATGCAGAATACGTTGAATCATTTAAAGGAGATAAACCAAACC
81    S  S  Q  Y  E  K  M  Q  N  T  L  N  H  L  K  E  I  N  Q  T
         310       320       330       340       350       360
301  CTGAGAAGGGAGATCAGGCAGAGGATGGGGGAGGACCTTGATGGGCTGGAAATCAAGGAA
101   L  R  R  E  I  R  Q  R  M  G  E  D  L  D  G  L  E  I  K  E
         370       380       390       400       410       420
361  CTGCGTGGTCTTGAGCAAAATATGGATGAGTCCCTGAAGCTTGTAAGGAATCGGAAGTAT
121   L  R  G  L  E  Q  N  M  D  E  S  L  K  L  V  R  N  R  K  Y
         430       440       450       460       470       480
421  CATGTCATCAGTACCCAGACAGATACCTACAAAAAGAAGCTGAAGAACTCTCAAGAAACC
141   H  V  I  S  T  Q  T  D  T  Y  K  K  K  L  K  N  S  Q  E  T
         490       500       510       520       530       540
481  CACAGGAACTTACTGCGGGAGCTGGAAGCGGAGCACGCAGTCTATTATGTGGATGATGAT
161   H  R  N  L  L  R  E  L  E  A  E  H  A  V  Y  Y  V  D  D  D
         550       560       570       580       590       600
541  CCGAACAGCTATGATGGCGCACTTGCACTAGGAAATGGGCCTTCCTACCTGTACTCATTC
181   P  N  S  Y  D  G  A  L  A  L  G  N  G  P  S  Y  L  Y  S  F
         610       620       630       640       650       660
601  CGTAGCCAACCAAGCCAGCCAAACCTTCAAGGAATGGGATATGGCCCTCATGATCTGCGT
201   R  S  Q  P  S  Q  P  N  L  Q  G  M  G  Y  G  P  H  D  L  R
661  CTGGCTTGA
221   L  A  *
```

图 4　莲瓣兰 DEF 基因的 cDNA 核苷酸和推测氨基酸序列

（三）植物表达载体的构建和检测

分析对比 pCAMBIA2300 载体的多克隆位点和莲瓣兰 DFF 基因所含的酶切位点，选用限制性内切酶 BamH Ⅰ/Xba Ⅰ 双酶切，经 1%的琼脂糖凝胶电泳，检测到一条约 600 ~ 700 bp 的条带，和一条约 3 000 ~ 4 000 的条带，说明酶切成功（见图 5），将目标片段回收后，在 T4 连接酶作用下连接同样酶切后的 pCAMBIA2300 载体，提质粒，获得重组表达载体 pCAMBIA2300-DFF（见图 6）。经同样双酶切验证（见图 7），获得一条约 600 ~ 700 bp 的条带，和一条约 7 000 ~ 8 000 的条带，说明获得重组表达载体 pCAMBIA2300-DFF 是正确的。

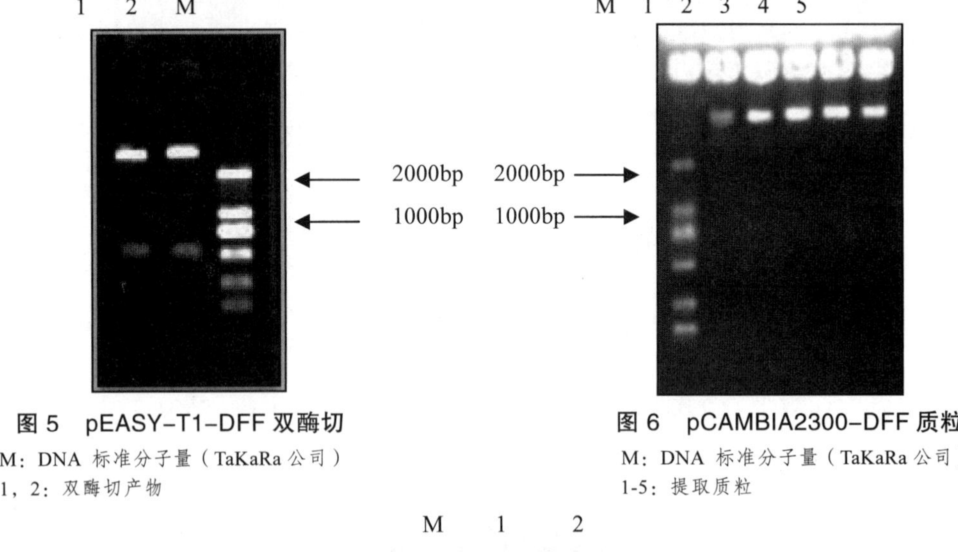

图 5　pEASY-T1-DFF 双酶切

M：DNA 标准分子量（TaKaRa 公司）

1，2：双酶切产物

图 6　pCAMBIA2300-DFF 质粒

M：DNA 标准分子量（TaKaRa 公司）

1-5：提取质粒

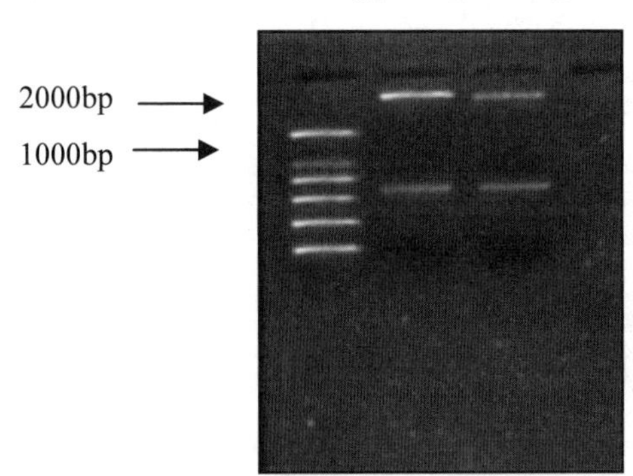

图 7　pCAMBIA2300-DFF 双酶切

M：DNA 标准分子量（TaKaRa 公司）　　1-2 双酶切产物

将重组载体 pCAMBIA2300-DFF 通过电转化法转入农杆菌 GV3101，进行菌液 PCR，PCR 产物经过 1%的琼脂糖凝胶进行核酸电泳，检测到有大约 600 - 700bp 的条带，说明成功完成表达载体构建并顺利转入农杆菌 GV3101（见图 8）。

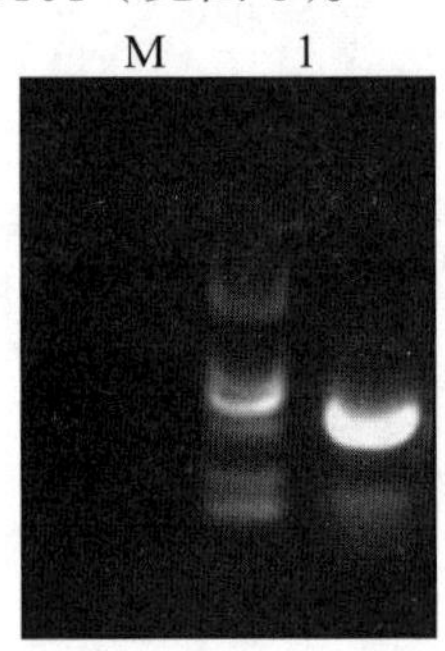

图 8　菌液 PCR 扩增产物

M：DNA 标准分子量（TaKaRa 公司）；1：PCR 产物

（四）pCAMBIA2300-DFF 侵染法转入拟南芥受体系统的验证

将含有重组 pCAMBIA2300-DFF 表达载体的农杆菌 GV3101，侵染拟南芥植株的花序（T0），正常生长后收取其种子，进行卡那霉素抗性筛选，得到拟南芥抗性植株，采用 CTAB 法分别提取野生型拟南芥和抗性拟南芥幼苗 DNA，PCR 后，琼脂糖电泳，在抗性拟南芥幼苗中检测到约 600－700bp 条带，而野生型拟南芥没有检测到，说明目的片段已成功转入拟南芥植株中（见图 9）。

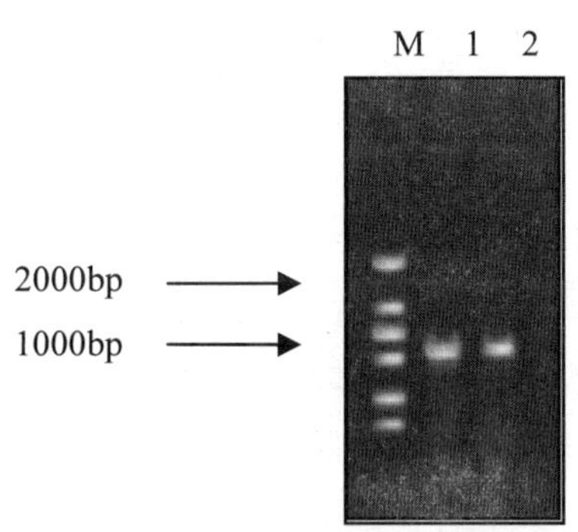

图 9　GV3101 侵染植 PCR 产物

M：DNA 标准分子量（TaKaRa 公司）1-2 PCR 产物

二、讨　论

莲瓣兰中捧瓣和萼片舌瓣化，成为蝶花，舌瓣化程度的差异构成了一个观赏价值和经济价值极高的独立的兰花群体（黄泽华，1999）。“兰花密码”假说认为 DEF 基因控制舌瓣的形成（Mondragon-Palomino M Pan et al.，2008），然而兰科植物种类很多，而该假说仅来源于部分洋兰，能否适用于所有兰科植物，还需进一步验证。莲瓣兰为滇兰主体，其蝶花代表“玉兔彩蝶”2 个捧瓣全舌瓣化，形成三星蝶，因此，是研究蝶花很好的材料。为探索蝶花形成机理,本研究在前人研究的基础上试图进一步证明莲瓣兰 DEF 基因是否是舌瓣形成的功能基因。

本研究构建 DEF 基因过量表达载体并转化模式植物拟南芥，分子检测证实了目的基因已转入植株体内，但在植株花瓣的表型上，变化不明显，具体原因还有待进一步研究。德国学者对已发表的包括兰花在内的所有单子叶植物的 DEF 基因进行了系统进化及发育方面的分析，发现兰花中的 DEF 基因明显地分为 4 类不同的 DEF 基因（Mondragon-PalominoM et al.，2008）。本研究只克隆了一个 DEF 基因，这个亚基因属于哪类 DEF 基因？控制兰花花瓣状的萼片和捧瓣及舌瓣的形成到底是哪类基因？仍有待深入研究。DEF 基因在莲瓣兰花型的形成过程中是怎样发挥作用依然需要通过莲瓣兰转基因试验来进一步证实，但目前莲瓣兰组织培养的瓶颈问题还没得到解决，因此，莲瓣兰转基因技术仍然面临巨大挑战。本研究为探究莲瓣兰花发育相关 MADS-box 基因的功能和花发育的分子机理提供一定的研究基础。

三、试验方法

（一）总 RNA 提取与 cDNA 合成

以“玉兔彩蝶”花瓣为材料，用 Takara RNAiso Plus 提取 RNA（朱永平等，2010）。用 TransGen 公司的 TransScript® II First-Strand cDNA Synthesis SuperMix 试剂盒合成 cDNA.

（二）基因克隆与序列分析

根据 NCBI 所登录的春兰 DEF 基因编码序列（HM106982）设计引物，DEF_F：5'TTGGGGAAGGAGAGAAAGAAAGAC3'，DEF_R：5'GCTTGGGAGCATAGAAACATCAGT3'，送往上海生工生物工程技术服务有限公司进行合成。以上步实验合成的 cDNA 作为模板，进行 PCR 扩增获得目的基因，反应体系总量为 50 μL：25 μL 2×TransTaq®HiFi PCR SuperMix Ⅱ，引物各 1μL，cDNA 模板 2μL，H_2O 21μL。反应条件为：94 ℃预变性 30s，59 ℃退火 30 s，72 ℃延伸 1 min，35 个循环后 72 ℃保持 10 min。用 DNA 胶回收试剂盒回收目的片段，连接到 TransGen 公司的 pEASY-T1 载体上，转化到大肠杆菌感受态细胞内，提取阳性克隆质粒并命名为 pEASY－DFF 质粒。电泳检测后送上海生工生物有限公司测序。根据获得序列的编码区，pEASY-T1 载体多克隆位点序列，pCambia2300 双元载体多克隆位点设计引物，DEF F：5' ATGGGGAGAGGGAAGATAGA 3'，DEF R：5'TCAAGCCAGACGCAGATCAT3'，以质粒 pEASY-DEF 为模板，PCR 扩增 DEF 基因开放阅读框，PCR 反应体系与反应条件同上。用百泰克公司 DNA 胶回收试剂盒回收目的片段，连接到 TransGen 公司的 pEASY-T1 载体上，转化到大肠杆菌感受态细胞内，并提取阳性克隆质粒并命名为 pEASY-DEF。

测序后在 NCBI（http：//www.ncbi.nlm.nih.gov/database）中进行 Blastn 同源比对，并以 DNAman 软件预测编码氨基酸和分子量，利用 Genious 软件搜索 MADS 基序。

（三）基因植物表达载体的构建

将 pEASY-DEF1 重组质粒用限制性内切酶 BamH Ⅰ/Xba Ⅰ 双酶切，DNA 凝胶回收试剂盒回收，然后与经同样双酶切回收后的双元载体 pCAMBIA2300 相混合，用 T4 DNA 连接酶连接，连接产物转化 DH5α感受态细胞。涂板获得白斑菌落，经菌落 PCR 检测为阳性后，摇菌提取质粒，双酶切鉴定。

（四）拟南芥的转化，检测

用电击法将含有目的基因的植物表达载体质粒转入农杆菌（EHA105）内，并参照徐芳等的方法进行转化拟南芥（徐芳等，2005）。直接观察转基因植株拟南芥的表型，并提取转基因植株的基因组 DNA（SCOTT et al.，2003），进行 PCR 扩增检测，PCR 反应条件与上述相同。

参考文献

[1] 陈定谋，陈浩．云南莲瓣兰生育习性、常见品种及栽培管理[M]．昆明：云南科技出版社，2010.

[2] 罗毅波，贾建生，王春玲．中国兰科植物保育的现状和展望[J]．生物多样性，2003，11（1）：70-77.

[3] 田敏，龚茂江，徐小雁，王彩霞．兰科植物花发育的基因调控研究进展[J]．浙江农林大学学报，2011，28（3）：494-499.

[4] 黄泽华．国兰蝶花的分类探索[J]．中国花卉盆景，1999，7：23-25.

[5] MONDRAGON-PALOMINO M，THEISSEN G. MADS about the evolution of orchid flowers[J]. Trends Plant Sci，2008：13：51- 59.

[6] 朱永平，田璐，武芸芸，和凤美，杨晓虹．墨兰舌瓣总 RNA 提取方法比较研究[J]．现代农业科技，2011（14）：25-28.

[7] 徐芳，熊爱生，彭日荷，侯喜林，姚泉洪．植物遗传转化的新方法：蘸花法[J]．中国蔬菜，2005（3）：29-31.

[8] SCOTT O R，ARNOLD J B. Extraction of DNA from milligram amounts of fresh herbarium and mummified plant tissue[J]. Plant Mo—lecular Biology，1985，5：69.